蘇州全書

甲編

《蘇州全書》編纂出版委員會 編

·尚書埤傳

蘇州大學出版社
古吳軒出版社

圖書在版編目（CIP）數據

尚書埤傳 /（清）朱鶴齡輯 . -- 蘇州 : 蘇州大學出版社 : 古吳軒出版社 , 2024.6
（蘇州全書）
ISBN 978-7-5672-4793-2

Ⅰ . ①尚… Ⅱ . ①朱… Ⅲ . ①《尚書》—注釋 Ⅳ . ① K221.04

中國國家版本館 CIP 數據核字（2024）第 088569 號

責任編輯 劉 冉
裝幀設計 周 晨 李 璇
責任校對 汝碩碩

書　　名 尚書埤傳
輯　　者 〔清〕朱鶴齡
出版發行 蘇州大學出版社
地址：蘇州市十梓街1號　電話：0512-67480030
古吳軒出版社
地址：蘇州市八達街118號蘇州新聞大厦30F　電話：0512-65233679
印　　刷 常州市金壇古籍印刷廠有限公司
開　　本 889 × 1194　1/16
印　　張 65.25
版　　次 2024 年 6 月第 1 版
印　　次 2024 年 6 月第 1 次印刷
書　　號 ISBN 978-7-5672-4793-2
定　　價 460.00 元（全二册）

《蘇州全書》編纂工程

總主編

劉小濤　吳慶文

學術顧問（按姓名筆畫爲序）

王　芳　王　宏　王　堯　王　鍔　王紅蕾　王華寶　王爲松　王衛平
王餘光　王鍾陵　朱棟霖　朱誠如　任　平　全　勤　江慶柏　江澄波
汝　信　阮儀三　杜澤遜　李　捷　吳　格　吳永發　何建明　言恭達
沈坤榮　沈燮元　武秀成　范小青　范金民　茅家琦　周　秦　周少川
周國林　周勛初　周新國　胡可先　胡曉明　姜　濤　姜小青　韋　力
姚伯岳　馬亞中　袁行霈　華人德　莫礪鋒　徐　俊　徐　海　徐　雁
徐惠泉　徐興無　唐力行　陸振嶽　陸儉明　陳子善　陳正宏　陳尚君
陳紅彥　陳廣宏　黃愛平　黃顯功　崔之清　張乃格　張志清　張伯偉
張海鵬　葉繼元　葛劍雄　單霽翔　程章燦　程毅中　喬治忠　鄔書林
賀雲翱　詹福瑞　趙生群　廖可斌　熊月之　樊和平　劉　石　劉躍進
閻曉宏　錢小萍　戴　逸　韓天衡　嚴佐之　顧　蒓

《蘇州全書》編纂出版委員會

主　任　金　潔　查穎冬

副主任　黄錫明　吴晨潮　王國平　羅時進

編　委（按姓名筆畫爲序）

丁成明　王　煒　王　寧　王忠良　王偉林　王稼句　王樂飛　尤建豐
卞浩宇　田芝健　朱　江　朱光磊　朱從兵　李　忠　李　軍　李　峰
李志軍　吴建華　吴恩培　余同元　沈　鳴　沈慧瑛　周　曉　周生杰
查　焱　洪　曄　袁小良　徐紅霞　卿朝暉　高　峰　凌郁之　陳　潔
陳大亮　陳其弟　陳衛兵　陳興昌　孫　寬　孫中旺　黄啟兵　黄鴻山
接　曄　曹　煒　曹培根　張蓓蓓　程水龍　湯哲聲　蔡曉榮　臧知非
管傲新　齊向英　歐陽八四　錢萬里　戴　丹　謝曉婷　鐵愛花

前言

中華文明源遠流長，文獻典籍浩如烟海。這些世代累積傳承的文獻典籍，是中華民族生生不息的文脉和根基。蘇州作爲首批國家歷史文化名城，素有『人間天堂』之美譽。自古以來，這裏的人民憑藉勤勞和才智，創造了極爲豐厚的物質財富和精神文化財富，使蘇州不僅成爲令人嚮往的『魚米之鄉』，更是實至名歸的『文獻之邦』，爲中華文明的傳承和發展作出了重要貢獻。

蘇州被稱爲『文獻之邦』由來已久，早在南宋時期，就有『吳門文獻之邦』的記載。宋代朱熹云：『文，典籍也；獻，賢也。』蘇州文獻之邦的地位，是歷代先賢積學修養、劬勤著述的結果。明人歸有光《送王汝康會試序》云：『吳爲人材淵藪，文字之盛，甲於天下。』朱希周《長洲縣重修儒學記》亦云：『吳中素稱文獻之邦，蓋子游之遺風在焉，士之嚮學，固其所也。』《江蘇藝文志·蘇州卷》收録自先秦至民國蘇州作者一萬餘人，著述達三萬二千餘種，均占江蘇全省三分之一强。古往今來，蘇州曾引來無數文人墨客駐足流連，留下了大量與蘇州相關的文獻。時至今日，蘇州仍有約百萬册的古籍留存，入選『國家珍貴古籍名録』的善本已達三百一十九種，位居全國同類城市前列。其中的蘇州鄉邦文獻，歷宋元明清，涵經史子集，寫本刻本，交相輝映。此外，散見於海内外公私藏家的蘇州文獻更是不可勝數。它們載録了數千年傳統文化的精華，也見證了蘇州曾經作爲中國文化中心城市的輝煌。

蘇州文獻之盛得益於崇文重教的社會風尚。春秋時代，常熟人言偃就北上問學，成爲孔子唯一的南方弟子。歸來之後，言偃講學授道，文開吳會，道啓東南，被後人尊爲『南方夫子』。西漢時期，蘇州人朱買臣負薪讀書，穹窿山中至今留有其『讀書臺』遺迹。兩晉六朝，以『顧陸朱張』爲代表的吴郡四姓涌現出大批文士，在不少學科領域都貢獻卓著。及至隋唐，蘇州大儒輩出，《隋書·儒林傳》十四人入傳，其中籍貫吴郡者二人；《舊唐書·儒學傳》三十四人入正傳，其中籍貫吴郡（蘇州）者五人。文風之盛可見一斑。北宋時期，范仲淹在家鄉蘇州首創州學，並延名師胡瑗等人教授生徒，此後縣學、書院、社學、義學等不斷興建，蘇州文化教育日益發展。故明人徐有貞云：『論者謂吾蘇也，郡甲天下之郡，學甲天下之學，人才甲天下之人才，偉哉！』在科舉考試方面，蘇州以鼎甲萃集爲世人矚目，清初汪琬曾自豪地將狀元稱爲蘇州的土産之一，有清一代蘇州狀元多達二十六位，占全國的近四分之一，由此而被譽爲『狀元之鄉』。近現代以來，蘇州在全國較早開辦新學，發展現代教育，涌現出顧頡剛、葉聖陶、費孝通等一批大師巨匠。中華人民共和國成立後，社會主義文化教育事業蓬勃發展，蘇州英才輩出、人文昌盛，文獻著述之富更勝於前。

蘇州文獻之盛受益於藏書文化的發達。蘇州藏書之風舉世聞名，千百年來盛行不衰，具有傳承歷史長、收藏品質高、學術貢獻大的特點，無論是卷帙浩繁的圖書還是各具特色的藏書樓，以及延綿不絶的藏書傳統，都成爲中華文化重要的組成部分。據統計，蘇州歷代藏書家的總數，高居全國城市之首。南朝時期，蘇州就出現了藏書家陸澄，藏書多達萬餘卷。明清兩代，蘇州藏書鼎盛，絳雲樓、汲古閣、傳是樓、百宋一廛、藝芸書舍、鐵琴銅劍樓、過雲樓等藏書樓譽滿海内外，彙聚了大量的珍貴文獻，對古代典籍的收藏保護厥功至偉，亦於文獻校勘、整理裨益甚巨。《舊唐書》自宋至明四百多年間已難以考覓，直至明嘉靖十七年（一五三八），聞人詮在蘇州爲官，搜討舊籍，方從吴縣王延喆家得《舊唐書》『紀』和『志』部分，從長洲張汴家得《舊唐書》『列傳』部分，『遺籍俱出宋時模板，旬月之間，二美璧合』，于是在蘇州府學中槧刊，《舊唐書》自此得以彙而成帙，復行於世。清代嘉道年間，蘇州黄丕烈和顧廣圻均爲當時藏書名家，且善校書，『黄跋顧校』在中國文獻史上影響深遠。

蘇州文獻之盛也獲益於刻書業的繁榮。蘇州是我國刻書業的發祥地之一，早在宋代，蘇州的刻書業已經發展到了相當高的水平，至今流傳的杜甫、李白、韋應物等文學大家的詩文集均以宋代蘇州官刻本爲祖本。宋元之際，蘇州磧砂延聖院還主持刊刻了中國佛教史上著名的《磧砂藏》。明清時期，蘇州成爲全國的刻書中心，所刻典籍以精善享譽四海，明人胡應麟有言：『凡刻之地有三，吴也、越也、閩也。』他認爲『其精，吴爲最』，『其直重，吴爲最』。又云：『余所見當今刻本，蘇常爲上，金陵次之，杭又次之。』清人金埴論及刻書，仍以胡氏所言三地爲主，則謂『吴門爲上，西泠次之，白門爲下』。明代私家刻書最多的汲古閣、清代坊間刻書最多的掃葉山房均爲蘇州人創辦，晚清時期頗有影響的江蘇官書局也設於蘇州。據清人朱彝尊記述，汲古閣主人毛晉『力搜秘册，經史而外，百家九流，下至傳奇小説，廣爲鏤版，由是毛氏鋟本走天下』。由於書坊衆多，蘇州還産生了書坊業的行會組織崇德公所。明清時期，蘇州刻書數量龐大，品質最優，裝幀最爲精良，爲世所公認，國内其他地區不少刊本也都冠以『姑蘇原本』，其傳播遠及海外。

蘇州傳世文獻既積澱着深厚的歷史文化底藴，又具有穿越時空的永恒魅力。從范仲淹的『先天下之憂而憂，後天下之樂而樂』，到顧炎武的『天下興亡，匹夫有責』，這種胸懷天下的家國情懷，早已成爲中華民族精神的重要組成部分，傳世留芳，激勵後人。南朝顧野王的《玉篇》，隋唐陸德明的《經典釋文》、陸淳的《春秋集傳纂例》等均以實證明辨著稱，對後世影響深遠。明清時期，馮夢龍的《喻世明言》《警世通言》《醒世恒言》，在中國文學史上掀起市民文學的熱潮，具有開創之功。吴有性的《温疫論》、葉桂的《温熱論》，開温病學研究之先河。蘇州文獻中藴含的求真求實的嚴謹學風、勇開風氣之先的創新精神，已經成爲一種文化基因，融入了蘇州城市的血脉。不少蘇州文獻仍具有鮮明的現實意義。明代費信的《星槎勝覽》，是記載歷史上中國和海上絲綢之路相關國家交往的重要文獻。鄭若曾的《籌海圖編》和徐葆光的《中山傳信録》，爲釣魚島及其附屬島嶼屬於中國固有領土提供了有力證據。魏良輔的《南詞引正》、嚴澂的《松絃館琴譜》、計成的《園冶》，分别是崑曲、古琴及園林營造的標志性成果，這些藝術形式如今得以名列世界文化遺産，與上述名著的嘉惠滋養密不可分。

維桑與梓，必恭敬止；文獻流傳，後生之責。蘇州先賢向有重視鄉邦文獻整理保護的傳統。方志編修方面，范成大《吴郡志》爲方志創體，其後名志迭出，蘇州府縣志、鄉鎮志、山水志、寺觀志、人物志等數量龐大，構成相對完備的志書系統。地方總集方面，南宋鄭虎臣輯《吴都文粹》、明錢穀輯《吴都文粹續集》、清顧沅輯《吴郡文編》先後相繼，收羅宏富，皇皇可觀。常熟、太倉、崑山、吴江諸邑，周莊、支塘、木瀆、甪直、沙溪、平望、盛澤等鎮，均有地方總集之編。及至近現代，丁祖蔭彙輯《虞山叢刻》《虞陽説苑》，柳亞子等組織『吴江文獻保存會』，爲搜集鄉邦文獻不遺餘力。江蘇省立蘇州圖書館於一九三七年二月舉行的『吴中文獻展覽會』規模空前，展品達四千多件，並彙編出版吴中文獻叢書。然而，由於時代滄桑，圖書保藏不易，蘇州鄉邦文獻中『有目無書』者不在少數。同時，囿於多重因素，蘇州尚未開展過整體性、系統性的文獻整理編纂工作，許多文獻典籍仍處於塵封或散落狀態，没有得到應有的保護與利用，不免令人引以爲憾。

進入新時代，黨和國家大力推動中華優秀傳統文化的創造性轉化和創新性發展。習近平總書記强調，要讓收藏在博物館裏的文物、陳列在廣闊大地上的遺産、書寫在古籍裏的文字都活起來。二〇二二年四月，中共中央辦公廳、國務院辦公廳印發《關於推進新時代古籍工作的意見》，確定了新時代古籍工作的目標方向和主要任務，其中明確要求『加强傳世文獻系統性整理出版』。盛世修典，賡續文脉，蘇州文獻典籍整理編纂正逢其時。二〇二二年七月，中共蘇州市委、蘇州市人民政府作出編纂《蘇州全書》的重大決策，擬通過持續不斷努力，全面系統整理蘇州傳世典籍，着力開拓研究江南歷史文化，編纂出版大型文獻叢書，同步建設全文數據庫及共享平臺，將其打造爲彰顯蘇州優秀傳統文化精神的新陣地，傳承蘇州文明的新標識，展示蘇州形象的新窗口。

『睹喬木而思故家，考文獻而愛舊邦。』編纂出版《蘇州全書》，是蘇州前所未有的大規模文獻整理工程，是不負先賢、澤惠後世的文化盛事。希望藉此系統保存蘇州歷史記憶，讓散落在海内外的蘇州文獻得到挖掘利用，讓珍稀典籍化身千百，成爲認識和瞭解蘇州發展變遷的津梁，並使其中藴含的積極精神得到傳承弘揚。

觀照歷史，明鑒未來。我們沿着來自歷史的川流，承荷各方的期待，自應負起使命，砥礪前行，至誠奉獻，讓文化薪火代代相傳，並在守正創新中發揚光大，爲推進文化自信自强、豐富中國式現代化文化内涵貢獻蘇州力量。

《蘇州全書》編纂出版委員會

二〇二二年十二月

凡例

一、《蘇州全書》（以下簡稱「全書」）旨在全面系統收集整理和保護利用蘇州地方文獻典籍，傳播弘揚蘇州歷史文化，推動中華優秀傳統文化傳承發展。

二、全書收録文獻地域範圍依據蘇州市現有行政區劃，包含蘇州市各區及張家港市、常熟市、太倉市、崑山市。

三、全書着重收録歷代蘇州籍作者的代表性著述，同時適當收録流寓蘇州的人物著述，以及其他以蘇州爲研究對象的專門著述。

四、全書按收録文獻内容分甲、乙、丙三編。每編酌分細類，按類編排。

（一）甲編收録一九一一年及以前的著述。一九一二年至一九四九年間具有傳統裝幀形式的文獻，亦收入此編。按經、史、子、集四部分類編排。

（二）乙編收録一九一二年至二〇二一年間的著述。按哲學社會科學、自然科學、綜合三類編排。

（三）丙編收録就蘇州特定選題而研究編著的原創書籍。按專題研究、文獻輯編、書目整理三類編排。

五、全書出版形式分影印、排印兩種。甲編書籍全部采用繁體竪排；乙編影印類書籍，字體版式與原書一致；乙編排印類書籍和丙編書籍，均采用簡體横排。

六、全書影印文獻每種均撰寫提要或出版説明一篇，介紹作者生平、文獻内容、版本源流、文獻價值等情況。影印底本原有批校、題跋、印鑒等，均予保留。底本有漫漶不清或缺頁者，酌情予以配補。

七、全書所收文獻根據篇幅編排分册，篇幅適中者單獨成册，篇幅較大者分爲序號相連的若干册，篇幅較小者按類型相近原則數種合編一册。數種文獻合編一册以及一種文獻分成若干册的，頁碼均連排。各册按所在各編下屬細類及全書編目順序編排序號。

尚書埤傳

〔清〕朱鶴齡 輯

據中國國家圖書館藏清康熙間濠上草堂增刻重印本影印。

提要

《尚書埤傳》十五卷補二卷首一卷末一卷附《書經考異》一卷《尚書考異補》一卷，清朱鶴齡輯。

朱鶴齡（一六〇六—一六八三），字長孺，號愚菴。明末清初吴江人。明諸生。入清屏居，潛心著述。嗜古博學，長於箋疏之學，考證精核。所注杜甫、李商隱詩，爲時人所重。晚年致力經學，裁鑄古今，表出己見。著述頗豐，其中《尚書埤傳》《禹貢長箋》《詩經通義》《讀左日鈔》《李義山詩注》《愚菴小集》六种，均被收入《四庫全書》，可見其影響。

《尚書埤傳》爲朱鶴齡訂正南宋蔡沈《書集傳》之缺略舛訛而撰。全書依次爲：《尚書埤傳》首卷，分今文古文、删次、書序、孔傳、時世和文體六目；《尚書埤傳》十五卷，卷一至卷三虞書，卷四至卷七前半部分夏書，卷七後半部分至卷八商書，卷九至卷十五周書；《尚書埤傳補》二卷，係將《尚書埤傳》刻成後續得的二百餘條資料合編而成；後爲《尚書考異補》《書經考異》各一卷；末卷《尚書埤傳附録》，分古文尚書逸篇、尚書逸語、僞書、書説餘四目。鶴齡廣徵博引，取漢唐注疏，節鈔唐宋以來學者與《尚書》義理相證發之文，一一將其臚列于《尚書》相關篇章文句之下。其自述徵引節鈔之原則爲『主詁義，而兼及史家；臚群疑，而斷以臆説。務求爲通今適用之學』。四庫館臣認爲其雖間有輕信疏漏，然旁引曲證，亦多可采。去取之間，頗見别裁。

《尚書埤傳》卷首朱鶴齡自序撰於康熙十二年（一六七三），而《尚書埤傳補》有康熙二十年（一六八一）朱鶴齡識語，稱：『《埤傳》鎸成，行世已久，嗣有弋獲……遂合綴爲二卷。』《四庫全書》本無《尚書埤傳補》

《尚書考異補》等，係初刻本。後濠上草堂將這些内容增刻重印。

本次影印以中國國家圖書館藏清康熙間濠上草堂增刻重印本爲底本，原書框高十九・三厘米，廣十四・五厘米。卷首鈐有『延古堂李氏珍藏』印。延古堂李氏祖籍蘇州崑山，後遷居天津，爲近代藏書名家。

朱長孺先生編

尚書埤傳

濠上草堂梓行

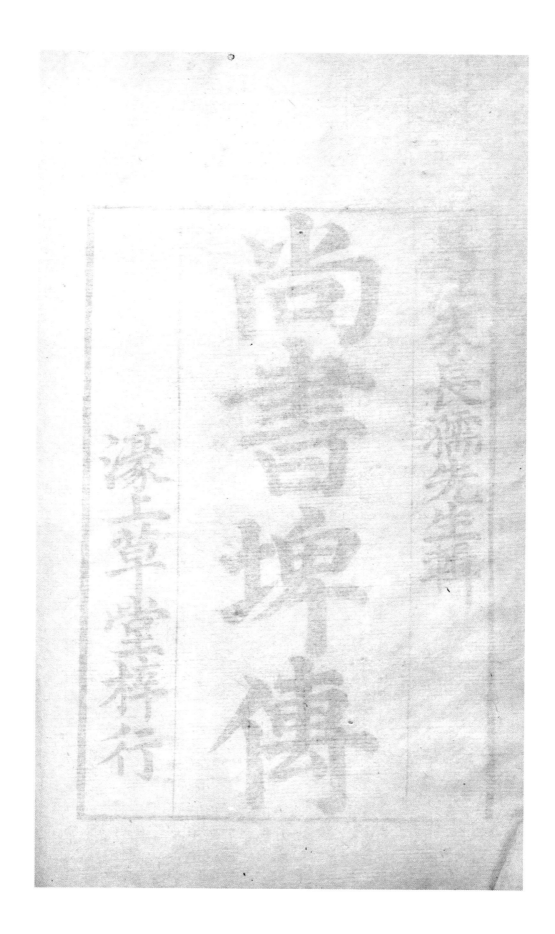

尚書埤傳序

六經之學非訓詁不明然有訓詁不能無異同有異同不能無踳駁他經皆然尚書爲甚蓋尚書者帝王之心法治法所總而萃也後世大典章大政事儒者朝堂集議多引尚書之文爲斷義解一訛貽害非尠如誤解用牲於郊牛二而世遂有主合祭天地及南郊北郊之說者矣誤解九族與罪人以族遂有旁及母族妻族而坐之者矣誤解桐宮居憂復子明辟而世遂以放君負扆眞爲伊周之事矣誤解金作贖刑始以黃金易黃鐵矣誤解臣妾逋逃始以婦女從軍矣誤以洪範五行牽合庶徵福極而介甫反之

遂謂天變不足畏矣。誤以弗辟爲致辟，居東爲東征，而公孫碩膚之美不白矣。誤解弱水在條支，崑崙即河源。及書序成王伐東夷，而漢武之窮兵西北，隋唐之越海征遼東，皆不足戒矣。嗟乎！傳書豈易言哉！百篇之文，火於秦，殘於漢。馬融、鄭玄、王肅之徒開闢草昧，甚爲簡略。古文孔傳晚出，書義稍顯。孔穎達爲之疏，雖正二劉焯炫之失，未愜學者之心。求其條貫羣言，闡明奥指，信無逾于仲默集傳者。但其意主於撥棄注疏，故名物制度之屬，不能無訛。筆力視紫陽易、詩二傳，亦多不逮。識者不能無憾焉。考明初令甲，本宗注疏，蔡傳附之。後又以蔡傳未精，命儒臣劉三吾等博采諸說，參互考訂，名《書傳會選》，頒諸學宮。其後《大全》行，而此書遂廢。又其後，制科專取蔡氏，而《大全》亦庋高閣。白首窮經，仍訛踵陋。讀《禹貢》者，河渠遷改，眩若追風；陳《洪範》者，九數相乘，迷如辨霧。此以攻經生章句，猶隔重山，況望其酌古準今，坐而論，作而行，卓然稱有用之儒哉？余竊用慇嘆，此《埤傳》之所由作也。《記》曰：「疏通知遠而不誣，《書》教也。」夫推之時務，而有宜有不宜，不可謂通；試之異代，而或驗或不驗，不可謂遠。　列朝經筵進講，必首及《尚書》，誠以三五以來，崇功廣業，咸出其中，非徒古史記言記事之體。余之輯是書也，主詁義而兼及史家，臚羣疑而斷以臆說，務求爲通今適用之學。庶幾孔堂之金石絲竹。不盡至於銷沉磨滅云爾。若以仲默之書。羣然尸祝。不應輒有異辭。則余且撟舌而退。夫仲默作傳。已不盡同紫陽之說。何獨疑于生仲默之後者哉。

康熙癸丑正月哉生魄松陵朱鶴齡長孺甫書

尚書埤傳凡例

經文不全解故不全載昔趙子常汸說春秋有杜氏補注一書專取杜注之闕略舛譌者訂正之予此書實倣其體學者先讀蔡傳。然後參觀此書。斯本末畢見矣。

漢唐二孔氏去古未遠名物度數之學多得其真蔡氏訓釋義理。誠逈出注疏之上。然稽古却疎。又一事而前後異解。往往有之。今備加剖析取注疏爲主參以諸儒之說其二孔舛誤已經朱蔡改定者不更述焉

書以道政事故先儒說書多援後代事爲左證予竊取其意於諸家參論古今之說多從采摭至禹貢一篇。賦稅漕

渠。田功水利。所載特詳。

書解自注疏而外有蘇文忠軾書傳黃宣憲度書說呂成公祖謙書說他如王介甫安石林少穎之奇葉少蘊夢得鄭漁仲樵吳才老棫晁以道說之程泰之大昌吳斗南仁傑蔡季通元定諸家之說皆為朱子所稱蔡傳既行。諸家盡廢。又如章俊卿如愚黃東發震王伯厚應麟吳幼清澄金吉甫履祥鄒晉昭季友王會齋柏近代如王恭簡樵鄭端簡曉袁坤儀黃諸家皆能發明古義。為仲默功臣。余蒐緝雖勤。僅存梗概。學者當求全本讀之。先儒之說已引入蔡傳者今不重出

唐宋以來。諸名家文、集中。其論說有與書義相證發者。多

節鈔之以備觀覽。
仲默所解天文歷律得之家傳。其粹義精言。又多得之朱子。今人盡讀蔡傳。蔡傳實未易讀也。今於其難解處。特詮釋一二。
書句難點。朱子嘗言之矣。今俗師斷句多不古。諸說中有更正者附載焉。

尚書埤傳凡例　二

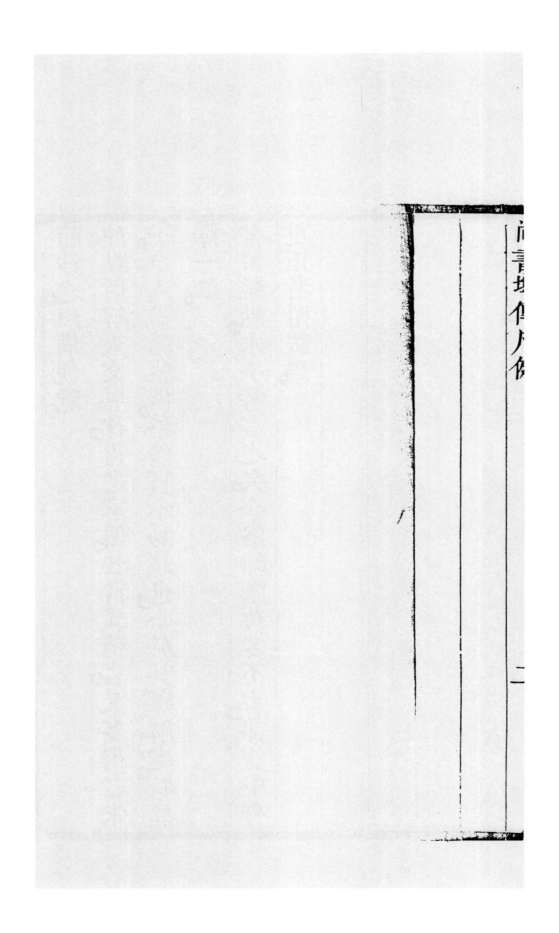

尚書埤傳首卷

今文古文

唐孔氏曰按伏生今文歐陽和叔夏侯勝夏侯建三家所傳及蔡邕所勒石經是也孔氏古文庸生劉歆賈逵馬融等所傳是也劉歆賈逵馬融等並傳孔學云十六篇逸與安國不同者良由孔注之後其書散逸不行庸生賈馬等惟傳孔學經文三十三篇鄭玄與三家同題曰古文尚書而經字多異　安國作傳值巫蠱不行諸儒知孔本五十八篇亦略見百篇之序遂有張霸者僞作舜典汨作九共九篇大禹謨益稷五子之歌胤征湯誥咸有一德典寶伊

訓肆命原命武成旅獒冏命二十四篇又以伏生之二十八篇復出舜典益稷盤庚二篇康王之誥及泰誓共爲五十八篇之數世稱百兩尚書後以樊並反黜其書至東晉時豫章內史梅賾始上古文經傳

朱子曰孔安國序言伏生失其本經口以傳授漢書乃言初亦壁藏而後亡數十篇其說與孔不同蓋傳聞異辭爾至於篇數亦復不同者伏生本但有堯典皋陶謨禹貢甘誓湯誓盤庚高宗肜日西伯戡黎微子牧誓洪範金縢大誥康誥酒誥梓材召誥洛誥多方多士立政無逸君奭顧命呂刑文侯之命費誓秦誓凡二十八篇後人加泰誓一

（篇。偽泰誓）故爲二十九篇也。（章如愚曰史記及儒林傳皆云伏生得二十九篇以教齊魯泰誓非伏生所得而云二十九篇者司馬遷在武帝時見偽泰誓出附入伏生書內遂誌而言之其實偽泰誓得之民間不與伏生所傳同出也。）其古文二十五篇者大禹謨五子之歌胤征仲虺之誥湯誥伊訓太甲三篇咸有一德說命三篇泰誓三篇武成旅獒微子之命蔡仲之命周官君陳畢命君牙冏命復出者舜典益稷盤庚二篇康王之誥凡五篇其百篇之序合爲一篇共五十九篇即今所行五十八篇而以序冠首者也爲四十六卷者孔疏以爲同序者同卷異序者異卷也同卷者太甲盤庚說命泰誓皆三篇共序滅八卷又大禹謨皋陶謨益稷康誥酒誥梓材亦各三篇共序

又減四卷通前減十二卷以五十八卷減十二卷故但爲
四十六卷也　漢儒謂伏生之書爲今文孔安國之書爲
古文以今考之則今文多艱澀而古文反平易或者以爲
今文自伏生女子口授鼂錯時失之然先秦古書所引之
文皆已如此恐其未必然也或者以爲紀録之實語難工
而潤色之雅詞易好故訓誥誓命有難易之不同此爲近
之然伏生背文暗誦乃偏得其所難而安國考定於蝌斗
古書錯亂磨滅之餘乃專得其所易此又有不可曉者至
於諸序之語或頗與經不合如康誥酒誥梓材之類而安
國之序又絶不類西京文字亦皆可疑獨諸序之本不先

經則賴安國之序以見

馬端臨曰漢儒林傳言古文尚書孔安國以今文讀之唐藝文志有今文尚書十三卷注言玄宗詔集賢學士衛包改古文從今文然則漢之所謂古文者蝌斗書今文者隸書也唐之所謂古文者隸書今文者世所通用之俗字也隸書秦漢間通行至唐則久變爲俗書矣何尚書猶存古文乎蓋安國所得孔壁書雖爲之傳未得立於學宮東京以後名儒亦未嘗傳習至隋唐方顯人往往以僻書奧傳視之繕寫傳授者少故所存者尚是安國所定之隸書未嘗改從俗字也噫百篇之書遭秦火而亡其半所存五十

八篇。此二十五篇者。書雖傳而字復不諧於俗。人罕習之。蓋出自孔壁之後。又晦昧數百年。而學者始得以家傳人誦也。晁說之曰。唐明皇改古文從今文。陸氏釋文猶存一二。呂微仲得古本於宋次道、王至仲家。以較釋文。雖小有異同。大體相類。王應麟曰。按國史藝文志。唐孝明寫以今字。藏其舊本。開寶五年。別定今文音義。咸平二年。孫奭請摹印古文音義與新定釋文並行。今亦不傳。馬端臨曰。陸德明所釋。乃古文尚書。與唐明皇所定今文時異。宋開寶中。令陳鄂刪定其文。改從頴達書。令注疏所載者。非原本也。

陳第曰。孔安國古文二十五篇。至東晉始顯。唐孔氏疏之。始大行於世。未有議其爲僞者。宋吳才老始曰。安國所增多之書。皆文從字順。非若伏生之書。詰曲聱牙。至有不可讀者。朱考亭因之曰。安國書至東晉時方出。前此諸儒皆

未見可疑之甚吳草廬澄又因之曰二十五篇采輯補綴
無一字無所本而平緩卑弱殊不類秦漢以前之文噫三
子言出疑古文者紛然矣愚竊以爲過也今文自殷盤周
誥外若堯典臯謨甘誓湯誓高宗彤日西伯戡黎牧誓洪
範無逸顧命何嘗不文從字順乎況書之顯晦亦自有時
春秋有左公穀三家左最後立詩有齊魯毛韓四家毛最
後顯傳禮者五家小戴最後出卒之左傳毛詩小戴皆孤
行至今未嘗以前人未見遂疑其僞也左傳國語論語孟
子禮記呂氏春秋諸書所引二十五篇彬彬具在今謂作
古文者采綴字句爲之是倒置本末反以枝葉爲根幹也

尚書埤傳　首卷

愚嘗考前漢民間得泰誓三篇有白魚入於王舟火復於王屋流爲烏諸語董仲舒對策司馬遷本紀皆引用之矣馬融書序曰泰誓後得按其文皆淺露吾見書傳多矣引泰誓而不在泰誓者甚多孔穎達曰今泰誓所無者古文泰誓皆有則古文爲眞復何疑乎愚又考孔子删書百篇遭秦火伏生壁而藏之亡數十篇及孔安國得古文尚書多二十餘篇是安國所得即伏生所亡也校之百篇尚存其半豈非斯文大幸歟後儒乃以今文眞也古文僞也不過謂其文章爾雅訓詞坦明耳今以觀左國禮記諸書傳所引二十五篇者多至八九章少亦三四章皆爾雅坦明

無艱深險澀語豈所引者皆僞乎夫爲諸書所稱引者旣皆爾雅坦明而諸書所未稱引者必欲其艱深險澀是一篇而二體也豈虞夏商周之本經乎

愚按劉歆移太常博士書曰古文尚書與逸禮左傳藏於秘府伏而未出孝成帝愍學殘文闕乃陳發秘藏校理舊文以此三事考學官所傳經或脫簡或脫編抑而未施據此則成帝時古文已出特以脫簡未立學官耳何得云僞後漢紀章帝建初八年十二月戊申詔選高才生受古文尚書安帝延光二年正月選三舍郎及吏人能通古文尚書毛詩穀梁春秋各一人賈逵傳肅宗好古文尚書逵數爲帝言古文與經傳爾雅詁訓相應詔令撰歐陽大小夏侯尚書古文同異逵集爲三卷帝善之東觀漢記杜林從張竦受學博洽多聞於西州得漆書古文尚書一卷

以授衞宏古文遂傳於世吳草廬既辨古文爲僞矣而其所撰三禮考注凡釐正周禮六官之舛錯者一以周官邦治邦教邦禮等語爲據夫周官非古文歟草廬於此尚未有定見而後儒趙子常歸熈甫輩皆祖述其說何歟

删次

唐孔氏曰鄭康成作書論依尚書緯云孔子求書得黄帝玄孫帝魁之書迄於秦穆公凡三千二百四十篇斷遠取近定可以爲世法百二十篇以百二篇爲尚書十八篇爲中候斷自唐虞以下者孔君無明說書緯以爲帝嚳以上朴略難傳唐虞以來炳煥可數

程子曰五帝之書既皆常道又去其三蓋上古雖已有文字而制立法度爲治有跡有史官以識其事則自堯始耳

朱子曰孔安國書序孔子贊易道以黜八索述職方以除九丘按周禮外史掌三皇五帝之書周公所錄必非僞妄而春秋時三墳五典八索九丘之書猶有存者若果全備孔子亦不應悉刪去之或其簡編脫落不可通曉或是孔子所見止是唐虞以下不可知耳

書序

朱子曰書序疑非孔子所作然相傳已久今亦未敢輕議

林之奇曰書序乃歷代史官轉相授受以書爲之總目者

謂爲孔子所作則未必然

蔡氏曰書序決非孔子所作孔安國雖說書序序所以爲作者之意而未嘗以爲孔子所作至劉歆班固始以爲孔子

鄭季友曰其曾大父曾卿從學朱子因論書小序曾大父曰曾之先君嘗諱其名乃費誓書曰伯禽春秋書秦伯任好卒秦誓乃書秦穆公皆非聖人筆削之例朱子曰然史記盡引今文書二十八篇及僞泰誓一篇並不引孔壁所增諸篇是太史公未見孔壁書明矣然却多引小序雖亡篇之序亦有之意西漢時自有百篇之序故太史公見

之造僞書者亦見之非專出於孔壁也

孔傳

葉夢得曰書五十八篇出於伏生者初二十八篇出於魯共王所壞孔子宅壁中者增多二十五篇伏生書後傳歐陽歆魯共王壁中書孔安國爲之傳漢興諸儒傳經次第各有從來伏生當文帝時年已老口授晁錯頗雜齊魯言或不能盡辨他經專門每輒數家惟書傳一氏安國無所授獨以隸書易蝌斗自以其意爲訓解不及列於學宮故自漢迄西晉言書惟祖歐陽氏安國訓解晚出皇甫謐家所謂二十五篇者雖當時揚雄杜預之徒皆不及見劉向

以曾壁中書校伏生本酒誥亡簡一召誥亡簡二字之不同者尤多漢書藝文志劉向以中古文校歐陽夏侯三家經文酒誥脫簡一召誥脫簡二率簡二十五字者脫亦二十五字簡二十二字者脫亦二十二字文字異者七百有餘脫字數十書非一代之言也其文字各隨其世不一體其授受異同若此大抵簡質淵慤不可遽通自安國學行歐陽氏遂廢今世所見惟伏生大傳首尾不倫言不雅馴至以天地人四時爲七政謂金縢作於周公沒後何可盡據其流爲劉向五行傳夏侯氏災異之說失孔子本意益遠隋志云濟南伏生之傳惟劉向父子所著五行傳是其本法而又多乖戾吳氏曰馬融鄭康成之學悉本伏生安國自以爲博考經傳采摭羣言其所發明信爲有功余又讀春秋傳禮記孟子荀子

間與今文異同。孟子載湯誥造攻自牧宮，不言鳴條。春秋傳述五子之歌，衍率彼天常一句。證康誥父子兄弟罪不相及。左傳臼季引康誥曰，父不慈，子不祗，兄不友，弟不共，不相及也。又苑無忌引康誥云，父子兄弟，罪不相及。今文乃無有。若荀卿引仲虺曰，諸侯能自得師者王，得友者霸。引康誥惟文王敬忌，一人以懌。其謬妄有如此者。禮記以申勸寧王之德爲由觀文王，以庶言同無則繹字。其乖牾有如此者。徵孔氏則何所取正。余以是知求六經殘闕之餘於千載淆亂之後，豈不甚難而不可忽哉。

陳氏曰：考儒林傳，孔安國以古文授都尉朝，朝傳膠東庸譚，譚傳清河胡常，常傳徐敖，敖傳王璜及塗惲，惲傳河南桑欽至東都則賈逵作訓馬融鄭玄作傳注而逵父徽實受其書於塗惲逵傳父業雖曰遠有源流然而兩漢名儒皆未嘗實見孔氏古文也豈惟兩漢魏晉猶然凡杜征南以前所注經傳有援大禹謨五子之歌胤征諸篇皆曰逸書其援泰誓則云今泰誓無此文蓋伏生書亡泰誓泰誓後出武帝末民間有獻者（別錄云武帝末得於壁內獻之）所載白魚火烏之祥實僞書也然則馬鄭所解豈眞古文哉故孔頴達謂賈馬輩惟傳孔學二十三篇即伏生書也亦未得爲孔學矣頴達又云王肅（此曹魏人字子雍）注書始似竊見孔傳故於亂其紀綱以爲夏太康時（王應麟曰王肅注尚書其言多是孔傳疑肅見古文匿之而不言也）

皇甫謐得古文尚書於外弟梁柳，作帝王世紀，往往載之。謐自太保鄭冲授蘇愉，愉授梁柳，柳授臧曹，曹授梅賾，賾奏上其書，時已亡舜典一篇。至齊明帝時，姚方興得於大航頭獻之，事未施行，方興以罪戮。隋開皇搜索遺典，始得其篇。夫孔注歷漢末無傳，晉初猶得存者，雖不列學官，而散在民間故也。

馬廷鸞曰：據書序所言，則古文尚書其經已送之王官，藏之中秘；其傳則遭巫蠱而不復上聞，藏之私家。以其未立學官，是以經隱而傳不行於世。劉歆遣太常書所謂藏於秘府，伏而未發者也。中秘書非世儒所見，宜乎趙岐、韋昭

杜預諸注所引古文書皆指爲逸書也

愚按今文尚書今見於史記注者與古文時異如舜讓於德弗嗣之作不怡在治忽以出納五言之作采政忽滎波既豬之作滎播考其文義俱古文爲優據孔安國尚書序云於壁中得蝌斗書以所聞伏生者是正文義定其可知爲隸古定更以竹簡寫之則是參勘彼此舍短取長孔氏之於書厥功大矣其所爲傳雖未必皆當而辭旨簡質非魏晉間人所能辦安得以其後出而過疑之哉安國之書雖遞有傳授而漢儒異師相攻甚於仇敵當馬融鄭玄趙岐注書之時安肯出以相示則諸儒之未見古人經傳無

足怪者不獨以藏於中秘之故也　安國訓皇極爲大中而漢書載谷永疏有明王正五事建大中以承天心語疑其書當時已出故永得見之特未大顯於時爾

時世

葉夢得曰書自立政而上非臯陶伊尹周公傅說之辭則仲虺祖乙箕子召公後世以爲聖賢不可及者也其君相與往來告戒論說則堯舜禹湯文武是也是以其文峻而旨遠自立政而下其君則成王康王穆王平王其臣則伯禽君陳君牙至於秦穆公其辭則一時太史之所爲也視前爲有間矣是以其文亦平易明白意不過其所言孔子

取之特以其有合於吾道焉爾

程實之曰讀尚書當識唐虞三代氣象唐虞君臣交相儆戒夏商以後則多臣戒君耳禹皋戒君儆於未然辭亦不費夏商以後則事形而後正救之如太甲高宗肜日旅獒等篇且反覆詳至不憚辭費矣啓與有扈戰於甘野以天子之尊統六師與一强諸侯對敵前此未有也湯之伐桀自湯誓湯誥外未嘗數桀之惡且有慚德焉武之伐紂則有泰誓牧誓武成凡五篇惟恐紂惡不白己心不明略無慚意矣伊尹諫太甲不從而放之前此未有也使無尹之志其去鬻拳幾何然太甲天資力量遠過成王太甲悔過

尹遂可以告歸。周公則疑謗交起，雖風雷彰德之餘，宅中圖大之後，不敢去國，且切切挽召公以共濟，用力何其艱也。堯以天位授舜，舜以天位授禹，此豈細事，而天下帖然無異詞。盤庚以圮於耿而遷國，本欲安利萬民，乃臣民譁然，至勤訓諭三篇，僅而克濟。然盤庚猶可也，周之區處殷民，自大誥以後，畢命以前，藥石之，飲食之，更三紀之久，君臣共以爲國家至重至大之事，幸而訖於無虞。視堯舜區處苗頑，又何一甚暇，一甚勞也。精一允執，無俟皇極之煩言；欽恤惟明，何至呂刑之騰說。降是則魯、秦二誓見取於經，而王跡熄，霸圖興矣。時變有汙隆，風俗有厚薄，讀其書所以貴於論其世也。

文體

陳壽曰咎繇之謨略而雅周公之誥煩而悉何則咎繇與舜禹共談周公與羣下矢誓故也。

唐孔氏曰孔君書序云典謨訓誥誓命之文凡百篇此六者之外尚有征貢歌範四者并之則有十孔不言者不但舉其機約亦以征貢歌範非君出言之名六者可以兼之。

林之奇曰禹貢實典之體。

朱子曰古史之體可見者書與春秋而已春秋編年通紀以見事之先後書則每事別記以具事之首尾意者當時

史官既以編年記事至於事之大者則又采合而別記之若一典所記上下百有餘年而武成金縢諸篇其所紀載或更歲月或歷數年其間豈無異事蓋必已具於編年之史而今不復見矣

葉夢得曰尚書文訓誥多艱澀而誓命多平易蓋訓誥多是紀錄當時號令於衆之本語故其間多有方言及古語在當時則人所易曉而於今世則反爲難知誓命則是當時史官所撰檃括潤色麤有體制故在今日亦不難曉耳

董鼎曰尚書得於煨燼斷爛之餘百篇僅存其半而宏綱實用無所不該故六經莫古於書易雖始自伏羲然有卦

未有辭辭始於文王耳。六經莫備於書。他經各主一事而作。易主卜筮。即洪範之稽疑也。禮主節文。即虞夏之五禮也。詩主咏歌。即后夔之樂教也。周禮設官。即周官六卿率屬之事也。春秋褒貶。即皋陶命德討罪之權也。五經各主帝王政事之一端。書則備紀帝王政事之全體。

王應麟曰。文心雕龍言書標七觀。按孔子云。六誓可以觀義。五誥可以觀仁。甫刑可以觀誠。洪範可以觀度。禹貢可以觀事。皋陶謨可以觀治。堯典可以觀美。見大傳。

尚書埤傳首卷畢

尚書埤傳卷之一

吳江　朱鶴齡長孺　輯
宣城　沈壽民眉生
崑山　顧炎武寧人　訂

虞書

堯典

按典謨五篇皆以曰若稽古發端蓋出于一人之手。恐難獨分堯典爲虞史所作堯典篇末言舉舜事伏生本又以舜典合爲一篇宜後人稱虞書也唐虞夏雖曰異代實相去不遠而典謨載堯舜禹皐陶事皆

曰稽古其爲夏啓以後史臣所作明矣然亦必唐虞之時自有紀載夏史但修纂成篇耳春秋傳多稱夏書據所成也孔子定爲虞書原所作也

曰放勳

放古倣字孔傳言堯能放上世之功蘇傳放法也堯有可法之大功曰放勳愚按放本訓倣效堯之大功爲萬世聖人立極所謂堯有可法之大功也蔡作推而放之四海之放乃林少穎之說

克明俊德　九族　百姓

孔傳能明俊德之士任用之鄭玄云俊德賢才兼人者

愚按蔡傳俊大也。蓋本大學義解書。然堯之大德。上章已詳之矣。九經尊賢先于親親。則孔鄭之說。未嘗不通。明即明揚之明。俊德即俊乂在官。九德咸事。豈必謂堯之放勳。原本于德。而復以此語櫽括之乎。大學所引三書。皆斷章取義。其易俊爲峻。音近而義則不同。說文云。俊。材過千人也。徧考字書。俊無訓大者。惟詩之駿命駿惠訓大。仲默之意。蓋以俊可與駿通。然非本義也。若俊可訓大。大學引書。何必易俊爲峻乎。

九族。孔傳高祖至玄孫之親。蔡傳兼五服異姓言。愚按喪服小記云。親親以三爲五。以五爲九。鄭氏注上親父。下親子。三也。以

父親祖以子親孫五也以祖親高祖以孫親玄孫九也 上殺下殺旁殺而親畢矣

以此證之從古注是

百姓 孔傳百官族姓 蔡傳畿內民庶也 愚按上古未有姓有德則賜之左傳所謂天子建德因生以賜之姓也經傳百姓或爲百官或爲萬民此從古注無害如武成萬姓悅服則斷言民也

乃命羲和 曆象日月星辰 敬授人時

孔傳重黎之後羲氏和氏世掌天地四時之官 疏曰楚語少昊氏之衰九黎亂德神人雜擾顓頊受之乃命南正重司天以屬神北正黎司地以屬民其後三苗復九

黎之惡。堯復育重黎之後不忘舊者。使復典之。以至于夏商。據此文則自堯及商。無他姓也。呂刑先重後黎。此先羲後和。楊子法言云羲近重。和近黎。是羲承重而和承黎也。羲和雖別爲氏族。而出自重黎。故呂刑以重黎言之。又曰馬融鄭玄皆以此命羲和者。命爲天地之官。下之分命申命。分四時之職。周官之六卿倣是。傳言此舉其目。下別序之。則惟命四人。無六官也。金履祥曰朱子曰羲和卽是下四子。或云有羲伯和伯共六人。未必是。按尚書大傳。舜巡四岳。祀泰山霍山。奏羲伯之樂華山弘山。弘山當作恒山。奏和伯之樂。其方與時與二氏所掌者合則羲伯和伯當有其人蓋四子分職必有二伯以總之不然曆法無所統矣【愚按】有仲叔則必有伯可知但考聖賢羣輔錄自羲和死後分置八伯羲仲羲叔之後爲羲伯和仲和叔之後爲和伯則仁山所引未足據耳黄度曰羲和封國不可考今絳州稷山縣有羲和墓○【王氏曰】昔少昊氏命官鳳鳥氏司曆玄鳥氏司分伯趙氏司至青鳥氏司啓丹鳥氏司閉位五鳩五雉九扈之上古聖人重曆數如此堯世命官步占曰欽曰敬最爲詳嚴及夏羲和合爲一其職已略至周太史掌歲年以下大夫爲之馮相氏掌日月星辰以中士爲之則其官益輕至漢而司馬遷以爲

星曆之官近于卜祝主上所俳優畜之則愈益輕矣蓋掤統造始推測天度非上哲不能及成法已具有司守之亦可步占所以始重終輕其勢然也

孔疏傳云星四方中星總謂二十八宿也日月所會與四方中星俱是二十八宿舉其人目所見爲星論其日月所會爲辰其實一也愚謂作曆觀象恐緯星亦在內但以經星爲主耳○黃氏曰天體圓地體方天包地地依天天體周圍三百六十五度四分度之一陳埴木鍾集云四分其度而得一謂零散數也徑一百二十一度四分度之三凡一度爲百分四分度之一即百分中二十五分也四分度之三

即百分中七十五分也。天左旋，東出地上，西入地下，晝夜行三百六十六度四分度之一。緣日東行一度，故天左旋三百六十六度，然後日復出于東方也。地體徑二十四度，其厚半之，勢傾東南，其西北之高不過一度。邵雍謂水火土石合而爲地，今所謂二十四度者，乃土石之體耳。土石之外，水接于天，皆爲地體。地之徑亦得一百二十一度四分度之三也。兩極南北上下樞是也。北高而南下，自地上觀之，北極出地上三十五度有餘，南極入地下亦三十五度有餘。兩極之中皆去九十一度三分度之一，謂之赤道，橫絡天腹，以紀二十八宿相距之度。大抵兩極正居南北之中，是爲天心中氣存焉晝夜循環斡旋天運自東而西左旋分爲四時寒暑所以平陰陽所以和也日體徑一度半自西而東右旋一日行一度一歲一周天所行之路謂之黃道與赤道相交半出其外半入其内冬至之日黃道出赤道外二十四度去北極最遠辰出申入故時寒晝短而夜長夏至之日黃道入赤道内二十四度去北極最近寅出戌入故時暑晝長而夜短春分秋分黃道與赤道相交當兩極之中卯出酉入故時和而晝夜均焉月體徑一度半一日行十三度百分度之三十七或問朱子日行一度月行十三度有奇如何却是遲曰曆家是將他退的度數算二十九日有餘一

周天所行之路。謂之白道。與黃道相交。半出其外。半入其內。出入不過六度。如黃道出入赤道二十四度也。日陽精猶火。月陰精猶水。火則有光。水則含影。故月光生于日之所照。魄生于日之所不照。當日則光明。就日則光盡。與日同度謂之朔。月行潛于日下。與日會也。邇一遐三謂之弦。分天體爲四分。謂初八日及二十三日。月行近日一分。謂之邇一。遠日三分。謂之遐三。邇日一分。受日光之半。故半明半魄。如弓張弦。上弦昏見。故光在西。下弦旦見。故光在東也。衝分天中謂之望。謂十五日之昏。日入西。月出東。東西相望。光滿而魄生也。光盡體伏謂之晦。謂三十日。月行近于日。光體皆不見也。月行白道與黃道正交之處。在朔則日食。在望則月食。日食者。月體掩日光也。月食者。月入暗虛。不受日光也。暗虛若日正對照處。○暗虛此張衡之說。衡謂對日之沖。其大如日。日光不照。謂之暗虛。暗虛逢月則月食。今曆家望月行黃道。則直暗虛矣。暗虛有表裏淺深。故月食有南北多寡。經星三垣二十八舍。中外官星是也。計二百八十三官。一千五百六十五星。其星不動。三垣。紫微太微天市垣也。二十八舍。東方角亢氐房心尾箕。爲蒼龍。北方。斗牛女虛危室壁。爲靈龜。西方。奎婁胃昴畢觜參。爲白虎。南方。井鬼柳星張翼軫。爲朱雀。中外官星。在朝象官。如三台諸侯九卿騎官羽林之類是也。在野象物。如雞狗狼魚龜鱉之類是也。在人象事。如離宮閣道華蓋五車之類是也。經星則隨天運轉。而聽命于七政。七政之行。至其所居

之次或有進退不常變異失序則災祥之應如影響焉
緯星五行之精木曰歲星火曰熒惑土曰塡星金曰太
白水曰辰星幷日月謂之七政天行速七政行遲遲爲
速所帶故與天俱東出西入也十二辰乃十二月斗綱
所指之地也斗綱所指之辰卽一月元氣所在謂之月
建斗有七星第一星曰魁第五星曰衡第七星曰杓此
三星謂之斗綱如建寅之月昏則杓指寅夜半衡指寅
平旦魁指寅他月放此十二次乃日月所會之處日月
一歲十二會故有十二次建子名玄枵建丑名星紀建
寅名析木建卯名大火建辰名壽星建巳名鶉尾建午

名鶉火，建未名鶉首，建申名實沉，建酉名大梁，建戌名降婁，建亥名娵訾。十二分野，即辰次所臨之地也。凡日月之交食，星辰之變異，以所臨分野占之。

孔疏書大傳云：主春者，張昏中，可以種穀；主夏者，火昏中，可以種黍；主秋者，虛昏中，可以種麥；主冬者，昴昏中，可以收斂。天子南面而視四方星之中，知人緩急，故曰敬授人時。

分命申命

袁黃曰此時曆尚未成，推測考候，正以作曆也。古說近如此

世元時造曆，考驗凡二十七所，南盡朱崖，北盡鐵勒，測

候調當總報該司因而作曆分職須布非謂春曆但須東方夏曆但須南方只爲春生之氣惟東方得其眞夏長之氣惟南方得其眞故各就其方而考之如日出于卯理宜候之于東日没于酉理宜候之于西日中之景在南理宜候之于夏北方無日故不書

宅嵎夷　星鳥

鄒季友曰宅蔡邕石經作度鄭氏周禮注引書度西曰栁谷朱子語錄云古字宅度通用宅嵎夷之類想只是四方度其日景以作曆耳嵎夷薛肇明云今登州之地

孔疏鳥南方朱鳥七宿者在天成象星作鳥形曲禮前

朱雀後玄武左青龍右白虎雀卽鳥也武謂龜甲捍禦是天文有龍虎龜鳥之形也四方皆有七宿各成一形南方之宿象鳥故言鳥謂朱雀七宿也金履祥曰午上有鶉鳥星在星星之東首西尾東故星爲星鳥未爲鶉首巳爲鶉尾是也此言星鳥總擧七宿夏言星火獨指房心虛昴又擧一宿文不同者互相通也張氏曰南言星鳥則東方蒼龍北方玄武西方白虎可知東言大火則南之鶉火西之大梁北之玄枵可知西言虛北言昴則東之房南之星可知皆互推之也朱子曰中星或以象言或以次言或以星言者蓋星適當昏中則以星言如星虛星昴是也星不當中而適當其次者

則以次言如星火是也次不當中而適介于兩次之間者則以象言如星鳥是也鄭伯熊曰二十八宿環列四方隨天而轉天形北傾故北極居天之中而常在天北二十八宿常半隱半見日東行歷二十八宿故隱見各有時必于南方考之仲春之月星火在東星鳥在南星昴在西星虛在北至仲夏則鳥轉而西火轉而南虛轉而東昴轉而北仲秋則火轉而西虛轉而南昴轉而東鳥轉而北至仲冬則虛轉而西昴轉而南鳥轉而東火轉而北來歲仲春則鳥復轉而南矣循環無窮此堯典考中星以正四時甚簡而明異乎月令之星舉月本也

〔陳氏〕曰堯典惟舉四仲初昏之中星月令則十二月備舉之堯典中星舉四象十二次月令專舉二十八宿且患井斗度濶而別舉弧建以審之〔王應麟曰〕弧與建星非二十八宿而昏明舉之者由弧星近井建星近斗此出月令正義堯典惟求之初昏月令則并求之旦而必考日行所在以見中星去日遠近之度焉〔方回〕曰堯典言分至之中月令言昏旦之中堯典以時爲主月令以月爲主故詳略不同然其見于南方則一也〔王應麟〕曰星始見于辰終伏于戌自辰至戌正于午中于未堯典舉四時之正以午爲中月令舉十二時之中以未爲中就火星論之以午爲正故堯典言日永星火

以正仲夏以未爲中故月令言季夏昏火中至申爲流故詩曰七月流火以辰爲見以戌爲伏故傳曰火見于辰火伏而蟄者畢諸星亦然詩定之方中亦以十月中于未也朱子曰堯時昏旦星中于午月令差于未漢書以來又差今比堯時似差及四分之一古時冬至日在牽牛今却在斗○歐陽修曰事在天下其易差者莫如曆夫所以差者由天周有餘日周不足也天日之差恒于中星驗之黄度曰中星正則天運可求分至定則日行可準曆象之法備于此矣

南交　敬致　星火

鄭氏曰南交下不言曰明都三字磨滅孔疏卽幽足以

見明非磨滅也孔說是

林之奇曰周禮冬夏致日左傳居卿以底日漢天文志云日有黃道一曰光道黃道北至東井去北極近南至牽牛去北極遠夏至日行東井近極故晷短立八尺之表而晷景長一尺五寸八分冬至至于牽牛遠極故晷長立八尺之表而晷景長一丈三尺一寸四分晷景者所以知日之南北也春秋分日至婁角去極中而晷中立八尺之表而晷景長七尺三寸六分此日去極遠近之差晷景長短之制也王應麟曰刻之長短由日出之蚤晚景之長短由日行之南北此出方氏禮記解

朱子曰致日考日中之景如周禮土圭之法

今人都不曉土圭鄭康成解亦誤圭只是量表景景底尺長一尺五寸以玉爲之夏至立表視表景長短以玉圭量之若表景恰長一尺五寸此便是地之中本朝岳臺是地之中[王應麟曰唐律歷志測景在浚儀岳臺今祥符縣西九里有岳臺]已自差許多問地何故有差曰想是天運有差地隨天轉而差天運之差如古今昏旦中星之不同是也問何故以八尺爲表曰此須用句股法算之南北無定中必以日中爲中北極則萬古不易

孔疏蒼龍七宿房在其中但房心連體心統其名左傳言火中火見詩稱七月流火皆指房心爲火故傳云火

蒼龍之中星。金履祥曰心宿有三星。其中一星名曰大火。

宅西

蔡傳西謂西極之地。愚按嵎夷南交朔方皆有定所。西未詳何地。蘇傳引徐廣云今天水之西縣也。三方皆以極邊言之。天水恐太近

曰幽都　朔易

袁黄曰蔡傳日行至是則淪于地中。非也。若論夜則春夏秋之日。皆在地中。不獨冬也。若論晝則冬之日。何嘗不在天乎。冬至日行南陸。去北為遠。故曰幽都耳。郝敬曰天

體北高南下夏至日行北陸高而遠地故日長日行天頂故其表景短冬至日行南陸近地偏側故日短而其表景長

呂祖謙曰北方終其陰而後始其陽故曰朔方既承今歲之終又慮來歲之始故曰朔易始而終終而始此天地生生不窮之道

附考 蔡傳歲差之度鄒季友曰按隋劉焯取晉虞喜宋何承天二家中數以七十五年差一度焯之後唐一行以八十三年差一度宋紀元曆以七十八年差一度蔡伯靜以六十年差一度又或以五十九年差一度至元中司天監王恂以七十二年差一度或謂近之然天運不

齊日月星辰皆動物行度疾徐無常若立定法以逐之久而亦必有差反不如隨時占候修改以與天合之簡切也。方回謂至元十八年辛巳冬至日在箕九度昏室中。顧臨曰月令仲春日在奎考之書則冬之時也。仲夏在東井則書之春也。仲秋在角則書之夏也。仲冬在斗則書之秋也。月令與書異蓋天經三十年小變百年中變五百年大變故曰神農伏羲之曆不可用于堯舜之時堯舜之曆不可用于夏商之世。朱子曰蔡季通言非是天運無定乃其行度如此其行之差處亦是常度但後之造曆者爲數窄狹不足以包之耳。

有六旬有六日　閏月　允釐百工

附考　蔡傳天左旋日月麗天亦左旋　愚按朱子毛詩日月之交傳云天左旋于地日月皆右行于天論語或問亦云經星隨天左轉日月五緯右轉晚年乃主橫渠之說

橫渠說見正蒙謂右行者，曆家所言耳，曆家以進數難算，只以退數算之，進數謂順天而左，退數謂逆天而右，故謂之右行，且曰日行遲，月行速。

許謙曰：堯命羲和居四方，考天象，推舉分至四中星，而知日之所在，又曰以閏月定四時成歲，而知月之所行，典文簡古，存其大法，推步之術未詳，西漢天文志始曰，日東行，月西轉，而周髀家有日月實東行，而牽西沒之說，其論天轉如磨者則非，論日月右行者則是，自是志天文者，轉相祖述，以爲定論，言日月則五星可知矣，唐一行鑄渾天儀，激水注輪，一晝夜天西旋一周，日東行一度，月行十三度十九分度之七，晦明朔望，遲速有準然則二十八宿附天西循而爲經七政錯行而爲緯其說得之文公詩傳亦猶是也蔡仲默傳堯典則曰天體周圍三百六十五度四分度之一繞地左旋一日一周而過一度日月麗天亦左旋日則一日繞地一周而在天爲不及一度月則尤遲不及天十三度十九分度之七積二十九日復有餘分而與日會合氣盈朔虛而閏生典謨之傳已經文公是正其說可謂明矣然愚以古說較之其可疑者有七天體左旋七政右逆則七政皆附著天體遲速雖順其性而西行則爲天所牽率然有所倚著各得循序若七政與天同西行恐錯

亂紛雜泛然無統二也日君道也月臣道也從東行則合朔後月先行既望則月在日後及在合朔是月之從日爲臣從君爲順若西行則月在日前至望後再合朔必日行後月是君就臣爲逆二也大而一歲陰陽升降小而一月日月合朔此正天地萬物之心陰陽得于此會合以造就萬類者也以一歲之運盛陰閉塞之時而生生猶不息正以日月之合繼助元氣之偏也然凡進者陽道也生道也退者陰道也死道也日月東行則月之進從日之進西行則月之退又符于日之退三也日月雖皆進行比天行不及則如退日月五星無殊金水

在太陽前後率歲一周天爲最速次火次木惟土積厚
重之氣入天體最深故比五星形最小行最遲而二十
八載一周天若七政皆西行則向謂遲者今反速向謂
速者今反遲四也星雖陽精然亦日之餘也以日之陽
次于天且一日不及一度星之陽不及日遠甚而木十
餘日土二十餘日始不及天一度是木土之速反過于
日遠矣五也五星以退留遲疾伏伏疾遲留退五段推
步姑以歲星言之大約退十三日而留二十三日而遲
疾伏共行二百六十餘日而復留而復退是行常三倍
于退而退四倍于留之日然行乃其常退其變也若西

行則行爲退退爲行是五星進日何少而退日何多六也星家步星伏行最急疾行次急遲行爲緩留則不行退則逆而西此皆以星附著天體而言也若七政隨天西行則天自天星自星不可附著天體且附著則爲東行矣然則星家所謂遲疾伏皆爲最緩而不及天所爲留則不可言留乃行而與天同健一日皆能過太陽一度至于所謂退乃更速過于天之運矣七也由此言之則古法比蔡傳爲密謹筆之以俟知者

高皇御製文集曰蔡傳日月隨天左旋今仰觀天象甚不然何以言之當天清氣爽之時指一宿爲主使太陰居列宿之西一丈許盡一夜則太陰過而東矣蓋列宿附天次舍而不動者太陰過東則其右旋明矣○陳普曰天行日進而日月日退日

月非退也以天之進而見其退耳曆家謂日月右旋[illegible]此蓋不計天之進而但以日月之退爲右旋以背而[illegible]面也董鼎曰日月麗乎天宜皆隨天而行也而曰天左旋日月五星右旋何哉朱子曰天無體二十八宿是其體二十八宿之行即天之行也是以謂之經星猶機絲之有經定而不動而日月五星緯乎其中所以分晝夜紀四時以成造化之功也故自地面而觀其運行則皆東升西沒繞地而左旋自天度而考其次舍則日月五星獨以漸而東爲逆天而右轉蓋由其行不及天而次舍日以退然舍雖退而行未嘗不進也退雖逆而進未嘗不順也于天雖逆而右行于地則未嘗不順而左旋也　以上主左旋之說今附錄備考○附考蔡

傳如日法九百四十而一得六鄒季友曰而一得六謂以九百四十分爲一日則得六日而尚有不盡如下數也舊本或無一字

吳亭壽曰歲無定日閏有定法朞者一歲之足日也歲

者一歲之省日也。閏者，補三歲之省日，湊為三歲之足日也。【黃度曰】秦用顓頊曆，置閏在歲後。堯曆考中星，定分至，隨月置閏，故四時不差，遂為後世法。【朱子曰】朞三百有六旬六日，而今一歲三百五十四日者，積朔空餘分以為閏。朔空者，六小月也。餘分者，五日四分日之一也。【又曰】天有四時，分為二十四氣，一月二氣，皆朔氣在前，中氣在後。朔氣有入前月法，中氣無入前月法。朔氣帀為年，中氣帀為歲。中朔不齊，正之以閏。閏無中氣，斗指兩辰之間，所以異于他月。【袁黃曰】蔡傳天體至圓一段，皆依當時曆法，十九年氣朔分齊為一章，惟唐宋諸曆為然。今授時曆已有餘分，不能皆齊。堯時之曆亦不齊。今曆家推陽九百六限筭。所以不準者。正爲章蔀會元之數不同耳。

王樵曰。聖人治曆明時。即人事一時修舉。九官之治。與羲和所職。互相備也。馬端臨謂陶唐以前之官。所治者天事。以後之官。所治者民事。太皞勾芒數聖人者生則知四時之事。沒則爲四時之神。成周六官。繫以天地四時。蓋于民事之中。猶寓以治天事之意。後世不知裁成輔相之道。始略于天事爾。

四岳　鯀哉　异哉　九載績用弗成

左傳。許。太岳之胤也。杜預注。太岳。神農之後。堯四岳也。

樓鑰曰：春秋時申、呂、齊、許，皆四岳之後。愚按：國語太子晉曰：工之從孫四岳。（韋昭注：工，共工也。古諸侯，黃帝之後，姜姓。堯時共工，與此異。）佐禹高高下下，疏川導滯，鍾水豐物，皇天嘉之，命爲侯伯，賜姓曰姜。（韋昭注：姜，四岳之先炎帝姓也。炎帝世衰，其後變易，至四岳，帝復賜祖姓。）氏曰有呂。謂其能爲禹股肱心膂，以養物豐民人也。據此文，則四岳舉舜之後，又佐禹治水有功。禹之自序止言暨益暨稷，而不及四岳，何與？堯舜求禪命官，皆咨四岳，當時職任甚重，其賢當不下皋、益諸人，而止以官稱，其名竟莫可考。

史記索隱、漢書律歷志謂顓頊五代而生鯀。按太史公

以鯀爲顓頊子鯀仕堯舜朝代系殊懸舜爲顓頊六代
孫則鯀必非顓頊之子班氏近得其實顧大韶曰家語
五帝德篇太史公採爲本紀謂黄帝生二子一曰玄囂
是爲帝嚳高辛氏之祖二曰昌意是爲顓頊高陽氏之
父帝嚳生堯及稷契顓頊生鯀鯀生禹黄帝至禹皆同
姓而異其國號夫三皇五帝之事若存若亡詩書之傳
所不載間可推尋必于左氏内外傳求之左傳郯子之
言曰炎帝以火紀故爲火師而火名黄帝以雲紀故爲
雲師而雲名少昊氏之立也鳳鳥適至故爲鳥師而鳥
名自顓頊以來乃紀于近由此言之少昊在黄帝之後

顓頊之前明矣今本紀五帝不數少昊而直曰黃帝崩其孫昌意之子顓頊立則將置少昊氏于何地乎生民以來一治一亂國語少昊氏之衰也九黎亂德顓頊乃命重黎絕地天通顓頊氏之衰也共工氏霸九州帝嚳伐之而序正星辰皆其子孫失德衰敗而異姓代興若黃帝之後卽少昊少昊之後卽顓頊顓頊之後卽帝嚳數百年常治不亂則九黎共工安所厠足于其間乎左氏所云高辛氏有才子帝鴻氏有不才子皆言其苗裔耳非必指其身也而讀者不察以鯀爲顓頊之親子稷契俱帝嚳之親子于是竹書紀年謂鯀一百九十歲而

誅。推其受命治水之年。蓋已一百八十一矣。世必無一百八十之人。猶膺重任者。八十九十曰耄。有罪不加刑焉。亦必無一百九十而猶誅殛之者。堯未舉舜之先。書稱百姓昭明。庶績咸熙。稷契果親弟。百八十年而不知。堯豈若是之暗。而羲和四岳諸人。豈蔽賢若是哉。本紀以稷契皆帝嚳子。已未可信。以鯀爲顓頊子。斯斷斷不然。禮記疏引春秋序命曆曰。炎帝號大庭氏。傳八世。合五百二十歲。次黃帝。曰軒轅氏。傳十世。二千五百二十歲。次少昊。曰金天氏。傳八世。五百歲。次顓頊。卽高陽氏。傳二十世。左傳疏引此云傳九世。三百五十歲。次帝嚳。卽高辛氏。

傳十世。左傳疏云。傳八世。四百歲。鄭康成嘗據之。以紬本紀。緯書雖不可信。此說近之。愚按左傳。子產謂鯀化黃能以入羽淵。實爲夏郊。三代舉之。魯語及祭法。皆云夏后氏郊鯀而宗禹。夫禹受天下于舜。猶舜受天下于堯也。舜不郊瞽瞍而禹獨郊鯀焉。此必無之事。韋昭曰。魯語有虞氏郊堯而宗舜。祭法又云。有虞氏郊嚳而宗堯。蓋舜在時則宗堯。舜崩而子孫宗舜。故郊堯耳。愚謂鯀之得郊。當亦如是。禹能修鯀之功。夏之子孫。因禹而追鯀。于義無害。若當禹之身。而直以其父配天。則何以處夫殛之羽山者也。

异孔傳訓己也退也疏云异聲近己故爲己也說文音異訓舉也蔡傳已廢而復强舉蓋兼取二義袁黄曰當從說文訓舉列子囚纍桎何以异哉卽以舉釋之何不可曰舉哉便見不得已之意

金履祥曰周漢以來多稱堯有九年之水今考自洪水方割卽舉鯀俾乂九載無成而後舉舜舜舉禹禹八年于外而後成功前後幾二十年曰九年者以鯀九載言之耳洪水蓋如後世歲有河決之患鯀多爲隄防以障之而患日甚然必待九載始易之何也九載之間非盡無功但無成耳禹之不諫其父何也禹必常諫鯀必不

從舜之知禹亦以此也
七十載　否德　烝烝乂　釐降二女于嬀汭　嬪于虞
孔傳堯年十六以唐侯升爲天子在位七十年則時年八十六疏云偏檢書傳無堯即位之年孔氏必當有據
附考蔡傳否不通謂與不字通用也古不字本俯九切
曾氏曰烝如烝之浮浮之烝盛德上達化而熟之使不自知也
袁黃曰釐降之釐與允釐之釐不同不宜同訓爲治蔡云治裝陋矣詩旣醉篇釐爾士女孔傳云釐予也此當依詩詁無疑○孔疏列女傳云二女長曰娥皇次曰女

英舜卽位娥皇爲后女英爲妃鄭氏注禮記乃云舜不告而娶不立正妃此鄭所自說未有書傳云然愚按檀弓云舜崩于蒼梧之野蓋三妃未之從也疏引帝王世紀云長妃娥皇無子次妃女英生商均三妃癸比生二女宵明燭光癸比他書未聞當以二女爲正○金履祥曰史記稱黃帝曾孫嚳嚳之子堯則堯是黃帝玄孫又稱黃帝生昌意昌意生顓頊歷窮蟬敬康句望蟜牛以至瞽瞍而生舜則舜是黃帝八世孫堯舜俱出于黃帝則二女之妻不亦瀆姓無別已乎世系之傳史記之失考也昔歐陽修謂司馬遷漢史其紀漢之初已不知高

祖之世系父曰太公而猶不知其名母曰劉媼而猶不知其氏而其上紀五帝之世母妻嫡庶子孫名氏一無所遺耳目所及尚如此則二千餘年所傳聞者其詳果足信乎或曰世本也非遷所自言也抑世本果出于三代之時乎以世本爲三代之書猶以爾雅爲周公之書也故朱子謂世本出于附會假托不可憑據今以敘舜之次推之其不可憑也審矣曰然則舜果何出乎考之于書曰虞舜曰嬪于虞是虞者有國之稱也參之國語史伯之言曰成天地之大功者其子孫未嘗不章虞夏商周是也虞幕能聽協風以成樂物生者也夏禹能平

水土以品處庶類者也商契能和合五教以保于百姓者也周棄能播殖穀蔬以衣食民人者也其後皆爲王公侯伯夫以虞幕並契稷而言則幕爲始封有虞之君而舜所自出以王天下者也愚按左傳云陳顓頊之族也自幕至于瞽瞍無違命是幕乃顓頊之後無疑史本紀不載幕名未知去舜幾世然幕既祖顓頊而顓頊乃黃帝之孫帝嚳之父也謂舜與堯非同出黃帝可乎祭法云有虞氏禘黃帝而郊嚳祖顓頊而宗堯世本固未可信祭法亦不可信乎意者上古質野禮制未備雖所出同而姓各別者皆得通婚姻夏商以後始嚴矣本孔疏

○孔疏嬀汭在河東虞鄉縣歷山西西流至蒲坂縣南入于河舜居其旁周武王賜陳胡公姓爲嬀爲舜居嬀水故也金履祥曰舜生于姚墟因生爲姚姓居于嬀汭後世復因居爲嬀姓非舜有二姓也諸馮嬀汭皆在今河中府河東縣孟子以爲東夷之人蓋對文王岐周而言自河中至岐周千餘里也說者指齊之歷山濮之雷澤爲舜側微畊漁之地特因孟子之言而附會之耳史記正義括地志故虞城在陝州河北縣東北五十里虞山之上酈道元注水經云幹橋東北有虞城堯以女嬪于虞之地也

卷一終

尚書埤傳卷之二

吳江　朱鶴齡長孺　輯
新城　王士禛貽上
長洲　汪　琬苕文　訂

舜典

按伏生經文無篇首曰若稽古以下二十八字，東晉梅賾上古文孔傳亦無之，今此二十八字乃蕭齊姚方興得之大航頭者，其傳又云，王肅范甯所補，則此二十八字誠可疑。陳振孫曰：孟子引二十有八載，放勳徂落之文，曰堯典，則知古無舜典篇名也。

允塞

[袁黃]曰易曰有孚盈缶缶至虛而吾之誠信足以滿之正是塞義

愼徽五典　大麓

[袁黃]曰徽孔傳訓美蔡因之按字書三糾繩爲徽又琴節曰徽淮南子鼓琴循經謂之徽五臣曰調也三糾繩亦有調義不調則緩急不均故須愼之下之克從者從其所調也　左傳播五教于四方父義母慈兄友弟恭子孝孔傳用之蔡傳則用孟子

大麓自應據史記蔡傳堯使舜入山林是用史本紀語

孔傳大錄萬幾之政蓋因錄鹿音同而誤耳。集韻麓古作禁通作鹿

王氏曰大麓太山之麓也後世封禪之說傳會于此。

黃度曰闕駰十三州志麓林之大者其後秦置鉅鹿郡。堯將禪舜合諸侯羣臣百姓納之大麓風雨不迷致之以昭華之玉此出緯書難盡據而與史記相符。

舜讓于德弗嗣

孔傳辭讓于德不堪不能嗣帝位。愚按此即蔡傳所引或說也若作讓于有德之人泛言則不成爲讓有所指則爲何人乎。　王樵曰舜讓于德勿嗣之下無再命之辭而即繼以受終文祖疑有闕文仁山金氏以論語補

之曰帝曰咨汝舜天之曆數在爾躬不允其讓也允執其中授以治天下之道也四海困窮天祿永終戒之也然後舜以正月上日受終于文祖如此文義方完

正月上日

正月上日與月正元日皆謂建寅之月［王肅云］惟殷周改正易民視聽自夏而上皆以建寅爲正

在璿璣玉衡　七政

［孔疏］馬融云渾天儀可旋轉故曰璿衡衡簫所以視星宿也蔡邕云玉衡長八尺孔徑一寸下端望之以視星宿盖璿璣以象天而衡望之轉璣窺衡則知星宿［王

應麟曰：張文饒云，堯之曆象，蓋天法也；舜之璣衡，渾天儀也。信都芳云：渾天覆觀，以靈憲爲文；蓋天仰觀，以周髀爲法。唐孔氏曰：髀，股也。股者，表也。其法始于包羲，周人志之，故曰周髀。蔡邕云即蓋天也。劉智謂黃帝爲蓋天，顓頊造渾儀。春秋緯文耀鉤謂帝堯時羲和立渾儀。而韓顯符渾儀法要序以爲伏羲立渾儀，未詳所出。

袁黃曰：堯典曰日月星辰，此止及七政者，經星麗天不動，十二辰無遲速順逆之殊，故略之。

附考

蔡傳：六合儀刻十二辰、八干、四隅。鄒季友曰：八干謂壬癸甲乙丙丁庚辛，四隅謂艮巽坤乾。

肆類于上帝　禋于六宗

孔疏經言祭天不及地與社稷必皆祭之但史文略耳

王樵曰類依郊祀爲之鄭氏春官肆師注本尚書夏侯歐陽之說近儒有云類合也合祭天地也妄解經文以證其說固不足闢但天地之分祭合祭爲歷代不決之疑有不容不辨者禮曰享帝于郊祀社于國又曰郊所以明天道社所以神地道又曰郊社所以祀上帝可見古者天地之祭只有郊社而已安得南郊之外復有北郊以祭地乎郊自郊社自社又安得天地合祀于南郊乎皇天上帝至尊無對今主分者崇北郊以抗天主合

者則謂人道若考妣然皆非禮也王莽諂事元后傅會昊天有成命之詩始合祀天地同牢而食其瀆褻不經甚矣此豈可據耶此主胡五峯之說予有辨詳毛詩通義

上帝孔傳云告天及五帝　愚按此據周禮之文家語季康子問五帝孔子曰天有五行金木水火土分時化育以成萬物其神謂之五帝然昊天上帝一而已豈有五哉五行之神助天理物安得與上帝並稱漢人篤信讖緯故有五方五色帝及五人帝之說至宋儒始黜之

鄒季友曰六宗漢晉諸儒之說最繁雜伏生馬融以天地四時爲六宗劉歆謂水火雷風川澤賈逵謂日月星河海岳鄭玄謂星辰司中司命風伯雨師晉司馬彪以六宗不應獨立

表駁之。幽州秀才張髦上疏，謂祀文祖之廟六宗者，三昭三穆也。十一家皆非。見後漢書注。惟王肅同孔傳。孔傳謂四時也，寒暑也，日也，月也，星也，水旱也。根據祭法，故蔡傳從之。泰昭壇名相近，當從王肅作祖迎往者，祖送之來者，迎迓之也。幽宗雩宗之宗，讀如字。鄭氏讀作禜，非。孔叢子載宰我問答，與孔傳同。

蘇傳　古者郊天，必及天地間尊神，考之祭法，其泰壇祭天，即此類上帝也。祭四時寒暑日月星水旱，即此禋六宗也。四坎壇祭四方，與山林川谷丘陵能出雲爲風雨，見怪物，皆曰神，即此望山川徧羣神也。祭法所序，舜典之章句義疏也。

輯五瑞

陳第曰五瑞及五禮三帛二生之類漢儒悉以周制當之雖其意不遠而其事無稽當于釋義之中寓存疑之意五瑞則曰若周禮公執桓圭侯執信圭等之類五禮則曰若周禮吉凶軍賓嘉

歲二月　柴望　律度量衡　五玉　五禮　五器　藝祖

王樵曰蔡傳當巡守之年二月也巡守當何年意必攝位之次年也孔傳以二月爲瑞班之明月非是觀經文加歲字于二月之上則更端之辭非承上月而言且既

月方日覲羣后安暇便巡守哉

鄒季友曰朱子語錄云注家以至于岱宗柴望爲句某謂當以柴望秩于山川爲句如柴望大告武成今按上章有望于山川之語則柴字自爲句尤妥說文引書亦柴字絕句（按後漢張純引書曰歲二月東巡狩至于岱宗柴亦柴字爲句）柴言祭天望言祭山川武成以二字該二祭則又當二字自爲句也

林之奇曰律之十二又生于歷之十二班固曰推歷成律故同律度量衡必先協時月正日也金履祥曰十二律以配十二月蓋日月會于十二次而右轉聖人制六呂（陰律）以象之斗柄運于十二辰而左旋聖人制六律（陽律）

以象之故陽律左旋以合陰陰律右轉以合陽而天地四方陰陽之聲出焉史遷序律書所謂律居陰而治陽歷居陽而治陰律歷更相治間不容忽者也方回曰古律用竹又用玉漢末以銅爲之呂亦稱同故有六律六同之說元間大呂二間夾鐘是也又曰井田六尺爲步秦孝公初爲賦平斗桶權衡丈尺行之改周制也今其分寸不可考漢大率依秦律歷志所書秬黍之法乃是王莽時劉歆之說王應麟曰皇祐新樂序云古者黃鐘爲萬事根本故度量權衡皆起于黃鐘至晉隋間累黍爲尺而以製律容受卒不能合及平陳得古樂遂用

之唐興因其聲以制樂其器雖無法而其聲猶不失古王朴始用尺定律而器與聲皆失之太祖患其聲高特減一律至是又減半律然太常樂比唐之聲猶高五律比今燕樂高三律失在于以尺而生律也司馬公謂胡李之律生于尺房庶之律生于量皆難以定是非蔡季通謂律度量衡言蓋有序若以尺求之是律生于度若以絫黍爲之是律生于量皆非也故自爲律以吹之而得其聲

附考　蔡傳十龠爲合　鄒季友曰合音閤蔡西山燕樂本原嘉量篇云合龠爲合注云兩龠也又云十合爲升注云二十龠也蔡氏家學相承不應有異況合

龠爲合。乃漢律歷志本文。龠卽管也。黃鐘之律。管容秬黍一千二百。謂之一龠。合者。幷也。取幷合兩龠之義以爲名也。宋皇祐間造新樂。阮逸胡瑗嘗駁今文十龠爲合之誤。沙隨程氏三器圖義亦嘗辨之。云漢書合龠爲合。俗人誤以上合字爲十字也。此篇集傳經朱子訂定。不應有誤。必傳寫之訛耳。

五玉。【孔傳】五等諸侯執其玉。【疏云】卽五瑞也。蔡傳因之。

【鄒季友曰】按周禮小行人注。五等諸侯享天子用璧。享后用琮。其大各如其瑞。皆有庭實。圭以馬。璋以皮之類也。諸侯相享之玉。大小各降其瑞一等。據此則瑞自瑞。

玉自玉五瑞乃天子所頒以錫命諸侯者諸侯執之以見五玉乃諸侯所奉以進獻天子者朝享則實之在庭周禮典瑞注云瑞符信也故天子冒而還之凡言贄則受之而已若五玉卽五瑞則是以天子錫命之圭璧與三帛二生一死俱爲贄矣注家承誤已久故詳辨之

孔疏 周禮大宗伯以吉禮事邦國之鬼神示以凶禮哀邦國之憂以賓禮親邦國以軍禮同邦國以嘉禮親萬民之昏姻此篇類于上帝吉也如喪考妣凶也羣后四朝賓也禹謨徂征三苗軍也堯典釐降二女嘉也五禮之事竝見于經知與後世不異也

五器。注疏謂以玉作五器，卽上五玉。蔡傳以五玉三帛二生一死贄九字作錯簡，本吳才老說而云五器卽五禮之器也。本朱子說如吉禮之器爲簠簋，軍旅之器爲干戈之類。此解不易。但復云周禮六器六贄，卽舜之遺法也。此句當删。周禮大宗伯以玉作六器，以禮天地四方，以禽作六贄，以等諸侯。此豈足該五禮之器乎。

藝祖。孔傳以爲文祖之廟。藝卽文也。疏云此時舜始攝位，未自立廟，故知告堯之文祖也。愚按經文止言祖，不及禰。蔡傳引王制，雖本注疏，亦可删。

孔疏南之如岱，西之如初，北之如西，見四時之禮皆同。

互文以明耳。不巡中岳者。蓋近京師者。有事必聞。不慮枉滯。且諸侯分配四方。無屬中岳。故不須巡之也。文中子曰。舜一歲巡五岳。國不費而民不勞。無他道也。兵衛少而徵求寡也。朱子曰。古之天子。一歲不能遍及五岳。則到一方境上會諸侯亦可。周禮有此禮。

五載一巡守　四朝　明試以功

王樵曰。孔子曰。舜臨民以五。堯臨民以十二。言堯時十二載一巡守也。則五載之制。乃舜所定。其後成周復十二年一巡守。堯上古事簡。周世文。天子不能頻出也。舜五載勤民也。

四朝。孔傳會朝于方岳之下。凡四處。禮記疏引鄭玄云。四方諸侯分四年來朝京師。蔡傳引之蓋彷周禮爲說。

蘇軾曰見文集自古用人必須歷試。雖有卓異之材。必觀積勞之效。一則使其更變而知難。事不輕作。一則待其功高而望重。人自無辭。

肇十有二州　濬川

孔疏周禮職方氏有幽并而無徐梁。周立州名必因于古。知舜時當有幽并。職方幽并山川于禹貢皆冀州之域。知分冀爲之也。爾雅釋地。九州之名無梁青而有幽營。孫炎以爾雅之文與職方禹貢並不同。疑是殷制。則營州亦有所因。知舜時亦有營州。齊卽營州之地。知分青爲之也。劉悳曰：冀州北接沙漠。其地于九州爲最大。分冀爲幽幷。以此二州捍北狄。使不得內接畿甸。所以壯京師之翼衛。禦外夷之侵陵也。鄒季友曰：孔傳分青州爲營州。蔡傳亦用其說。按遼東與冀州接壤。西至青州。隔越巨海。道里殊遠。若以屬青。則非所謂高山大川以爲限之意。蓋幽幷營三州。皆分冀州之地耳。顧炎武曰：幽在今桑乾河以北。至山後諸州。幷在今石嶺關以北。至豐勝二州。營在今遼東大寧。竝有塞外之地。其山川皆不載之禹貢。故靡得而傳。王樵曰：分州置牧。意在聯屬侯服。董正治功也。地太廣則有所不及。此冀青之所以分也。又曰：爾雅有徐幽營而無青梁幷青入于徐梁入于雍幷入于冀也此殷制也職方有青幽幷而無徐梁營蓋周又分冀爲幷而併營于幽復禹之青而省徐入青也

呂祖謙曰禹治水嘗濬川今水平復濬安不忘危也川不言十二水無大小皆濬之也陳雅言曰山之表識無待于致詳水之疏導則不容以或略

象以典刑　流宥五刑　金作贖刑　怙終賊刑

漢刑志法世之説者以爲治古無肉刑有象刑墨黥之屬菲屨赭衣而不純是不然矣所謂象刑惟明者言象天道而作刑安有菲屨赭衣者哉程大昌曰漢文帝除

肉刑詔云：有虞氏畫衣冠異章服，而民不犯。今法有肉刑三，而姦不止。武帝策賢良亦然。白虎通曰：畫象者，其衣服象五刑也。犯墨者蒙巾，犯劓者衣赭，犯髕者，漢志改剕爲髕。師古注：髕去膝骨頭。以墨蒙其髕而畫之，犯宮者履扉，犯大辟者布衣無領。蓋謂別異服以愧辱之，而不至于用刑。此遠古而訛傳也。經曰：怙終賊刑，刑故無小。何嘗置刑不用哉？況象刑之次，降而下之，方有流鞭撲撻。若謂象刑止于受辱，則是正麗五刑者，反可以異服當刑，而惡未入刑者，乃眞加之流鞭撲撻焉，何其不倫也。然則象刑謂何？是必圖寫用刑物象，以明示民，使知愧畏而不犯也。當是時，周禮布刑象之法，有執木鐸以警衆者，有屬民而讀之者，又有書五禁于門閭，諭刑罪于邦國者，上下相承，極其詳復，正恐不知者之誤觸耳。由此言之，則藉形象以圖示其可愧可畏，正聖人忠厚之意也。魑魅魍魎，人固不願與相值，然天地間不能無。聖人範金肖物，鑄鼎以示之，前山行草茇者，知畏而預爲之避。此畫象而期不犯之意，與鑄鼎象物之意，不正同哉。愚謂墨刑見于太甲，劓殄見于盤庚，劓刖見于康誥，可證五刑自古而有，帝王不能廢，苗民特淫虐用之耳。丁謐謂肉刑興蚩尤之代，而堯舜以流放代之，其意是矣，其說則非也。

流宥。王肅謂在八議之列。八議者。周禮議親議故議賢議能議功議貴議勤議賓是也。朱子曰流宥五刑。如流放竄殛。加之四凶者。今以舜命皋陶之辭考之士官所掌。惟象流二法。鞭撲以下。隨事施行。不領于士官。其曰惟明克允。則或刑或宥。惟其當而已。又豈一于宥而無刑哉。今必曰堯舜之世。有宥而無刑。則是殺人者不死。而傷人者不誅也。是聖人之心。不忍于元惡大憝。而反忍于銜冤負痛之良民也。其必不然矣。夫刑雖非可恃以爲治。然以刑弼教。禁民爲非。則傷肌膚以懲惡。亦王政之一端也。今徒流之法。旣不足以止穿窬淫放之姦。

而其過于重者則又有不當死而死苟采陳羣之議一以宮剕之辟當之則雖殘其肢體仍全其軀命且絕其爲亂之本而使後無以肆焉豈不上合先王之意而下適當世之宜哉或者謂四凶之罪不輕于少正卯舜乃不誅而流之以是爲輕刑之證不知共兜朋黨鯀功不成其罪本不至死三苗雖若可誅而蠻夷之國聖人本以荒忽不常待之則竄徙正得其宜非故爲是以輕之也若少正卯之事則經典不載獨荀況言之吾亦安能輕信其言遽援以爲斷乎愚按朱子此論大全亦引之然肉刑可行于古而不可行于後者末世獄繁吏濁施

之一不當，則徒傷肌體而惡無所懲。呂正獻公著之言至矣。

【孔疏】傳以金爲黃金，呂刑傳又爲黃鐵，蓋古之金銀銅鐵總號爲金也。考工記攻金之工，築氏爲削，冶氏爲殺矢，鳧氏爲鐘，㮚氏爲量，段氏爲鎛，桃氏爲劒。其所爲者皆銅鐵，是銅鐵俱名爲金，則鐵名亦包銅矣。此傳黃金，呂刑黃鐵，皆是今之銅也。古之贖罪者皆用銅，漢始改用黃金，但少其斤兩，令與銅相敵。【愚按】周禮聽訟入束矢鈞金，注亦以金爲銅。

【陳啓源曰】舊注，賊殺也。怙終之罪，亦有差等，安得槩殺之乎。路史解云。恃其詐力。遂惡不悛。賊害於人。三者罪必刑而不赦也。文法與左傳引夏書。昏墨賊殺相似。此說可從。

幽洲　崇山　四罪咸服

括地志故龔城在檀州燕樂縣界。故老傳云。舜流共工。幽州居此城。

孔疏禹貢無崇山。不知其處。葢在衡嶺之南。朱子曰。或云在澧州慈利縣。

程子曰。四凶之才皆可用。堯之時。聖人在上。皆以其才任大位。而不敢露其不善之跡。堯非不知其不善也。罪狀尚伏聖人亦不得而誅之及堯舉舜于匹夫之中而禪以位于是四人者始懷憤怨不平之心而顯其惡故舜得以因其跡而誅竄之也蘇軾曰天下之所謂權豪貴顯而難令者此乃聖人之所借以徇天下也舜誅四凶而天下服何也此四族者天下之大族也夫惟聖人爲能擊天下之大族以服小民之心故其刑罰至于措而不用

林之奇曰舜誅四凶當在洪水未平之前朝巡肇州當在禹平水土之後史因言舜之恤刑遂舉四凶繫之于下耳世徒見四凶得罪不在堯世遂謂堯不能去不知

舜之去四凶。乃歷試之時。實受堯命。如禹居攝時。亦受命征苗也。〔史本紀〕舜歸而言于帝請流共工于幽陵云云

百姓 至 八音

百姓。注疏言百官。〔朱子曰〕百官如喪考妣。此是本分。四海遏密八音。以禮論之。則爲過也。爲天子服三年之喪。只是圻內。諸侯之國則不然。禮爲君爲父俱服斬衰。君謂天子諸侯及大夫之有地者。大夫之邑以大夫爲君。大夫以諸侯爲君。諸侯以天子爲君。各爲其君服斬衰。諸侯之大夫。却爲天子服齊衰三月。禮無二斬故也。民則畿內者。爲天子齊衰三月。畿外無服。封建之時。諸侯

各君其國。天子與親賢共天下。不私其尊親于己也。故畿外無服。　三載當從孔傳屬下爲句。【陸德明釋文】八音金鐘也。石磬也。絲琴瑟也。竹篪笛也。匏笙也。土塤也。革鼓也。木柷敔也。

格于文祖

【孔傳】喪畢之明年。告廟即政。【鄒季友曰】按孟子言堯崩。三年喪畢。舜避堯之子。天下歸之。而後踐天子位。孔傳本此。蔡傳云。不知何所據。豈偶未之思歟。【王樵曰】舜服堯喪畢。已格于文祖告即位。恐無避于南河之事。葢舜雖不敢辭天子之重。理亦未忍遽居堯宮。逼堯子。是之曰避耳若曰躬解幾務遁于南河則無是理也又曰按攝位受終于文祖巡守歸格于藝祖卽位格于文祖此舜代堯守宗廟社稷爲祭主之明文也堯祔于廟舜以大義主其祭與臣工共盡享格之義此不易之禮也然則如非族何曰神不歆非類民不祀非族舜與堯雖非族也非非類也聖人之德也君臣之契也禪受之統也類莫如堯與舜也廟號神宗自官天下視之萬世之宗也堯之祀非舜主之而誰也然則于瞽瞍如何曰其生也以天下養其死也自爲虞氏之祖故曰宗廟饗之子孫保之此于堯以天下相傳之義固不相妨也禹之于

鯀亦然矣。然則丹朱不祀堯乎。曰。朱子謂堯廟當立于丹朱之國。修其禮物。作賓王家。愚謂此商周革命之禮非舜禹禪承之禮也。以經考之。祖考來格。虞賓在位。羣后德讓。此非舜祭于廟。而丹朱與有事之明徵乎。祖考下繫虞賓。則考者堯也。若謂舜祭其祖考。而丹朱在位。是與殷之孫子。侯服駿奔于周廟者同也。其必不然矣。

詢于四岳

王樵曰。周官內有百揆四岳。外有州牧侯伯。百揆總百官。成周冢宰之任也。四岳總方岳之事。成周二伯之任也。王制。天子千里之內以爲御。千里之外設方伯。二百一十國以爲州。州有伯。八州八伯。各有其屬。屬于天了之老二人，分天下以爲左右，曰二伯。周二伯處外，以分領天下。唐虞四岳處內，以總領十二牧。十二牧又分領諸侯，所以外無偏重之勢。愚按：周二伯亦在京師。觀周召二公主陝東陝西可見。方麓以爲處外，非也。

能邇　惇德允元　難壬人

朱子語錄：能邇之能，是奈何得他，使之帖服。愚按：能之爲言耐也。古文能字，與耐字通，見禮運及漢書。荀子云：若馭樸馬，未調習之馬。若養赤子，若食餧飢餧人。因其懼，因其憂，因其喜，因其怒，曲得所謂焉，此能之之說也。

德元之人，以樸略爲治，以醇悶爲功，以樸略爲治，故治立而跡不見以醇悶爲功故功成而人不知古之聖人非不知深刻之吏可以齊衆武健之才可以集事忠厚近于迂濶老成初若遲鈍然終不以彼而易此者知其所得小而所喪大也刀筆吏不可爲公卿而房杜無赫赫之績知此者可以言用人矣

孔傳難拒任佞也　愚按古文任與壬同故訓佞孫炎云似可任之佞也此義長朱子語錄云難平聲任如字言不可輕易任人也此未定之說故仲默不取

伯禹作司空　稷契暨臯陶

孔疏國語有崇伯鮌堯殛之于羽山賈逵云崇國名伯

爵也。禹代鯀爲崇伯，入爲天子司空，以其伯爵，故曰伯禹。【黄度曰】禹賜姓姒，國于有夏，卽今潁昌陽翟縣是。今鈞州，豈自崇徙封歟。

【史記索隱】譙周云：稷契生堯代，舜始舉之，乃帝嚳之胄，非子也。【愚按】此據左傳史克語，疑本紀非實。然古人年歲多期頤以上，舜乃受終申命，非眞堯不能用，有待于舜也。史克之言，容有過辭。【傳云】舜舉八愷，使主后土；舉八元，使布五教于四方。【史記索隱曰】禹爲司空，司空主土，則禹在八愷之中；契爲司徒，司徒敷教，則契在八元之列。【又按】史克所序高陽氏才子有庭堅，而楚人滅六蓼，臧文仲云皐陶庭堅不犯忽諸，杜預注庭堅卽皐陶字，則皐陶在十

六族無疑矣或以皐陶刑官故其後不甚長然后夔典樂之官也娶立妻生子伯封二傳而羿滅之（事見左傳）此又何說

播時百穀

金履祥曰易大傳神農氏斲木爲耜揉木爲耒以教天下則耕稼之制其來已久書曰播厥百穀詩曰誕降嘉種貽我來牟則百穀之備自稷始也趙過曰后稷始甽（古畝字趙過行代田一甽三畝蓋古法）田則壠甽之修自稷始也晉董史曰辰以成善后稷是相則農時之節自稷始也后稷之所以爲天下烈也愚按國語烈山氏之有天下也其子

曰柱。能殖百穀百蔬。周棄繼之。故祀以爲稷。蓋播穀非始于后稷也。特洪水之後。樹藝不明。稷復教之。故天賜以來麰耳。國語稷勤百穀而山死。韋昭注。死于黑水之山。毛詩傳云。

蠻夷猾夏　汝作士　三就　三居　明允

董鼎曰。或言虞時兵刑之官合爲一。禮樂分爲二。成周禮樂之官合爲一。兵刑分爲二。故此蠻夷猾夏。亦以命皋陶。然經只言五刑五流。未嘗言兵也。後征苗之兵。禹實掌之。未嘗用皋陶。則兵刑非兼掌矣。王樵曰。上古無大夷狄。亦無大征伐。故外以蠻夷委州牧。内以委刑官。其云猾夏。不過如漢入所言。行盜侵驅之類耳。故制以士師而有餘大刑甲兵蓋未嘗用也兵藏于田賦徒衆掌于司徒戎器出于工戎馬出于虞則兵無專官自無廢事至成周時世變日滋戎狄勢盛內則强諸侯時時有之故初克商即滅國五十成王即位又踐奄伐淮夷事浸多矣周名二公每以詰戎兵張皇六師爲言蓋時實宜然非周德衰于唐虞故詳于政而略于化也黃度曰唐虞三代之時中國皆有戎狄雜處左傳周封曾衞疆以周索封唐疆以戎索以禹貢職方參攷之唐虞所都冀州正戎索之地也帝都所在而甸侯二服半爲戎區何也鴻荒以來天下崇山巨嶂陵原險阻之處草

木蒙翳狐狸所居豺狼所嘷戎狄生長其間攘剔驅除實賴其力裂土胙國固當與共之而其地不可盡井牧戎狄之飲食衣服又不與華同故因其所有與其所能使奉職貢其侵略中國也則以士師治之否則與之相安于無事蓋當時事宜如此雖其人鷙悍難馴而堯舜盛德天覆禮樂文明咸服于聖人之化焉若曰狼子野心遺患肘腋始別異之遂屏攘之又至于翦除之如淮南厲王賈捐之虞詡范曄之所慮此後世之事不可以論帝王之聖也

孫奕示兒編　爾雅士察也周禮士師注士察也主察獄

訟之事孔安國曰士理官也理蓋獄官欲得曲直之理故謂之理其謂之士者則欲致其察也

魯語刑五而已無有隱者大刑用甲兵次刑斧鉞中刑刀鋸其次鑽笮薄刑鞭撲以威民故大者陳之原野小者致之市朝愚按此所說五刑與呂刑不同然以經解經當從呂刑無疑也原野市朝是孔傳所據朝與市二所故分之爲異耳馬鄭王三家謂三就者原野也市朝也甸師氏也甸師見周禮但唐虞時未聞有此官

三居蔡傳引孔氏以爲未見所據愚謂大罪四裔如四凶是也在五服之外次則處之荒服又次則處之要服

蔡與流是也。此豈非的證。

陳氏曰易言用刑者。如噬嗑。如賁如旅。其象皆取于離。用刑在明可知矣。不明不足以盡人心。不允不足以當人罪。

疇若予上下草木鳥獸　益哉

張氏曰聖人以萬物爲一體。故曰予草木鳥獸。先王之世。山澤爲之厲禁。獺祭魚然後漁人入澤梁。與昆蟲未蟄。不以火田之類。皆若之之事。故鳥獸咸若。所以爲夏后。鹿濯魚牣。所以爲文王。然至于鳥獸繁育。則有益之烈而焚焉。有周公之驅而遠焉。蓋若之爲言順也。居于

山澤順也交于中國非順也豈徒以長養爲順哉
金履祥曰伯益卽伯翳也秦聲以入爲去故謂益爲翳也字有四聲古多轉用如益之爲翳契之爲卨臯之爲咎君牙之爲君雅是也此古聲之通用也有同音而異文者如陶之爲繇垂之爲倕鯀之爲鮌虺之爲偪紂之爲受冏之爲臩是也此古字之通用也太史公見書與孟子之言益也則五帝本紀從益見秦紀之爲翳也則秦本紀從翳蓋疑而未決也疑而未決故于陳杞世家之末又言垂益夔龍不知所封則遂謬矣何不合二書而思之乎夫秦記不燒太史公所據以紀秦事者也秦

紀所謂佐禹治水。豈非書所謂隨山刊木。曁益奏庶鮮食者乎。所謂馴服鳥獸。豈非書所謂益作朕虞若予上下草木鳥獸者乎。其字同。其聲同。而獨以二書字異。乃析一人而兩之。可謂誤矣。唐虞功臣。獨四岳不名耳。而姜姓則見于書傳甚明也。其餘未有無名者。夫豈別有伯翳其功如此。而名反不見于書乎。夫以伯翳不得爲伯益。則卨不得爲契。咎繇不得爲皐陶。倕不得爲垂。鮌不得爲鯀。他如仲偏不得爲仲虺。紂不得爲受。羿不得爲冏。君雅不得爲君牙乎。史記本紀世家及總序之謬如此者多。不獨序益爲然也。重黎二人。而合爲一。則楚有二祖也四岳爲齊世家之祖而緫序齊人伯夷之後則齊又二祖也此其前後必出于談遷二手故其乖刺如此而羅氏路史因之眞以益翳爲二人又以栢翳爲皋陶之子則嬴郾李三姓無辨矣且楚人滅六蓼之時秦方盛于西徐延于東趙基于晉使栢翳果皋陶之子臧文仲安得云皋陶不祀乎又以益爲高陽氏才子隤敳至夏啓時二百餘歲矣夫堯老而舜攝舜耄期而薦禹豈有禹且老而薦二百餘歲之益以爲身後之計乎皆非事實不可以不辨愚按鄭語云嬴伯翳之後也韋昭注伯翳舜虞官少皥之後伯益也吉甫之說本此

典朕三禮　伯夷

黃度曰典禮在命工虞之後文武小雅終魚麗而其序曰美萬物盛多能備禮也蓋事序如此

孔傳伯夷姜姓王應麟曰按鄭語史伯曰姜伯夷之後也伯夷能禮于神以佐堯者也注謂炎帝之後四岳之族大戴禮誥志篇虞史伯夷曰明孟也幽幼也（史記曆書引之不云伯夷）

命汝典樂　詩言志　律和聲

按易曰先王作樂崇德以薦上帝配祖考樂記曰夔始制樂以賞諸侯蓋治定功成樂以象之舜之命夔所以

尚書埤傳　卷之二

必在禹皋稷契諸人之後也。然繼此則有讒說殄行之懼，孔子之舞韶樂而戒佞人，其亦取義于書乎。

朱子曰：或謂詩本爲樂而作，故學者必以聲求之。今考之虞書，則詩之作，本爲言志而已。方其詩也，未有歌也；及其歌也，未有樂也。以聲依詠，以律和聲，則樂乃爲詩而作，非詩爲樂而作也。三代之時，禮樂用于朝廷，下達于閭巷，學者諷誦其言以求其志，詠其聲，執其器，舞蹈其節，以涵養其心，則聲樂之所助于詩者爲多。然猶曰興于詩，成于樂，其求之固有序矣。是以聖賢言詩，主于聲者少，而發其義者多。仲尼之思無邪，孟子之以意逆志。誠以詩之所以作。本乎其志之所存。然則志者詩之本。聲樂者其末也。得其志而不得其聲者有矣。未有不得其志而能通其聲者也。就使得之。止鐘鼓之鏗鏘而已。況古樂散亡。其遺聲又無從而考乎。顧炎武曰。古人以樂從詩。後人以詩從樂。古人必先有詩。而後以樂和之。舜之命夔曰。詩言志。歌永言。聲依永。律和聲。是以登歌在上。而堂上堂下之樂應之。此之謂以樂從詩。古之詩。大抵出于中原諸國。其人有先王之風。諷誦之教。其心和。其詞不侈。音節往往合于自然之律。楚詞以降。卽已不必盡諧。下及魏晉。羌戎雜處。方音遞變。南北各殊。

故文人之作多不可協之音，于是不得不以律呂正人聲，而謂之以詩從樂。漢書武帝舉司馬相如等數十人造爲詩賦，略論律呂，以合八音，是以詩從樂也。後代樂章皆然。又曰：詩三百篇，皆可被之八音而爲樂。自漢以下，乃以其所賦五言之屬爲徒詩，而其協于音者則謂之樂府。宋以下，則其所謂樂府者，亦但擬其詞，而與徒詩無別矣。于是乎詩之與樂判然爲二，不特樂亡而詩亦亡。

陳師凱曰：黃鐘爲宮，則某爲商，某爲角，及三分損益，隔八相生，今爲說以明之。陽律生陰呂曰下生，三分長而損一；陰呂生陽律曰上生，三分長而益一。陽律左旋，陰律右轉，隔八位而相生。黃鐘爲第一宮。其長九寸。隔八下生林鐘爲徵。三分損一。其長六寸。林鐘隔八。上生太簇爲商。三分益一。其長八寸。惟此二律。長皆全寸而無餘分。餘律則餘分參差矣。太簇下生南呂爲羽。南呂上生姑洗爲角。林鐘爲第二宮。宮生徵。徵生商。商生羽。羽生角。以下皆倣此。以至仲呂爲第十二宮。上生黃鐘爲徵。下生林鐘爲商。上生太簇爲羽。下生南呂爲角。十二宮各有五聲。此六十聲宮徵商羽角隔八相生之序也。由宮聲之濁而長。以漸而淸且短之序。則爲宮商角徵羽。假令黃鐘爲宮。則相去一律。而太簇爲商。又相去一律。而姑洗爲角又相去一律而林鐘爲徵又相去一律而南吕爲羽羽距黄鐘之宫又相去二律焉相去一律則音節和相去二律則音節遠故徵羽之間近徵收一聲比徵稍下爲變徵羽宫之間近宫收一聲少高于宫爲變宫所以齊五聲之不及也五聲是土金木火水五行是水火木金土朱子曰黄鐘之管最長九寸應鐘之管最短四寸半長者聲濁短者聲清十二律旋相爲宫宫爲君商爲臣樂中最忌臣凌君故有四清聲聲清者減正律之半如應鐘爲宫其聲最短而清或蕤賓爲商則商聲高如宫聲是爲臣凌君不可用遂用蕤賓減半律爲商聲以應之如方響鐵有十六

片。乃是十二律外添四清聲也。又曰半律。通典謂之子聲。此是古法。但後人失之。而惟存黃鐘大呂太簇夾鐘四律。有四清聲。即半聲是也。變宮變徵始見于國語注後漢志。乃十二律之本聲。自宮而下六變七變而得之者。非清聲也。如黃鐘爲宮。則第六變得應鐘爲變宮。第七變得蕤賓爲變徵。如林鐘爲宮。則第六變得蕤賓爲變宮。第七變得大呂爲變徵是也。凡十二律皆有二變。一律之內。通前五聲合爲七均。祖孝孫王朴之樂皆同。所以有八十四調者。每律各添二聲而得之也。正聲是全律之聲。如黃鐘九寸是也。子聲是半律之聲。如應鐘四寸半是也。宮與羽。角與徵。相去獨遠。故于其間。製變宮變徵二聲。郤寶曰古者律和聲，以竹爲之，和以天也。王朴絃柱以準律。朴謂十二律管互吹難得其眞，乃依京房爲律準，以九尺之絃十三，依管長短分寸設柱，用七聲爲均，變宮變徵，樂成而和。見五代史。是以絲和聲也。今用之近乎人矣。語云絲不如竹，古今之樂其所以異在此。

陳埴曰周禮大司樂掌成均之法，以教國子弟，以樂德教之，曰中和祇庸孝友；以樂語教之，曰興道諷誦言語；又以樂舞教之，以律同聲音，大合樂。此正后夔之職。直溫以下，所謂樂德也；詩言志以下，所謂樂語也；八音克諧，無相奪倫，所謂大合樂也。

出納朕命惟允

黃度曰帝曰予欲聞六律五聲八音在治忽以出納五言又曰工以納言時而颺之龍與夔聯職其事通于樂也按蔡傳分命令政教敷奏復逆以配出納新安陳氏師凱疑于朕命難通謂此欲其審君命之當否當者出之否者納之必允當而止如後世批敕審復之官此說有理但益稷篇云出納五言又云工以納言則言固多達之于上者矣天下之言皆屬君身故納亦曰朕命耳

三載考績三考黜陟幽明　分北三苗北從二人相背卽古背字

陳大猷曰人情太寬則肆太嚴則拘故考績于三載時加警敕以作其怠黜陟于九載期之久遠以要其成不

肆不拘所以爲善成周冢宰歲終受會詔廢置三載計治行誅賞世變不同故也陳雅言曰聖人立法必要其所終稽其所弊使徒考績于三載而不俟之九載之黜陟則失之太嚴遲鈍者或不得以自見矣使徒黜陟于三考而不先以三載之考績則失之太寬玩法者或得以自縱矣王安石曰唐虞以三考黜陟幽明而其所命之官或終身于一職然則其所謂陟者特爵服之加而已司馬光曰治道莫先于用人而知人聖賢所難也求之毀譽則愛惡競進而善惡混淆考之功狀則巧詐横生而眞僞相冒要其本在于至公至明而已矣苟爲

不公不明，則後世考課之法，適足爲曲私欺罔之資也，或曰，考績之法，唐虞所爲，京房劉邵，述而修之耳，烏可廢哉，曰，唐虞之官，其居位也久，其受任也專，其責成也遠，故鯀之治水，九載績用弗成，然後治其罪，禹之治水，九州攸同，四隩既宅，然後賞其功，非若京房劉邵之法，校其米鹽之課，責其旦夕之效也，事固有名同而實異者，不可不察也，考績非可行于唐虞，而不可行于漢魏，由京房劉邵，不得其本，而奔趨其末也，

金履祥曰　有苗始末，說者不一，愚嘗考其實，典謨所稱前曰三苗，後曰有苗，曰苗民，書有異詞，則事有不同矣，

當堯之時竄三苗于三危罪其渠魁也當舜之時分北三苗則削其地分其民別其部落離其黨類于以黜陟亦以消其勢也至其後徂征之時止曰有苗曰苗民而不復曰三苗蓋已竄之後旣分之餘所存者特其一種耳愚按三苗丕敘亦在堯時以其竄于三危者言也以後徂征來格分北則皆其舊都也先儒謂始特竄其君不滅其國猶立其後孔疏云禹繼鯀爲崇伯三苗未必絕後復不從化乃徂征而分北之

五十載陟方乃死

按舜服堯喪注疏不數五十載內三年之喪二十五月

而畢其一年即在三十在位之數故云舜年六十二而爲天子壽一百十二歲邵子皇極經世紀舜丙辰即位至薦禹十七載崩通生年爲一百十歲朱子中庸註舜年百有十歲是與邵子同也吳澄曰舜以喪畢之明年踐位而此五十載即始自堯崩之明年何也堯崩而天下無君舜雖未爲天子紀年則當屬之舜故始自堯崩之明年爲舜元年如漢王至五年方幷項氏得天下然秦亡而天下無君則即以入關之年紀爲漢始之年也

○孔傳舜升道南方巡守死于蒼梧之野而葬焉韓退之駁之云地勢東南下不得言陟方陟升也謂升天也

愚按尚書中陟字有訓升者，陟丕釐、陟禹跡是也。有訓升遐者，禮陟配天、惟新陟王是也。升遐可訓陟，而不可訓陟方。若方乃死爲句，又不成文。今謂陟方者，升行方岳，陟禹之跡，方行天下，此明證也。家語舜陟方岳，死于蒼梧之野而葬焉。左思吳都賦梁岷豈有陟方之館，行宮之基歟，以陟方對行宮，正主方岳之說。孔氏雖誤解南巡，特沿禮記之誤，其意猶爲近之。孟子曰：舜卒于鳴條。鳴條，湯伐桀處。孔傳云：地在安邑之西。史記正義引括地志云：高涯原在蒲州安邑縣北南阪口，即古鳴條陌，一名鳴條岡，今在解州安邑縣北二十里。舜都蒲坂，去安邑甚近，合以陟方之文，舜于此必因省方問俗而出。

祭法所謂舜勤民事而野死也舜雖薦禹身爲天子知故唐虞之制五載一巡守安知不因禹周巡四岳時特出近郊廉問民隱而竟没于其地耶蓋古者天子車轍所至即可以陟方言之因其没不于深宫遂謂之野死書亦曰陟方乃死所以別于徂落之文也再考竹書紀年舜三十二年命夏后總師陟方岳三十五年命夏后征有苗四十九年帝居鳴條五十年陟汲書出于戰國時非可深信鳴條一語與孟子正合蔡傳兼引蒼梧鳴條二說考之尚未詳

黄度曰舜禪與堯禪微有不同者舜之世禹雖攝位大政令猶自舜出觀征苗可見

金履

祥曰堯之命舜曰陟帝位舜之命禹曰總朕師終陟帝位其命有異故其攝亦不同其時或以巡省方岳而崩故舜典有陟方之文愚按文叔之言與余合方麓亦云舜崩于行是實但蒼梧難信耳溫公詩虞帝既倦勤薦禹爲天子豈有復南巡迢迢渡湘水前賢固已疑之或以禹葬會稽證蒼梧之事不知禹雖薦益于天相也非攝也巡守之事禹固自爲之矣安得以例舜耶

附考蔡傳云徂乎方按楊子法言注云方四方也蔡氏引此以解陟方未當

尚書埤傳卷之二

尚書埤傳卷之三

吳江　朱鶴齡長孺　輯
吳縣　宋實穎旣庭
同邑　計　東甫草　訂

大禹謨

章如愚曰：堯舜考其行，大禹臯陶考其言，尊卑不同，故典謨名異，禹君天下，而云謨者，舜時未爲君也。

克艱厥后

陳大猷曰：忽其艱則玩，畏其艱則沮，徒以爲艱，而不克盡其艱，則畏而沮，與忽而玩者均耳，故禹不徒曰艱，而必曰克。

儆戒無虞 任賢勿貳去邪勿疑 疑謀勿成百志惟熙

王應麟曰絜齋解云治安之日。即危亂之萌。如漢宣帝時。匈奴來朝渭上。是時元后生成帝。新都篡漢已兆於此。興衰倚伏。果可畏哉。

司馬光曰大禹謨有云。任賢勿貳去邪勿疑。人主莫患乎使賢者爲之。又與不肖者規之。是猶立直木而恐其景之枉也。惑孰大焉。凡忠直之臣。行其道於國家。必與天下之奸邪爲怨敵。非好與之怨也。不與之爲怨。則君不尊。國不治。名不立也。以一人之身。日與天下之奸邪爲敵。更進迭毀於君前。而君不能決。兼聽而兩可。如是則忠直之臣。雖欲無危。不可得也。明王知其然。審求天下之大賢。而急用之。專信之。至親不能奪。至貴不能爭。大讒不能間。然後得以竭其心而展其才。人主端拱無爲。而光宅四海。身享榮名。用此道也。

王樵曰 書傳熙字例訓廣。蔡傳光輝明白等語。當刪。廣之對疑何也。岐于理則疑。合于理則廣。中實不安。而自詭於可成。冥冥決事。以之取敗者多矣。梁武帝欲納侯景。意猶未決。嘗獨言我國家如金甌無一傷缺。今忽受景地。詎是事宜。脫致紛紜。悔之何及。此正疑謀也。武帝不勝貪心，成于朱异之佞詞，遂有臺城之禍。

水火金木土穀惟修　九敘惟歌至九歌

孫奕示兒編五行一也，大禹謨所序與洪範不同，何也。曰，聖經之言，各有攸主，禹謨所主者，養民之政，故以五行之相克言之，克下爲財故也。洪範之所主者，自然之數，故以五行之生數言之，舉生數則成數可知矣。

鄒季友曰經以五行并穀爲六府，則五行當指物而言，不當言氣也。孔疏云府者藏財之處，六物者，民之所資也。立言之序，與洪範異者，便文耳。意亦謂六物皆民所用，無所重輕，不專取相克之義。蔡傳云五行相克而生穀似主重穀之意。然四序順布。百穀用成。豈必五氣相克。而後生穀哉。余氏芑舒亦云。六府當以五材言。洪範潤下作鹹等。皆言材耳。按蔡傳既言相克。下文又云相助者。假如火盛則金衰。若水洩火之勢。則金得補矣。餘倣此。

附考　蔡傳什器。按史記索隱。什器什數也。蓋人家常用之器非一。故以什爲數。猶今云什物也。

孔疏晉郤缺引此經。言九功之德。皆可歌也。謂之九歌。如水能灌溉。火能烹飪。金能斷割。木能興作。土能生殖。穀能養育。見之謳詠。各述其功。猶漢魏以來。樂府歌詞。

禮記疏歌出于人而還感人。如雨出于山而還雨山。火出于木而還燔木。朱子曰九歌今亡。其詞不可稽考。以理觀之。恐是君臣相戒。如賡歌之類。王應麟曰書大傳。帝十有六載。廟歌大化大訓六府九原。而夏道興。注云。四章皆歌禹之功。所謂九敘惟歌。九德之歌于此猶可考。金履祥曰九功之歌舊矣。禹言于帝。比音而樂之。以勸于民。使之不倦。至是而歌之于廟也。其後禹有天下。蓋嘗用之。後世守之。以爲禹樂。離騷所謂啓九辨與九歌是也。周禮九德之歌。九韶之舞。以享人鬼。蓋兼用虞夏之樂。而說者以九歌爲韶樂。誤矣。朱子曰九歌。禹樂也。所謂九德之歌也。九韶。舜樂也。所謂九韶之舞也。瞽矇掌九德之歌。比于六詩。意其詞詳矣。惜後世不傳。張氏曰戒用休。如周官大比興賢能。明其有功者。屬其治地者之類。董用威。如周官宅不毛者有里布。田不耕者出穀粟。與鄉八刑糾萬民之類。勸以九歌。如周官州正趨其家事。里宰趨其耕耨。籥章吹豳雅豳頌之類。

皐陶邁種德　惟帝念功

蘇傳 種德。如農之種殖。衆人之種德也近。朝播而暮穫。報亦狹矣。皐之種德也遠。栽培之深厚。滋養之豐裕。及其克溢不已。自沛然如雨露之降。民被其潤澤而懷之也。

禹盛推皐陶之功。其後不薦皐陶于天而薦益。何也。考夏本紀。則禹受禪之後。皐陶尋卒矣。路史云。皐陶年一百六歲。未知出何書。

刑期于無刑

林之奇曰　出教則入刑。出刑則入教。民皆趨教。而刑爲無用。此聖人之本心也。蓋百官以無曠爲能。惟士不然。必使民皆不犯。官若虛設。始爲能其官爾。

不矜不伐

呂祖謙曰　才立已。便有物與我對。對則必爭。矜伐者爭之對也。不矜不伐。無我也。無我則無對。無對則無爭。

人心惟危道心惟微

黃度曰人心應緣接物者也易流故危道心虛寂難名者也無跡故微朱子曰人心如卒徒道心如將道心爲主則人心亦化而爲道心矣愚按虞書言心不言性商書言性不言情然横渠云心統性情道心卽性也人心卽情也精一執中則約情之偏而合乎性之本然也

可愛非君可畏非民

孔疏百姓無主非散則亂故民以君爲命君尊民畏之嫌其不愛故言愛也民賤君忽之嫌其不畏故言畏也

昆命于元龜

王十朋曰命龜令龜也古人以昆爲兄兄爲父後故訓

昆爲後與後昆之後同

神宗

吳棫曰祭法必有所據舜受堯之天下今以授禹其宗堯何疑唐孔氏以爲舜始祖之廟非也王樵曰神宗爲堯斷然不易文祖神宗其祖有功宗乃德之所自始歟湯稱烈祖太甲爲太宗太戊爲中宗武丁爲高宗即文祖神宗之意也周人謚法已權輿于此

苗民　歷山　干羽

孫覺曰指其君長則曰有苗兼其君民言則曰苗民以種類言則曰三苗

史記正義括地志云。蒲州河東縣雷首山。一名中條山。亦名歷山。亦名首陽山。此山西起雷首。東至吳坂。凡十二名。隨州縣分之。歷山尚有舜井。

孔傳舞文舞于賓主階間。抑武事。疏云釋言。干。扞也。楯爲人蔽扞。纛翳也。舞者執以自蔽翳據器有武有文俱用以爲舞而不用於敵。故教爲文也。

皐陶謨

林之奇曰此篇首尾皆大禹言。其實陳於帝前。史記曰。帝舜朝。禹皐陶相與語帝前是也。

皐陶曰都　惇敘九族　庶明勵翼

陳氏曰善之在已猶在人也故自言而先曰都不爲矜善之在人猶在已也故聞言而拜不爲諂

陳師凱曰程子家人傳曰正倫理篤恩義家人之道也惇者篤恩義敘者正倫理二者盡齊家之道

王肅曰以衆賢明爲砥礪爲羽翼愚按古厲勵礪三字通用

知人則哲　何畏乎巧言令色孔壬

蘇軾曰古之欲立非常之功者必有知人之明苟非知人之明則循規矩蹈繩墨以求寡過二者皆審于自知而安于材分者也道可以講習而知德可以勉强而能

惟知人之明不可學，必出於天資。後世如蕭何之識韓信，此豈有法而可傳哉？以孔明之賢，猶失之于馬謖，而孔明亦自審，終身不敢用魏延，可以見知人之難也。

眞德秀曰：孔壬，注疏以爲甚佞。王荊公訓包藏禍心，蓋以壬爲姙娠之姙，而胡氏非之，以爲荊公爲此訓，將以腹誹罪人乎？今復有祖其說者，不若從舊爲長。蔡傳從荊公說

黄度曰：孔傳巧言，靜言庸違，令色象恭滔天，指謂共工。驩苗之惡易見，共工之惡難知，巧佞每能使人溺也。故不著其名而表其狀。然四罪，共工流，獨輕于放竄殛，行法據其事，立言窮其情。象恭，必求自蓋其心，雖甚無狀，

而其跡多隱伏聖人行法終不以其所不可見者深文坐之至于立言爲世訓則嘗推其所未爲而知其所必至故堯謂之滔天禹以爲孔壬也錢[redacted]曰易曰開國承家小人勿用書曰惇德允元而難任人何畏乎巧言令色孔壬任人孔壬于小人之中又分別言之有以異乎曰君子小人天下之總名也小人之中有壬人焉鍾陰柔之氣乘雺霧之運謹身曲意以媚人主使人主入之而化去之而思如膏油之相入滑澤浸漬而不可解釋故禹畏之而正名之曰孔壬孔壬者大而甚之之辭也帝曰靜言庸違禹解之曰巧言帝曰象恭滔天禹解

之曰令色巧言之姦著于庸違象恭之惡極于滔天而其在人主之左右也脂韋婉變便佞轉側若鸚鵡之能言若雋永之適口人主豈能知而遠之哉禹濬畏之比于驩兜有苗而其屏而遠之也其效至於黎民乂安蠻夷率服蓋聖人之視壬人如此其重而知人安民諄諄以其難相告戒其畏而思去之如此其不易也孔子論爲邦曰遠佞人鄭詹至魯曰佞人來矣公羊子曰甚佞也甚佞之云其卽書畏孔壬之義乎然則君子之與壬人何以辨曰其色可觀也其言可聽也觀其色齋莊溫栗者君子也便娟側媚者小人也聽其言洋洋秩秩有

倫有脊者，君子也。緝緝幡幡，無壇無宇者，小人也。周勃木强少文，高帝曰：安劉氏者必勃。李勉曰：盧杞奸邪，天下皆知，惟陛下獨不知，所以爲奸邪也。此精于辨君子小人者也。

亦行有九德至采采　愿而恭　亂而敬　剛而塞

陸九淵曰：皐陶論知人之道，謂必先言其人之有是德，然後乃言曰某人有某事。蓋德則根乎其中，達乎其氣，不可僞爲。若事則有才智之小人可僞爲之，故行有九德，必言其人有德，乃以載采采言之，然後人不可得而廋也。陳雅言曰：君子取人，不可徒徇其名而不究其實。

徒徇其名而不究其實。則虛譽隆而實德病矣。論人之德。先言行而後言德者。蓋由行而後見其德也。稱人之事。先言事而後言德者。蓋因事而始有以驗其德也。

[按]亦者旁及之詞。蔡氏訓作總。未詳何本。西山眞氏云。知人誠非易事。然亦不過以德求之而已。此較自然。行注疏讀下孟反。

[孔疏]愿者遲鈍。外失于儀。故言恭以表貌。治者輕物。內失于心。故稱敬以顯情。[蘇傳]横流而濟曰亂。故才過人可以濟大難者曰亂。亂臣十人是也。才過人者。患在于夸傲。

孔疏剛與强相似。剛是性强是志。當官而行。無所避忌。剛也。執己所是不爲衆撓强也。蘇傳剛者或色厲而內荏。故以實爲貴。冀鈌以陽處爻剛而不實。知其不免。

○陳龍正曰皐陶知人之法。立名九德。洪範說三德。周公說夏臣迪知忱恂。亦只在九德之行。爲其切實精當。故羣聖遞傳述之。蔡氏解作盛德自然。程子以爲此唐虞論學之容也。大約寬柔愿擾是陰。是沈潛。下四者卽剛克之法。亂直簡剛强是陽。是高明。下五者卽柔克之法。上以此造士。下以此自成。有此變化矯揉。便成正直。陽數宜勝。故陽五而陰四也。

曰宣三德至亮采有邦　翕受敷施　撫于五辰

方孝孺曰聖人之取人德不求其全而取其不違乎道材不求其備而貴乎能致其精唐虞以九德待士而有三德者亦俾爲大夫有六德者亦俾爲邦君聖人豈不欲得全德之人而用之哉以爲求人太全則天下無全材不若因德命官之爲無失也皋陶未必能達禮益稷未必能知樂皋陶益稷所爲之事伯夷后夔宜亦有所未能然而數子爲之各稱其位而成名于後世以其精而不以其備也

孔疏天子任人爲職故言合受而用之其實天子亦備

九德。故能任用三德六德也。

胡旦曰仲春斬陽木。仲夏斬陰木。所以撫木辰也。季夏出火。季秋納火。所以撫火辰也。司空以時相坂隰。所以撫土辰也。冬爲徒杠。春達溝渠。所以撫水辰也。又曰春盛德在木。布德施惠。所以順木辰。夏盛德在火。勞民勸農。所以順火辰。秋盛德在金。冬盛德在水。禁暴誅慢。謹蓋藏。斂積聚。所以順金水之辰。土寄旺四時。四時順。土在其中矣。

萬幾

姚舜牧曰易曰知幾其神乎。幾者。動之微。吉之先見者也疏曰幾是離無入有在有無之際故云動之微也蓋人心初動本無不善之幾愼此幾以往其應必主于吉故又曰惟幾也能成天下之務不愼此幾而向于逸欲則禍患萌焉此萬幾正易知幾之幾也解者泥蔡傳却訓爲禍患之幾不惟書義不明易義亦晦矣

天秩有禮　和衷哉　五服

五禮注疏作公侯伯子男五等之禮非是　蔡傳本朱子極明黃文叔以爲吉凶軍賓嘉此說亦有理五典五禮俱見舜典篇不必異說

衷即降衷之衷古與中通左傳劉康公曰民受天地之

中以生，于是有動作威儀禮義之則，以定命也。能者養以之福，不能者敗以取禍。此章敘典秩禮，即禮義威儀之謂也。合于衷者有五服，能者養福之謂也。悖於禮者有五刑，不能取禍之謂也。康公之言與皐陶相發。

附考 [蔡傳]自九章至一章。[按]周官司服，公服袞冕而下九章，如王之服。[馬廷鸞曰]公有降龍，無升龍，以別天子。侯伯服鷩冕而下七章，如公之服。子男服毳冕而下五章，如侯伯之服。孤服希音同止冕而下三章，如子男之服。卿大夫服玄冕而下一章，如孤之服。凡五等。然此只周制耳，唐虞之制未必皆同。

天明畏

[朱子曰]天明畏林氏說作好惡是天之所明如明明揚側陋之明上明字天之所威如董之用威威用六極之威

益稷

四載　畎澮　奏艱食鮮食

[孔疏]輴音春與橇音蕝毳爲一樏音雷與梮音菊橋音蹺檋音菊爲一古篆變形字體改易說者不同未知孰是[陳第曰]輴夏本紀作橇張守節曰橇形如船而短小兩頭微起人曲一脚泥上擿進擿與擲同楊子擿埴索塗謂冥行者擿上而求路也用拾泥土之物今杭州溫州海邊有之樏夏本紀作檋韋昭曰梮木

器也如今轝牀人舉以行按二說是也輴欙皆可載人故曰載如淳注云橇以板置泥上樺以鐵施履下夫板鐵之類旣不可謂之載足之所踐又豈可謂之乘乎

考工記匠人爲溝洫耜廣五寸二耜爲耦一耦之伐廣尺深尺謂之畎田首倍之廣二尺深二尺謂之遂九夫爲井井間廣四尺深四尺謂之溝方十里爲成成間廣八尺深八尺謂之洫方百里爲同同間廣二尋深二仞謂之澮專達乎川蓋畎極小而澮極大故蔡云舉小大以包其餘也王應麟曰禹盡力乎溝洫濬畎澮距川遂人五溝五涂之制因于古也以水佐耕者豐稻人掌之

以水佐守者固司險掌之自鄉遂之浍弛鄭子駟爲田洫而喪田者以爲怨子産作封洫而輿人以爲謗晉欲使齊盡東其畝戎車是利甚而兩周爭東西之流至商鞅決裂阡陌呂政開通溝防古制蕩然矣古者内爲田廬外爲溝洫在易之師寓兵于農伏險于順取上坎下坤之象溝洫之成自禹至周非一人之力溝洫之壞自周衰至秦非一日之積先儒謂井田壞而戎馬入中土如入無人之境悲夫

鄒季友曰經言鮮食則曰奏言艱食鮮食則曰播奏蓋謂播種艱難故以百穀爲艱食也蔡云民尚艱食則與

上句語法不協、馬氏曰、根生之食、亦謂百穀也、較勝、䟽云、益奏鮮食、刊木所獲鳥獸也、稷奏鮮食、決水所得魚鱉也、愚按、釋名云、艱根也、如物根根生之物、蓋百穀菜蔬皆在內、鄭玄專主菜蔬非、孔傳難得之食固長、馬義亦可備一說、

安汝止　惟幾

安止、兼動靜言、朱子曰、衆人之動、流於動而無靜、衆人之靜、淪於靜而無動、此周子所謂物則不通者也、聖人全乎天理、其動也、靜之理未嘗亾、其靜也、動之機未嘗息、此周子所謂神妙百物者也、然必曰主靜云者、以相

資之勢言之動有資于靜而靜無資于動如乾不專一則不能直遂坤不翕聚則不能發越真德秀曰先儒謂心者人之北辰趙岐孟子註辰惟居其所故能爲二十八宿之綱維心惟安所止故能爲萬事之樞紐

周子曰寂然不動者誠也感而遂通者神也動而未形有無之間者幾也誠精故明神應故妙幾微故幽誠神幾曰聖人

臣哉鄰哉

張綱曰臣以分言鄰以情言一於分則離一於情則褻

日月至五色　在治忽以出納五言

尚書埤傳　卷之三

孔傳天子服日月而下，諸侯自山龍而下，至黼黻，士服藻火，大夫加粉米，上得兼下，下不得僭上。天子諸侯下至黼黻，大夫粉米，兼服藻火，是上得兼下也，士不得服粉米，大夫不得服黼黻，是下不得僭上也。疏云自日月至黼黻，凡十二章，天子以飾祭服，畫者爲繪，刺者爲繡。此繡與繪各有六，衣用繪，裳用繡，至周而變之，以三辰爲旂旗，日月合宿之辰，非有形容可畫，故傳以日月星爲三辰，此星辰與他處異，穆天子傳稱天子葬盛姬，畫𠚕月七星，蓋畫北斗也。謂龍爲袞，宗彝爲毳，或損益上下，更其等差。又云衣章日月尊而在上，裳章黼黻尊而在下，衣在上爲陽，陽統于上，故所尊在先，裳在下爲陰，陰統于下，故所重在後。虞世基袞冕奏准尚書于左右髆上爲日月各一，當後領下爲星辰，又山龍九物各重行爲十二。鄒季友曰：宗彝，彝上尊也。盛鬱鬯曰彝。周禮宗廟彝器有虎彝、蜼魯水反彝。畫虎蜼于彝，故蔡傳以宗彝爲虎蜼也。孔傳止言宗廟彝尊，虎蜼用鄭說。爾雅注：蜼似獼猴而大，黃黑色，尾長數尺，似獺，尾末有岐，鼻露向上，雨卽自懸于樹，以尾塞鼻，或以兩指。蔡云取其孝，指宗廟祭器而言，非謂虎蜼也。周禮司尊彝疏云：禘祫用虎彝、蜼彝。又司服疏云：虎取其嚴猛，蜼取其有智。羅端良曰：風雲雷雨，亦天象也，而有難於象者，故借四物表見之。風以虎，雲以龍，雷以雉，雷動雉始鳴。雨以蜼也。考工記白與黑謂之黼。釋器：斧謂之黼。孫炎云：黼文如斧形，蓋半白半黑似斧。刃白而身黑也。又考工記黑與青謂之黻。孔傳黻爲兩已相背。謂刺繡爲兩已字相背。以青黑線繡也。楊旭曰古黼黻作㠯弜形。㠯象斧取其斷。弜象兩弓相背取其辨。集傳兩弓相背。俗譌作已。讀爲戊巳之巳。非是。弓不成字。無音可讀。

絺。鄭氏讀爲黹。諸矢切。音矢。爾雅黹。紩音秩也。郭璞曰今人呼縫紩爲黹。說文云箴縷所紩衣。從㡀丵省。象刺文也。考工記五采備謂之繡。

鄭玄曰性曰采。施曰色。陳大猷曰五采。五種華采之物。藍丹砂粉墨之類是也。施于繒帛。爲青黃赤白黑五色

黃度曰日月星辰雲氣乾之施化也。乾。陽物也。陽輕清故

畫于衣虎蜼藻火白米品物流行坤之效法也坤陰物也黼黻色白黑兼青亦陰也陰重濁故繡于裳易曰黄帝堯舜垂衣裳而天下治蓋取諸乾坤謂此也〇林之奇曰周禮無十二章之文說者謂周登三辰于旂不過據左氏三辰旂旗語孔疏云日月星辰爲三辰辰即時也三者皆示人時節左氏謂旂有三辰何嘗謂衣無三辰耶豈有王者象三辰之明歷代皆飾于衣周人獨飾于旂者郊特牲曰祭之日王被袞以象天鄭氏注謂有日月星辰之章此魯禮也夫被袞以象天周制實然何魯之足云豈有周制止九章魯乃加以十二章之禮乎

孔疏 韶樂盡善盡美有理無忽幷言忽者韶樂自美耳樂采人歌爲曲若其怠忽則音辭亦有焉故常使聽察之也 朱子語錄 五言東萊釋爲君臣民事物之言君臣民事物是五聲所屬如樂記所云宮亂則荒其君驕商亂則陂其官壞角亂則憂其民怨徵亂則哀其事勤羽亂則危其財匱宮屬君最大羽屬物最小若商放緩便是宮聲琴家最取廣陵操以某觀之其聲最不和平有臣凌君之意出納五言只是審音知政之說 葉夢得曰五言卽五聲詩言志歌詠言聲依永律和聲雖言也播于律之所和則爲五聲雖聲也本于詩之所諷則爲五

言。陳大猷曰采詩而納之於上，如命太師陳詩以觀民風，與工以納言是也。出詩而播之樂章，如關雎用之鄉人，用之邦國，與時而颺之是也。

欽四隣

孔疏四近之臣，普謂近君之臣耳，無常人也。鄭玄以四近爲左輔右弼前疑後承。按鄭說本書大傳。胡一桂曰既責禹以弼違，又欲其欽四隣，謂所與同列之近臣當敬之，使同心而弼我也。陳大猷曰四隣諸侯各有其職，而舜悉以責禹者，禹百揆無所不統也。於此可觀君道，亦可觀相道矣。王炎曰無面從于上，不諂，欽四隣于下，不瀆。新安

陳氏謂蔡解欽四隣欠明，以上說較可通，故錄之

侯以明之　書用識哉　工以納言

附考　蔡傳　廣與崇方。按周禮注，崇，高也，方，等也。高廣等謂侯中也。易氏大射解云，天子射虎侯，其道九十弓，虎侯之中，廣一丈八尺，三分其廣，以其一爲之鵠，則鵠方六尺。諸侯射熊侯，七十弓，卿大夫射麋侯，五十弓，其鵠以其弓之數降殺之。凡侯，天子以三，諸侯以二，卿大夫以一。

呂祖謙曰　書以識，兼記善惡，如周制書孝弟睦婣有學者，書其善也，左傳斐豹欲除丹書，書其惡也。侯撻行於

一時書識示於久遠

黃度曰工在周爲太師納言時颺類若陳詩之事吳澄曰射侯以禮教也納言以樂教也於此見帝舜爲君爲師之道王樵曰蔡傳謂工以納言即龍之所典而命伯禹總之葢付其言于龍使不得行其讒以害政付其人于禹使有以革其讒而爲忠也

俞哉　明庶以功

袁黄曰俞者然其言也哉者語助辭唐虞之際君臣相與豈有口然而心不然者哉況威加頑讒始終是並生之意禹如何而不然之耶禹果不然之而舜又曰皐陶

方施象刑、則是禹爲無益之言、而舜爲愎諫之主矣、詳禹之言、只是勸勉、並無不然之意、亦未嘗說不用威而用德、不知從何處生來、

孔疏 敷納明庶、與舜典異者、彼是施於諸侯、其人見爲國君、故令奏言試功、此謂方始擢用、故言納言庶、納者受取之、庶謂在羣衆、王十朋曰 諸侯以黜陟爲重、故言試、黎獻以多得爲盛、故言庶、

丹朱　娶于塗山　十二師　五長　方施象刑惟明

史記正義 帝王紀云、堯娶散宜氏女曰女皇、生丹朱、范汪荆州記云、丹水縣在丹川、堯子朱之所封也、括地志

云丹朱故城在鄧州內鄉縣西南百三十里。羅景綸曰堯不以天下與丹朱而與舜世皆謂聖人至公之心知愛天下而不知愛其子余謂帝堯此舉固以愛天下尤以愛丹朱也若使傲虐之資輕居臣民之上則毒逋四海不有南巢之放將來牧野之誅尚得謂愛之乎堯舜之于子亦貽之以安耳

左傳禹會諸侯于塗山杜預注在壽春東北（在今鳳陽府懷遠縣）

愚按寰宇記云古當塗國在今濠州西一百十七里漢為縣屬九江郡晉屬淮南郡在壽春東北輿地記謂即禹所娶塗山氏國也世紀云塗山氏合婚于台桑之埜

在鍾離西七十里，即當塗縣。而華陽國志又云，禹娶塗山，今江州塗山。（今重慶府巴縣）禹廟銘存焉。山有禹王祠塗后村。元人賈元亦云，禹生汶川，生于蜀，則娶于蜀，宜也。然塗山國自應以當塗爲是，當塗之山于天下稍向中，故禹娶妻會諸侯皆在于此。況禹封陽翟，去當塗亦不甚遠。（[史記索隱]按系本，塗山氏名女媧，連山易曰攸女，路史云，禹年三十，娶于塗山氏曰趫，是爲攸女，死葬陽城。）

十二師　[孔傳]作師旅之師，謂一州用三萬人功，九州二十七萬庸，以爲此治水時徒衆，其鑿甚矣。[疏]云，九州立十二人爲諸侯師以佐牧，蓋本鄭康成之說，蔡傳從之。

按王制千里之外設方伯五國以爲屬屬有長此建五長畧仿彼文耳孔傳云五國立一人爲方伯謂之五長其說又與王制不合姑從蔡傳可也

邵寶曰皐陶之象刑非必用于苗也惟明於天下而可以風動乎苗理有固然矣苗雖頑獨非人哉德以化天下無間於苗刑以示天下亦無間於苗此帝舜之所以爲大也

搏拊　祖考虞賓　柷敔　笙鏞　簫韶九成

鄒季友曰蔡傳搏至拊循二訓皆從說文按釋名云搏者指廣搏以擊之也拊與撫同廣韻云彈也按也以此

釋搏拊似優于說文戞輕而擊重搏重而拊輕取其聲之高下大小也又孔傳云搏拊以韋爲之實以糠所以節樂樂記治亂以相注云相卽拊也裝之以糠糠一名相因以名焉形如鼓尚書大傳云帝王升歌淸廟以韋爲鼓卽搏拊也以搏拊爲樂器經典無文蓋漢儒鑿說耳

金履祥曰祭法有虞氏禘黃帝而郊嚳祖顓頊而宗堯此小戴攷國語之言而失之者魯語有虞氏禘黃帝而祖顓頊郊堯而宗舜國語論禘郊宗祖皆以其有功于民者祀之初不論其世也故注者謂虞以上尚德夏以下親親戴氏祭法易

其前後。故讀者不覺。朱子固嘗言之矣。無已。則決之于書乎。書稱舜格于文祖。即受終于堯之祖也。稱禹受命于神宗。即舜宗堯之廟也。其禘黃帝。其郊嚳。即宗堯之意耳。是以有虞子孫。猶郊堯而宗舜。以天下相傳。則有天下之大統焉。有虞氏受堯之天下。則宗堯。宗堯則禘郊堯之宗祖。計堯以前。亦或有然者也。況國語固云。禘郊宗祖與報爲五。則禮固有並行而不相悖者。後世有爲之說者曰。祖考來格。虞賓在位。此有虞氏祭顓報幕以至瞽瞍之祖考也。胡氏大意國語所謂祖顓頊與有虞氏報焉者也。禘黃帝。郊嚳。宗堯。書所謂文祖神宗。舜受堯之天下故宗堯之宗而祖堯之祖也路史大意大傳所謂帝入唐郊以丹朱爲尸者也祖顓頊報幕以至瞽瞍者一家之私親也禘郊宗堯者天下之公義也肰韶之爲樂正以紹堯而得名則祖考來格者卽文祖神宗之謂而虞賔在位者安知非丹朱之在尸位乎況禘郊宗祖報五者各有所尊自不相厭與虞賓之位亦不相妨也故曰以天下相傳則有天下之大統焉至商周以征伐革命始與古異矣文曰舜處其子均于商而禹復封之虞古史謂舜宗祀堯至舜之子孫則更郊堯而宗舜此據國語帝昭之說也舜郊嚳宗堯則禹固當郊堯而宗舜

矣而乃以堯舜之祀歸之舜之子孫顧自郊鯀焉何也曰此夏之末造也夫三聖以天下爲公則皆承其祖三王之子孫以天下爲家則各祖其祖舜之宗堯禹之宗舜一也舜之郊嚳與禹之郊堯亦一也其郊鯀也則夏之末造也祀夏配天其諸始于少康乎于是郊堯宗舜則屬之虞思之國矣孔子曰杞之郊也禹也宋之郊也契也蓋商周存二代之後猶尊賢也尊賢則杞郊禹矣杞而郊禹則虞郊舜而唐郊堯者天子之事守也

三禮考注考周禮弦歌用之堂上鼓鼗塤簫用之堂下柷敔則堂上堂下皆用之以爲作止之節王樵曰合止

是每一奏之合止至今猶然蓋金聲玉振則是特鐘特磬全樂首尾用之中間不用中間奏者是編鐘編磬特鐘此所謂鏞也特磬此鳴球也　附考　蔡傳背上有二十七鉏鋙刻以簨欙音歷之按刻字爲句簨音眞爾雅云所以鼓敔者櫟當作轢輾也　施簧管端簧管中金葉也頌磬頌鐘儀禮注音容言成功曰頌也頌古與容通

林之奇曰饗禮云升歌清廟示德也下管象舞示事也燕禮云升歌清廟下管新宮蓋堂上之樂以歌爲主堂下之樂以管爲主其實相合以成陳師凱曰郊特牲云歌者在上匏竹在下貴人聲也以證此章無不合戛擊

搏拊以詠歌詩章是歌者在上也管鼗笙與堂上之樂更迭間作是匏竹在下也奏石絲以詠歌之時則堂下之樂不作奏匏竹之時則堂上之樂不作今時樂亦然

〔按〕韻書箾有二音音簫者舜樂名也音朔者爲舞竿蔡傳兼取二義而以箾韶爲舜樂總名又云簫古文作箾今文作簫故先儒誤以簫管釋之其云先儒者孔安國也安國所傳正古文尚書壁中之藏夫豈未見而乃訓爲簫管之簫乎又左傳是舞韶箾此從古文作箾韶亦不類當考〔何楷曰〕荀子鳳皇于飛其鳴將將其翼若干其音若簫有鳳有凰樂帝之心舊說鳳鳴若簫故帝舜

之世作簫以象之及簫韶九成而鳳皇來儀然則簫韶正當作簫管之簫而蔡氏以爲誤何耶陳暘曰舜樂以簫爲主故曰簫韶九成商樂以磬爲主故曰依我磬聲

許謙曰樂有四節曰升歌曰笙入曰間歌曰合樂升歌者工升自西階歌某詩是也笙入者工以笙入于堂下奏某詩是也間歌者堂上歌某詩堂下笙某詩一歌一笙相間而作也合樂者堂上堂下之音並作也升歌三終笙入三終間歌三終合樂三終通之爲十二而謂九成者升歌笙入共爲三成也書言戛擊鳴球搏拊琴瑟以詠蓋詠時擊磬撫琴瑟也此是說升歌三成下管鼗鼓

笙鏞以間。蓋間時奏笙堂下。而隨之管鼗鼓鏞也。此是說間歌三成。簫韶九成。鳳凰來儀。此是說合樂三成

元首明哉至隳哉

范祖禹曰。夫君以知人爲明。臣以任職爲良。君知人則賢者得行其所學。臣任職則不肖者不得苟容于朝。此庶事所以康也。若夫君行臣職則叢脞矣。臣不任君之事。則隳矣。孔疏云。君無大畧。則不能任賢。功不見知。則臣皆懈惰。此萬事所以隳也。當舜之時。禹爲一相。總百官。自稷契以下。分職以聽焉。君人者如天運于上。而四時寒暑各司其序。則不勞而萬物生矣。君不可以不逸也。所治者大。所司者要也。

臣不可以不勞也。所治者寡。所職者詳也。不明之君。務察而多疑。故以一人之身。代百官之所爲。則雖聖智。亦日力不足矣。故其臣下事無大小。皆歸之君。政有得失不任其患。賢者不得行其志。而持祿之士。得以保其位此天下所以不治也。司馬光曰。皐陶之歌。言君明則能擇臣。臣良則能治事也。王者之職。在于量才任人。賞功罰罪而已。苟能謹擇公卿牧伯而屬任之。則其餘不待擇而精矣。謹擇公卿牧伯之賢愚善惡。而進退誅賞之則其餘不待進退誅賞而治矣。然則王者所擇之人不爲多。所察之事不爲煩。此治事之要也。

卷三終

尚書埤傳卷之四

吳江　朱鶴齡長孺　輯
富平　李因篤天生
崑山　徐乾學原一　訂

夏書

禹貢

孔疏當時水土既治史即錄此篇其初必在虞書之内蓋夏史抽入夏書或仲尼始退其第

禹敷土　奠高山大川

馬端臨曰堯時禹別九州舜攝位分十二州禹後又復

爲九。左傳稱有夏貢金九牧，鑄九鼎以象九州，此可證也。商但言九圍九有。周秦兩漢分割不同，自晉以後爲州彌多，所統彌狹，且建治之地亦不一所。姑以揚州言之：漢以來或治歷陽，或治壽春，或治曲阿，或治建業，而唐始治廣陵。南北分裂，務爲廣大，僑置諸州，以會稽爲東揚，京口爲南徐，廣陵爲南兖，歷陽爲南豫，歷城爲南冀，襄陽爲南雍。魯郡在禹跡爲徐州，而漢則豫州所領；陳留在禹跡爲豫州，而晉則兖州所領。離析磔裂，循名失實，而禹貢之九州不復可考矣。

鄭樵曰：郡縣之設，有時而更；山川之形，千古不易。所以禹貢分州，必以山川定界，使兖州可移，而濟河之兖不能移，梁州可遷，而華陽黑水之梁不能遷，是故禹貢爲萬世不易之書，後之史家，主于州縣，州縣移易，其書遂廢，

冀州

方回曰　堯都冀州，兼幽并營州，地極廣，不如是不足爲帝畿，重内輕外，以内制外之良法也，漢高祖定都關中，西巴蜀，北隴西上郡北地，不以封諸侯王，其王者皆在函谷武關之東，以關西制關東，猶之堯舜禹，以一河北冀州，制河東數十百侯服也，顧炎武曰　周禮職方，河内

曰冀州史記正義云古帝王之都多在河東河北故呼河北爲河內河南爲河外又云河從龍門南至華陰東至衞州東北入海曲繞冀州故言河內蓋自大河以北總稱河內而非若今之但以懷州爲河內也愚按堯治平陽舜治蒲坂禹治安邑三都相去二百里漢書言河東平易饒鹽鐵曹操亦因河東資實平關中朱子則以平陽蒲坂其地磽瘠朴陋非堯舜不能都此據後世而論耳幽冀在鴈門碣石之閒于易東北爲艮萬山峙北萬水朝東後世言建都者形勢之雄無加于此

治梁及岐

王應麟曰梁岐二山若從注疏則雍州之山距冀州甚遠壺口太原不相涉晁以道用水經注以爲呂梁狐岐蔡傳從之愚按雍州梁岐在河西此在河東梁山之見于經者不一奕奕梁山韓侯受命今韓城縣之梁山也太王踰梁山今扶風縣之梁山也春秋成五年梁山崩壅河三日不流杜預注在馮翊夏陽此即韓城梁山春秋時屬秦晉之界晉爲霸主故得望而祭之傳所謂晉望是也

岳陽

按霍太山今爲中鎮此岳陽謂霍山之南其地所包者

廣蔡傳專指岳陽縣言之非是。又按汾水入河。在龍門口。故山海經水經俱作西注于河蔡傳云東入疑亦非。

覃懷　衡漳

附考 蔡傳淶水出乎其西。愚按水經拒馬河。卽淶水。在今大同保定。去懷慶甚遠。疑當作沁水。今沁水源出沁州。流岳陽縣界。穿太行。達濟源。經武陟。入黃河。正在懷慶之西也。注既以淇水出乎其東。東西竝言。則不當遠取淶水明矣。

曾肇曰。地形東西爲橫。南北爲從。河自大伾北流。漳水東注之。則河從而漳橫矣。

附考 蔡傳河徙砱礫。音伶歷 按

漢書有滎陽漕渠，如淳曰：砏礫溪口是也。

白壤

附考 蔡傳五物九等。按周禮注：五物，五地之物也。謂山林、川澤、丘陵、墳衍、原隰。九等，謂騂剛、赤緹、音踶墳壤、渴其列反澤、鹹潟、勃壤、埴壚、強其兩反檃、呼覽反輕爂音浮也。騂剛，土赤而剛強。緹，絳色也。墳，潤解也。渴澤，故水處。爂，輕脆也。用牛用羊用麋鹿等，謂煮其骨汁以漬種。

厥賦　厥田

冀州惟言賦，不言貢篚，畿內之地，物之所有皆屬于王也。周官以九貢制邦國之用，于諸侯，王畿則九賦斂財

亦此意按穀米兵車之賦常賦也周禮之九賦又不在常賦之數

楊慎曰劉既云井牧始于黃帝左傳所謂井衍沃牧皐隰也井即助法牧即貢法孟子云五十而貢考夏小正三農服于公田由此觀之雖夏亦助也井田黃帝良法不應自禹而廢當時任土作貢或衍沃則井之皐隰則牧之未可知也

賦出于田而九州之田與賦不竝等者何哉冀豫衍沃之區荊揚魚鹽之海他物所出利倍于田所以田輕而賦重也青齊土狹民瘠雍梁地險患多土田之外雜出不厚所以田重而賦輕也至夏商周取民皆什一而授

田多寡不同羅泌謂禹時沉菑未遠人功未盡修可耕之地尚少故家授五十沿歷商周人力寖廣疆土益辟是故商七十而周則百其言固然要以古之百畝非今之百畝也周制六尺爲步步百爲畝自秦至今皆二百四十步爲一畝周尺當宋尺八寸四分當今營造尺八寸織造尺六寸四分則周人百畝爲今二十二畝有奇耳夏田視周之半亦以尺度代更非田有多寡也夏十二寸爲尺周八寸爲尺（蔡邕獨斷云夏十寸爲尺殷九寸爲尺周八寸爲尺）若亦以六尺爲步百步爲畝則夏之五十畝當今田二十四畝有奇視周田略等矣夫務廣地者荒數口之家治田

五十畝必至鹵莽多至百畝必至蕪棄聖王之厚民也躬教之稼敬授之時使之繁碩穎栗少田之入當多田之收故田野治而民用足夏五十殷七十周百畝正限制之使不得廣種而鮮收也且井田之制世業世祿相傳已久溝塗經界爲力甚難三代革命若皆一一更張不太煩擾乎度其時不過更易尺度以爲一代之典曰五十曰七十曰百止易其名數不易其封殖亦略舉成數言之耳輯章俊卿諸家說

鄭介夫曰古天下之田無不屬官先王使貧富強弱無以相過各有其田得以自耕故天下無甚貧甚富之民至成周時其法大備畫地爲井

八鳩五規二牧九夫以等其高下溝洫畎澮川涂畛徑以立其隄防疆井既定無得侵奪商鞅開阡陌開者廢壞之乃有豪强兼并之患然未明以田與民也官不得治民乃自占爲業耳迄于漢亾兵燹之餘人稀土曠天下之田既不在官又終不在民但隨力所能至而耕之元魏行均田稍近古唐因而損益之爲法雖善然令民得買其口分永業始有券信日漸一日公田盡變爲私田而井田永不可復矣

蘇轍曰唐制授民田有口分永業皆取之于官斂民財有租庸調皆計之于口其後變爲兩稅戶無主客以見居爲簿人無丁中以貧富爲差田之在民其漸由此貿易之際不復可知貧者急于售田則稅多而田少富者利于避役則稅少而田多僥倖一興稅役皆弊

馬端臨曰隨

田之在民者稅之而不復問其多寡始于商鞅隨民之有田者稅之而不復視其丁中始于楊炎井田之良法壞于鞅租庸調之良法壞于炎二人之事本君子所羞稱而後之爲國者莫不一遵其法一或變之則反致于煩擾無稽國與民俱病則以古今異宜故也又曰禹貢甸服有米粟之輸餘四服俱無之東萊謂王畿之外八州皆以田賦當供者市易貢物故不輸粟然則土貢即稅租也諸侯食其稅于國則稅名爲祿納其賦于王則賦名爲貢漢唐以來任土作貢著之令甲猶曰當其租入然季世苛賦往往租自租而貢自貢矣丘濬曰三代貢助徹只是視田而賦之未

有戶口之賦。賦算口錢。貢禹謂始自武帝。鄭玄注周禮九賦。以爲計口取民錢。如漢之口算。人百二十。魏鵠山深非之。夫定稅以丁。稽考爲難。定稅以畝。檢覈爲易。兩稅以資產爲宗。未必全非也。但立法之初。謂兩稅外毫無科率。兵興廢廣。不能不于稅外別有徵求。國初稽口定制。以天下之墾田。定天下之賦稅。因其地宜爲等。則夏稅秋粮。歲有定額。惟逐戶編爲里甲。十年一輪差。其法一定而可守。今世爲賦者二。夏曰稅。秋曰粮。此用楊炎之兩稅。爲役者三。曰里甲。曰均徭。曰雜泛。而又有銀與力之不同。蓋用宋人差雇之法。

大陸既作

徐常吉曰　蔡氏引李吉甫杜佑以邢趙深三州爲大陸。

按導河北過洚水至于大陸漢志冀州信都有洚水夫
旣過冀州信都則已越邢趙而之北矣又安得求大陸
于二州之境耶繼之曰又北播爲九河九河旣在滄景
間則大陸當求之于冀之下滄之上以深州當之可耳
隋改趙之昭慶爲大陸縣安知非屬傳會　茅瑞徵曰
記此于田賦後可得聖王經畫畿輔之深意是時京師
旣無輓漕歲入不過千里使野多曠土何以佐經費又
賦額頗廣何忍厲民取盈如覃懷大陸一帶彌望沃野
皆堪耕作而洪水初退之時因之樹藝其收必倍故記
之以見力穡爲天下倡所以實京師而壯根本也連言

衡漳恒衞者，大河之旁，其地最苦崩齧橫決，得一二支水，疏引穿渠，以便灌溉，尤于耕作爲易也。

夾右碣石入于河

韓邦奇曰：東海至永平府南發出一洋，東西百餘里，河從此洋之西自北注之，此洋正逆河也。碣石正在右轉屈之間，碣石在海洋北，洋濶五百餘里，自洋南遠望，如在海中，實未嘗淪入于海也。（韋昭曰：碣石舊在河口海濱，後水溢漸淪入海，遂去岸五百里。）袁黄曰：碣石在今撫寧縣西南海中，離岸三十里，蓋古滄州與平州相對，自滄州望之，則離岸五百里；自平州言之，止三十里耳。北方貢賦之來，在五百里之海內行舟則碣石正在其右蔡傳離岸五百里應止緣滄州志而未考其實遂謂九河皆淪于海豈知其見在乎又引程氏說謂遼濡滹易之水皆中高不與河通亦誤濡易滹沱之水去今帝都近縱使入河亦不由行遼水又在塞外安得由之徐常吉曰孔穎達疑渤海北距驪城（即今撫寧縣）五百餘里河入海處遠在驪城碣石之南其言近似而未得其要今觀禹貢所云至于碣石入于海自言導山而未嘗言導水導河但言同爲逆河入于海而初不言碣石後世相沿以爲河自碣石入海者誤也河自在渤海靜海之間入海想在今衛河入海之處今

京師以東地靜海一帶爲下轉而之北爲永平昌黎則地勢漸高陵谷易遷而地形不改禹時之地當亦不異于今則河水決無由驪城入海之理也夫所謂夾右碣石入于河者海水漫天入河之道難認碣石高峙其右由海入河望之如在右掖此史臣曲寫其由海入河之形而非謂河之自碣石入海也程泰之大昌雖有辨而亦糾結于諸家之說其他勦說雷同又不足道矣此與朱蔡說不同然極有理

鄭曉曰王畿不制貢碣石與島夷連書此卽島夷入貢之道也本黄文叔說愚謂帝王之治夷貊限山絕海視若鱗

介三代之時北狄憑陵而肅愼入貢楛砮亦以隔在遼海之外內地夷險無由習知其制之亦易也後世三韓來助梟騎漢高祖始資其力矣鮮卑易種遼西晉武帝始弛其防矣資其力則彼之求難厭弛其防則我之情易得久而伺隙乘便禍亂遂滋乃知島夷制貢紓道海曲既使就我戎索又不使狎我井疆其慮豈不至深遠乎

濟河惟兖州

司馬光曰兖州境包今之河朔漢兖州界在今河陽非禹貢舊境也章如愚曰三代以前黃河自宋衛州之黎陽縣境折而北流故北京今大名府及河北東路諸州在河

之東。卽古兗州之域。秦漢以還。河決而東下。故兗州之域隔在河北。而河東之名乃移在并州。

九河

呂祖謙曰禹不惜數百里地。疏爲九河。以分其勢。善治水者。不與水爭地也。按九河故道。孔疏謂徒駭最北。鬲津最南。皆在滄瀛景德之間。朱子孟子注。分簡絜爲二。蓋本爾雅。蔡傳合之爲一。從輿地記云其一卽河之經流。吳氏程謂南皮縣明有簡河。何嘗合絜爲一。且徒駭乃河之本道。九者之外。安得更有經流乎。韓邦奇曰古河今止長垣開州清豐。略見其跡。然未必禹時故道也。

永平府碣石山在海東南之灣永平謂之南海此洋東西長南北狹古河從此入海今河徙而洋存又曰據山東通志馬頰在商河覆釜在海豐鈎盤在德平鬲津在樂陵徒駭在齊河皆濟南府屬今眞定府東三百里方是濟南北境眞定去濟南東西六百餘里古河自滏水直趨北至大陸皆眞定地又北播爲九河固永平河間地也不應河至大陸折而東反回流而南以至濟南之境滄州古志云徒駭在本州廢清池縣西北太史在南皮縣治北馬頰在景州東光縣界胡蘇在滄州慶雲縣西南簡絜在南皮縣城外鈎盤在獻縣東南鬲津在慶

雲縣其地相去不遠當是九河故道古志得之土人可徵也徐常吉曰今衛河入海之道地形最下禹時九河當入海于此凡海水易溢之處古皆有捍塘今淮安嘉興皆然獨滄瀛一帶爲沮洳萑葦之場則北海之未易溢可知也王横漢人假令自堯至漢海溢浸數百里則自漢至今滄瀛之地桑田當盡爲海矣蔡九峰據之遂謂九河入海于碣石方九河未沒海之時從今海岸東北更五百里平地夫水勢就下滄瀛之地既已濱海何不遂注之于海乃更引之向北斜行經五百里此何爲耶若如所云是引河以就碣石初非即碣石以證河其

誤明矣。

灉沮

按爾雅釋名，灉反入。反入者，河決出復還入也。王晦叔炎云：灉出曹州。兗州府志：灉河在曹州東南二十五里。惟沮無考。水經注：濮陽城西南十五里有沮丘城，豈城以水得名歟？九域志：濮州有沮溝，即禹貢灉沮之沮。古河濟支流當在曹濮之間，自河遷濟伏，今皆塞爲平地。諸家多引汳雎爲言，二水皆經流豫徐，與兗無干。況經文之沮，本子余切；雎水之雎，乃許規切，音雖。漢高彭城之敗，雎水爲之不流，音義既殊，津途亙別。蔡傳引曾氏說，疑雎水即沮水。

失考故耳

厥賦貞

金履祥曰貞字本下下字也古篆文凡重字者或于上字下添二兖賦下下篆從下下或誤作正正通作貞朱震曰貞者隨所卜而後定之名也兖地最卑狹水患難平盈虛未卜故必作十有三載歷歷試之史記太陰正義云太陰歲後二辰爲太陰在子旱明歲美至卯穰明歲衰惡至午旱明歲美至酉穰明歲衰惡蓋歷十二辰而豐儉可定始可得其大同之法也按說文貞卜問也周語有貞于陽卜此說本此了凡取之

浮于濟漯

愚謂近說濟南入于河，漯支分于河，或浮濟，或浮漯，各從其便。夫所謂南入河者，以南溢之滎言也。滎澤在豫州，若兗州之貢必假道于豫，則入豫之南河矣。濟水出陶丘而北，卽經流兗境，雷澤，濟之鍾也；沮水，濟之别也；至壽張而合汶，至歷下而合濼，今兗濟以北皆濟水也，安在必南溢之滎爲可達河耶？古時濟漯通流，漢以後遂不相屬。孔疏云：從漯入濟，自濟入河，與經文所次水道不合，當是從濟入漯，從漯入河。鄭端簡亦云：舊作二道者非是。

黄度曰：孟子禹疏九河，瀹濟漯而注諸海。史記河至大伾，禹以河從來高，湍悍難行平地，斯二渠引河北載之高地二渠濟漯也濟通滎濮鉅野旁淹菏孟爲停涵游緩之勢漯行魏博淄齊間透迤千餘里乃入海皆所以殺河暴怒然後得引而載之高地也孟康謂二渠一漯一出貝丘今東昌府清平縣西南折王莽時空世稱王莽河者非也王莽乃是秦漢間河瀆自周時河徙故瀆難憑矣又曰河過洛汭勢當就卑禹既疏濟然後引河而東過大伾又當就卑再又疏漯然後引河而北於是河行漳滏瀆合滹沱滮易以入海所謂不逆地仂附屬孫順者也

鄭樵曰史遷河渠書厮爲二渠一漯一北瀆北瀆即王莽河復禹舊跡是以二渠出于禹及考之禹貢河自龍門至于大陸

皆爲一流。至秦決魏郡。始有二流。子長之論。蓋誤指秦時所決之渠。以爲禹蹟也。二渠說不同。備存待考。【愚按】水經云。浮水故瀆。浮水。一名繁淵。卽澶淵。東北至東武陽縣。今東昌府朝城縣。東入河。漯水出焉。西漢末。河并行漯川。其後河徙而漯不復存。今故道難詳。東昌志。漯河在高唐西二里。一統志。濟南章丘縣東北七里有漯河。齊乘。謂之獺河。非禹貢之漯。蓋略得其彷彿。程氏謂出東武陽者。乃漢河。與漯異。羅泌又謂漯是濟派至東武陽縣入河。皆不知何所據而云也。

海岱惟青州

【鄒季友曰】孔傳。東北據海。疏云。據。謂跨之也。故以海北遼東西之地爲青州之域今蔡傳云東北至海則疆域至海而止又冀州傳中引程氏云冀之北境則遼東西右北平蓋與孔說異矣而舜典傳中尚仍孔傳分青州爲營州之語自相背戾當正之也青州貢道自汶達濟別無海外之道而冀州夾右碣石入河則正是遼東西貢道乃青州北境所至之海也王樵曰孔疏引漢末公孫度據遼東自號青州刺史爲證中國疆界固有非至海畔而止者如朱崖在大海中自爲一隅而屬于嶺南然雖越海而土俗相接又他無可附若遼東則固中國之東壤耳豈有不屬接壤之冀而遥屬隔海之青乎愚

尚書埤傳　卷之四

按周并營州于幽州。職方氏。其澤藪貕養。其浸菑時。康成注皆在青州域內。則周之幽州。半得青州故壤。又爾雅名青州曰營州。馬融云舜以燕齊遼遠。分燕置幽州。分齊置營州。亦同二孔氏之說。然以經文貢道考之。誠如鄒氏所疑。豈遼東屬青。乃商周以後之制。禹時則不然耶。更考。顧炎武曰遼東西右北平不載禹貢止碣石繫之冀州疏謂青州當越海而有遼東無據

于欽曰。青州東北跨海。跨小海也。本名渤海。亦謂之渤澥海。別支名也。自平州碣石。南至登州沙門島。是爲渤海之口。闊五百里。西入直沽。幾千里焉。漢王橫乃謂九河之地。淪爲小海。然則唐虞之地。青州跨海者。跨何海

耶。蔡氏書傳金氏通鑑前編皆祖橫說又謂小海所淪青兖北境悉非全壤豈二州北境有荒漠棄地爲海所淪沒而歷代信史不之書耶無是理也愚按志稱沙門島大海以西皆爲青州北海今青州古北海濟南河間古渤海地名分而海則一孔傳所云東北據海者此是也永平府南至海岸一百六十里卽此海其登萊之海在正東又非禹貢所表識

濰淄

按淄水地理志云入濟水經則云入海蓋馬車瀆以下齊乘云青水泊北出爲馬車瀆今高家港也乃濟水入海處淄水入海之道

與濟水正同或疑淄若入濟貢道何不由之而以班志爲誤特未考耳蔡傳此云入濟下又云入海宜定從一

陳啓源曰蔡傳漢志淄水博昌縣入濟今青州壽光縣也按漢博昌屬千乘郡在宋爲博興縣若壽光本漢縣屬北海郡宋亦名壽光宋志青州見有博興壽光二縣蔡以博昌爲壽光誤矣又水經注淄水至千乘琅槐入海不云壽光考通志淄水入海在壽光界蓋博興與壽光本壤接

浮于汶達于濟

按今張秋北有鹹河即大清河古濟今汶通會城是浮汶故道

山東通志宋初都汴京東之粟歷曹濟及鄆入五丈原在魚臺縣至京師元初開濟州新河由大清利津諸河入海由海道至直沽既而海口沙塞復從東阿陸輓至臨清入御河元初之漕泝河至中灤陸運至淇門復由衛河以達京師中灤在封丘縣西南淇門在濬縣西南古枋頭又開膠萊新河以通海運其後開會通河自濟寧直達臨清水運四百里然河渠淺澁舟不負重歲運不過數十萬石終元之世海運不能廢也國初給餉遼卒海運如故永樂都北亦嘗行之其後復濬會通河于是漕利通而海運罷膠萊故道亦遂湮廢**于愼行曰**汶水由東平北流合北濟故瀆以入于海泗水由曲阜南流

合南濟故瀆以入于海此水經故道也自元憲宗七年宋理宗季年濟倅畢輔國始于堽城之左作斗門遏汶流至任城今濟寧州入泗以餉宿蘄戍邊之衆謂之引汶入濟濟水故道此堽城壩所由始也世祖至元二十年以江淮水運不通自任城開渠達于安山凡百五十里爲一牐于奉符即堽城壩以導汶水入洸爲一牐于兖州即金口壩以遏泗水會洸合而至任城會源閘南北分流此天井閘之所由始也二十六年用壽張尹韓仲暉言復自安山開河由壽張西北至東昌臨清直屬御漳凡二百五十里建牐三十一謂之引汶絶濟絶者濟爲漕河所遏不得東也此會通河所由始也國初河決原

武會通河塞永樂九年命宋尚書禮濬其故道遏汶水全流南出汶水之西築壩于東平戴村橫亘五里入于南旺南旺最爲高阜而河身跨焉在汶上縣西三十里濟寧北八十里分而爲二六分北流以達御漳入海四分南流以接沂泗入淮此南旺所由分也比舊河北徙幾二十里又于戴村北留坎河口溢則決之以入海涸則塞之以濟運由是汶水不復入洸而會通河復矣然當會通初開未受河患安流者數十年至正統景泰以後河往往決祥符黃陵諸口橫貫張秋運渠東流入而運受河患于北于是徐有貞劉大夏相繼治之此非秋決河所由平也正德嘉靖以後往往決曹單諸口直貫魚臺蹋場口東南入淮而運多受河患于南于是盛

應期朱衡相繼治之此夏鎮新河所由成也總之漕在東者出入兗境十居其七而沂泗汶洸諸水（汶之支爲洸泗之合爲沂）挾百八十泉之流互相輸轉以入于運自金口堰修而泗水盡入于漕戴村堰修而汶水盡入于漕張秋功成而河之北決塞夏鎮功成而河之南道徙故漕之利在汶與泗其要害在河王樵曰今漕道南自淮陰北抵海口計三千餘里而山東之泉水通運河者不過汶泗諸流當河之未南徙也以汶泗諸流濟三千餘里而未嘗不足及河之決而入運河也不憂其氾濫則虞其淤塞雖有山東諸泉不復爲運河之利何也黃河未來運

道全賴諸泉故當時建閘築堰以節宣之尺寸之水盡爲漕用黃河既來而運道不資于泉故泉政日弛泉流日微或爲豪强所侵或爲沙礫所塞譬猶人身精氣愛養則常盈耗散則隨竭無足怪也山東轉漕全賴汶水濟運原不資于黃河說者謂引黃入漕如延盜入室正德以後黃流益盛當其漫溢濟汶諸水皆從之入海而會通輒水衝沙淤于是治運難治河益難

海岱及淮惟徐州

于慎行曰往時大河流燕齊間由岱宗之北挾濟入海今從徐方顧反出岱南挾淮入海地道所由變遷也愚按禹時淮北爲徐州淮南爲揚州周淮北爲青州春秋

淮北爲魯爲齊爲宋南爲吳故晉欲通吳必假道宋之彭城後楚破越東侵泗上盡取吳故地而淮南北皆爲楚

章如愚曰禹别九州其道里廣狹全不相侔濟河兗淮岱徐相去不能千里荆河豫千里而嬴海岱青千里而縮荆山衡陽荆二千里東海西河冀二千里壽春之淮潮陽之海揚相去且五千里龍門之黄河燉煌之黑水雍相去以四千里至華陽黑水梁窮數千里而未知所經是何廣狹之殊也或謂九州之内品列墳壤故道里無得而均然荆河淮濟之間兗徐豫三州境至不能當[illegible]海一

州之半使三州壤別難并揚州之大獨不可得而釐耶葢九州之制實倣井田之法王畿居内八州環拱是同養公田之義也故區別壤境不因土宇之小大惟據民田之多寡而均之耳如荆河淮濟之間百舍坦夷萬頃一瞬而又當中原要區民力修地利盡故徐兗豫土最狹也至淮漢以南揚在淮南荆在漢南函劒以西雍在函谷西梁在劒門西江湖環流關嶺重複又僻在遐陬濶疏稼政平地葢寡闢田甚難故荆揚雍梁最遼濶也西漢去古未遠方其極盛天下戸口千二百餘萬徐兗豫當五百五十萬青冀二州當三百五十萬而荆揚雍梁四州僅當三百萬戸

夫民非穀不生穀非民不殖推其戸口之數足以見田疇之多寡九州之別惟民田是均斷可識矣愚按古時封建其疆域道里之數亦嘗以井田爲準如周公封魯孟子云方百里明堂位云七百里所謂百里蓋指鄪鄙郊遂之地可建晦出賦者而言如後世所云食實封魯地在泰山之陽徂徠梁父諸山皆居封域濟河環之其井甸所出罔不能越百里而加羸也若明堂位之七百里則包丘陵阪險及附庸閒田在內王制名山大川不以封而又有閒田以賑列侯之功罪而予奪之孟子所謂慶以地讓以地者是也然其法止可行于中原博衍之區至于

交益豳閩地皆崇山巨浸則載師所不能詳此禹服五千之外先王半棄之而為夷貊也歟

淮沂

金履祥曰徐之水以沂名者不一出今兖州泗水縣尼丘山過魯城南入泗者曾點浴沂之沂也今海州沭陽縣有沂河口周禮沂沭之沂也出沂州新泰縣（今沂水縣）艾山西南入泗者最大此禹貢之沂也**愚按**今沂水一出沂水縣艾山合沂山之汶流至邳入泗達淮地志出泰山蓋縣者是也一出曲阜尼山東南六十里西流至兖城與泗合注濟寧水經注出尼丘經雩壇者是也其沭

陽之沂。卽艾山派耳。齊乘云沂水至沂州城東。又南。分入三十六穴湖。東通沭水。吉甫分爲三。恐非。

大野

王樵曰。蔡傳謂鄆州中都西南有大野陂。宋鄆州。今東平州。卽古東原。而中都卽汶上也。今南旺湖。實在汶上西南。汶水西南流至此分。縈迴一百五十里。河紀云南旺湖周百里。蜀山湖周六十五里。漕河貫乎其中。西湖南旺廣衍倍于東湖。蜀山湖在南旺東而東湖北接馬踏伍莊坡湖。以及安山南接馬場坡湖。以及昭陽諸湖。綿亘數百里。而東原徐鄆諸邑。又悉環列于左右。與古今志合。是南旺湖卽古大野無疑。齊乘云鉅野今梁山泊北出爲清河宋時與泊水滙而爲一自會通河開始畫爲二　禹時大野澤旣鍾清濟洙泗而成而泗通于淮濟通于汶淮通于沂汶通于洸而泗之上源又自大野而通于濟則是大江以北中原諸水縱橫交織皆于大野相連而當時入貢之路若靑之浮汶兖之浮濟徐與揚之浮淮泗亦皆與大野相關是大野在古已爲貢道之要會矣今漕運尤資之設四水櫃曰南旺在汶上曰安山在東平曰馬塲在濟寧曰昭陽在沛縣各建閘壩以時啓閉而南旺分水嶺地最高所謂水脊向非南旺會通雖開亦枯瀆耳但今者有沙淤盜佃決堤之三患此不獨漕河失利而泰山以西夏秋

水發奔注此中汴宋末嘉祥鉅野曹濮壽張之間遂成巨浸是以有梁山濼之亂可無慮哉輯王方麓諸家說

浮于淮泗達于河

按泗水入淮淮泗不與河通而云達于河者西則由灉東則由濟蔡傳引許慎說文其說是也疏云徐州北接青州既浮淮泗當浮汶入濟以達于河按汶泗通流始自近代古時汶北入海泗南入淮故蔡傳用許氏之說金吉甫言古文尚書作達于菏說文引書亦作菏菏澤與濟通而泗水上注之自泗達菏則達濟可知然八州之貢皆以達河爲至兗州言達于河故青不言徐州言達于河故揚不言其義實相因安知古文不有誤耶蘇傳自

淮泗入河必達于汴世傳隋煬帝始通汴入泗疑禹時無此水道按漢書項羽與漢約中分天下割鴻溝以西爲漢東爲楚文穎注云于滎陽下引河東南爲鴻溝以通宋鄭陳蔡曹衛與濟汝淮泗會于楚卽今官渡是也魏武與袁紹相持于官渡乃楚漢分裂之處葢自秦漢以來有之安知非禹跡耶禹貢各州之末皆記入河水道而淮泗獨不能入河帝都所在理不應爾意其必開此道以通之其後或爲鴻溝或爲官渡或爲汴上下百餘里間不可必然皆引河水而注之淮泗也故王濬伐吳杜預與之書曰足下既摧其西藩當徑取秣陵自江

入淮。遡于泗沭沂河而上。振旅還都。夫王濬舟師之盛。千古未有。而自泗汴入河。可以班師。則汴水之大。不減于今。亦足以見秦漢魏晉皆有此水道。非隋煬創開也。自唐以前。汴泗會于彭城之東北。然後東南入淮。近歲汴水直達于淮。不復入泗矣。茅瑞徵曰。今運河亦從淮合泗。而接流會通河。必經于濟。此取道山東者也。子瞻所指。葢自宋都河南一路言之。卽水經所謂汳水爲灉入泗者也。韻會。汳皮變反。今作汴。葢避反字。羅苹云。隋煬所易。丘濬曰。漢以來漕路。所謂汴船不入河者。率由蔡河。經泗州入淮。而呂梁之險。未有以之爲運道者。惟謝玄淝水之役。堰呂梁水利漕蓋瀦水以漸用耳非通運也宋眞宗時趙守倫建議自京東分廣濟河自定陶至徐州入清河以達江淮漕路又以呂梁灘磧之險而罷至本朝始用之爲運道云呂梁洪在呂梁山下昔稱天險今削平

尚書埤傳卷之四

尚書埤傳　卷之四

尚書埤傳卷之五

吳江　朱鶴齡長孺　輯
廣平　申涵光和孟
無錫　錢肅潤礎日　訂

禹貢

淮海惟揚州

按孔傳。北據淮。蔡傳改作至爲是。葢自淮以北。卽屬徐州境。不得言據也。杜佑曰。按禹貢物產貢篚職方山藪川浸。皆不及五嶺之外。又荆州南境至衡陽。若五嶺之外。在九州封域。則以鄰接宜屬荆州。舍荆而屬揚。斯

不然矣茅瑞徵曰九州疆境繡錯而冀兖徐豫尤接壤
難辨如鄆州以爲兖曹單又以爲豫兖州魯郡且入徐
州夫徐州曰東原底平則鄆果專屬兖乎岱爲青之鎮
山則魯郡果專屬徐乎單爲碭山魚臺之境又果專屬
豫乎至黄州本荆也而唐十道圖以爲揚陜虢近雍也
而通考以爲豫商州近豫也而通略通考竝以爲梁宋
史又以爲雍若大名一府分屬冀兖此果誰爲確據乎
當禹時閩廣滇黔遠在荒服而揚州所紀止于彭蠡震
澤則兩浙爲吳越之境亦未入王會也今以閩浙附入
揚州已爲影響而唐十道圖至以鄂潭衡永澧朗辰錦

等州竝入揚州南境而嶺南一道東南際海西極羣蠻凡七十州亦以揚州南境括之可謂殽亂棼沓靡所適從矣杜佑于古九州外別分南越一條庶幾近之愚按自晉以下歷代史皆云五嶺南至海是揚州之域洪容齋云揚州并之蓋萬里析之且百郡其延袤之廣可知經文淮海之海與青徐二州異青徐之海東海也揚州之海乃苞絡南海而言今廣南是也導黑水入于南海則南海明見經文即如通州之貢齒革羽毛皆產炎荒安得謂五嶺之表必非方貢所及耶若彭蠡三江震澤而外禹貢無他紀者江淮諸流皆以海爲歸墟則此外

之被水患者少。又揚之南偏。悉是山谿。計不勞施功。故略之耳。夫聖人制服雖止于五千。而會稽實轍跡所至。南交亦聲教所敷。閩越之隸版圖。復何疑哉。但云五嶺以南俱屬揚州。則不必然。當分轄荊揚二州之域。

彭蠡

[按]彭蠡。蔡傳前引漢志。在彭澤縣西。後以為即鄱陽湖。各志同金吉甫謂即漢志云。湖漢九水者是也。[曾彥和書解以豫章九水。合于湖漢。東至彭澤入江。朱子取之。]袁坤儀云。彭蠡在彭澤。非鄱陽湖也。鄱陽在今饒州南康之間。其水出湖口入江。又東北七十里而至彭澤。存其說待考。

三江既入

三江之說不一。班固漢書以一從吳縣南東入海爲南江，一從蕪湖西東至陽羨東入海爲中江，一從毗陵北東入海爲北江。郭璞爾雅注以爲岷江今大江、浙江今錢塘江、松江今吳淞江。韋昭國語注以爲松江、浙江、浦陽江。水經一名潘水，在會稽界。一統志在金華浦江縣界。○史記正義曰韋注非也。錢塘、浦陽其源俱不通太湖。庾仲初吳都賦注、張守節史記正義、顧夷吳地志皆以爲松江、東江、婁江。蘇傳卽據經文之中江、北江、南江。其說似可信，乃蔡傳及黃東發、金吉甫諸家皆主松、東、婁之三江。蓋以此三江連派震澤，吞吐百川，吳越諸水皆從之洩。又周禮荆州川曰江漢揚州川曰三江可見揚州自有所謂三江而非即江漢三江若以彭蠡爲一則上文既出彭蠡不應下又出三江矣況南江未見經文必增此以合三江之名亦所未安故有取于庾仲初之説耳然經云既入者入于海也必入海之道有三然後可以當三江之目據吳都賦注則東江婁江入海注云今太湖東注爲松江下七十里分流東北入海爲婁江東南入海爲東江并松江爲三江據史記正義則惟婁江入海似三江口既分東婁二江復合爲一江而入海者正義云三江在蘇州東南三十里一江西南上七十里至太湖曰松江古笠澤江一江東南上七十里至白蜆湖曰上江亦曰東江一江東北下三百餘里入海曰下江亦曰婁江其分處號三江口考朱長文吳郡續圖經今松

江大黃浦入海者爲東江。王圻曰：唐開元元年，築捍海塘，起杭州鹽官，抵吳淞江，長一百五十里。沿江海口盡爲堵截，而東江湮沒無考。○黃度曰：范蠡伐吳，自會稽沿海入秀州澉浦，即水經谷水也。東江即谷水。沈潛曰：水經注引吳記云：一江東南行，入小湖，自湖東出爲谷水。谷水出吳小湖，逕由卷縣故城東南，逕嘉興鹽官，東出爲澉浦，以通巨海。今澉浦尚存，泖水南來注之，此即古東江之跡，未嘗湮沒。小湖疑即今白蜆江。此說與黃文叔合，并錄備考。太倉劉河入海者爲婁江。陳繼儒曰：婁訛作劉，蓋土音也。二江皆松江支流入海之道，未見有三也。近世歸熙甫有光引國語吳之與越三江環之，謂當從郭璞岷江、浙江、松江。然吳越春秋云范蠡去越，乘舟出三江之口，入五湖之中，則三江自在吳地。貨殖傳吳有三江五湖之利是也。所謂吳之與越三江環之，本言三江控帶吳越之境耳未可深泥自桑欽許慎輩俱云江水至山陰合浙江故景純以浙江爲三江之一然浙江發源徽黟與岷江別派酈道元已辨之豈足據乎沈潛曰宋淳熙中直學邊韶修崑山志言大海自西沺分南北由轉斜而西西朱陳沙即朐山沙帶謂之揚子江口由徘徊頭而北黃魚垜謂之吳淞江口浮子門而上謂之錢塘江口三江既入禹跡無改此說本郭璞注歸太僕祖之然經云三江既入震澤底定是江與澤相因者也今浙江震澤隔絕不通水勢地勢高下懸殊吳之與越三江環之此爲范少伯言則可謂爲禹跡則不然也愚謂三江既入與震澤底定連書則此三江者必與岷江震澤相爲吐納今大江東過江陰許浦入海班固所謂北江也永陽江在溧陽西北下流至宜興注太湖入海班固所謂中江也吳淞江分東

婁二江入海。班固所謂南江也。水經云。江水自石城東出。過毗陵縣北。爲北江。其南江東北爲長瀆。歷湖口。酈注卽太湖。東則松江出焉。江水奇分。謂之三江口。卽松東婁三江。又云。中江在丹楊蕪湖縣南。東至陽羨縣入海。所分三江。與班志正同。王荆公謂一江自義興。一江自毗陵。一江自吳縣。亦取班志說。吾謂禹貢職方之三江。必指此無疑矣。古時五堰未築。江水挾金陵宣歙諸水。南東注于太湖。北江中江爲太湖上流。南江爲太湖下流。上下流皆入海。故係之底定。學者特疑中江北江之名。與導水之文相亂。故多主松東婁而言。此以講求水利可耳。以

之解經豈定說乎三江錯書于彭蠡震澤之間所苞絡必爲廣遠而僅僅以震澤下流當之此泥傳註而不求博通之失也

歸有光曰太湖入海獨吳淞江一路顧江自湖口距海不遠有潮泥填淤反土之患湖田高腴往往爲豪姓所圍佃積占茭蘆而與水爭尺寸之利所以淞江日狹議者不循其本沿流逐末別浚浦港以求一時之益而淞江與支流無辨海道遂至湮塞豈非治水之過與蓋自宋楊州刺史王濬以淞江滬瀆壅咽不利從武康紵谿爲渠浛直達于海穿鑿之端自此始夫以江之湮塞宜

從湮塞而治之不此之務而別求他道所以治之愈力而失之愈遠也世之論徒區區于三十六浦間有及于松江亦不過浚盤龍白鶴滙盤龍浦在松江白鶴江在嘉定未見能曠然修禹之跡者宜興單鍔書爲子瞻所稱然欲絕西來水不入太湖殊不知揚州藪澤天所以豬東南之水也今以人力遏之夫水爲民患亦爲民利就使太湖可涸于民豈爲利哉余以治吳之水宜專力于松江松江既治太湖之水東下他水不勞餘力矣又曰松江源本洪大故別出而爲東江婁江今松江既微則東江之跡滅沒不見無足怪者故當復松江之形勢而不當求東江

之古道也、元末周生綱領之論、實爲卓越、然欲求東江古道、則于嫡庶之辨、終有未明、夫以一江洩太湖之水、力全則勢旺、故水駛而常流、力分則勢弱、故水緩而易淤、此禹時之江、能使震澤底定、而後世之江、所以屢開而屢塞也歟、袁黄曰、吳淞古道濬廣、可敵千浦、今黄浦通流、不下劉家河、而吳淞日淺、蓋黄浦總會杭嘉二郡之水、而又有澱山泖蕩諸水、從上而灌之、劉河受巴陳諸湖之水、而又有夏駕新洋之水、（在崑山）從旁而注之、是以流皆清駛、足以敵潮、惟吳淞受太湖之派、而又有長橋石堤爲之阻遏、至所經龎山九里二湖、又多灘漲、上流微故下流塞其間又有夏駕新洋掣其水以入劉河其勢益弱一與潮遇輒壅滯不行無惑也永樂初夏原吉治水蘇松上言吳淞江舊袤二百五十餘里廣一百五十餘丈前代屢浚屢塞自吳江長橋至夏駕浦約一百二十餘里雖云通流多淺狹之處自夏駕抵上海南蹌浦可一百三十餘里潮沙漲塞已成平陸若劉家港白茆江皆係大川水流迅急宜浚吳淞南北兩岸安亭等浦引太湖諸水入劉家白茆使直注江海又大黃浦乃通吳淞要道今下流壅淤旁有范家浜至南蹌浦口可徑達海宜浚令深闊上接黃浦以達湖泖之水此卽禹貢三江入海之跡夏允彝曰吳淞迤東入海深廣與夏駕新洋南北相望屢經開浚皆為民利○以上言三江皆主蔡傳

震澤底定

王樵曰揚州之境嶺自郴郴州虔贛州北支趨數淺原水皆東流又自建嶺一支轉而北趨金衢為歙嶺亘宣州而

抵建康其岡脊以西之水皆西流匯爲彭蠡其岡脊以東之水南則浙江北則震澤也彭蠡不瀦則江西江東諸州之水爲揚西偏之患震澤不定則浙西諸州之水爲揚東偏之患揚雖北邊淮而于徐已書乂雖中貫江而于荆已書朝宗獨大江之南西偏莫大于彭蠡東偏莫大于震澤特舉二水以見揚之土田皆治又曰古者震澤之水其西北上源則有宣歙金陵九陽江之水由宜興百瀆以下震澤其西南則有苕霅諸水由湖州七十二港以入焉所賴導之入海者止松東婁三江而已水來甚多而洩之者甚緩此東南所以多水患也自宋

築五堰。水陽江銀林江等堰。考五堰始于漢。于宜興以西溧陽之上。而宣歙諸水皆西北入蕪湖。固有以殺其上源之勢。其後商人以簰木往來之阻。紿于官而壞其防。昔人欲復五堰者此也。五堰既廢。由是荆溪多積水。而百瀆湮塞。無以遂其東下之勢。昔人欲疏百瀆者此也。宋慶曆中。築長橋于吳江岸。以便舟行之牽挽。而水道阻緩。昔人欲闢石塘。易木橋千所以分利之者此也。凡此皆單鍔之説也。國初因五堰舊跡。立銀渚東壩。禁商簰往來。既可以挽東壩以西之水。北會金陵。以成朝宗之勢。又使東壩以東之水。返注蕪湖。不下震澤。而三吳享陸海之饒。是豈徒得五堰之遺意而已哉乃東南之永利也東壩既足以當五堰之利則上源既殺下流亦減荆溪百瀆疏之可不疏亦可長橋之在吳江去之則有妨于運道存之亦未見有阻于太湖其所急者惟在吳淞江之通利濶濬耳說見上

葉夢得曰孔傳以太湖爲震澤非是周禮九州有澤藪有川有浸揚州澤藪爲具區其浸爲五湖凡言藪者皆人資以爲利故曰藪以富得民而浸則但水之所鍾也今平望八斥震澤俱在吳江之間水瀰漫而極淺與太湖相接而非太湖自是入于太湖自太湖而入于海雖淺而瀰漫故積潦暴至無以洩之則溢而害

田所以謂之震然蒲魚菱芡之利人所資者甚廣亦可堤而爲田與太湖異所以謂之藪澤他州之澤無水暴至之患則爲一名而已而具區與三江通塞爲利害故二名以別之禹貢方以既定爲義是以名震澤而不名具區也愚按職方具區即禹貢震澤孔氏書傳鄭氏周禮注所云在吳南者是也但以爲即五湖則不然職方諸州皆有藪澤不應揚州水國反獨無之而與浸同處孔疏云揚州浸澤同處論其水謂之浸指其澤謂之藪孔鄭所云吳南者漢吳縣治之南也吳縣治之南爲今吳江至嘉興一帶禹時懷襄未平三吳一壑具區當于其地求之若五湖即今太

湖自環吳縣境之西北豈可合之爲一哉其區之源當與太湖俱來苕霅而水草所鍾淺而易溢太湖水西來汎濫則澤水奔騰震蕩自底定之後陂障可施沮洳數千百里民仰其利故爾雅謂之藪職方謂之澤藪而五湖則別之曰浸迨乎日久填淤生殖漸繁遂成沃壤漢世諸儒求其地而不得遂合而一之孔穎達又曲爲之說豈知三代以前固有澤浸之不同哉吾意今吳越之間凡濱河而沃衍者皆古震澤地特世代荒遠川隰更移其故蹟不可詳耳抑非獨此也爾雅周禮所載諸州澤藪如陽紆貕養大陸甫田焦穫等今皆變爲原陸不

能定其所在。蓋川浸通流，今古不改。藪澤稀水，最易澱淤，歷數千年而堙沒不可考，無足怪者，奚獨具區爲然耶。石林所云，雖似駭俗，考之周禮，實爲至當。余故表而著之。

厥田惟下下

金履祥曰：古人尚黍稷，田穙五種。漢食貨志種穀必穙五種，以備菑害。故雖旱潦而必有所收。塗泥之土，其田獨宜稻，不利他種，故第爲最下。

卉服　織貝

孔疏：葛越，南方布名。愚按：文選石苞書：葛越布于朔土。

注葛越草布也後漢書世祖嘗敕會稽獻越布葢越亦葛類也六經正誤云越即麻紵蕉⿱炏林黃草之屬禮記大路素而越席注草席也音活葛越之越亦當音活又按注疏止言葛越而蔡傳兼及木棉木棉出交廣即今斑枝花與草綿異草棉今江南之棉花也丘文莊謂木棉至宋元間種始傳入中國考通鑑梁武帝木棉皁帳則六朝已有之但唐虞時外夷所貢未必即此種耳

織貝蔡傳貝二說前說出鄭玄後又云今南夷木棉之精好者亦謂吉貝愚按吉貝之名昉于南史不可謂禹時即以入貢且諸州篚實皆幣帛絲纊非必盡出于各

夷也。

沿于江海達于淮泗

按吳夫差于邗江築城穿溝東北通射陽湖西北至宋口通粮道見左傳注江淮之通自此始吳幼清澄謂江北淮南地高于水溝通江淮止是江淮間掘一橫溝兩端築堤壅水于中以行舟耳兩端築堤今瓜儀淮安壩是江淮實未嘗通流也後隋煬帝幸江都大發淮南諸州丁夫十餘萬開邗溝自山陽至楊子江徑三百里自是始由楊子達六合由山陽瀆入淮今運道自瓜儀歷高郵寶應至清江浦入淮陳傅良曰禹貢州末係河先儒固曰運道其于青州達濟楊州達

泗，荆止于南河，雍止于西河。此正裴耀卿接級轉輸之法，不以江入入河，不以河入入洛，洛入入渭。

唐人江淮之粟，會于京口。京口是咽喉處。六朝運道不由京口，自破岡瀆入秦淮，自秦淮入江。破岡瀆在今句容縣東二十五里。秦淮本名龍藏浦，有二源：一經句容西南，一經溧水西北，合自方山埭，西注大江。

荆及衡陽惟荆州

孔疏 此州之境過衡山，衡是大山，其南無復有名山大川，可以爲記，故言陽。

九江

按 九江自當據水經注。疏誤以洞庭爲彭蠡，而謂九江在尋陽。宋胡旦始正之，朱、蔡之辨詳矣。朱子考定九水：

一曰瀟江。水經注名營水。出營陽冷道縣南留山。北流注湘水。愚按永州府志。道州水。營瀟居其二。而羅含所記十五水無瀟。衡州府志云。營水在唐時名瀟水。則營瀟二水實一也。二曰湘江。出零陵陽海山。北至長沙界入江。三曰蒸江。漢志作承水。出邵陵縣界。至臨承縣北。東注于湘。四曰資江。出零陵都梁縣。東北至益陽縣入沅五曰沅江出牂柯且蘭縣北至益陽入江六曰漸江出武陵索縣東入沅。七曰敘江。出武陵義陵縣西入沅。八曰辰江。出武陵辰陽縣。南入沅。九曰酉江。出武陵充縣南入沅。與蔡傳所敘沅漸元辰敘酉澧資湘九水不同。鄒季友曰元水。漢志在武陵無陽縣。首受故且蘭南入沅。圖經云字或作潕在沅州盧陽縣。一水而五名。曰巫。潕。无。𣸣。舞蓋聲之轉也。漢無陽縣。因此水爲名。愚按一統志作𣸣水。在辰州府沅州城西。據鄒氏說。蔡傳元水。當作无水。考導江章。東至于澧。過九江。則是澧先入江。而後九江入焉。澧不當在九江之内朱子得之，但武陵、零陵、長沙諸郡之水入沅湘者甚多，朱蔡所取，恐未必悉合古道。王方麓云：郴江源出嶺，至郴州與東江合，始大，北入湘江。舊不列九江，未知與漸敘二水大小若何，今不敢更有升降也。

沱潛

按孔傳以荆梁沱潛爲一，班固、鄭玄、郭璞皆以二州各有沱潛，蓋源同而流別也。荆州沱水，蔡傳謂在枝江者非出于江，而以華容（今荆州府監利縣。）夏水當之，此鄭說也。漢志：夏水首受江，東入沔，行五百里，今爲長夏湖，在沔陽州南四十里。蔡又謂潛水未聞，王晦叔（炎）云：隋志南郡於瀘縣有沱水沱即古潛字集韻涔通作潸史記云沱涔既道今按此分爲潛江矣考水經注沔水自鍾祥縣北分爲蘆洑水經潛江東南復入漢鄭端簡云入江此爲古潛水甚明下凡亦主此說方麓則云潛水難考不如鈌之

黃度曰孔安國云沱潛發源梁州入荊州其言雖不詳未爲失也孔穎達求之不能得而曰沱潛雖于梁州合流復于荊州分出則幾評矣沱自永康軍導江縣分出東至眉州彭山縣入江此江別爲沱人所知也漢有東西二源而沔漾附會其說委端按經文梁州貢道浮于潛逾于沔東爲沔西爲潛潛即西漢出天水南至巴州入江凡潼益夔利水道皆

由此泝流北上是固大瀆足爲一州貢道矣然沱潛合爲一流以出瞿唐至荆猶各存舊名者所以紀江漢之源委也潛漢與江合瀆東流至夏口沔漢又出而會之江漢合流卒入于海而自九江以上稱沱潛九江以下稱江漢至楊州合爲一江而猶稱中江北江以見二水各瀆共流歷梁荆揚首尾三州其可合者不可得而分也猶河既釃二渠又疏九河流注兖豫青徐其當分者不可得而合也此禹行水大經皆行所無事也此說主漢孔氏亦有理

雲土夢作乂

按爾雅職方以雲夢爲一澤孔氏傳云雲夢之澤在江南其中有平土丘孔穎達疏始引左傳而謂此澤跨江南北然猶以土字兼上下言之沈存中括筆談云石經倒土夢字唐太宗時得古本始改正蔡傳之解實本于此羅長源解亦同或又以雲夢連者爲古文未知孰得其眞也漢書雲夢二字連

箘簵　菁茅

孔疏箘簵竹有二名或大小異也韋昭一名聆風徐常吉曰考工記妢胡之笴鄭氏謂胡子國在楚旁唐志零陵貢葛笴蓋此類附考蔡傳苫楚麇之按苫蓋也楚麇

與糟同言以荆爲糟也董安于事見國策

蔡傳解菁茅用鄭玄說（孔傳菁以爲葅不可從）魏了翁曰縮酒只是醴有糟故縮于茅而清之周禮注酒沃于地滲下若神歆之故謂之縮此鄭興臆說朱子曰古人榨酒不以絲帛而以編茅王室祭祀之酒則以菁茅取其香潔

浮于江沱潛漢　逾于洛

袁黄曰江沱潛漢蔡傳具二說初謂四水俱經之後引程氏（若庸）各隨其便之說有理若依前說則江漢本自相通者何必又由沱潛　逾于洛當是由襄陽登陸北走南陽道

荊河惟豫州

王炎曰周之洛邑雖云天地之中北近大河東西長而南北狹不可以規方千里然温在今之河北下陽在今之河東皆畿内地不以河爲限也若曰洛在河南不能規方千里則商人之都在河北涯邦畿千里何以見于商頌哉丘濬曰三代以前洛爲中國之中以今天下觀之則南北袤而東西蹙其所謂中蓋在荊襄之間愚按今之河南實兼河北春秋天王狩河陽又以陽樊温原攢茅之田與晉考之皆周畿内地則周時東都已跨河北而有之蓋河陽當河東要會爲西洛北門故隷在内

服以廣外屏其後河内界晉文而周地益狹至秦并六國必先亡周者六國叩關以洛陽爲孔道周滅則橫據鞏洛東出伊闕而韓魏震南通陳許而荆楚搖扼天下之腹心斷諸侯之從約而趙代燕齊以次舉矣楚漢相距亦多于成皋廣武滎陽京索間蓋漢據關中其勢卽秦之勢而楚割鴻溝以西爲漢則山河之險盡去其亡豈待垓下哉

伊洛瀍澗

鄒季友曰按伊水在洛南之東瀍澗在洛南之西洛爲大伊次之瀍澗水小經言伊洛瀍澗蓋自東南而西北

以地形次第言之耳。蔡傳謂小大相敵，非也。又經文此言瀍澗，後導水言澗瀍，則以洛水先會澗水，後會瀍水，各以其次，故立言有先後之殊。宋輿地圖載澗水今合瀍水入洛，此後代陵谷遷改，非禹蹟之舊也。

滎波

按波水，當據爾雅。水經注云：洛水自上洛縣東北出爲門水，北逕弘農縣故城，東注于河，即爾雅所謂洛出爲波。通志：門水在靈寶縣西南，北流爲弘農澗。

黃度曰：水經注禹塞淫水于滎陽，濟爲河所淫。下引河通淮泗，爲蒗蕩渠，一名浚儀渠，一名汴渠，隋曰通濟渠。然則河兩道通淮矣濟逾河爲滎菏被孟通泗各有名見源流相屬汴于經無名見非禹瀆也禹濬畎澮距川川皆大瀆行于兩水之間澮洫則人皆爲之也徐豫地平井畫端整凡今陰溝汳濉諸水皆無原本皆溝澮井絡互相貫輸皆當受水于菏濟者也自蒗蕩通河滎澤既廢故皆受水于蒗蕩耳禹治行河本以河流湍悍故釃二渠以引河而後載之高地二渠非得已也後世不識聖人之意妄鑿河爲竇故不順地防水屬不理孫故其流易決蓋非獨蒗蕩也其後濮水通河而酸棗決瓠水通河而瓠子決汴渠亦屢決至王景鑿山開澗十里置門使水更

相回注紊亂渠脈，而禹蹟益壞矣。且所爲通淮泗者，以舟楫之利也。菏已通矣，而何用更通蒗蕩哉？其曰塞滎水而鑿之者，此戰國策謀之士託其名于禹，而世不察也。按陳后山汴渠記云：禹時河南無濟，世謂蒗蕩受濟，禹塞滎陽而用河者，皆失之。是此說所本，最爲得之。但云菏已通矣，何用通蒗蕩，却不然。禹時菏水合汶入海，未通淮泗，漢武以後始合泗入淮，詳水經注。

導菏澤被孟豬

金履祥曰：自菏澤至孟豬，凡百四十里，二水舊相通。今菏澤自分南北清河，近時大河亦被孟諸，并行睢水矣。

地理志：菏澤在濟陰定陶縣東。盟諸即孟豬在梁國睢陽縣今商丘縣東北。愚按：孔傳云孟豬在菏澤東北，以今圖

誌考之乃菏澤在孟豬東也禹治二澤水不應反自東而西此疑義當闕

浮于洛達于河

唐虞三代皆以河爲運道後世都汴洛者必由汴水入河都長安者亦必由河入渭唐開元中江南租船自河西北泝鴻溝轉河陰含嘉太原等倉宋都汴漕道東南自淮入汴至京師陝西自三門白波轉黄河入汴至京師陳蔡自惠民河至京師京東自廣濟河至京師凡四路皆河汴是頼汴河舊自滎陽縣東經開封城内東合蔡河蔡河在浚儀本名琵琶溝是秦漢故運道隋開汴河不復由此唐杜佑復浚之宋史云蔡河貫京師

閔水自劇氏入焉是爲惠民河名蒗蕩渠東注泗水入淮近因河決蔡河湮沒無考而汴河自府西中牟縣竟入黄河矣輯考索諸書

華陽黑水惟梁州

[按]孔傳東據華山之陽西距黑水蔡傳易據距二字蓋以梁之東境止于華陽不得其山故言陽也華山西州之際東北曰冀東南曰豫西南曰梁西北曰雍唐十道圖山南東西道在關内道之北蓋亦以華山爲界云黑水未有確指則距與據亦難定或疑梁雍二州西界各有黑水今疊溪千戶所黑水流至成都安縣入羅江鄭端簡謂即梁州黑水觀導黑水至于三危入于南海則梁

雍黑水豈有二乎蜀地與秦同域周職方無梁州者雍州乃王畿居中制外梁爲雍阻固故并梁于雍也漢改梁曰益以土壤益廣唐遂于蜀建南都

沱潛

按梁州沱水通典在唐昌今成都府崇寧縣近志云一在灌縣成都西一在新繁成都西北灌縣之沱卽爾雅所謂别江于湔山今灌縣玉壘山者其鄗音仇江寰宇記一名皁江自青城縣百丈水南流入崇慶州至新津縣入江孔疏以爲卽沱江所未詳也潛水水經出巴郡宕渠縣今順慶府渠縣縣有渝水古潛水俗謂渠江史記正義云源出利州綿谷縣東龍門山大石穴

下。在今保寧府昭化縣西庾仲雍以墊音叠江晉縣。屬巴郡。有別江出晉壽縣。今保寧府廣元縣此卽潛水。考綿谷卽晉壽。石穴水當經綿谷。出宕渠。杜甫詩。綿谷元通漢。亦一證也。郭璞所解沱潛。惟據梁州。不言荊州。鄭康成以荊梁二州。各有沱潛。故荊州之潛曰未聞。于梁州則云。漢別爲潛。其穴本小。禹自廣漢疏通。卽爲西漢。蓋卽指綿谷水耳。然此水旣從沔陽今漢中府沔州南流。卽是東漢枝派。與西漢水不相蒙。地理志。西漢水出嶓冢。南至巴郡江州入江。潛水出巴郡宕渠符特山。西南入江。不云潛卽西漢。鄭康成始合之爲一。而酈道元孔穎達輩遂因之。疑康成說不足信。及考西漢水自嶓冢而下。卽西南流。過祁山。入嘉陵道。爲嘉陵水。又東南流。經宕渠。合宕渠水。卽潛水。見水經注。乃知西漢水入潛。故世遂以潛卽西漢耳。若必求出漢入漢者爲潛。則今之宕渠水。與西漢水。皆至合州入大江。何嘗與沔漢相爲沿注哉。吳幼清云。凡江漢枝流皆名沱潛。不拘一處。猶蜀山近江源者皆爲岷山。鄭端簡亦云。梁州三十六江皆是潛水。此又非定論。謹識之以俟博聞。

蔡蒙旅平

按水經注。山上合下開。沫水經其間。本指蒙山言之。蔡傳引之似混近說。遂以蔡蒙二山。都是志沫水。蓋因蔡傳而誤也。水經注沫水出蒙山南與青衣水合東入江。

和夷底績

和夷無定說。水經注引鄭玄云。和上夷所居之地。和讀曰桓。漢地志。桓水出蜀郡蜀山。水經作岷山西南行羌中。故晉地道記曰。梁州南至桓水。自桓水以南爲夷。書所謂和夷底績也。愚按。古桓和二字誠通用。但地志所云。桓水出蜀山者。已不可考。或云。桓水即洮水。洮水又不在梁州域内。寰宇記。和川路。在雅州滎經縣界。一統志。天全招討司治南四十里有和水。此即蔡傳及晁氏所指者在蔡蒙之西至晁氏所云巴郡魚復縣今夔州開縣夷水去和川絕遠不應連書考漢志越嶲蘇示音奇縣西北有尼江師古注示讀作祇尼古夷字集韻云夷古作尼此尼江與和川近疑即禹貢之和夷而先儒從不之引何也經文凡曰底績例主地言此必是地名因水者蘇傳以和夷爲西南夷名曾氏謂嚴道有和州夷人居之蓋皆本康成之說

厥土青黎

董西曰黎字孔傳訓黑以色言馬融王肅訓小疏以性言考黎無疏訓疏者其黑之性耳蜀土疏惡唐書高駢言築成都

羅城蜀土疏惡以毚爇之固有之以解字義實不然蓋土性本粘膩然于其中復分五行黃者土之土也得其本然爲最貴赤者火之土也爲次之白者金之土也又次之青者木之土也又次之黑者水之土也爲最下土本克水今反爲水所勝其疏惡何疑哉

厥賦下中三錯

王樵曰按周官不易之地謂歲種之地爲上田一易之地謂休一歲乃復種也爲中田再易之地謂休二歲乃復種也爲下田蔡傳之意謂田遇年分休不耕者多則賦從而少然豈偏冀揚豫梁四州田有一易再易而餘

州皆可以歲耕者耶蓋冀州地大物繁賦既上上而又間出上中以寬之豫爲中土原田既美人功亦修幾與冀埒故賦既上中而又間出上上以進之揚田下下然人稠而地力亦盡故賦高于田二等而間出又進一等此實東南繁阜之權輿矣梁田下上似優于揚然多山而少田人功亦劣故賦之等退在下中而又以七九二等爲之上下間出調劑可謂密矣舉此四州爲法而餘州可見無錯者其等已定也有錯者其等難定時進退以通節之也後代卒不能易禹之等惟雍州沃野千里秦漢以來稱天府之國而禹時洪水初平風氣未開觀

公劉太王初起陶復陶穴困于敵人之時則昔之雍州豈後之雍州哉人事未至聖人固不能豫進之也然田曰上上則人事氣化亦已有所待矣

厥貢璆

孔傳璆玉名按爾雅璆琳美玉也廣韻璆與球同集韻球或作璆蔡傳則釋爲玉磬觀下文既有磬此當從古注無疑

逾于沔入于渭

按蔡傳引漢武帝時有人上書云云是逾沔入渭之道漢人常用之今蜀中通貢賦水則大江陸則棧道此道

無復講矣。

葉夢得曰雍州言織皮崑崙析支渠搜非中國之貢明矣西傾卽西戎之境疑熊羆狐狸織皮與西傾因桓是來相屬謂四獸織皮乃西傾之戎因桓水而以此來貢也。黄文叔亦同此說 愚按西傾山僻在雍之西南不應梁州貢物乃紆道由之西傾因桓正記織皮所由來耳况他州貢道皆以浮字起此與雍州西戎之貢相似當從石林說無疑。

黄度曰禹貢西戎貢織皮必紀其里道所由不獨通道九夷八蠻爲中國盛德所致亦見華戎通貨自此而始周禮懷方氏致遠物亦是懋遷利導之術夫

豈苟貴難得哉司馬子長曰蜀地饒卮薑丹砂石銅鐵竹木之器南御滇僰僰僮西近邛笮笮馬旄牛四塞棧道千里褒斜綰轂其口天水隴西北地上郡與關中同俗西有羌中之利北有戎翟之畜畜牧爲天下饒長安要其道梁雍從來挾戎狄爲富故周人建國幷梁于雍漢遂因之而關中之富居天下什之六世道之變不可不知也

黑水西河惟雍州

鄭曉曰雍州黑水是鎮夷黑水與經文導黑水不同愚按今鎮夷所在陜西行都司城西北三百里即漢張掖

地與三危山相近，此正導黑水之黑水也。水經注云：白水出臨洮西傾山，東南流與黑水合。黑水出羌中，西南逕黑水城西，在陰平西北古沓中之地。意此即從張掖來者乎？若漢中黑水出太白山，南流入漢，又非雍州所表識。四面積高曰雍，東二崤，西隴山，南商山，北甘泉、九嵕諸山。漢改爲涼州，以西方常寒涼也。地勢西北斜出，在南山之間，南隔西羌，西通西域。獻帝時，涼州數有亂，河西五郡去州隔遠，乃別爲雍州。末又合關右爲雍州。

弱水

按程大昌引西域傳，以弱水在條支。條支一名大秦。魏略云：弱水在大秦西。誠太遠。唐書云。小勃律王居孽多城。臨沙音娑夷水。沙夷水即弱水也。不能勝草芥。去長安九千里而羸。此似得之。

涇屬渭汭

黃度曰孔傳水內爲汭。如古說。涇入于渭水之內。而漆沮灃水皆主渭言。文義俱協。若以汭爲一水而入涇。則涇屬渭汭者。是涇既入渭。汭又入涇。下文漆沮之從灃水之同。孰從孰同耶。職方氏其川涇汭。易氏解云。汭非禹貢之汭。禹貢言汭皆水內。此川名。蔡氏解嬀汭云。水北解洛汭云。洛水交流之內。此却自背其說。當爲職方

所誤由未睹易氏解耳況導渭止言灃涇漆沮絕不及汭鄒季友曰若涇水先合汭後入渭則經當言汭渭不當先渭而後汭況下文即有渭汭不可異說

漆沮

程大昌曰雍地漆沮有三派新平普潤富平也禹貢漆沮惟富平石川河正當其地何以知其然也曰導渭自渭源至入河漆沮僅一見而水行之序在灃涇之下則自灃涇而上凡後世名爲漆沮者皆非也今以漢唐郡縣求之灃之入渭在盩厔縣境縣蓋咸陽西南涇之入渭在陽陵則在咸陽之東漆沮入渭在漢馮翊之懷德

卽唐同州之朝邑也。朝邑又在陽陵東北三百餘里。故石川之漆沮。其派序入渭。在灃涇之東。全與經應也。程泰之又以緜詩自土沮漆。在岐不在邠。愚按詩疏云。漆沮在邠。二水東行。亦過周地。是古扶風之漆。無二派也。又詩書兼漆沮言之。而諸書止言漆不言沮。不敢強通。韓邦奇曰。漆水。蔡傳引寰宇記云。自耀州同官縣東北界來。他更無證。而鳳翔有漆。出隴州華昌有沮。出階州角弩谷皆自本境入渭。二水源派甚明。但其地在灃水入渭之上。與經文不合。考洛水出慶陽府環縣。卽古洛源縣也。經延安府甘泉縣。鄜州宜君縣子午嶺。至中部縣。入西安府界。經耀州同官縣。至富平合沮水。歷蒲城同州。至朝邑縣東南入渭。至今人呼爲洛河，顏師古云漆沮卽洛水也。水經注渭水過華陰縣北洛水入焉。闞駰以爲卽漆沮。豈洛亦名漆歟。沮水出宜君縣，至子午嶺，合子午水。經中部縣，東南流，至富平合漆水，卽洛也。子午嶺乃子午山一支，其山歷延安、慶陽、西安三府，綿亘八百里。蔡傳合榆谷川，非也。榆谷在臨洮，去渭源遠，合榆谷者，乃鞏昌沮水也。延安沮水，何由西行數百里至臨洮，旣至臨洮，又何由至西安之耀州。又曰作記者以二漆爲一水，而莫究其源，但云自同官縣界來，而不知自同官來者洛也。一統志遂言同官之漆出自鳳翔，而不知漆水爲涇汭所間，其能飛渡涇水而來同官耶。同官有漆灃三面山如壁立水流出東壑間正所謂自同官縣界來者至富平不百里即入洛但其水甚小禹何故舍洛而取漆豈無施勞者雖大亦略歟抑漆沮實屬輩之水而經文有錯簡漆沮既從當在灃水攸同之前歟雍大記漆水在武功東門外康海武功志云漆水今謬為武水者也自邠岐之間來縣北受洛水南受漳水入渭鄭漁仲信漆出富平入渭之說蓋括地志未審邠岐涇渭脈絡富平在涇東漆在涇西安有岐梁之水越涇而東再至富平始入渭也愚按何大復此辨與韓苑洛合但武水一統志不云即漆水今存其說待考

愚按漆沮雖名三派實止二派段氏謂毛詩漆沮入渭上流在邠岐之間禹貢漆沮入渭下流在灃涇之下故程泰之以石川河當之據韓苑洛所云泰之又非定說韓關中人其言當

可信。

荆山

北條荆山。[蔡傳]卽耀州富平縣掘陵原。[馬理]曰馬關中人掘陵原乃唐之獻陵非山也。西夷郡縣圖記謂黃帝鑄鼎于荆山。在今三原縣嵯峨山。嵯峨卽荆山也。其山高出雲表登其巔則涇渭黃河如在目前。別嶺有西原中原東原。縣所由名。

原隰底績至于豬野

[按]原隰在邠岐之間。豬野在甘涼之境。相去幾三千里。而皆底績。蓋邠地務農桑。好稼穡。其本業也。而涼州澤

草茂盛魏太武北伐謂姑臧城外泉涌如河自餘溝渠流入澤中休屠澤其間乃無燥地又漢書稱涼州之畜爲天下饒吏民相親穀糴常賤誠沃土也是故諸涼以一郡而雄視西河西夏以一隅而抗衡中國

琅玕

［按］琅玕石似玉此孔傳也說文云似珠孔疏及蔡傳從之蓋古人謂石之美者多曰珠廣雅謂琉璃珊瑚皆爲珠是也

浮于積石至于龍門西河

［王樵曰］蔡傳雍之東北境則由積石至西河東北當云

西北蓋雍東距河若東北境則直浮西河不須從積石也河從積石北流入北狄界中折而東流凡二千餘里漢人謂之北河其內今曰河套即始皇斥奪匈奴河南地也唐虞聲教暨于朔南冀之北垂遠出河外猶在荒服故此得爲通舟轉漕之道三代之季北狄入居河內始皇逐出之劉項之際復爲匈奴所據武帝開朔方復取之宋爲元昊所據者幾三百年凡據河內外州郡二十有二蓋其地肥饒其人勍悍又產健馬乃關中之屏蔽得之則強失之則弱歷代知其爲邊境之要害而豈知其爲唐虞之故疆哉李復駁邢恕之說本非積石至龍門之道蔡

此條可与河套参觀

傳引之贅也。春秋秦輸粟于晉，自雍及絳相繼，命曰汎舟之役。秦都雍，今鳳翔縣。晉都絳，今絳州。絳臨汾，由渭入河，渭水至華陰入河，是順流。由河泝汾，汾水至汾陰入河，是逆流。疑即禹貢西南之貢道也。漢歲漕關東粟以給中都官，從渭水而上，初止四十萬石，武帝增至六十萬石，從鄭當時議，發卒引渭穿渠以漕，起長安並南山下至河三百里，溉民……行曰漢漕山東粟，更砥柱之險，以達于渭。……曰漢初穿渠引渭以漕，其後又引汾引河。唐初府兵未廢，漕甚省。開元中，裴耀卿主七百餘萬石，沿河置倉。于三門東西置倉，開山十八里爲陸運以避水險。自河陰西至太原倉。隨地轉輸。天寶三載，韋堅修漢運渠。

西北蓋雍東距河若東北境則直浮西河不須從積石也河從積石北流入北狄界中折而東流凡二千餘里漢人謂之北河其内今曰河套即始皇斥奪匈奴河南地也唐虞聲教暨于朔南冀之北垂遠出河外猶在荒服故此得爲通舟轉漕之道三代之季北狄入居河内始皇逐出之劉項之際復爲匈奴所據武帝開朔方復取之宋爲元昊所據者幾三百年凡據河内外州郡二十有二蓋其地肥饒其人勍悍又産健馬乃關中之屏蔽得之則强失之則弱歷代知其爲邊境之要害而豈知其爲唐虞之故疆哉李復駁邢恕之説本非積石至龍門之道蔡

傳引之贅也。春秋秦輸粟于晉，自雍及絳相繼，命曰汎舟之役。秦都雍，今鳳翔縣。晉都絳，今絳州。絳臨汾，由渭入河，渭水至華陰入河，是順流。由河泝汾，汾水至汾陰入河，是逆流。疑即禹貢西南之貢道也。漢歲漕關東粟以給中都官，從渭水而上，初止四十萬石，武帝增至六十萬石，從鄭當時議，發卒引渭穿渠以漕，起長安並南山下至河三百里，溉民田萬頃。于慎行曰：漢漕山東粟，更砥柱之險，以達于渭。吳寬曰：漢初穿渠引渭以漕，其後又引汾引河以漕，又其後通褒斜道。唐初府兵未廢，漕甚省。開元中裴耀卿主運，凡三歲運七百餘萬石，沿河置倉，于三門東西置倉，開山十八里爲陸運以避水險，自河陰西至太原倉。隨地轉輸。天寶三載韋堅修漢運渠，

尚書埤傳　卷之五

乃占咸陽壅渭爲堰絕灞滻並渭而東至永豐倉下（永豐倉在渭水入黃河處漢志之船司空也）復與渭合漕粟四百餘萬石其後劉晏遵耀卿法隨江汴河渭所宜江船不入汴汴船不入河河船不入渭江船之運積河陰河船之運積渭口渭船之運入太倉歲運至一百十萬石無升斗溺（輯考索諸書）

織皮崑崙析支渠搜

按雍州崑崙蔡傳謂即河源所出鄭端簡非之是也此崑崙今在西番界近甘肅若河源崑崙去中國極遠水經崑崙虛在西北去嵩高五萬里穆天子傳自宗周至

崑崙合八千一百里其說遠近不同近世焦竑謂崑崙近山在西涼酒泉之地穆后見西王母之所晉酒泉太守馬岌所言石室玉堂珠璣鏤飾尚在者也崑崙遠山則博物志所言在大秦西海之濱成光子云在香山南雪山北山頂上池周八百里河源出焉佛經謂之蘇迷山也其言祖崑崙爲地中之說雖未可深信要之導河不及崑崙亦以九域而外荒遠宜略聖人所以别華壤限絕域也使在雍州外徼必爲禹蹟所經何以張騫甘英輩久歷西域諸國而卒不得其詳哉觀崑崙與析支渠搜並誌則其地不越玉門嘉峪之間其國亦在歲見

終王之列，而必非河源所出之崑崙明矣。析支渠搜，馬理謂即今河套，直寧夏東北，考唐書，吐蕃之先本羌屬，散處河湟洮岷間，其酋唐旄等居析支水西，河水遇山處析爲二支，有析支城。後有樊尼者，西濟河，逾積石，居跋布川，或邏娑川，據此則析支在積石東，爲河套，以西地，惟渠搜在今套内耳。蔡傳引蘇傳云：織皮以下文當在厥貢惟球琳琅玕之下，浮于積石之上，簡編脫誤，不可不正。亦一說，但云三國篚織皮，則非是。鄒晉昭謂梁雍二州原無入篚之貢，此三國敘在章末，貢道之後，與萊夷淮夷島夷之類不同。

卷之五　終

尚書埤傳卷之六

吴江　朱鶴齡長孺　輯
涇陽　張　恂稺恭
吳縣　錢中諧宫聲　訂

禹貢

逾于河　底柱

孔疏山勢相望越河而東。蘇傳地之有山猶人之有脈。有近而不相屬者有遠而相連者。雖江河不能絶也。北條諸山河不能盡。南條諸山江不能絶。非地脈而何。蔡傳浚非之以爲逾者禹自荆山而過于河也其辨甚核。

愚謂山勢越河，但言河口雷首與河西諸山綿亘不絕，非以底柱太行等山皆從荆岐發脈也。即子瞻解亦未可盡非。朱蔡于岷山條有南支北支之說，非所云地脈耶。

蔡傳底柱即三門山，本之水經注。（陝州志同）近都穆云：底柱在陜東五十里黃河之中，循河至三門集津，三門約廣二十丈，其東百五十步爲底柱，高約三丈，周數尺。蔡氏未嘗親歷其地，故誤據此說，則水經注亦非的當，考。

陪尾

金履祥曰：陪尾，徐州山也。泗水縣桃墟西北有陪尾山。

泗水所出，舊說拘于地脈，故謂即安陸之橫尾。愚按：禹貢書法，凡言及者，以相距之近也；言至者，以相去之遠也。太華去鳥鼠遠，故曰至，則陪尾亦應遠。況導淮自桐柏，東會于泗沂，豈非徐州之陪尾乎。

敷淺原

漢志：豫章歷陵縣（今九江府德安縣）南有傅陽山，傅陽川在南，古文以爲敷淺原。蔡傳：晁氏以鄱陽有博陽山，又有歷陵山，以爲應地志歷陵縣之名。然鄱陽漢舊縣，不應又爲歷陵山，名偶同，不足據。江州德安近之。愚按：韻會敷古作敷，隷作傅。史世家傅錫庶民，漢文紀傅納以言，是也博陽山傳陽川其字皆當作敷敷轉爲傳傳訛爲博耳朱蔡疑博陽庳小不足表識又非山脈盡處朱子答程泰之云詳經文敷淺原是衡山東北一支盡處意卽今廬山若如晁氏說以爲江入海處合是今京口所過之水又非特京口而已鄭端簡謂廬山在大江彭蠡之交當南北滙水口猶導嶓冢于漢入江書至于大別也王方麓亦謂廬山雖高而其中原田連亘人民錯居故言敷淺原顏師古云傳陽當爲敷陽敷陽者敷淺原之陽也其山正在廬阜西南是可證廬阜本名矣其說皆本朱子但古稱廬山疊嶂千層崇巖萬仞周四百里最

高且大，恐不當有淺原之目。考爾雅釋地廣平曰原，又說文高平曰原，水經注云敷淺原地在豫章歷陵西南。若作地名，與導水至于東陵一例，于敷淺原之稱甚合。吾謂傳陽山漢志得之古文，此可據也。朱子疑庳小不足表識，繹敷淺之名，正不當求之高大。蓋傳陽在古本高平之地，後人乃名之爲山耳。禹導江海之山，至大別敷淺原而卽止者，以江漢至此合流赴海，不煩殫力隨刊。況導水合舉源流，可以互見，豈必求之山脈盡處耶。

蔡傳分南北二支，本朱子說，敷淺原在衡山北，而曰南支者，以其環出北支之南也。

徐常吉曰：山何以言導也？易曰山澤通氣。西周之季，三川竭而岐山崩，是山川之通爲一也。使山之氣壅遏而不行，則水之流必汎濫而善潰，故禹之導水必先以導山。導之云者，芟繁剔蔚，接殘陻斷，以使其脈絡之相通而已。

蔡傳不取王鄭三條四列之說，分南條北條，以江河爲之紀，此說亦有本。唐天文志云：天下山河之象存乎兩戒。北戒自三危積石，負終南地絡之陰，東及太華，逾河，竝雷首、厎柱、王屋、太行，北抵恒山之右，乃東循塞垣至濊貊朝鮮，是爲北紀，以限戎狄。南紀自岷山嶓冢，負地絡之陽，東及太華，連商山、熊耳、外方、桐柏，自上

洛南逾江漢攜武當荆山至于衡陽乃東循嶺徼達東
甌閩中是爲南紀以限蠻夷河源自北紀之首循雍州
北徼達華陰而與地脈會並行而東至太行之曲分而
東流與涇渭濟瀆相爲表裏謂之北河江源自南紀之
首循梁州南徼達華陽而與地脈會並行而東及荆山
之陽分而東流與漢水淮瀆相爲表裏謂之南河南北
兩河上應雲漢弘農分陝實兩河之會也自陝而西爲
秦涼北紀山河之曲爲晉代南紀山河之曲曰巴蜀皆
負險用武之國也自陝而東爲周宋鄭陳蔡衛申隨皆
四達用文之國也北紀之東至北河之北爲邢趙南紀

之東至南河之南爲荆楚自北河下流爲三齊北燕自南河下流爲鄒魯吳越皆負海之國貨財之所阜也自河源循塞垣北東及海爲戎狄自江源循嶺徼南東及海爲蠻越

流沙

考北史出玉門以西都是沙磧魏太武分道出西域一自玉門度流沙西行至鄯善一自玉門度流沙北行至車師自鄯善至且末數百里而遥且末國有大流沙數百里史書所謂河沙諸國佛書所謂沙界恒河沙是也沙則水滲而下入于流沙餘波盡消故不言入海耳

導黑水至于三危入于南海

按舊說黑水自雍之西北經梁之西南蔡傳所引樊綽以麗江爲黑水程泰之以西洱音二河爲黑水二水皆南流入于南海而其源莫詳近世韓苑洛以肅州衛城西十五里有黑水與水經所云出張掖雞山者相近一統志黑水源出肅州衛城西北十五里今鎮夷城南五里有黑水渡顧起元曰今平涼寧夏之黑水入積石河肅州黑水南流去積石幾三百里不與積石河相通此爲禹貢黑水無疑但水經云南過燉煌燉煌今肅州西沙州東地也又云南流入于南海則當遂入于梁而其流無考李元陽又以今雲南瀾滄江由吐蕃西北來歷諸郡界至交阯入海的是古黑水引元史至正八年張立道使交阯並黑水跨雲南以至其國

爲證。茅光祿瑞徵亦同其說。金沙江。自雲南北界入南海。瀾滄江。自雲南南界入南海。金沙卽古麗水。漢書爲若水。瀾滄禹貢爲黑水。【今按】一統志。瀾滄江源出雍州南吐蕃鹿石山。本名鹿滄江。後訛瀾滄。自麗江。經雲龍州。東南流。入永昌蒙化順寧景東。乃入南海。然志但稱出吐蕃。未必其自張掖流燉煌。如水經所指也。又未必其涉者脛果黝黑也。若漢志符黑水。符縣黑水出南廣汾關山。今在敘州府入江。與禹貢絕無干。蔡傳與水經竝引。失考甚矣。

導河

【鄭曉曰】本朝黃河之役。比漢唐以後不同。逆河性。挽之東南行以濟漕運故河患時有自海運罷中灤運又罷專由邗溝入淮泝河以達會通河故河不得如禹貢故道入北海而河之東南行者又分數道蓋自經汴以來支流益演南出二道皆徑入淮東南出五道皆合漕以入淮乘淮入海今數道皆塞止存徐沛一道河流大而所受狹不能容勢必橫溢而決決而東南有山限閡爲禍不大決而東北非東昌則河間等處故往歲張秋之潰運道不通爲禍不小既防決臨清又防決濟寧又防決徐州又防決潁壽以犯鳳陽又欲遏其流不南出不北走循我運道而挾江淮之舟此其計誠難也袁黃曰

河水半混泥沙，急則行，緩則澱，故禹自河州、蘭州而北，大同嵜嵐而南，直至華山之陰，皆引之由兩山間，使相激盪而泥不得積，及龍門而下，懼其將入平地而奔潰四出也，則疏三門集津，爲之節蓄，水流至山，奔轟衝激，泥沙先下，而清水隨之，故砥柱眞如柱，析城眞如城，王屋眞如屋，皆鱗次直立于水中。自唐貞元時，王珙開運道，將諸山險阨相繼鏟夷，而大禹導山節水之意失矣。

又曰　昔陳平江瑄、宋司空禮之治會通河也，驅汶水逆流出南旺，北至安民山，地降九十尺，因析六分之水北達臨清，爲閘十有七；南至沽頭，地降百十有六尺，因析四分之水南接徐沛爲閘二十有一貯六分之水者其閘長貯四分之水者其閘短後人以意增損而水之分數紊矣紊而常淤固其宜也顧不之察乃更閘而東焉當時故閘由茶山而南地甚峻勢如建瓴故入河無礙後更夏鎮以南地平而水緩黃強清弱每會必淤此河渠之一壞也徐州呂梁二洪其流甚駃其石如牙永樂間運道初開人惡其傷舟欲稍平之宋司空不可蓋欲藉山之險激水之流使泥沙先下而河流不壅後人相繼磨其崖石而呂梁無洪矣無洪則水平而河身漸高此河渠之再壞也至淮河入海之處平曠無山而海沙逆上尤易壅

塞陳平江就山陽之滿蒲村纍石爲山蜿蜒千尺即古鋸牙遺制（鋸牙見宋史）水得翻騰踊躍以入海俗謂之磯嘴取相激而名今皆沒于土中此河渠之三壞也王樵曰前代河半行河北而鮮患今日河盡南徙而屢決蓋由地勢南高北下北行順而南行逆也國家運道徐沛以北悉資泉水通流徐呂二洪則借黄河接濟河身既窄必至横溢而出此淮揚所以多水患也夫天地之有四瀆猶人身血脈之有大經絡瀆者獨入于海也今河淮并行河奪淮入海之路至于汎濫猶人身血紊經絡此豈可謂天地之常哉竊以爲河淮必各得其道而後河

不害漕。河漕必各計其便。而後河可言治。夫漕不可以一歲不通。而河不可以一歲月而治。今之隨決修補。隨塞疏濬。不過爲通漕而已。河實未嘗治也。眞欲治河。必復其故道而後可。今無論禹時故道。亦非永樂中之故道矣。永樂初開會通河。北達漳御。南接淮泗。閘河不資黃水。黃水不入清河。河未嘗爲害。如今日之甚也。爲今之計。能使河東北入海。復禹之道。上也。不得已。猶當使河淮兩分。河漕兩利。如永樂之舊。次也。夫禹之治河。于下流播之爲九。今以河之鉅且悍。而一淮以爲之委。又無可分而容之之地。誠能使之北。而有道以分之。有地以容之然後河可以永久而無患而徐沛淮揚數百里間免于閭殫爲河退出可耕之地不知凡幾其利又大矣孫承宗曰漕河如身然河南之蘭陽而上爲肩山東之單縣而下爲腹夏鎮而南爲股河決蘭陽經東長濫曹濮則横決張秋而肩背潰決單縣則横截穀亭沽頭入昭陽河而胸腹潰決夏鎮之蘇莊則東西鎮口遂爲河奪而股脛潰劉公大夏治其上法在以河避運于是塞黄陵岡以保張秋朱公衡治其中法在以運避河于是開南陽湖以安徐沛近開泇河（萬曆中李化龍開泇河河在邳州城西北九十里）稍倣南陽然南陽之役遏黄河之入沛者歸泰溝而

疏支河殺薛沙二水之勢今欲全泇河則朱旺口之大挑何可緩也

嶓冢導漾東流爲漢　東爲北江入于海

黄度曰漢有沔漾之名皆東漢水也地理志西漢水出西縣嶓冢山南入江漢白水蓋潛漢也經不著其所出自古皆以爲東西兩漢俱導嶓冢則或然已而西漢固無沔漾之名漢志云漾水出隴山氐道至武都爲漢武都東漢水受氐道水名沔是則沔漾俱爲漢水也獨氐道武都川渠阻隔武都受漾爲不可據而桑欽遂徙氐道漾水爲西漢之源由是紛錯酈道元委曲遷就通之

以潛伏之流證之以難驗之論更覺齟齬故當盡廢諸說而一證之以經文杜佑通典云秦州上邽縣嶓冢山西漢所出經嘉陵曰嘉陵江經閬中曰閬江漢中金牛縣嶓冢山禹導漾水至此爲漢水亦曰沔水其說可據

韓邦奇曰華昌嶓冢是漢源漢中無嶓冢沔水出金牛山即金牛峽在今沔縣人既誤以爲漢水遂以金牛爲嶓冢耳

愚按古稱漢源有二東出武都西出西縣禹貢漾流爲漢此東源也但班固以西漢水出隴西嶓冢于武都東漢但言受隴西氐道漾水而不著其所出之山則東漢之源與西漢同出氐道明矣漢中嶓冢杜佑以前未聞常

璩亦止言漾水出武都漾山，不言嶓冢也。韓苑洛漢中無嶓冢之說，正足與班志相證明。孔安國曰：漢上曰沔。漢上者，漢水之上流也。嶓冢漾水，出沔陽爲沔水，經南鄭爲漢水。謂沔水即漢水不可，謂沔水非漢水亦不可也。或曰漢謂之漾，亦謂之沔，恐屬方言。今寧羌州有沔縣，又東有洋縣，漾洋聲音相近。氐道、武都，川渠阻隔，誠如黃文叔所疑。然漢水多伏流，故別曰潛漢。漾之爲名，特泉始出耳。東行武都，其流始大。今漢中沔縣，即漢武都地也。其曰受漾者，正謂氐道至武都，自源徂流，水脈相接，而豈必有川渠之可求哉。蓋禹之導漢與導江異。江水導其流，故岷山直曰導江。漢水導其源，故嶓冢不曰導漢。若使嶓冢近在沔陽，則漢水已津流浩注，不應有漾水之目矣。水經誤分漾水爲西漢沔水，爲東漢，遂滋後人之惑，不可不辨。

吴澄曰：漢水南入于江，乃循江北岸東行，爲江之北而入于海。夫漢既入江，與江混爲一水，而又曰東爲北江入于海，似别爲一水，何也？蓋漢水源遠流大，與江兩相匹敵，其他小水入大水之例不同，故漢得分江之名而爲北江也。記其入海者，著其爲瀆也。三瀆皆自爲一瀆，惟江與漢共爲一瀆，不以漢附于江而没其入海之實，故于漢于江，並言入海而爲瀆也。若漢不爲瀆，則東爲北江入于海七字衍文，而其序當殿導江之後矣。

又東至于澧，過九江，　東迤北會爲滙，　東爲中江，入于海。

袁中道曰：懷襄之時，雲夢一壑，江身不復可辨。禹導水必于高阜之處爲之表識，自夷陵以下，高阜多山，宜莫如澧，由澧導之江，偕九水入洞庭，以趨尋陽，雲夢始出，而江流乃可辨。水經注于江陵枝廻洲之下，有南北江之名，即江水由澧入洞庭道也。陵谷變遷，今之大江始獨專其滂湃，而南江之跡僅爲衣帶細流，然會澧故道猶可考耳。（澧水在岳州，今大江自夔峽下荆門，不復至澧。）寰宇記：古大江在

巴陵東北流入洞庭湖，今洞庭水會于江，非江流入洞庭矣、

茅瑞徵曰：東迆北會，略斷，與南入于江對；爲滙，與東滙澤爲彭蠡對。自漢視江，若漢小江大，故言入；自江視漢，江固大，漢亦不小，故言會。愚按：江與漢合在漢陽大别，又東流七百餘里至鄱陽湖，不當云北會于滙。北會者，會漢也。于滙，舊善本作爲滙，義始可通。孔傳云：東溢分流，都共北會爲彭蠡，則于滙之當作爲滙明矣。

吳澄曰：漢爲北江，則江當爲南江。然循江南岸則有彭蠡湖水，若曰南江，恐疑指爲彭蠡而言，以江水行于湖

水漢水之中，故曰中江也。

張吉曰：江漢二條，朱蔡皆以彭蠡乃江西湖漢所豬，無仰江漢之滙。江漢並持東下，又不見北江中江，執是以疑經之誤，說甚備。愚嘗親歷其地，以經文證之，始知無誤也。夫滙本訓迴，乃下流汎濫，他水勢不得泄，于是迴旋渟蓄，豬而爲澤之謂也。今春夏之間，江漢水漲，則彭蠡之水，欝不得流，而逆注倒積，滯爲巨浸，雖無仰于江漢之入，然實因其下流充牣，故湖水壅淤阻抑而不能出，方能成其澤爾，非謂江漢之水截入澤內而爲滙也。若其截入爲澤，則但如他條曰至曰入可也，何必變文言滙哉此東滙澤爲彭蠡東迤北會爲滙本無誤矣漢水不言會者爲江水所隔與彭蠡不相接也江水不言彭蠡者與漢互見也迨夫二水漸消則彭蠡之水溢出大江循南岸而行與二水頡頏趨海所謂其北則江漢之濁流其南則彭蠡之淸漲是也第江水濬發最在上流其次則漢水自北岸而入又其次則彭蠡自南岸而入三水並持東下則江爲中江漢爲北江而彭蠡入江並流爲南江者不言可知非判然異派之謂也此東爲北江東爲中江入于海亦無誤朱蔡皆不能無疑于斯何歟況經文簡奧其言南入于江東滙爲澤蓋亦無遠

不包而曰南曰東與今水道曲折迤邐勢相正符今却云經文與今水道全然不合此不可曉也又江水自東陵而下漢水自漢陽而下其勢皆漸趨東北湖口爲江漢所滙之處正在東陵漢陽東北與經文亦合今却云于漢水宜改南滙彭蠡于導江宜改南會于滙此又不可曉也黄潤玉曰敍江漢皆曰東者主岷嶓居西而云非指曲折所向爲文也若夫所謂横截而南入于鄱陽又横截而北流爲北江又謂至此而後一先一後而入彭蠡既滙之後又復循次而出以爲二江此自說者之誤非經文誤也蓋經意以爲漢雖入江自循北岸以達于海故有東滙北江入海之文朱

子偶未之思，以爲二水既合，則有江無漢，故既疑其誤而復取鄭樵之說，以東滙澤爲彭蠡東爲北江入于海十三字爲衍文。蔡氏篤信朱子，不復别求其說，遂立論以疑經，皆非也。或曰：南之有江，猶北之有河也，渭水洛水皆入河，不曰中河北河，安知中江北江之說不爲誤乎？是不然。河源遠出閼磨黎山，自積石龍門而下，氣勢雄猛，流波洶激，而渭洛近出鳥鼠熊耳，不數百里遂達河，幾不自見，安得與河爲敵？若漢源出嶓冢，與江源既不甚相遠，而其通流之地大小雖殊，終不相遠，則漢雖入江，猶得紀其爲滙爲江入海之實，夫豈過乎？河可以包渭洛而江不得以包漢故兗州則曰九河既道不兼言渭洛荆州則曰江漢朝宗對舉二水言之經之立義精矣邵寶曰江漢水漲彭蠡欝而爲巨浸無仰其入而有頼其過彼不過則此不積所謂滙也滙言其外蠡言其内于滙不于彭蠡勢則然也若夫江漢之合茫然一水惟見其爲江也不見其爲漢也故曰中江曰北江然其勢則相敵也故曰江漢朝宗集註謂經誤者非是魏校曰江右山勢四盤衆水同出彭蠡爲口形則高仰非得江漢外來關之安能豬而後洩耶愚按莊渠所云關與二泉所云過者相合此可明滙字之義

東出于陶丘北

陳師道曰濟入于河東出于陶丘北者入而復出也溢爲滎者濟之別也滎波既豬障而東之也周官又謂豫之川河洛幽兖之川河濟則河南無濟矣鄭曉曰濟自滎澤伏地中歷鄭州中牟祥符杞縣歸德北抵山東至定陶方出去河數百里方能達河方回曰濟水絕于王莽時今其源出河北溫縣猶經枯黃河中以入汶而後趨海清濟貫濁河遂成虛論矣黃承玄曰漢永平中修汴渠起自滎陽東至千乘大抵貫濟故瀆以行後河徙益南津渠勢改即枯瀆亦不可尋今惟東平以下汶水支流時溢入故道從利津入海世謂之清河而實非

濟也。愚按：濟有二派，水經謂分自乘氏，漢乘氏縣，在今鉅野西南。一爲菏水，則承鉅野之黃水；一爲濟瀆，則承鉅野之洪水。是南北二派，皆由鉅野而別。今濟枯菏涸，惟鉅野之區滙爲巨浸數百里，詳徐州。此與經文"又東至于菏，又北東會于汶"甚合。但于滎澤以下有南濟、北濟之目，水經：濟水東合滎澤，又東逕滎陽縣，又東北流，南濟也。逕陽武縣故城南，又東過封丘縣北，北濟也。又東過平丘縣南，又東過濟陽縣北，濟也。又東過冤句縣南，又東過定陶縣南，南濟也。尋其津途，皆在陳留，不應頓分兩派。兖志以桑氏所分者皆出南濟，則北濟經流又當沿注何地？王隱謂河決爲滎，濟水受焉，故有濟堤，爲北濟，則似滎澤以下皆北濟，菏澤在南，故相對爲南北耳。大抵南北之濟當分自乘氏以下而不當分自滎澤以下又經曰滎波既豬豬者陂而障之豬爲澤也禹既塞滎水于滎陽則陳留不應有濟矣況分南北哉水經云云必後世河水東南決溢濟乘之而濫流非禹時故道也東出陶丘是濟水正派至此穴地而出東出之東指其行于地下者言之古者水官能辨味與色其伏其見皆可別識不獨濟水爲然若如桑氏所序自滎澤至陶丘往復逕通如此經何以不言東至而言東出耶酈道元云濟水東北又合河水于定陶縣北此亦據周漢以後水道禹時河行大伾之北未嘗經流濟陰或灉漯支津在曹濮間者

則有之耳至菏是南派入淮會汶是北派入海附考蔡傳引沈存中云歷下發地皆泉濟水經其下齊乘則云古濟行淸河如在井底南仰泉源遠在山麓豈能相及蓋歷下衆泉皆岱陰伏流所發西則趵突爲魁東則百脈爲冠地勢便然無關于濟存中得之傳聞後遂以濼爲濟誤矣二說不同備存待考

導淮

按古淮水從荆塗二山硤來經今淮安府治西南至安東縣雲梯關入海泗沂歷徐邳至清口而與淮會謂之清河今黃河益徙而南挾淮入海泗水既分流濟寧入

漕渠而沂水自合泇武祊浚諸水至邳州入黃河非復故道矣 夏允彝曰 河與淮合益河之利而非淮之利也河得全淮之水并力刷沙是河利也然河有時淤則淮入海之道反爲河塞汝潁肥濠之水皆無所洩故于淮非利也今皆資之以漕而閘禁不嚴陳平江用水平法設五閘于清江口致河淮並趨南注運渠衝決不常高家堰爲兩淮關鍵堰當淮泗合流之衝在淮安城西南四十里淮揚恃以爲安自河由桃宿至清河奪淮入海之道淮始穿高堰溢高寶興鹽之間河無淮水之刷沙積而淤遂由崔鎮四瀆必固守高堰淮不南溢則清口積沙借淮衝滌又力浚雲梯關口漲

沙則下流疏而海口廓或虞淮溢之侵泗欲決堰瀉淮不知堰決則淮盡趨于河入海少而淮弱矣淮弱則黃躡其後而清口淤矣淸口一淤高堰雖疏必不能盡泄淮漲故淮但可導之以入海而必不可延之使入江高堰堅則全淮盡趨淸口而後黃淮不爲泗患矣此主潘季馴議

導渭自鳥鼠同穴

按鳥鼠同穴山海經水經地志皆以爲一山蔡傳鳥鼠山者同穴之枝幹信酈注而誤也鳥鼠共爲雌雄近岳正過莊浪親見之鳥形色似雀稍大頂出毛角飛即匿穴穴口有鼠狀如常鼠但鈌脣似兔蓬尾似鼬彼此聛

睍有類雌雄蓋物類相感之異世固有之蔡傳之疑孔又誤也

導洛自熊耳

山海經水經俱謂洛出京兆上洛縣讙舉山郭璞云出上洛縣冢嶺山又云熊耳在上洛縣南愚按讙舉一名冢嶺今商州西五十里有熊耳山西北百二十里即讙舉山洛水所出也讙舉熊耳同在上洛故淮南子博物志俱云洛出熊耳孔氏豫州傳云洛出上洛山于此又云在宜陽以西宜陽以西則盧氏熊耳也蔡氏前兩熊耳並注上洛因言地志伊水出盧氏熊耳非是此乃云

盧氏熊耳蓋與孔氏合但上洛盧氏漢志並屬弘農晉志並屬上洛其相去不甚相遠安知禹所導之熊耳必非上洛熊耳耶易氏曰洛出上洛縣西冢嶺山東流七十里至上洛東北流九十里至洛南在熊耳山之西又四百六十里至盧氏熊耳山據此則兩熊耳皆洛所經而所謂洛出熊耳者殆未足信矣

王樵曰蔡氏謂導河導淮導渭導洛皆非出于其山特自其山以導之然渭源縣南谷山實鳥鼠相連之枝山胎簪亦桐柏旁之小山而謂渭非出于鳥鼠特自鳥鼠導之淮出胎簪特自桐柏導之俱有未妥詳經文之例

凡言導某水自某山者皆水出其山之名也惟河不出積石故言導河積石沇多伏流故經不顯其所出孔傳亦但以在溫縣平地者言之蔡氏拘于先言山而後言水先言水而後言山之說則孔疏所云漾江先山後水淮渭洛先水後山皆史文詳畧無義例斯言足以斷之矣按王說最是但洛出冢嶺去熊耳頗遠與南谷之于鳥鼠胎簪之于桐柏又不可一例

四海會同

孔傳四海之內會同于京師九州同風萬國共貫蔡傳主四海之水言孔傳勝林之奇曰周禮職方氏辨九州之國同其貫利必先辨之于其始乃可同之于其終禹貢所分九州

別其山川貢賦者所以立其辨也九州攸同以下又所以同之也有以辨之則廣谷大川異制民生其間異俗五味異和器械異制衣服異宜各得其所而不亂有以同之則同軌同文同倫各要其歸而不異先別而後同此先王疆理天下之大要也

庶土交正至成賦中邦

按庶土四句蔡傳分土貢田賦土貢曰愼即惟服食器用也田賦曰成即萬民惟正之供也然庶土所包者廣據蔡云非特穀土則穀土已在其中況經文賦字有二本無異同何得以財賦之賦專指土貢言耶荅底愼是

千古理財之本義兼貢賦特積貯爲邦國之命什一尤中正之經故又于庶土中科取穀土言之則壤成賦取民有制是所謂底慎非上言貢而下言賦也語云王者不言有無天子賦在山海經理財賦末流必至管商聖人豫以身救之曰交正有廣大公平之象焉曰咸則有謹嚴節制之義焉夫欲國無貧莫先邵農欲民無貧莫先輕稅皇甫湜所謂任土之貢生產有常履畝之收等籍一定人識所出吏難爲姦豈有後世加賦之擾哉

錫土姓

孔傳謂賜子所生之土爲姓蔡傳土姓[illegible]羅長

源。泌較勝。

五百里甸服　三百里納秸服

陳大猷曰禹之甸服。通于天下。詩奕奕梁山。維禹甸之。春秋傳少康有田一成。卽貢法也。周禮小司徒。四井爲邑。四邑爲丘。四丘爲甸。鄭玄云。六十四井爲甸。甸方八里。出長轂一乘。司馬法。六尺爲步。步百爲畝。畝百爲夫。夫三爲屋。屋三爲井。井十爲通。通十爲成。成方十里。出革車一乘。王圻獨以甸爲服者。農事國之本也。京師聲名文物之所萃。四方百貨之所集。其民易以棄本逐末。制名甸服。示天下以務本重穀也。愚按夏通畿内爲五服。周除畿内。更制天下爲九服。千里之内。謂之王畿。王畿外爲侯服。侯服外爲甸服。京師之地皆

千里而甸服有内外者禹時水土方平力田爲急周時商奄未靖居重爲尊故其名制稍別耳

孔疏以服字貫總秷秸粟米蔡傳以服輸將之事總上三者而言金履祥曰三百里之民獨納藁而不粟視他處爲甚輕而有服役之事焉蓋酌五百里之中而爲轉輸粟米之賦也四百里粟五百里米不言賦納蓋使三百里之民轉而輸之都耳夫三百里之民受遠郊之粟米代爲轉輸力若勞而賦則省又以見古者賦役不兩重此帝王之良法也此說與蔡傳異極有理當從之

呂祖謙曰禹貢冀州在王畿甸服之内全不敘土貢正

緣已輸粟未益當時寓兵于農所謂貢賦不過郊廟賓客之奉都無養兵之費故取之畿内而足自大畧言之三代皆沿此制又曰古者天子中千里而爲都諸侯中百里而爲都天子之都東西南北所貢入不過五百里故挽輸不勞漕運之法未備春秋戰國爭事攻戰所論者尚止行運之漕秦漢以後漕法方詳丘濬曰秦致負海之粟猶是資以行師國都之漕自漢都關中始

百里采

孔傳采供王事蔡傳采卿大夫食邑愚按作采地解亦是但周制家削稍去聲邦縣邦都俱在王畿之内夏制雖

未詳。不應寰內諸侯乃食采于畿外。周書侯甸男采衞爲五服。又周禮九畿有采畿。九服有采服。此采義與彼同。

三百里蔡

鄒季友曰。蔡字。陸氏釋文無音。今蔡傳引殺管叔而蔡蔡叔爲證。此本蘇傳說。則陸氏于左傳音素達反。當從之。愚按。蔡字。說文本作𥻦。𥻦散之也。從米殺聲。徐鍇曰。左傳蔡蔡叔。言放之若散米。今作蔡。

陳埴曰。禹貢分州爲貢賦設。建服爲諸侯朝見設。蓋古以封建治天下。分州以爲經。分服以爲緯。每州爲二百一十國。見禮記王制有方伯連率以統之。此其經也。至其朝則不論州而論服。各隨道里遠近爲疏數之限。見大戴禮朝義因四方而分四時。此其緯也。經緯相錯。所以相維而法難壞。周禮大司馬有九畿。言其有期限也。大行人有九服。言其服事上也。曾氏曰周禮王畿。卽禹之甸服。侯服甸服。卽禹之侯服。男服采服。卽禹之綏服。衞服介于其中。卽綏服之奮武衞。蠻服夷服。卽禹之要服。鎭服蕃服。卽禹之荒服也。侯甸男采衞爲中國。蠻夷鎭蕃爲夷狄。內五服去王城三千里。相距六千里。與禹服不同。然周地幅幀。蓋不廣于禹。立政言方行天下。陟禹之跡。則亦以禹跡爲極特禹時四方有不盡之地聽四夷居之不勞中國以事外故五服止于五千耳唐仲友曰周禮言九服祭公謀父又言五服見國語蓋九服五服一也自鎮畿而内二畿而當一服與弼成五服至于五千無少牴牾者惟商制不可考然頌曰邦畿千里惟民所止肇域彼四海自邦畿至四海知其與禹貢周禮合也又曰自彼氐羌莫敢不來享莫敢不來王中舉來享外舉來王知其與祭公之言合也況作康誥之初周禮未制已言侯甸男邦采衛則周之因商可知矣按伊訓云侯甸羣后咸在可證商有天下便更禹貢五服之制周之九服大約因商章如愚曰先儒鳥道之說竊

以爲不然嘗討之王制古者百里當今百有二十一里今謂漢也是禹貢五千里即漢之六千里也況五服之制合以東西四正爲據當時堯都平陽正東至東萊之海才二千八百里正西至張掖之流沙才三千三百里是僅可以滿五服之制也兩漢九千里則以遼東之海與燉煌之流沙而言遼東在東北隅燉煌在西南（當作西北）隅非其正也夫正方一尺衺之而度其四隅則爲尺有四寸而羸五服之制舉其隅而度之宜其九千里也漢志南北萬五千里者舉朔方日南而言禹貢所届正南止及衡山之陽而日南又在衡山之南八千餘里非禹

跡所及也。至平陽之北。不盈千里。已爲戎狄之地。此論未然。唐虞三代時。朔方之地皆爲中國。是五服之制。惟東西南三方爲然。北方僅滿二服而已。尚何鳥道之言乎。九州四正雖近。四隅實遥。五服乃舉其近。蓋不欲以一時廣大之名啓後世無厭之禍也。羅泌曰。虞夏以前。四正疆理。東至瑯琊之海。西至積石之河。五千而縮。南至衡山。北洎單于府。五千而羸。使皆封建。百里之國。惟堪一百有奇。縱并遼東渤海長城外。盡契丹高句驪積石塞黑水靺鞨流沙之外。亦不能一千國。烏有所謂萬區百里國哉。蓋古之天下方三千里止矣。此據王制。五千里者。古今盛衰。山川萊數之通數也。周世九服號七千里。而職方蕃畿爲方萬里。斯亦末記之敝。王畿所止。亦曷嘗千里哉。宗周八百。成周六百。此以百同度計言之。古五服之制。王城之外。甸侯綏面千五百里。已盡九州三千里地。要荒二服。綴九州外。其數然也。而況九州面距不齊。自恒山抵南河。東河抵西河。爲各千里。此則圻内甸服所建。然自東河至東海。西河至流沙。南河至江。亦各千里。南西二方。侯綏所建。外爲要荒可矣。而東距海。要荒已無容繫。北距恒山。直接邊陲。雖侯綏不得而立。惟南自江至于衡山。更越千里。則要荒二服。亦并在九州内。而自衡山南盡揚域且復千里未訖南海悉爲荒服南太嬴北太縮則先王之制必有圓法豈至說者之拘哉周之西都今之關中東都則洛陽也二都地據南山之陰北山之陽東西長南北短短長相補猶不能千里地形今古不變而周禮王畿四面相距地方千里遠郊近郊甸地稍地小都大都率相距爲百里豈能容哉固知畿服諸說上世必有除補相乘之道爲疆理之定制者

四海　禹錫玄圭

洪邁曰地勢西北高東南下所謂東北南三海其實一也北至青滄則曰北海南至交廣則曰南海東漸吳越

則曰東海無有所謂四海者詩書禮經所載四海蓋引類而言之漢西域傳所云蒲昌海疑亦渟居一澤耳班超遣甘英往條支臨大海蓋即南海之西云程大昌曰海之邊中國者在山東爲東海在廣南爲南海禹蹟所及西至流沙而不言西海東北至碣石而北海之名不著于經漢武帝事遠西北二海遂有身歷之者條支之西有海焉漢使嘗及之而入史即甘英至于西海之西有大秦國即波斯夷人與海商皆嘗往來若北海則又甚遠霍去病封狼居胥山其山臨瀚海即北海也蘇武郭吉爲匈奴所幽寘之北海上而唐史載突厥部北海之北

尚書埤傳　卷之六

更有骨利幹之國在海北岸然則詩書所稱四海實皆環夷夏而四之非寓言也若夫西北二處有柏海青海蒲類海蒲昌海居延海白亭海鮮水海皆並海立稱其實衆水滙爲大澤非眞海也李吉甫辨北亭海而曰河北得水便名海斯說確也班固序張掖之水曰羌水出羌中東北至居延入海則眞以居延爲海矣李贊曰丘文莊謂自南越入中國始有南海而西海竟不知所在今滇西百夷之外聞有大海通西南島夷楊愼亦云滇西百夷之外有大海在阿瓦地即西海也宜于雲南望祀之余謂禹貢聲敎訖于四海亦止據經歷統理之地而紀其四至所云四海即

四方也豈眞有東西南北之海如今南越之海的然可睹者哉據見在四方論之四川天下之正西雲南其西南陝西天下之西北山西其正北皆不見有海也惟薊遼鄰山東始有海山東為東方之海山東抵淮揚蘇松以至錢塘寧紹等處始為正東之海東甌至福建稍可稱東南海廣東即南越地今其治為南海縣盡以為正南之海矣不知閩廣接壤亦僅可謂之東南海耳由此言之正西無海也正北無海也正南無海也西北西南以至東北皆無海則僅僅正東與東南一帶海耳又豈但西海不知所在耶西海既不可見則又何名何從而

祀之耶【愚按】九州之地冀青徐揚四州濱海而皆在東偏越東之南海則揚州南裔也雲南之海直環出安南之境安南古南交在禹貢爲正南之域越裳氏所謂海不揚波卽南海也導黑水至于三危入于南海則西南海也導河至于碣石入于海碣石之海在遼東則東北海也卓吾謂中國止有東海此竺乾氏之說耳【山海經水經以】崑崙爲地之中【佛書】以中國爲南洲之東一隅又引禹貢之東漸于海謂上古聖人已知震旦之介在東偏尚有西南北海未及屠隆云崑崙天下之中山形最高東西南北皆下崑崙以東江淮河濟皆東流流沙以西水皆西流南自吐蕃兩廣水皆南趨北至沙漠地勢又漸低水皆北流大海之量水皆歸之而不盈正以尾閭洩之從地下空處轉輸復從西而東故曰如沃焦釜非謂水至此盡焦竭也此說亦祖佛書云

孔傳堯錫禹玄圭以彰顯其功史本紀同愚謂詳經文之義蔡解爲長但圭是諸侯所執以合符于天子者當時禹必膺三等之封子男不執圭故知是三等按禹本封伯爵故曰伯禹伯執躬圭象人形少俯長七寸則玄圭卽是瑞玉堯賜之以象水德適爲禹受命之符耳

尚書埤傳卷之六

尚書埤傳卷之七

吳江　朱鶴齡長孺　輯
宣城　施閏章尚白
崑山　徐秉義彥和　訂

甘誓

吳泳曰此篇僅八十字而其間六軍之制車乘之法賞刑之典靡不畢備啓之習于兵如此豈非得之貽謀之善歟

六卿

陳啓源曰六卿六鄉之卿即周官六卿也蔡傳據周禮

甚合大全引李氏之辨謂周官六卿分職之外別有鄉大夫之六卿此本之賈公彥周禮疏今考周比閭族黨州鄉之制一鄉有一卿五中大夫二十五下大夫百上士五百中士二千五百下士一鄉之民不過一萬二千五百家豈堪供此多官祿入耶若總六鄉計之官有六卿三十中大夫百五十下大夫六百上士三千中士萬五千下士矣周公設官不應冗濫至此先儒何氏謂鄉及中下大夫皆王朝命官兼攝比閭族之上中下士即庶人在官者司其任六遂亦然故鄉遂諸職獨不置府史胥徒是其明證此說當矣左傳晉侯作三軍郤縠將

中軍狐偃將上軍欒枝將下軍皆正卿曾三軍亦以三卿將兵爲主帥周官遺制即此可考古人文武不分兵民合一自應如是李氏又疑冢宰之尊不當下屬司徒不知地官職中鄉老與鄉大夫並列焉鄉老乃三公也尚列地官職中況冢宰乎且鄉老既即王朝三公則鄉大夫獨非王朝六卿乎

有扈氏　五行　三正

孔疏　孔馬鄭王皇甫謐等皆言有扈夏同姓並依世本之文楚語觀射父云堯有丹朱舜有商均夏有觀扈周有管蔡此可證也左傳注觀國在衞頓丘　洪邁曰　孔安國傳曰有

扈氏與夏同姓，恃親而不恭，言其罪如此耳。而淮南子齊俗訓曰：有扈氏爲義而亡，知義而不知宜也。高誘注云：有扈，啓之庶兄也，以堯舜與賢，禹獨與子，故伐啓，啓亡之。此事不見他書，不知誘何以知之。傳記散軼，其必有據。

孔疏：水火金木土，分行四時。威侮，謂拂生長斂藏之宜。

王樵曰：有扈威侮，必有事實。如隋時遼東之役，伐山造船，林麓皆盡。文中子謂帝省其山，則何辭以對。蓋五行指其在人事者，非運行之五氣也。

蔡傳子丑寅之三正，本馬融說。經典稽疑云：夏正建寅，只奉夏正朔可矣。並欲并子丑之正。而悉遵奉之乎。孔傳以爲怠惰荒棄天地人之正道。斯爲得之。林少穎云商方有改正朔事。夏以前未聞。

左不攻于左

左字略斷。呼左人而告之也。右與御皆然。按蔡傳引左傳楚致師事。全用孔疏。若將之兵車。則御者在左。勇力之士在右。將居中。主擊鼓。成二年傳。晉伐齊。郤克傷于矢。未絕鼓音。解張爲御。矢貫手及肘。左輪朱殷。是御在左而將居中也。左傳中御而從齊侯。杜注。居中代御者。自非元帥。御者皆在中。將在左。

王樵曰。甘之戰。天子親誓六師。其所戒者三人而已。左右與御是也蓋古者專用車戰步卒亦以供車古車戰之法五人爲伍五伍爲兩一車甲士三人步卒七十二人甲士在車左主射右主擊刺中主御馬步卒從之每二十五人爲一兩二鄉一軍則一萬二千五百人蓋五百兩也卿一人統之天子六卿則七萬五千人凡三千兩非若後世騎步之不相爲用也故言兵者皆以乘計自一乘至萬乘皆有是三人故戒其左則凡車左執射者同聽之戒其右則凡車右執刃者同聽之戒其御則凡車中執御者同聽之六師之衆舉無所遺古人所謂節制之兵也

賞祖戮社　孥戮

蘇傳孔子曰當七廟五廟無虛主師行載遷主以行無

遷廟則以幣，曰主命，故師行有祖廟也。武王伐紂，師渡孟津，有宗廟有將舟，將舟社主存焉，故師行有社也。古今考社主陰，陰主殺。周禮小宗伯，若大師，則帥有司而立軍社，奉主軍。太祝，大師宜于社，立軍社。春秋傳所謂軍以師行，祓社釁鼓，祝奉以從者也。又大司寇，大軍旅，涖戮于社。

按蔡傳引周禮，孥男子以爲罪隸，今周禮作奴。王樵曰孥戮者，言親屬同犯，亦連治之，皆指在軍前者。若謂孥爲妻子，豈有軍前獲罪而戮及在家之妻子乎。了凡深取此說

五子之歌

呂祖謙曰此篇純是詩體，觀舜臯之歌，則見詩之雅頌，觀五子之歌，則見詩之變風變雅。愚讀五子之

歌歎禹貽謀盡善如此乃再傳而中絕何也蓋嘗思之國所與立必在親賢當啓之時八元八愷之徒已無餘矣有扈之戰至以天子親在行間則其乏才可知及太康即位疑丞輔弼史冊未聞其人焉所以有窮發難夏幾不祀使當時諸侯有如皐陶伯益之徒以鎮撫其間羿雖强大豈敢動哉湯惟監此故汲汲敷求哲人以遺後嗣蓋深懼夏之以無輔而中絕也

太康尸位

孔傳尸主也愚按書傳言尸皆訓主本之爾雅釋詁太康尸位羲和尸厥官同此義蓋尸位尸官非貶辭貶在

下文耳蔡解不必從書序康王既尸天子亦可以祭祀之尸訓之乎

有窮后羿

左傳魏絳曰昔夏之方衰后羿自鉏遷于窮石〔史記正義〕括地志云故鉏城在滑州衛城縣東十里晉地記云河南有窮谷蓋本有窮氏所遷也因夏民以代夏政恃其射也不脩民事而淫于原獸棄武羅伯因熊髠龍圉而用寒浞〔注〕寒國在北海平原縣東有寒亭以為己相浞行媚于內施賂于外虞娛通羿于田以取其國家外內咸服羿猶不悛將歸自田家衆殺而亨之以食其子子不忍食殺于窮門靡奔有鬲氏〔注〕靡夏遺臣事羿者鬲國在今平原縣浞因羿室

生澆及豷使澆用師滅斟灌及斟鄩氏遂滅后相[注]樂安壽光縣東南有灌亭北海平壽縣東南有斟亭二國夏同姓諸侯皆仲康子后相所依處澆于過處豷于戈[注]東萊掖縣北有過鄉戈在宋鄭之間靡自有鬲氏收二國之燼以滅浞而立少康少康后相子少康滅澆于過后杼少康子滅豷于戈有窮由是遂亡[注]浞因羿室故不改有窮之號[鄒季友曰]計太康失邦及少康紹國向有百載乃滅有窮據此傳文夏亂甚矣而夏本紀云仲康崩子相立相崩子少康立都不言羿浞之事是馬遷之踈也

民惟邦本本固邦寧

[王樵曰]國之有民加崇墉之有基下之而不親是自剝

其基也易曰山附于地剥上以厚下安宅程子曰艮重于坤山附于地也山高起于地而反附于地爲人上者觀剝之象當厚固其下以安其居也下者上之本下剝則上危矣書曰民惟邦本本固邦寧

予視天下　六馬

王應麟曰其一之二章皆述禹之訓蔡傳自予視天下以後謂予五子自稱也然予臨兆民之語恐非五子自稱愚謂此章以韻協之亦可讀陳第曰下古讀虎予古讀舞圖古讀賭馬古讀母結語不韻一曰下叶音戶與予一韻明與民一韻敬叶平聲亦一韻

林之奇曰朽索馭六馬猶晉人作危語古車一乘四馬兩服兩驂天子車六馬服驂之旁加兩騑也馬在車中爲服在車外爲驂

惟彼陶唐

趙汸曰左傳注陶唐堯所治今太原晉陽縣也按史記帝堯爲陶唐氏韋昭云陶唐皆國名猶湯稱殷商也徧檢書傳未有帝堯居陶而以陶冠唐蓋地以二字爲名所稱或單或複也張晏曰堯爲唐侯國于中山唐縣然則唐是中山縣名非晉陽也堯自唐侯升爲天子號爲陶唐其治在晉陽耳舜封丹朱爲王者之後猶稱爲唐

終虞之世以陶唐爲號故范宣子曰昔匄之祖自虞以上爲陶唐氏也愚按堯爲天子都平陽今晉州臨汾縣也蔡傳堯都陶故曰陶唐葢本路史云堯受封于陶改國于唐陶今定陶也然未必可據

關石和鈞

王應麟曰國語單穆公引夏書曰關石龢鈞王府則有韋昭注云逸書也時未見古文故云逸書關門關之征石今之斛也言征賦調均則王之府藏常有也李善引賈逵國語注曰關通也孔穎達疏關通衡石之用葢用賈說孔安國謂金鐵曰石未詳愚按歷律志二十四銖爲兩十六兩爲斤三十斤爲鈞四鈞爲石是

石爲稱之最重故傳云金鐵曰石言絲綿止于斤兩金鐵乃至于石舉重而言則所稱之物皆通之也此見孔穎達疏甚明伯厚云未詳何也附考蔡傳折閱按荀子良賈不爲折閱不市注折閱謂損所賣物價也

胤征

陳師凱曰觀篇中有渠魁脅從之語羲和聚黨助逆明矣仲康于羿勢旣未能鋤其根株不可不剪其羽翼故乘日食之變正其昏迷之罪名正言順羿亦不得庇之也使非聚黨助逆則褫職奪邑司寇行戮足矣何至勞大司馬興師誓衆如臨大敵哉

仲康肇位四海

鄒季友曰按夏都安邑在河之北太康立十九年爲羿所距遂居河南之陽夏宋開封之太康縣也二十九年崩弟仲康立五子作歌仲康當是其一觀肇位四海之語則諸侯猶宗之爲君也十四年崩子相立羿但據冀州河北之地不臣于夏而已未必執夏之政柄故五子之歌但以冀方爲言也羿亦好遊田其臣寒浞弒之而篡其位及夏后相自河南遷河北帝丘帝丘宋濮州也在位二十八年方爲寒浞之子澆所弒夏遂中絕者四十年而少康復興焉史記夏本紀略而不書故解者皆未詳考羲和之黨羿與否亦未可知然胤侯誓師之辭

詳明嚴正荒酒廢職亦自當致討也〔王樵曰〕孔傳謂仲康爲羿所立仲康既在五弟之數徯于洛汭不在舊都其不爲羿所立明矣

遒人木鐸　官師相規　工執藝事以諫

〔周禮〕武事振金鐸文事振木鐸〔孔疏〕名曰遒人不知其意蓋遒訓爲聚聚人而令之故以爲名也

官師〔孔傳〕謂官衆〔蔡傳〕官以職言師以道言〔愚按〕漢賈誼傳官師小吏注云一官之長此說是周禮之官以師名者甚多相規相規正也蔡傳引胥教誨則主君言

〔蔡元定曰〕周景王將鑄無射伶州鳩諫曰匱財罷民會

莊公丹楹刻桷。匠慶諫曰。無益于君。而替前人之令德。

執藝事諫。此類是也。

辰弗集于房　瞽奏鼓　嗇夫馳　先時後時

［孔疏］房或以爲房星。九月日月會于大火之次。房心共爲大火。知不然者。以集是止舍之處。言其不集于舍。故得以表日食。若言不集于房星。以太遲太疾。惟可見曆差。不得以表日食也。且日之所在星宿不見。正可推算以知之。非能目見。以此知必非房星也。［愚按］孔傳房所舍之次。本不指房星言。左傳引此句注亦云。集。安也。房舍也。日月不安其舍則食。蔡傳掩蝕于房宿。與古注不

合鄒季友曰蔡傳言仲康卽位之次年方征羲和而此章引唐志又云五年方日食然以經文肇位二字觀之當從前說按經世書以仲康征羲和爲元年事則是卽位之次年也古者踰年改元王應麟曰大衍歷議云新歷仲康五年癸巳歲九月庚戌朔日食在房二度按皇極經世仲康元年壬戌征羲和五年丙寅與歷不同

孔疏古者日有食之天子伐鼓于社諸侯伐鼓于朝周禮救日月太僕贊王鼓鄭注救日之時王親鼓之太僕乃贊之穀梁傳天子救日置五麾陳五兵五鼓所陳旣多皆樂人伐之

左傳疏鄭注覲禮云嗇夫蓋司空之屬漢志嗇夫掌幣

吏庶人之徒也。

孔疏時謂四時節氣弦望晦朔袁黄曰推算日食如應在午時三刻及食之時其時刻在前則爲先時在後即爲後時羲和罔聞知是前不推算蔡以爲後時之誅恐誤

威克厥愛允濟

[redacted]曰孫武子卒未親附而罰之則不服不服則難用卒已親附而罰不行則不可使故令之以文齊之以武是謂必取或問胤征威克厥愛允濟愛克厥威允罔功言先威也孫武先愛何也曰書之所稱仁人之兵也

武之所言戰國之兵也王者恩信素孚民已親附及其用之惟患少威耳戰國之時素無恩信民心未附驟而驅之卽戎若非先之以文德後以威嚴繼之幾乎不以國予敵也唐太宗以亂征云云問李靖靖曰愛設于先威設于後不可反是也尚書以愼戒其終非所以作謀于始故孫武之言萬世不易陳龍正曰威克非以仁爲後也法制不嚴申勑不明則玩而多犯多犯則不容不多殺威者有威可畏也可畏則莫敢犯莫敢犯則可以不戮一人威之所以豫令避死也正其仁也孫武穰苴尚爲得之王式戮徐州銀刀已爲不仁楊素盡斬嘗敵

退歸之卒盍坑之耳豈所謂威克乎王樵曰蔡氏訓愛爲姑息非也循而拊之三軍之士皆如挾纊此豈非愛之謂乎若曰姑息僨軍之道也豈但無功而已

商書

湯誓

蔡傳湯號也或曰謚湯名履顧炎武曰堯舜禹皆名也古未有號故帝王皆以名紀臨文不諱之義也帝曰格汝舜格汝禹名其臣也堯崩之後舜與其臣言則曰帝禹崩之後五子之歌則曰皇祖胤征則曰先王無言堯舜禹者不敢名其君也自啓至發皆名也

夏后氏之季始有以十干爲號者桀之癸商之報丁報乙報丙主壬主癸皆號以代其名自天乙至辛皆號也商之王著號不著名而名之著于經者二天乙之名履辛之名受是也曰湯曰紂則亦號也號則臣子所得而稱故伊尹曰惟尹躬暨湯商頌曰武湯曰成湯曰湯孫也自夏以前純乎質故帝王有名而無號自商以下浸乎文故有名有號而十干之名不立

愚按檀弓云死謚周道也謚法至周始備然商時疑已有之仲虺誥曰成湯商頌曰武湯湯是號成與武則皆謚也蔡傳或曰謚湯此語當刪　王柏曰書序

云湯升自陑音而與桀戰鳴條之野作湯誓今詳舍我穡事及今朕必往語此非鳴條決戰之誓乃亳邑興師之誓也亳衆未明弔伐之大義故以不恤穡事爲疑及誓言出而衆心釋然鳴條之役所以不煩再誓也

王曰

孔傳湯稱王則比桀于一夫疏云湯于伐桀之時始稱王周書泰誓稱王亦在伐紂之時鄭玄以文王生稱王謬也蔡傳王曰者史臣追述之稱金履祥曰湯武興師之日張子所謂一日之間天命未絕則爲君臣天命既

絶則爲獨夫者其在斯時乎夫天命已屬師徒既興則桀紂即獨夫矣豈待南巢牧野之後天命始絶哉且湯武既已興師而猶自稱諸侯以令于衆則是以諸侯而伐天子名實俱不可也然則稱王誓衆理固然矣而必謂史臣追書不幾于嫌聖人而文之哉

仲虺之誥

孟子注萊朱湯賢臣一曰仲虺左傳薛宰曰薛之皇祖奚仲爲夏車正奚仲遷于邳仲虺居薛爲湯左相國語注摯疇二國任姓奚仲仲虺之後書序湯歸自夏至于大坰仲虺作誥大坰地名孔疏自定陶向

亳之路。

放桀南巢

【史記正義】括地志云，廬州巢縣有巢湖，即成湯伐桀，放于南巢者也。淮南子曰，湯敗桀于歷山，與妹喜同舟浮江，奔南巢之山而死。【孔傳】桀都安邑，湯升道從陑出其不意。陑在河曲之南，鳴條在安邑之西。【疏云】安邑在亳西，湯當從東而往。今乃升道從陑，升者自下向上，陑當是山阜之名，歷險迂路，爲出不意故也。陑在河曲之南，蓋今潼關左右。河曲在安邑西南，從陑向北渡河，乃東向安邑。桀西出拒湯，故戰于鳴條之野也。桀奔南巢，湯縱而不迫故稱放也竹書紀年夏桀三十一年商自陑征夏邑克昆吾大雷雨戰于鳴條夏師敗績桀出奔三朡戰于郕獲桀于焦門放之南巢三歲死于亭山愚謂湯之興師本爲民請命原無殺桀之意當時韋顧昆吾皆助桀爲惡者其國皆在東方而三朡在今定陶亦必桀之與國也升陑渡河迂道安邑之西以伐之正欲使之東向奔逸自求生道桀戰不勝遂由三朡而竄南巢因放之于此焉疏云湯縱而不迫故稱放此言得之葢湯之放桀與武之伐紂氣象判然不侔若如孔氏所云出其不意是掩敵之不備以求勝也聖王以義行師

豈爲是哉

天乃錫大勇智　纘乃舊服　茲率厥典

[蘇傳]聖人之德凡仁義中和之類皆可以學至惟勇也智也必天予而後能非天予而欲以學求之則勇智皆凶德也漢高祖識三傑于衆人之中知周勃陳平于沒世之後此天所與智也光武生平畏怯見大敵却勇此天所與勇也豈可學哉若漢武帝唐德宗之流則古之學勇智者也足以敝其國殘其民而已故天不予是德則君子不敢言勇智短于勇智而厚于仁不害其爲令德之主也

黃震曰纘禹舊服古注云纘禹之功統其故服蓋指彌成五服之服以繼有天下也蔡注未必然

陳師凱曰禹有典則貽子孫典卽指爲禹之典章亦通孔傳云循其典法祖宗所服行典章不肖之子孫失墜之而異代之聖賢修復之往往而然

惟王不邇聲色不殖貨利　改過不吝

王樵曰聲色者誘人之穽故曰不邇貨利者侵德之蠧故曰不殖漢武帝內多欲而外施仁義如何欲效唐虞之治　或問漢高帝初入關婦女無所幸財寶無所取其氣象亦與湯類乎曰高帝雄才大略豁達有爲非有

本原潔清之學安得與智勇天錫者同論哉抑聲色之溺人尤湊于貨利高帝于金寶財物隨取隨棄嘗捐金數萬斤如土苴及其終也獨妮妮一戚姬而不忍釋以是知湯之不邇聲色尤爲不可及也

仲虺頌湯不曰無過而曰改過葢過雖聖人不能無也今夫金有疵玉有瑕必見于外故君子不隱所短不憚更也夌歷鬭蝕天之過崩陀竭塞地之過卒不累覆載者何善復常也湯之不吝改過所以能復于無過也

初征自葛

〔鄒季友曰〕漢志葛伯國在陳留寧陵縣葛鄉唐隸宋州

東距南亳六十里。經世書紀年云湯戊寅歲征葛越十八年乙未伐桀。按征葛事詳孟子。蓋孟子時湯征等篇尚未逸。

能自得師者王　自用則小

王樵曰能自得師。孔傳以爲求賢聖而事之是已。猶未盡。如魏文侯曾繆公之于子夏子思。固曰師之矣。然子夏子思之所以爲賢。二公未必知之也。宣帝爲元帝得蕭望之。可謂得師矣。然望之之所以爲賢。元帝固不知也。皆非自得師者也。師在我而不在人也。

歐陽修曰自古有天下者。莫不欲爲明主。而常至于昏者其故何哉患于好疑而自用也夫疑心動于中則視聽惑于外視聽惑則忠邪不分而是非錯亂舉國之臣皆可疑旣盡疑其臣則必自用其所見夫以疑惑錯亂之見而自用則多失多失則其臣之忠賢者必以理而爭之爭之不切則人主之意難回爭之切則激其君之怒而反堅其自用之意于是君臣交勝而邪佞者得以乘隙而入惟人主之所欲者從而助之爲人主者方與其臣爭勝而得順意之人所助必忘其邪佞也與之併力以拒忠賢人主至惡忠賢而喜邪佞天下未有不亂者也仲虺之戒湯曰自用則小以湯之聰明其所爲必

不至于繆戾矣然仲虺猶戒其自用則自古人主惟能
用人而不自用然後得爲聰明也

湯誥

孔疏仲虺在路作誥此至亳乃作故次在仲虺之後

至于亳

王樵曰亳湯之都說者不同鄭玄以爲河南偃師縣漢
書音義臣瓚以爲泲陰亳縣杜預以爲梁國蒙縣北有
亳城皇甫謐以孟子稱湯居亳與葛爲鄰葛即今梁國
寧陵之葛鄉也若湯居偃師去寧陵八百餘里豈當使
民爲之耕乎亳今梁國穀熟縣是也諸說不同疏家亦

不能斷。令以經文考之湯之亳。卽盤庚所謂適于山。用降我凶德者也。此惟偃師爲是。穀熟非依山之邑。蓋因相土嘗居商丘。【左傳】陶唐氏火正閼伯居商丘。相土因之。相土。契之孫。商丘穀熟。俱在梁國。故後人以穀熟爲亳。因商丘也。以寧陵爲葛。因穀熟也。凡地名相沿。多有不足據者。或指一亭一城一鄉以爲證。或指有古人之墓。亳城豈必湯都。葛鄉豈必葛國。湯冢伊尹冢安知非箕山許由冢之類也。【愚按】孔氏書序傳云。契父帝嚳都亳。湯自商丘遷焉。亳偃師也。皇甫謐以蒙縣北亳、穀熟南亳及偃師西亳爲三亳。蔡氏立政傳從之。湯自商丘遷偃師。斷當以孔傳爲允。【史記正義】亳偃師城也。商丘，宋州也。湯即位，都南亳，後徙西亳也。括地志云：亳邑故城在洛州偃師西十四里。本帝嚳之墟，湯所都。然博考地志，葛國遺跡，惟寧陵有之。一統志：寧陵縣有葛城，在歸德府西六十里。歸德，古商丘也。而蒙縣、穀熟去商丘又甚近。蒙縣在商丘北五十里，穀熟在商丘東南四十五里。大抵蒙縣、穀熟，皆因商丘而訛耳。湯遷偃師，當在克夏之後。

若有恒性

陳師凱曰：諸家解若有恒性，皆屬下文，以爲皆君之事。蔡氏獨屬上文。此章蔡說最優。王綱振曰：性萬變而不遷其善，猶水萬變而不移其濕，故曰恒。時解只說得性之同耳。

賁若草木

孔傳天下煥然咸飾若草木同華民信樂生袁黃曰喻在先正意在後是倒句法若以草木敷榮形容天命之不僭則意短矣

伊訓

惟元祀十有二月　伊尹祠于先王奉嗣王祗見厥祖

按湯崩而太甲卽位改元此古注也蔡傳引蘇氏說以崩年改元爲亂世事然商人尚質安見必無顧氏云殷家猶質踰月卽改元年以明世異不待正月以爲首也歐陽永叔云人君卽位稱元年常事耳古不以爲重也孔子未修春秋其前固已如此

凡記事先後遠近莫不以歲月一二數之其謂一爲元
亦未嘗有意後世曲學之士始謂孔子書元年爲春秋
大法遂以改元爲重事矣吳淵穎萊亦云王者始得天
下聞改正朔正謂子丑寅月朔月一日也日月相合故曰合朔史歷書注云子正以夜半爲朔丑正以雞鳴爲朔寅正以平旦爲朔是三代改正亦改朔也未聞改元商訓稱元祀春
秋書元年直史官紀述之常體耳將以志人君之在位
久近也非王者以是爲重事也據此則子瞻所云不必
引矣十有二月孔氏以爲商正之建子月是也左傳梓
慎曰火出于夏爲三月于商爲四月于周爲五月其的
證也蔡傳正朔改而月朔不改其說非是元人張敷言

曰伊訓之元祀十有二月太甲之三祀十有二月皆建子月非正月也或疑嗣王祗見與嗣王奉歸豈可不在正月曰後世嗣王冕服考之顧命固有常儀何待正月況放桐之舉人臣大變伊尹之心何如哉朝而自艾夕當復辟尤無待于正月也○黃度曰嗣王踰年改元此十二月乃商正月商周改正朔以一號令而詩書紀月不改夏正天時不可易也蘇傳說與此同王樵曰嗣子踰年即位改元古今之達禮公羊言之詳矣公羊傳緣臣民之心不可一日無君緣始終之義一年不二君元祀十有二月者湯崩之踰年太甲即位改元之祀也商以建丑爲正故以十二月即位改元也

愚按以上說與注疏不合。據方麓云。史官紀年。則用正朔。曆官紀年。則用正月。伊訓惟元祀十有二月乙丑。太甲惟三祀十有二月朔。獨非史官所紀乎。公羊所說是周制。未知商制如何。然前說要不可廢。備存待考。

蔡傳伊姓尹字。陳大猷曰。尹自稱曰尹躬。其非字明矣。孔疏據孫武子呂覽云名摯。或自有兩名。或更名。皆未可知。○書序成湯既沒。太甲元年。孔傳湯崩踰月。太甲即位。奠殯而告居位主喪。疏云據經序及傳。太甲本繼湯後。而殷本紀云。湯崩。太子太丁未立而卒。于是立太丁之弟外丙。二年崩。別立外丙之弟仲壬。四年崩。伊尹乃立太丁之子太甲。與經不同。彼必妄也。劉歆班固不見古文。謬從史說。皇甫謐既得此經。作帝王世紀。乃述馬遷語。是其疎也。又云祠于先王。謂祭湯也。元祀乃初喪之時。未得祠廟。且湯之父祖。不追爲王。所言先王。惟有湯耳。始知祠實是奠。非祠宗廟也。愚謂太甲繼湯。自應據書序。程子亦主此說。說者以孟子同史記爲疑。不知古人謂歲爲年。二年四年。皆不可立。乃立太甲。孟子何嘗誤。史記蓋因孟子誤耳。胡五峯宏辨之曰。三王官天下。定于立嫡。立嫡者敬宗也。敬宗者。尊祖也。尊祖者。所以親親也。兄死弟及。非所謂敬宗尊祖。且本支亂而爭奪起矣。豈親親之道哉。成湯伊尹。戮力創業。乃舍嫡孫而立諸子。亂倫壞制。開後嗣爭奪之端乎。公儀仲子舍孫立子。言偃問曰。禮歟。

孔子曰否立孫夫孔子殷人也宜知先王之故矣而不以立弟爲是此以義理知其非者一也以殷世考之自三宗及祖乙祖甲諸賢君皆立子其立弟者盤庚耳必有所不得已也若立弟爲先王之制豈有賢聖者皆不遵而沃丁小甲諸君反能遵耶此以人情知其非者二也商自沃丁始立弟史遷陽甲紀曰自仲丁以來廢嫡而更立諸子或更相代立比九世亂考沃丁至陽甲立弟者九世則仲丁之名誤也沃丁既以廢嫡立弟生亂則湯未嘗立外丙明矣不然湯首爲亂制又可罪沃丁乎此以事實知其非者三也邵康節極數知來其作皇極經世史亦無外丙仲壬名此以曆數知其非者四也

或曰趙岐注孟子從史記程子謂古人以歲爲年朱子兩存其說史記湯壽一百歲而崩豈有人年九十餘而生子乎當從史記爲是愚謂耄年生子古人多有之如武王九十三而崩成王時方十三歲又有弟叔虞此可證也況湯壽百歲于經無考史言豈足深信

祠于先王謂祠祭祖廟也祭法商人禘嚳而郊冥祖契而宗湯七廟之制自商已然太甲改元必無不告祖廟之

理喪三年不祭。故伊尹攝而行事焉。祇見厥祖。方及成湯。吳氏此說是也。但踰月改元。孔氏以臆解之。商制無可考。既以先王爲祖廟。則不必從注疏奠殯而告之說矣。且商頌云玄王桓撥。玄王。商太祖契也。契稱玄王。安知商初無追王之禮乎。注疏謂先王爲湯。既誤。蔡傳又引吳氏云。太甲服仲壬喪。爲人後者爲之子也。尤誤。又云。喪主不離殯側。何待祇見。曰祇見則湯已祔廟矣。此說雖似有理。然經云奉太甲祇見。是主伊尹言之。祠祭有主有尸。曰祇見則不然。孝子不敢死其先人。故以祇見爲文耳。必不在祔廟之後。

王樵曰。觀先王厥祖。上

下異文則先王是湯之先廟厥祖是湯可知且于先王曰祠而于厥祖爲祇見祠是祭祇見非祭也祠先王曰伊尹而見厥祖曰奉嗣王是廟中之祭攝于伊尹殯前之告非伊尹所攝也又曰蔡氏云先王湯也又云徧祀商之先王蓋以外丙仲壬爲先王而不知湯以上尚當有先王也如其言先祠丙壬後見烈祖無乃非序乎若以先王中有湯則下祇見爲複矣既以所居爲仲壬之喪則仲壬亦未在應祠之内又曰蔡氏必以太甲爲居仲壬之喪則王徂桐宮居憂爲居誰之憂乎依湯之墓居壬之喪伊老無乃迂于事乎況經文述湯事一則曰

今王嗣厥德二則曰肆嗣王丕承基緒二則曰今王嗣有令緒皆明爲太甲繼湯後之辭若中間有外丙仲壬其文必不如此蔡仲默過于不信書序所以不用其說方麓之說與余悉合因并錄之

造攻自鳴條

孔疏今河東安邑見有鳴條陌昆吾亭左氏以爲昆吾與桀同以乙卯日亡韋顧亦爾故詩曰韋顧既伐昆吾夏桀考昆吾地在濮陽與桀異處不得同日而亡明昆吾亦來衞桀故同日亡而安邑有其亭也

檢身若不及

孔疏檢謂自攝檢也，檢敕其身，不自大以甲人，不侍長以凌物。

三風 其刑墨

孔疏巫以歌舞事神，故歌舞爲巫風。逸樂過而無度，故曰淫風。愛憎乖錯，政必荒亂，故曰亂風。○風如朱浮所云伯通中風狂走。

孔傳臣不正君，服墨刑，鑿其額，涅以墨。愚按肉刑自古有之，左傳昏墨賊殺，謂其有昏墨賊三者之罪，則皆當殺，是墨者罪之名也。此云其刑墨，是指五刑之墨刑之名也。劉侍講說非是。 朱子曰臣下不匡之刑，蓋施于邦君大夫之喪國亡家者。君臣一體。不得不然。如漢廢昌邑王賀。則誅其羣臣。本朝太祖下嶺南。亦誅其亂臣龔澄樞李托之類是也。

德罔小不德罔大

德不德字當一斷。孔傳修德無小。曷爲不德無大。言惡有類。以類相致。疏云晉語云。趙文子冠。見韓獻子。曰戒之。此謂成人。成人在始。始與善。善進不善蔑由至矣。始與不善。不善進。善亦蔑由至矣。按此即惡有類之說。

尚書埤傳卷之七

尚書埤傳卷之八

吳江　朱鶴齡長孺　輯
蕭山　毛　甡大可
同邑　顧有孝茂倫　訂

太甲

阿衡

阿孔穎訓倚。疏云古人讀阿倚同音，故阿作倚也。王安石曰阿大陵之有助者，保其君如阿，平其國如衡。蘇傳阿衡，伊尹之號，猶太公號師尚父，師其官也，尚父其號也。

顧諟天之明命

經典稽疑　顧諟天之明命。孔傳言敬奉天命以順承天地。讀書管見云。明命只是天之眷命。猶云畏天之威耳。大學引此以釋明德。是斷章取義。如緝熙敬止之類。今釋書者。豈得據大學而以爲我之明德乎。若以爲卽明德。後受天明命。以有九有之師。將何以釋之乎。

西邑夏　自周有終

人主所居謂之邑。此曰西邑夏。武成曰大邑周。是也。詩亦曰商邑翼翼。

忠信爲周。蔡傳因孔。朱子語錄云自周二字不可曉。或云周當作君。篆文相似而誤。此說了凡取之。

愼乃儉德

太甲欲敗度縱敗禮故伊尹以儉德爲之砭昔人有言人君之患不自外來嘗由身出夫欲盛則費廣費廣則賦重賦重則民愁民愁則國危矣此論于繼體之主尤切

省括　欽厥止

矢括孔疏矢末也說文矢括檃弦處程泰之云矢之尾末岐而銜弦處也

近思錄云心有主則虛又云心有主則實有主者敬也朱子曰敬則內欲不萌外誘不入自其內欲不萌而言

則曰虛自其外誘不入而言則曰實只是一時事程子謂中心無主如虛器入水破屋致寇故曰有主則實實則外患不能入

習與性成

王樵曰書中言性始自成湯再見伊尹性字從心從生其書有會意有假借天命之性此會意也人之生受于天而生之理具于心是之謂性其動則爲情此性之所以得名也習與性成性相近習相遠堯舜性之此等並假借也何取生字爲義若曰天所生爲性人所爲曰習則孟子道性善成湯之意也夫子言相近伊尹之意也此解本之新安陳氏見大全魏太常校云若謂性相近一言止論

性之所以得名則荀楊韓子三品之說皆不謬于聖人而孟子所云性善反爲一偏之見矣陳啓源曰方麓辨注義極精但分爲會意假借則失六書之旨按徐鉉說文序云假借者本無其字依聲託意令長是也葢令本號令之令假借爲縣令之令長本長短之長假借爲官長之長與本字意義無涉特取其聲音相同而用之令性是本性保守此性便是性之恒性之性是本性也性習之性是性之也非二也正如誠者天道誠之者人道兩誠字雖不同豈得分爲六書之二體哉

桐宮居憂

史記正義晉太康地記云尸鄉南有亳坂東有城太甲所放處也尸鄉在洛州偃師縣西南五里按桐宮居憂是于湯墓行諒陰之禮其爲服成湯之喪明矣古者天子七月而葬太甲居喪必多違禮故因葬而營宮于此使之哀慕思過本是宅憂特稍變其禮耳豈眞有放廢之事乎孔疏云使之遠離國都往居墓側與放逐事同故後人亦稱放也此語得之

惟三祀十有二月朔

孔傳湯以元年十一月崩至此二十六月三年服闋舜典疏云三年之喪二十五月而畢與此文異疏云祥禫之制前儒不同按士虞

禮云朞而小祥又朞而大祥中月而禫王肅云祥月之內又禫祭服彌寬變彌數也此孔傳謂二十六月服闋則與王肅同鄭玄以中月爲間一月云祥後復更有一月而禫則三年之祭凡二十七月與孔異今用鄭氏之說

王拜手稽首

魏了翁曰臣于君稽首敵以下頓首拜手稽首者頭先至手後乃至地也朱子曰疏言稽者稽留之意是首至地之久也

欲敗度縱敗禮

尚書埤傳　卷之八

眞德秀曰欲者嗜好也縱者肆放也奉身當有法度嗜好無節則敗度修德當有禮儀縱逸不恭則敗禮（此解勝蔡）

同道罔不興同事罔不亡

眞德秀曰道舉全體而言事特一端耳必同道乃興宋襄不禽二毛自比文王一事同而他事之不同其能有興乎苟同其事三風十愆或有其一無不亡者蓋興之難而亡之易如此

有言逆于汝心（至）必求諸非道

呂公著曰人君雖有好賢之心而賢猶或難進者蓋君子志在于道小人志在于利志在于道則不爲苟容志

在于利則求爲苟得忠言正論多拂乎上意而佞辭曲說多媚于君心故君子常難進而小人每易入不可不察也書曰有言逆于汝心必求諸道有言遜于汝志必求諸非道人主誠操此說以觀臣下之情則賢不肖可得而知已

君罔以辨言亂舊政臣罔以寵利居成功

王安石論事上下古今貫穿經史人莫能難神宗信用之輕改祖宗法度是辨言之易惑也霍光旣立宣帝猶柄政權卒之禍萌驂乘君臣之誼不終是寵利之難居也此二者豈中材以下所能爲哉志鋭于圖治功高于

不賞。固伊尹之所宜進戒也。若嗇夫之喋喋利口。鄙夫之患失容悅。又不必以之語太甲矣。

咸有一德

尹躬暨湯　爰革夏正

陳師凱曰　人臣當先君後己。善則歸君。今曰尹躬暨湯。則臣先君。曰咸有一德。則臣儕于君。何也。湯之于伊尹。學焉而後臣。則一德自尹而授湯者也。據實告君。何嫌之有。

按　漢孔氏謂湯始改正朔。鄭康成謂自古改正朔。葉少蘊主鄭說。林少穎云。革正之事。古未嘗有。葢始于湯而武王因之此說是。

終始惟一時乃日新

蘇傳　一者不變也何以日新曰中有主之謂一中有主則物至而應物至而應則日新矣中無主則物爲宰物爲宰則喜怒哀樂皆物也而誰使新之子嘗有言聖人如天時殺時生君子如水因物賦形天不違和水不失平惟一故新惟新故一一故不留新故無斁

德無常師至協于克一

陳氏曰　德而師于善資于人者不敢遺所謂惟精也善而協于一返諸内者不敢賾所謂惟一也伊尹樂堯舜

之道其淵源甚遠［邵寶曰］協于克一何以不言心一即心也易咸之九四言貞而不言心亦此意心一于理而無心心之正也若憧憧往來之私則何一之可協乎協之而猶判渙猶不一也故言一而必曰克

七世之廟

［古今考］七廟之制自商時已然廟皆南面太祖居中左爲昭右爲穆廟主在太廟之室中則惟太祖東向羣昭南向羣穆北向祔昭遷昭祔穆遷穆遷其主于太廟之夾室［朱子曰］羣廟之列則左爲昭而右爲穆祫祭之位則北爲昭而南爲穆也［王樵曰］按禮祖廟自天子至官

師其制不同官師謂諸有司之長止及禰于禰廟并祭祖適士二廟祭祖祭禰皆不及高曾大夫一昭一穆與太祖之廟而三大夫亦有始封之君如魯季氏則公子友仲孫氏則公子慶父叔孫氏則公子牙是也諸侯二昭二穆與太祖之廟而五天子三昭三穆與太祖之廟而七自上而下降殺以兩自下而上至于七廟蓋不可復加而宗不在數中太祖百世不遷三昭三穆世次親盡則遷周至穆王時文王親盡當祧共王時武王親盡當祧以其有功當宗謂之文世室武世室亦皆百世不遷漢無七廟之制每帝輒立一廟不序昭穆景帝尊高帝爲太祖文帝爲太宗宣帝又尊武帝爲

世宗皆世世不毀光武中興于洛陽立高廟于南陽舂陵立四親廟明帝遵儉自抑遺詔藏主于光烈皇后更衣別室後帝相承皆藏主于世祖之廟自是同堂異室之制迄今莫之能改又按商有天下以契爲太祖周有天下以稷爲太祖緣稷契皆有功德在人湯武實承其緒不得不以爲太祖後世若漢高帝唐太宗宋太祖則皆無所因宜爲一代之太祖其所追尊之祖考在其身則爲近親以後世子孫論之則親已遠其廟當以次祧而功德又非商周稷契之比唐宋既以躬自刱業者爲太祖又以太祖所追尊之第一室爲始祖既爲太祖又

有始祖。是廟有二祖也。二祖皆不可祧。太祖常厭于始祖。合食之時。不得正其太祖之位。歷代議者。每致疑于此。朱子主王荆公之說。謂始祖不可祧。大端有五。篤生聖人。始祖不可謂無功德。一也。推太祖之心。亦欲尊崇其親。二也。始祖之廟不毀。然後始祖之次當祧者。可藏主于始祖之夾室。若祧始祖。則當藏主于太祖之夾室。以祖考而藏主于子孫之夾室。于義爲不順。三也。若爲始祖別立廟。則有原廟之嫌。四也。太祖功德配天。所伸之祭至多。惟廟享爲始祖屈。所屈之祭至少。五也。其義精矣。雖然。始祖既不得比稷契稱太祖。而以子孫之故

强居太祖之位義終未安必俟有議禮之聖人然後能定不然姑守朱子之說可也

盤庚

鄒季友曰按左傳引此篇云盤庚之誥則三篇皆誥辭朱子謂殷盤周誥不可解今蔡傳于盤誥諸篇闕疑處甚少恐非朱子本意讀者于其强通處略之可也**王柏曰**契始封于商八遷而後都亳湯以七十里有天下此興王之本後世子孫不可輕去者也是時濱河之郡近古冀都壤沃土豐民稠物阜人之所共趨亳在中土去河稍遠湯始大而未盛子孫無遠

慮往往輕徙，曰囂，音敖曰相曰耿，曰邢，皆以河爲境。常人知利而不知害，雖數有水禍，時圮而不悔者，正以厚利而奪其避患之心也。盤庚賢君也，不忍民之相胥淪墊，治亳殷而歸于先王㓝業之都，非爲己利也，爲民避患也。故其言誥戒諄勤，而無怒民之意。又以小民之憚遠遷者，皆世家巨室，溺于貨賄，動以浮言扇惑，故誥其臣特詳。自是高宗祖甲，相繼百年，殷邦乂安。其後武乙復遷河北，國內衰敝，至紂而亡。以是知盤庚之能慮遠，賢于祖乙諸君也。

五遷

程伯圭曰亳殷在河南偃師縣西南二十里尸鄉之西。因澱水得名。書序盤庚五遷。將治亳殷。孔安國云。殷若亳之別名。集傳今河南偃師是也。程謂殷之得名以澱水。按澱水在今開封府鄢城縣。與亳無涉。五遷謂西亳南亳囂相耿也。仲丁自商丘遷囂。今鄭州滎澤縣西南滎陽故城。殷時囂地也。河亶甲居相。今相州內黃縣東南有故殷城是也。祖乙圮于耿。自祖乙至盤庚。凡七世都耿。今河中府龍門縣有故耿城是也。自盤庚又傳八王。至武乙復遷河北。愚按蔡傳引史記祖乙遷邢。今順德府城。相傳爲祖乙都。然未必實。平陽府吉州南耿城是祖乙遷處。臨大河。隨置耿州名取此。又按史記索隱云。祖乙遷于邢。邢音耿。近

代本亦作耿今河東皮氏縣有耿鄉據此則邢乃耿之訛音相近耳　五遷之說涉隨程氏與孔傳不同疏引馬融云五邦謂商丘亳囂相耿也此說是

爾祖其從與享之

孔傳大享烝嘗也疏云周禮司勳凡有功者銘書于王之大常祭于大烝司勳詔之是功臣得與祭烝嘗也不言礿祠者春夏物未成可薦者少也烝嘗尚及功臣則禘祫可知也近代以來惟禘祫大祭功臣配食時祭不及

王庭

尚書埤傳　卷之八　十

呂祖謙曰已離舊邦未至新邑則王庭蓋道路行宮如周禮掌次設車宮帷宮是也

爾何生在上

黄震曰汝何生在上古注以上爲人上蓋對民責臣之辭也諸家從之蔡解以上爲天愚恐生在天三字爲文意有未妥

迪高后丕乃崇降弗祥

黄度曰盤庚患其民不從令故假鬼神以懼之是乎曰否古人必畏天必敬神明必省禍福是故國家誥命必發于宗廟而誓誥必臨之以鬼神心知敬戒則神祇祖

考。懍乎常在上也。盤庚所云。非關假設。道固然耳。

適于山

附考　蔡傳。成臯。漢志。河南郡有成臯縣。注云。即虎牢也。轘轅山名。在河南緱氏縣東南。薛綜云。山阪十四曲。將去復還。故曰轘轅。降谷未詳。當亦在河南。愚按。此三亳與立政篇傳不同。亦孔疏所引鄭注。但于史傳無考。蔡氏以其地皆岩險。故引以釋適于山之語耳。

毋總于貨寶

黃度曰。總于貨寶。言專利也。貝玉貨寶之戒。至此凡三。遷都異論。實始于此。大河之瀕。財貨豐殖。民不盡力于

常產機巧趨利有勢力者常擅其權晉人謀去故絳諸
大夫曰必居郇瑕氏之地沃饒而近鹽韓獻子曰不可
山澤林鹽國之寶也國饒則民驕近寶公室乃貧夫近
寶之地必有竊持其權者而利歸于下晉大夫所以樂
往商諸臣所以重去皆爲此也堯舜禹皆都冀惟湯居
河南不惟祖宗王業所基豫州之境地最平廣井法行
焉盤庚遷于寬平之地將均土田置常產以興治化苟
士大夫趨利之俗猶在則民無所觀壞法亂紀必自茲
始所以反覆切戒之也

說命

章如愚曰孟子舉書若藥不瞑眩厥疾弗瘳趙岐注云書逸篇葢此篇本古文出于漢後故岐未之見爾。

亮陰

附考　蔡傳倚廬翦屏柱楣。儀禮疏云倚廬者孝子所居在門外東壁倚木爲廬也翦屏者士喪三虞之後改舊西向開戸翦去戸旁兩廂屏之餘草柱楣者前梁謂之楣楣下兩頭竪柱施梁乃夾戸旁之屏也朱子曰柱字似是從手不從木葢始者戸北向用草爲屏不翦其餘草至是改而西向乃翦其餘草始者無柱與楣簷著于地至是乃施楣及短柱以拄其楣架起其簷令稍高而下

可作戸也

夢帝賚予良弼

唐順之曰高宗之得傅說也以夢叔孫之得豎牛也亦以夢夫叔孫之于豎牛以惡幾感之者也高宗之于傅說以善幾感之者也是故君子必慎所感

說築傅巖之野

孔疏殷本紀云武丁得說舉以爲相遂令傅險姓之號曰傅說鄭云得諸傅巖高宗因以傅命說爲氏按書序直言夢得說不言傅或如馬鄭之言蔡傳築居也愚按孔傳云傅氏之巖在虞虢之界有澗水壞道常使胥靡

刑人築護之說賢而隱代築以供食孟子亦云傳說舉于版築之間而蔡氏獨不取何也以築爲卜築恐未安號地有二此與虞相近則西號也在漢河東大陽縣今平陽府平陸縣王應麟曰吳才老書傳以築爲居蔡九峯因之仍當從古注

后從諫則聖

受言爲人主之盛節後世漢武帝唐文皇之流亦嘗朝上書夕報可至不吝爵賞以來之然未能邁往力行者好名而無實之過也蘇明允有言臣能諫不能使其君必納諫非眞能諫之臣君能納諫不能使其臣必諫非眞納諫之君欲其臣之必諫無他惟舍己以從之而已

明君奉若天道

孔疏天有日月，照臨晝夜，猶王官之伯，率領諸侯也。北斗環遶北極，猶卿士之周衛天子也。五星行于列宿，猶州牧之省察乎諸侯也。二十八宿布于四方，猶諸侯爲天子守土也。

惟天聰明

張子曰天不言而信，神不怒而威，誠故信，無私故威。天之不測謂神，神之有常謂天，有常而不測所以爲聰明。

惟口起羞

按記云小人溺于水，君子溺于口，大人溺于民，皆在其所玩也。然水遠則無犯，民敬則罔失，惟口易出難悔，其溺尤甚于水與民也。故曰辭寡者言必著，令數者汗難反。

官爵

按蔡傳引論定後官，謂品其才行，堪居此職，乃使居之。任官後爵，謂其人稱職，乃實授之。如知縣是官，文林郎是爵。

王綱振曰：衣裳命有德，官爵惟賢能，皆用人事。説却分疏作誨，蓋衣裳干戈，是建樹畏削之事，以公侯伯子男言也；官爵賢能，乃考績黜陟之事，以公卿大夫士言也。

動惟厥時

王氏曰事固有善而非時所宜者善如葛裘之良時如寒暑之候

非知之艱行之惟艱

張栻曰高宗恭默思道夢賚良弼非知之明哲者不能君奭言在武丁時則有若甘盤而不及傅說蓋發高宗之知者甘盤也說故告之曰知非爲艱在此身實履之耳若高宗未克知之而告以知之非艱說不幾失言乎

甘盤　自河徂亳

按君奭篇歷序殷之賢相曰在武丁時則有若甘盤則

廿盤嘗爲高宗之相矣孔氏君奭傳云高宗卽位甘盤佐之後得傅說是言傅說之前有甘盤也唐孔氏以爲高宗免喪甘盤已死或然

黄震曰自河徂亳蔡傳甚明亦本之古注蘇氏書傳雖以遯野爲甘盤而小蘇氏作古史亦以遯野爲高宗也

愚按楚語云昔武丁能聳其德至于神明以入于河自河徂亳于是乎三年默以思道蘇傳作甘盤說豈失記此耶

人求多聞至乃有獲

眞德秀曰學惟理明則舉而措之行事此求多聞建事

之意也古者學與事爲一故精義所以致用利用所以崇德本末非二致也後世學與事爲二故求道者以政事爲粗迹任事者以講學爲空言不知聖人未嘗有無理之事無事之理老莊言理而不及事是無事之理也管商言治而不及理是無理之事也味說之言則古帝王之正學明矣 范純仁曰人君不學則聞見狹而智不明聞見狹則遠大之言不能用智不明則邪佞之說得以欺 黄度曰事不師古而㧞意立新則源流不接損益無章必無可繼之功高宗恭默思道專求之于內學聚問辨恐或鈌焉故說以求多聞獲古訓爲論學之

首亦教其所不足也

惟斅學半

泰誓云天降下民作之君作之師三代以上師道在君斅正王者事也

監于先王成憲

大全陳氏云此學之準的極是古人爲治郎是學後世始分爲二耳

旁招俊彥

朱子曰古大臣以身任天下必有待于衆賢之助而廣求于無事之時自重者無所嫌而敢進則無幽隱之不

達欲進者無所爲而不來則無巧僞之亂真

先正

鄒季友曰蔡傳此章從孔氏訓正爲長君牙文侯篇又訓先正爲祖父按詩雲漢禮記緇衣亦皆訓長宜歸于一

高宗肜日

鄒季友曰按說命篇首稱王此篇首稱高宗史臣不應逆書廟號史記謂祖已諫于高宗時作書于祖庚時蓋亦因篇首高宗二字而曲爲之說耳篇中絶無以前王戒後王之意且稱祖已曰者乃史臣之詞非

祖已自作之書也。此必祖庚肜祭高宗之廟，而祖已諫之，故有豐昵之戒。詞旨淺直，亦告少主語耳。肜祭高宗，而曰高宗肜日，謂于高宗之廟肜祭之日也。如仲康命胤侯，而曰胤侯命掌六師；高宗命傅說，而曰惟說命總百官。書中如此者多，乃史氏立言之法也。小序不察，遂以爲高宗祭成湯，後之解者又泥于小序。雖馬氏釋昵爲禰廟，蔡傳亦云非湯廟，然皆未得其說，故詳論之。此說極有理

越有雊雉

【書疏】雉升鼎耳而雊，故孔傳以爲耳不聽之異。劉歆以

鼎三足三公象也野鳥居鼎耳是小人將居公位敗宗廟之祀呂祖謙曰失道之君與天隔絕災異之應常遲聖賢之君誠格天心災異之應常速高宗恭默夢賚神明素與天通聰明憲天修德復與天合故祭祀一過豐飛雉隨即應之其過于厚亦過也于此見天之警君無私亦見天之愛君甚篤

天既孚命正厥德

黃震曰天既信其賞罰之命以正民之德而民猶以爲無如我何此民之愚也王之事天正此而已豐祀何益此肜日一篇大旨古注爲是蔡氏謂孚命者天以妖孽

譴告之言民者不敢斥言高宗恐求之過

典祀無豐于昵

黄度曰傳說曰黷祖巳曰昵二也秦漢以來人主不求神仙即與秘祀大抵畏死耳觀祖巳非天夭民一語高宗昵祀疑爲祈年秦漢寶雞神光皆是此等然則雊雉不足怪也高宗固能知鬼神之情狀者而未免以殀壽二其心則害道此祖巳所以爲作訓也

西伯戡黎

金履祥曰商自祖乙以來復都河北在今衞州之朝歌而黎今潞州之黎城自潞至衞計三百餘里耳則

黎者商畿內諸侯之國也西伯戡黎蓋武王也自史遷以文王伐耆爲戡黎于是傳注皆以爲文王失之矣孔子稱三分天下有其二以服事殷爲至德而傳稱文王率殷之畔國以事紂則戡黎之役文王豈遽然稱兵天子之畿內乎然則文王固嘗伐邘伐崇伐密須矣而何獨難于戡黎蓋諸侯賜弓矢然後征賜斧鉞然後殺文王獻洛西之地紂賜弓矢斧鉞得專征伐則西諸侯之失道者文王得專討之若崇若密須率西諸侯也自關河以東諸侯非文王之所得討况畿內諸侯乎三分天下有其二特江漢以南風化

所感皆歸之耳文王固未嘗稱兵向國也而豈有畿內之師乎紂殺九侯醢鄂侯文王聞之竊歎遂執而囚之何況兵加畿內祖伊之告如是其急也以紂之悍而于此反遲遲十有餘年恬不知忌乎故胡五峯呂成公陳少南薛季龍諸儒皆以爲武王其說是也

昔者紂嘗爲黎之蒐則黎者黨紂濟惡之國也武王觀政于商則戡黎之役或者所以警紂耳而終莫之悛所以有孟津之師與觀祖伊之言曰天旣訖我殷命殷之卽喪則是時殷已阽危亡無日矣故胡氏遂以爲戡黎之師在伐紂之時其非文王也亦明矣然

則文王西伯也。武王而謂之西伯何也。戡黎列于商書。以商視周。蓋西伯耳。殷之制分天下以爲左右。曰二伯。子夏謂殷王帝乙時。王季已命爲伯。受圭瓚秬鬯之賜。見孔叢子 則周之爲西伯舊矣。非始自文王。文王因之受專征之命爾。武王未伐商。襲爵猶故。故傳記武王伐紂之事曰。西伯軍至洧水。紂使膠鬲候周師而問曰。西伯曷來。然則武王之嘗爲西伯。復何疑哉。

史書佔僤曰 考汲冢竹書。帝辛四十一年。西伯昌薨。四十二年。西伯發受丹書于呂望。四十四年。西伯發伐黎。自武王之立。以至克殷。始終西伯之外。無他稱焉。始信戡黎之舉。灼然出于武王也。

愚按 祖伊所告情詞危迫。其爲武王甚明。但胡五峯吳才老吳幼清皆以戡黎爲伐紂渡河時事則不然黎在河北武王會師孟津方渡河其月日皆可考渡河之後直抵紂都不應復分兵畿内爲戡黎之役金氏説得之

西伯旣戡黎祖伊恐

王應麟曰商都朝歌黎在上黨壺關乃河朔險要之地朝歌之西境密邇王畿黎亡則商震矣故武王渡孟津莫之或禦周以殷墟封衛狄人迫逐黎侯衛爲方伯連率不能救而式微旄丘之詩作脣亡齒寒衛終爲狄所滅衛之亡猶商之亡也秦拔上黨而韓趙危唐平澤潞

而三鎮服形勢其可忽哉

指乃功

王十朋曰指乃功與惟府辜功之功同辜功猶言罪狀

微子

孔傳微圻内國名鄒季友曰微國名在東郡聊城今博州聊城縣有微子故城　孔疏微子名啓避景帝諱作開啓與其弟仲衍皆是紂之同母庶兄愚按呂氏春秋云紂之母生微子啓與仲衍其時猶爲妾改而爲妻後生紂此所謂同母庶兄也史本紀云啓母賤不得嗣少子辛辛母正后立爲嗣帝紂也蔡傳微子

紂庶兄蓋用史記說呂氏之說難通前人已辨之

父師少師

[孔疏]書傳不見箕子之名惟司馬彪注莊子云箕子名胥餘不知出何書也宋世家云箕子者紂親戚不知爲父爲兄鄭玄王肅皆以箕子爲紂之諸父服虔杜預皆以爲紂之庶兄既無正文各以意言之耳據經云父師鄭王說是比干不言封爵未詳家語云比干是紂之親知是諸父

我用沈酗于酒

[孔疏]人以酒亂若沈于水故曰沈酗說文酗醟音求也謂飲酒醉而發怒沈酗紂自爲微子歸之我者蓋以君爲

體視同已過如五子之歌曰萬姓仇予

乃罔恒獲

陳師凱曰有罪罔恒獲紂爲逋逃主如楚無宇之闢逃入王宮執法者不能得之也

我其發出狂我家耄遜于荒　若之何其

孔傳我念殷亡發疾生狂在家耄亂欲遯出荒野陳啓源曰蔡解雖可通古注爲當蓋上言紂亂已詳此問自處所宜故爲更端之辭不得更說紂也遜荒乃自指已顯去之之意故箕子以王子出廸答之　鄭伯熊曰其語助辭齊魯之間聲讀如姬禮記何其義與此同

犧牷牲用

鄒季友曰孔傳以用字屬上句云器實曰用疏云犧牲爲俎之實黍稷爲簠簋之實蓋與泰誓犧牲粢盛旣于凶盜同意蔡傳以用字屬下句則語殊不安不如孔傳爲優也

金履祥曰讀西伯戡黎微子之書而知商之所以亡周之所以興也夫祖伊之辭在于儆紂而初不及于咎周微子箕子祖伊在于歎紂之必亡而未嘗忌周之必興蓋微箕諸公與武王周公皆大聖賢其于紂之必亡商之不可不伐知之甚審諸人豈舍理而論事哉然觀微

子之所自處與箕子所以處微子者不過行遯而已孔氏遂有知紂必亡而奔周之說何微子之叛棄君親而求爲後之速也此必不然也左傳又有武王克商微子面縛銜璧衰絰輿櫬之說尤傳之訛也武王伐紂非討微子也使微子而未遯則面縛銜璧衰絰輿櫬亦非其事也且如孔氏之說則微子久已奔周矣如左氏之說則微子面縛請降矣武王豈不聞微子之賢賓王家備三恪何不即以處微子而顧首以處武庚乎吾謂面縛銜璧必武庚也謂微子者後世失其傳也武王爲生民請命使生得紂放廢之而已必不加刃其頸也旣而入

商則紂已自焚矣武庚爲紂嫡冢子死子代則面縛銜璧衰經輿櫬造軍門以聽罪焉武王悼紂之自焚憐武庚之自罪是以釋其縛焚其櫬使奉有殷之祀示不絕紂也若微子則遯于荒野是時武王釋箕子之囚封比干之墓恩禮舉行殆遍獨未及微子以微子遯野未之獲也迨武庚再畔卒于就戮始求微子以代殷後微子于此義始不可辭耳奔周之說毋乃躁謬矣乎至于比干箕子俱以死諫比干逢紂怒而殺之箕子偶不見殺囚之爲奴爲奴如漢法髡鉗爲城旦舂論爲鬼薪是也而說者謂箕子之不死以道未及傳也夫道在可死而

曰吾將生以傳道，則異日之揚雄美新擬易，可以自負于箕子之列矣。且箕子豈知他日之必訪也，而顧不死以待之哉。鄒季友曰：按論語言微子去之，是不仕于王朝而遯去耳，初不言其歸周也。左傳言銜璧輿櫬，史記言牽羊把茅，皆必無是事。以商王同父之兄而自歸于武王，是忘君辱身，而先亡其宗國矣，微子必不爲也。武王以箕子歸，封之朝鮮，若微子歸周，武王必封之，豈待成王。蔡氏當闕左傳史記之妄，不必辨其歸周于克殷之後也。困學紀聞：宋世家，武王克殷，微子肉袒面縛，左牽羊，右把茅。按面縛者，縛手于後，故口銜其璧，又安得左牽羊，右把茅也。丹鉛錄：肉袒面縛，出于左氏，乃楚人以誑莊王，受鄭伯之降，借名武王而誑微子也。

史云微子抱祭器入周旣入周矣又豈待周師至而後面縛乎究之抱器入周必無是事論語所謂去之去紂都也劉敞曰古者同姓雖危不去國微子紂庶兄也何入周之有［史記考異］周本紀云紂殺王子比干囚箕子太師疵少師彊抱其樂器而奔周微子世家云武王克殷微子乃持其祭器造于軍門殷本紀云微子數諫不聽乃與太師少師謀遂去又云殺比干觀其心又囚箕子殷之太師少師乃持其祭樂器奔周就殷紀論之與太師少師謀者引尚書之文指比干箕子也微子去比干死箕子囚所謂太師少師持祭樂器奔周者乃指樂師周紀所謂太師疵少師彊奔周者樂師名也因太師少師之號相同記事者遂有此誤［王樵曰原

微子出迪之意罔爲臣僕與箕子同心終武王之世微子無爵蓋武王亦成其志而不輕屈之也樂記云武王下車投殷之後于宋殷後武庚也曰于宋者誤也因此知箕子亦無封于朝鮮之事箕子已言罔爲臣僕受封

朝鮮卽臣矣觀洪範稱訪中間曰汝曰乃皆尊以師禮爲不臣之明驗箕子既不屈武王亦成其高蹈或常居于朝鮮而非受封也朝鮮越海在荒服之外恐非周之疆土箕子居之東夷化之惟以爲受封則不可朝鮮既非周土箕子又不可臣武王何取虛名而封之哉封之亦不受也愚按史記武王克紂封箕子于朝鮮史遷多謬不足信漢書地理志云殷道衰箕子去之朝鮮不言封國近之然箕子適朝鮮必在武王克殷之後如泰伯之逃荊蠻朝鮮之民奉之以爲君耳謂殷衰去朝鮮亦不然也書大傳云武王勝殷繼公子祿父釋箕子囚箕子不忍周之釋遂走朝鮮武王因而封之又云

微子朝周，過殷故墟，乃爲麥秀之歌曰：麥秀漸漸兮，禾黍油油，彼狡童兮，不我好仇。史記世家作箕子朝周，過殷墟，感宮室之壞，作麥秀之歌，歌同，只末句小異。愚謂箕子居朝鮮，未必自海外來朝，作微子得之。

尚書埤傳卷之八

尚書埤傳　卷之八　堂

尚書埤傳　卷之八

壹

尚書埤傳卷之九

吳江　朱鶴齡長孺　輯

崑山　徐元文公肅

吳縣　繆　彤歌起　訂

周書

泰誓

林之奇曰孟子引泰誓與康誥其字句多不同蓋康誥伏生所傳泰誓孔壁續出孔氏爲隸古定其間有不能曉必以意爲增損　王應麟曰周本紀武王上祭于畢馬融云畢文王墓地名索隱以爲畢星非也觀兵孟津伯夷傳又

云父死不葬爰及干戈伊川曰史記所載伯夷諫辭皆非也武王伐紂即位已十一年矣依書序安得有父死不葬之語伯夷傳事王直詳辨其非實胡氏筆叢云莊周稱夷齊見武王伐殷曰天下亂周德衰不若避之北至首陽山遂餓而死此太史之說所從出愚按左傳臧僖伯曰武王克商遷九鼎于洛邑義士猶或非之義士非伯夷而誰特父死不葬必無是事耳呂祖謙曰天下不可一日無君也一日無君者固武王之憂亦伯夷之憂也武王憂今日之無君伯夷憂後世之無君憂不同而君一也吾讀泰誓之書未嘗不悲武王有無君之心然武王之無君天下之有君也武王嘗無君之非而天下獲有君之幸今觀其言曰天視自我民

視天聽自我民聽，百姓有過，在予一人。夫天下何于武王，而武王爲之若是力也。誠不忍坐視天下之病，而自居其身以無過也。是以放牛歸馬，爲天下也。散財發粟，爲天下也。武王何有焉？蓋至是而後見武王之心。

惟十有三年春

十三年，書序作十一年，史本紀亦稱十一年伐紂。書傳云文王受命九年卒，武王三年服畢，觀兵孟津。通文王九年爲十一年。十三年正月二十八日，更與諸侯期伐紂。歐陽公泰誓論定爲卽位之十一年。蓋謂又二年方訪箕子也。

愚按泰誓洪範經文皆稱十三而武成釋箕子囚正伐紂時事訪道卽在其年朱子云洪範稱惟十有三祀必當年初克商便釋箕子囚而問之若十一年釋箕子十三年方問不應如此遲遲書序一字定誤也蔡傳解春爲建寅之月又力辨商周時月俱不改愚考春秋經傳之文凡十餘條語多不錄而知其說非也蔡氏謂冬不可爲春十一月不可爲正月夫黃鐘初九律之首陽之變也林鐘初六呂之首陰之變也子者一陽之生于卦爲復至午而陽極焉午者一陰之生于卦爲姤至子而陰極焉子爲星紀之次建曆起其初日月起其中律曆皆以子

爲首則何不可以首月令乎三正迭建時無失次夏正用木之著者也殷周二正用木之微者也皆陽位也特孟陬之月尤切民事故夫子曰行夏之時而豈謂子丑必不可爲正哉秦人改建亥月蓋自以水德代周且五行木生于亥故用之雖事不師古然時與月必循三代之舊本紀元年冬十月顔師古謂是太初正曆以後史臣追書蔡氏顧引之以爲不改時月之證其亦疎矣

唐順之曰考秦改正朔在始皇二十六年庚辰周之亡巳三十六年矣周在時正朔巳不行于天下況既亡乎秦紀所云冬十月恐是周亡之後因民間私稱夏正而書之此于周改月之說自不相礙不足以爲據也

蔡氏又據伊訓惟元祀十有二月乙丑與秦誓惟十有三

年春以爲皆不改時月而駁漢孔氏之非愚謂據此二端則時月之改尤章章也夫商人建丑十有二月夏正之十一月也下云伊尹祠于先王奉嗣王祗見厥祖先王自契玄冥以下厥祖湯也商人宗廟之禮不可詳考祭法云殷人禘嚳而郊冥祖契而宗湯安知不以其月至日伊尹攝行郊祀配天之禮因而陳訓太甲乎班固以三統曆推之湯伐桀之歲在大火房五度故左傳曰大火閼伯之墟實配商人後十三年十二月乙丑朔旦冬至（伊訓不言朔則乙丑非朔日也此恐誤）其日伊尹祀先王于方明（方明見儀禮）以配上帝此其證也十有三年之春即春秋春王

正月之春謂十一月也何以明之武成惟一月壬辰旁
死魄越翼日癸巳王朝步自周于征伐商戊午師渡孟
津癸亥陳于商郊牧野一月二孔氏以爲周正建子之
月是也師渡孟津卽大會于孟津也癸巳至戊午凡二
十六日皆在十一月癸亥則十二月之四日也國語引
伶州鳩言武王克商歲在鶉火（周語注歲歲星也鶉火次名周分野）日在
析木月在天駟辰在斗柄星在天黿班固以三統曆推
之師方發爲殷十一月戊子日日在析木箕七度其夕
月在房五度房天駟也後三日得正月辛卯朔合辰在
斗前一度斗柄也明日壬辰晨星始見戊午渡孟津明

日巳未冬至晨星與婺女伏歷建星牽牛至于婺女天黿之首至庚申二月朔日也癸亥陳牧野甲子合戰與書傳無一不符者此又其證也蔡氏又引臣工詩莫春來甦語以爲夏月未嘗改則愚于此有說矣古者天子受命凡改元頒曆朝覲會同諸大政皆以正朔行之至于分至啓閉民事早晚所關者未嘗不遵夏小正之書東萊吕氏所云三正通于民俗周人兼而用之是也葢史書記時事則從周正月令紀歲功則從夏正從周正者多出于朝廷政令之施設從夏正者多出于民間士女之話言詩書三禮所舉夏正難更僕數安得援之爲

不改時月之證乎信如蔡說則商周正朔名改實不改夫子何必云行夏之時乎　趙汸曰春秋所書皆從國史月爲周月則時亦周時孔氏謂月改則春移是也左傳僖五年春記正月辛亥朔日南至昭十七年夏六月記太史曰此月日過分而未至當夏四月是爲孟夏又記梓愼曰火出于夏爲三月于商爲四月于周爲五月又經書冬十月雨雪春正月無冰二月無冰冬十月隕霜殺草之類皆爲記災時月俱改斷可識矣太史公記三代革命于殷曰改正朔于周曰制正朔于秦曰改年始蓋正謂正月朔謂朔日殷周卽所改之月爲歲首故

曰改正朔曰制正朔秦即十月爲歲首而別用夏時數月故曰改年始漢太初曆立冬小雪則曰于夏爲十月商爲十一月周爲十二月唐大衍曆追算春秋冬至亦皆在正月孰謂殷周不改月乎黄澤曰春秋三傳及三家注于周月別無異同惟胡文定以夏時冠周月蔡仲默云商周時月俱不改今據周禮有正月有正歲則周實改時改月建子之正以之布政讀法夏正夏時謂之正歲以施之民事初不相妨如孟子七八月之間旱十一月徒杠十二月輿梁趙岐釋以周正晦菴亦從之此不易之說王樵曰子月爲一歲之始猶子時爲一日之

始。安在子之不可以爲春乎。夫正朔在十二月之首。史官紀年之所始也。正月者十二月之首。曆官紀年之所始也。正朔有改。三代迭建三正。以新民之視聽。月朔有改有不改。有改于上。不改于下。從民間之便。如周七八月爲夏五六月。孟子之言。與周制合。而金縢云秋大熟未穫。則又仍爲今時之秋。葢非酉戌之月。未有以見歲之大熟而未穫也。詩中四月維夏。六月徂暑。與論語莫春者春服既成。皆此類也。乃若春秋。則史官之書。必用時王正朔。而曆法要爲不可亂。時必與月合。時月必與所書之事合。或者乃必欲旁引曲證。以爲周不改時與月其亦疎且固矣。以上三家，皆從蔡傳之失。與余說相證明，故備錄之。

王曰

蔡傳　王曰者，史臣追稱。程伯圭曰　湯武革命，應天順人，苟不稱王建號，則是以臣犯君，名不正，言不順矣。王制曰：天子將出，類于上帝，宜于社，造乎禰；諸侯將出，宜乎社，造乎禰。湯誥曰：敢昭告于上天神后。泰誓曰：類于上帝。是用天子之禮也。周禮曰：王過大山川，則用事焉。武成曰：告于皇天后土，所過名山大川。是用天子之禮也。周禮曰：王六軍。泰誓大巡六師，是備天子之六軍也。史臣書王曰，猶可謂追稱，如有道曾孫周王及昭我周王。

乃記當時之語豈史臣追書哉

人爲萬物之靈

孔疏禮運云人者天地之心五行之端也食味別聲被色而生者也言人能兼此氣性餘物則不能然故孝經云天地之性人爲貴

商王受

鄒季友曰孔傳云受紂也音相亂馬氏曰受讀曰紂鄭氏云紂帝乙之子帝乙愛而欲立之號曰受德時人轉稱爲紂陸氏遂以立政篇受德爲紂之字此却非立政自以桀德與紂德相稱耳愚按呂氏春秋云紂同母三人長曰微子啓次曰中衍次

日受德以受德爲紂號蓋本于此然呂氏之言多不可信

沈湎冒色　罪人以族　侈服

孔疏詩云天不湎爾以酒湎謂酒變面色湎然齊同無復平時之容也冒色詳史記

孔傳一人有罪刑及父母兄弟妻子疏云秦政酷虐有三族之刑謂非止犯者之身乃更上及其父下及其子父母前世兄弟及妻當世也子孫後世也王樵曰考之史秦文公二十年法初有三族罪張晏曰父母兄弟妻子如淳曰父族母族妻族也如如淳之説父母兄弟妻子之外又有旁及者秦法爲又酷于紂矣實不然也刑

法志曰漢除秦苛法兆民大悅然大辟尚有三族之誅文帝詔除收孥相坐律曰犯法者已論而使無罪之父母妻子同產坐之及收朕甚勿取景帝誅晁錯父母妻子同產無少長皆棄市據父母妻子同產之文則三族止如張晏之說耳如淳說非也

孔疏侈謂服飾過制匱民財力爲奢侈

觀政于商　夷居

孔傳謂十一年自孟津還時陳第曰孔傳十一年觀兵十三年伐紂合書序與經文言之也今曰觀政于商曰罔有悛心曰罔懲其侮則觀兵之事當時誠有之矣蔡

氏本程子說謂觀兵則脅君脅君不臣也惟應一舉滅之一日命未絶則爲君臣一日命絶則爲獨夫是以伐紂爲可而脅紂爲不可也然十三年起兵之初紂之命尚未絶也其誓師之言曰獨夫受何也且脅君孰與伐君可伐于二年之後不可脅于二年之前豈通論哉儒者謂湯之數桀也恭武之數紂也傲湯猶有慚德之言武絶無口實之慮此皆時勢使然不可疑泰誓之非眞也或問觀兵于商欲紂之悛改耳使其悛也武王當復北面事之乎蘇子瞻曰文武之受命也久矣紂若改過不過存其社稷宗廟而封諸商使爲二王後也以爲武

王退而示弱固陋而曰復北面而事之亦過也吁子瞻之言信矣愚按周本紀云武王即位九年上祭于畢東觀兵至于孟津魯世家云武王九年專伐至孟津周公輔行所謂觀兵孟津者即戡黎之役耳葢黎在河北伐黎必渡孟津伐紂又渡孟津也但史記觀兵在九年而孔傳云十一年未知孰是

袁黃曰孔傳平居無故廢天地百神之祀蔡傳解夷作蹲踞恐非

作之君作之師

三代以前之君皆以身教天下所謂作之師也後世君

道尚存一二而師道廢矣。

億萬　有臣三千

鄒季友曰蔡傳百萬曰億按風俗通十萬曰億毛詩鄭箋十萬曰億孔疏云方百里爲田九十億畝是億爲十萬也國語韋昭注云十萬曰億古數也秦時改制始以萬萬曰億今解尚書合用古數百萬曰億未見所本然洛誥傳又言十萬曰億則于此不應異釋也豈傳寫之誤耶。

按兵法戎車一乘甲士三人步卒七十二人千乘之車合用甲士三千人故曰有臣三千也孟子亦曰虎賁三

千人。

貫盈

袁黃曰正義云，紂之爲惡，如物在繩索之貫，其惡貫已

滿。蔡注貫訓通，欠明。

次于河朔

按武成，武王以十一月三日癸，鎬京至戊午渡河，爲二

十八日。孟津去周九百里，司馬法，師行日三十里，故以

二十八日渡河也。

朕夢協朕卜

王應麟曰史本紀武王伐紂，卜龜兆，不吉，羣臣皆懼，惟

太公強之書正義引太公六韜云卜戰龜兆焦筮又不吉太公曰枯骨朽蓍不踰人矣武王已明言朕夢協朕卜彼言不吉六韜之書後人所記史記采用之非實事也愚按太史公未見古文泰誓故史記有此誤

予有亂臣十人

亂臣十人論語言有婦人焉馬融以爲文母愚按文王爲西伯九年而崩壽九十七武王即位十三年伐商又六年而崩壽九十三當克商時武王年已八十七文母不應尚在雖微劉侍讀子無臣母之說亦可知婦人之非文母矣劉侍讀以邑姜當之舊說邑姜爲太公望女

亦恐未然。古者諸侯不再娶。太公歸周。在文王爲西伯之後。武王壽幾七十矣。安得于是時。更納公女爲元妃哉。或曰。論語婦人。或殷字之訛。膠鬲殷人也。文王舉之于魚鹽之中。國語殷辛伐有蘇。有蘇以妲己女焉。妲己有寵。于是與膠鬲比而亡殷。又呂氏春秋帝王世紀。皆云紂使膠鬲候周師。王使以甲子日報紂。此足證膠鬲適周。嘗佐武王。伐紂之時。鬲正在行間。以其本非周才。故曰九人而已。不然。婦人不與外政。况當㢡旄仗鉞之日。而乃盛稱宫壼之得人。以告其衆哉。殷轉爲婦。疑古文蝌蚪書。偏旁有微近者。而漢儒未之察耳。此說吾不

敢從姑筆之存疑

西土君子

林之奇曰君子統上下而言勾踐伐吳以其私卒君子六千人爲中軍則士卒亦可言君子也

斮朝涉之脛　祝降時喪

孔傳紂見冬月涉水者謂其脛耐寒斫而視之李石續博物志云老人晨渡朝歌水而怯紂曰老者髓不實故晨寒因斮脛以視髓此說與孔小異

鄒季友曰孔傳祝斷也天惡紂逆道斷絕其命陸氏音釋丁管反祝之訓斷乃斷絕之斷音與短同非斷決之

斷音與椵同也蔡傳既從孔云祝斷也又云斷然降是喪亡是讀斷決之斷爲短音矣宜定從一

牧誓

孔傳 牧在朝歌南三十里

王左杖黃鉞

馬縞中華古今注 金斧黃鉞也鐵斧玄鉞也三代通用之斬斷今以黃鉞爲乘輿之飾玄鉞諸公得建之武王以黃鉞斬紂故王者以爲戒太公以玄鉞斬妲巳故婦人以爲戒

司徒司馬司空

蔡傳武王尚爲諸侯未備六卿程伯圭曰前篇言大巡六師是巳備天子之六卿此舉三卿乃舉友邦治事之臣且不遺其卑賤而悉告之也首言西土之人指周之臣民次言友邦之君及其治事大小之臣又次言遠方小國其序當然也

庸蜀羌髳微盧彭濮

按左傳楚飢庸與百濮伐之庸今上庸縣濮卽百濮又楚伐羅羅與盧戎兩軍之蓋南蠻之屬楚者蜀地甚廣疏引大劉云蜀郡今成都也括地志岷洮等州以西爲古羌國以南爲古髳國詩如蠻如髳是也彭蘇氏云屬

武陽今彭縣也微國未詳孔傳云髳微在巴蜀蓋微近髳也八國皆西南夷王柏曰牧野一役諸侯之師皆期而來會惟蜀庸羌髳微盧彭濮則不期而來會者也彼八國皆小國且遠夷也不責其會者周家之仁聞風自來者八國之義後世遂謂孟津之師不期而會者八百國殆因此侈言之與

王父母弟

孔傳王父祖之昆弟母弟同母弟疏云釋親云父之考爲王父棄其祖之昆弟則父之昆弟可知矣春秋之例母弟稱弟同母尚棄則別生者可知矣陳師凱曰厥遺

王父母弟如左傳所謂先君之遺姑姊妹

六步七步四伐五伐六伐七伐

呂祖謙曰司馬法伍兩卒旅各有其長乃止齊焉使其部伍之長各自止其止各自齊其齊故當戰時井然有序不失紀律三軍如一人王樵曰六步七步不知此車法耶步法耶蓋古者步卒夾車而行動止相爲用車不妄馳步不妄動步法卽車法也至春秋時古法已亂如所謂輿曳柴而馳與視其轍亂望其旗靡之類則古法之亂不在毁車崇卒之後矣古之節制能爲不敗之師則豈有大敗之戰至七國時史家每書其戰斬首幾萬

則又春秋所無也。

武成

孔疏：張霸僞書有武成篇，劉歆誤以爲古文，鄭玄云武成逸書，建武之際亡，謂霸書也。此篇敘事多，王言少，辭又首尾不結，體裁異于餘篇。章如愚曰：武成多記當時之事，與堯典、舜典、顧命體制略同。　此篇多錯簡，幸日之甲乙可考，用附我大邑周之下，當有闕文則不可知矣。　方孝孺曰：牧野之兵，非武王之志也，聖人之不幸也。武成記其時事，但曰一戎衣而天下大定，不及紂之死者，爲武王諱，故不忍書也。史謂紂登鹿臺之上衣其寶玉自燔于火而死意爲近之吾意武王見紂之死不踊而哭則命商之羣臣以禮葬之豈有餘怒及其旣死之身躬斬其首縣之太白之旗者哉此戰國薄夫之妄言史遷取而筆之謬也

按賈子曰紂死棄玉門之外觀者進而蹴之武王使人帷而守之其無斬紂之事可知

惟一月壬辰旁死魄

孔傳一月周之正月史記年表春正月或書一月或書端月旁近也月二日死魄疏云此月辛卯朔朔是死魄故月二日近死魄魄者月輪郭無光處也朔後明生而魄死望後明死而魄生

予小子既獲仁人

孔傳仁人太公周召音邵之徒**愚按**詩維師尚父時維鷹揚尊之曰尚父蓋武王伐紂時太公年已耄矣宋王九辨曰太公九十乃顯榮說苑曰太公年七十而相周九十而封齊淮南子曰呂望年七十始學兵九十佐武王伐紂皆可證也其遇文王之歲經典無明文荀子文王舉太公于州人行年七十有二周書雒師謀注云文王既誅崇侯得呂望于磻溪之厓是在伐崇之年書大傳云散宜生南宮括閎夭學于太公望望曰西伯賢君也四人遂見西伯于羑里陶潛聖賢羣輔錄同齊世家以散宜生閎夭招呂尚同求美女

奇物獻之紂以贖西伯與此小異是在被囚之年齊世家云西伯斷虞芮之訟伐崇大作豐邑天下三分歸二太公之謀居多則太公歸周又在斷虞芮之前也

陳于商郊俟天休命　血流漂杵　式商容盧　鹿臺

孔傳自河至朝歌出四百里五日而至赴敵宜速待天休命謂夜雨止畢陳疏云周語王以二月癸亥夜陳未畢而雨是雨止畢陳也待天休命雨是天之美命韋昭云雨者天地人和同之應也蔡元度曰詩云肆伐大商會朝清明蓋謂雨止清明也

蔡清曰朱子孟注杵舂杵也兵間安得有舂杵曰此正

兵間所宜用也凡古人行兵人各攜畚鍤版杵之屬爲營壍備又有羅鍋之類行以爲羅爨以爲鍋

【孔疏】帝王世紀云商容及殷民觀周師之入見畢公至殷民曰是吾新君也容曰非也觀其爲人虎踞而鷹趾當敵將衆威怒自倍見利即前不顧其後見周公至民曰是吾新君也容曰非也視其爲人忻忻休休志在除賊是非天子則周之相國見武王至民曰是吾新君也容曰然聖人爲海內討惡見惡不怒見善不喜顏色相副是以知之是商容之事也【按】周本紀云命召公釋箕子之囚命閎夭封比干之墓命畢公表商容之廬然

則武王親式其閭，又表之也。又按蔡傳引帝王世紀云，亡者猶表其閭，況存者乎。商容不應言亡，孔疏謂紂所貶退處于私室。

新序鹿臺其大三里，其高千尺。周本紀命南宮括散鹿臺之錢。帝王世紀王命歸施鹿臺之珠玉及傾宮之女于諸侯，殷民咸喜。括地志，鹿臺在衛縣西南二十二里。

歸馬放牛

武王歸馬放牛，與秦政之銷兵、晉武之罷州郡兵何異。曰非然也。古者軍伍藏于井甸，戰陳講于蒐獮，威略寓于巡守會同。無人非兵，無地非兵也。雖銷車甲，櫜干戈，與後世之銷兵兆亂者不同也。然則孟子所云，飛廉五十國，不尚煩師武歟。曰：其時所有事者東方一隅耳。戎車三百，虎賁三千，固無俟于再舉也。東坡乃以放馬歸牛爲釋天下之疑懼，亦淺之乎窺聖人矣。或又以爲武王偃武太早，故致武庚之畔，尤不然矣。

大告武成

【孔疏】其年閏二月庚寅朔，三月庚申朔，四月乙丑朔，厥四月哉生明，王來自商，至于豐，是四月三日也。丁未，四月十九日，庚戌，二十二日也。正月始往伐，四月告成功，史序其事，見成功之次。

先王建邦啓土　公劉克篤前烈　王季其勤王家　惟

九年

后稷始封于邰杜預曰始平武功縣所治斄音邰城是古邰國詩疏世本云有邰氏女曰姜嫄知邰是后稷母家其國當自有君所以得封稷者或時君絕滅或遷之他所也

周本紀后稷生不窋不窋生鞠鞠生公劉是公劉爲后稷之曾孫也詩疏按鄭譜以公劉當太康之時韋昭注國語以不窋當太康之時太康禹之孫公劉不窋之孫計不窋宜當太康公劉應在其後不窋以太康時失稷

官至公劉而竄豳其遷豳時不必當太康也又外傳稱
后稷十五世而興周本紀因以稷至文王爲十五世計
虞及夏殷周幾千二百歲每世在位皆八十許年子必
將老始生以理推之實難據信太康之世比至少康之
立幾將百年蓋太康始衰之時不窋失官少康未立之
前公劉見逐也楊愼曰稷與契同封契至成湯四百二
十餘年殷本紀凡十四世國語玄王勤商十四世而興稷至文王年
倍而世半之何稷之子孫皆長年而契之子孫皆短世
乎無是理也路史曰夏書紀帝世系云帝叜生稷稷生台璽台璽生叔均叔均爲田祖叜帝嚳之
名也稷後既有台璽叔均則不窋不得爲稷子矣特世次久遠不能盡見世本史記所據也卽稽世本不窋至

季歷已十有七世矣何得謂十五王哉

王應麟曰周紀古公有長子曰太伯次曰虞仲太姜生季歷左傳正義曰如史記之文似王季別母遷言疎謬太伯虞仲避季歷適荆蠻若有適庶不須相避知其皆同母也孔叢子子思曰殷王帝乙之時王季以九命作伯于西受圭瓚秬鬯之賜竹書紀年文丁十一年周公季歷伐翳徒之戎獲其三大夫王賜之圭瓚秬鬯爲侯伯

孔疏文王斷虞芮之訟諸侯歸之改稱元年本尚書大傳至九年而卒故云大業未就也文王既未稱王而得輒改

元者諸侯自于其國各稱元年是已之所稱容或中年得改矣汲冢竹書魏惠王有後元年漢初文帝二元景帝三元此必有因于古也伏生司馬遷韓嬰之徒不見此書以爲文王受命七年而崩故鄭玄等皆依用之愚按史記以虞芮質成爲文王受命稱王之始此葢惑于漢儒讖緯之說其誣甚矣歐陽永叔蘇子由已辨正之然文王雖無稱王事而受命改元則不可謂妄周書逸書云文王受命九年時維莫春在鎬召太子發竹書紀年云殷紂三十三年王錫命西伯得專征伐沈約注文王受命九年大統未集葢得專征伐受命自此年始也帝

王世紀云文王即位四十二年歲在鶉火更爲受命之元年其說皆不誣也永叔斥西伯受命之年爲元年亦屬妄說然則文王享國五十年而此云惟九年大統未集當作何解乎【王十朋曰】文王非受命于天受命于商也以紂之猜忌而得脫羑里之囚紂以弓矢斧鉞賜之得專征伐于是有遏密伐崇戡黎之事此文王受命之實也漢孔氏云所征無敵謂之受天命此誕膺天命之說也【鄒季友曰】按經世書紀年云文王以己巳歲崩追數九年則辛酉歲也而紀年云辛酉歲紂囚文王癸亥歲始釋之命爲西伯則至己巳歲纔七年耳當是

辛酉歲即釋爲西伯至崩時九年也然左傳又云羑里之囚七年亦與經世書不合

篚厥玄黃

鄒季友曰蔡傳筐篚盛玄黃或據說文筐飯器筥屬篚似篋引書實玄黃于篚二字兼用爲失按鹿鳴詩云承筐是將則筐篚不妨兼用

分土惟三　五教

蘇傳公侯百里伯七十里子男五十里孟子王制皆云然此周制也左傳子產言列國一同今大國數圻若無侵小何以至焉而周禮乃曰公之地五百里侯四百里

伯三百里子二百里男百里凡五等明堂位封周公于曲阜地方七百里皆妄也先儒謂周衰諸侯相幷自以國過大違禮乃除滅舊文而爲此說獨鄭玄之徒謂周初因商三等其後周公攘戎狄斥廣中國大封諸侯夫攘戎斥地能拓邊耳荒服以內諸侯固自如也周公得地于邊而增封于內非動移諸侯遷其城郭廟社安能增封乎知玄之妄也而近來學者必欲實周禮之言則爲之說曰公之地百里而已五百里者幷附庸言之夫以五百里之地公居其一附庸居其四豈有此理哉予專以尚書孟子王制及子產之言考之周禮非聖人之

全書明矣。此論似爲王荆公發。然周禮實不可信。

鄒季友曰按舜典五典五品臯陶謨周官君牙五典蔡氏所釋並同而此五教之目有兄弟而闕朋友言兄弟則可該長幼矣。

歸氏考定武成

惟一月壬辰旁死魄越翼日癸巳王朝步自周于征伐商王若曰嗚呼羣后惟先王建邦啓土公劉克篤前烈至于太王肇基王迹王季其勤王家我文考文王克承厥勳誕膺天命以撫方夏大邦畏其力小邦懷其德惟九年大統未集予小子其承厥志。以上告羣后底商之罪，告于皇天后土，所過名山大川，曰：惟有道曾孫周王發，將有大正于商。今商王受無道，暴殄天物，害虐烝民，爲天下逋逃主，萃淵藪。予小子既獲仁人，敢祗承上帝，以遏亂略。華夏蠻貊，罔不率俾，恭承天命，肆予東征，綏厥士女。惟其士女，篚厥玄黃，昭我周王。天休震動，用附我大邑周。惟爾有神，尚克相予以濟兆民，無作神羞。以上告羣神○自王若曰嗚呼至無作神羞，古本相連如此。

既戊午，師逾孟津。癸亥，陳于商郊，俟天休命。甲子昧爽，受率其旅若林，會于牧野。罔有敵于我師，前徒倒戈，攻于後以北，血流漂杵。一戎衣，天下大定。乃反商政政由舊釋箕子囚封比干墓式商容閭散鹿臺之財發鉅橋之粟大賚于四海而萬姓悅服厥四月哉生明王來自商至于豐乃偃武修文歸馬于華山之陽放牛于桃林之野示天下弗服丁未祀于周廟邦甸侯衞駿奔走執豆籩越三日庚戌柴望大告武成既生魄庶邦冢君暨百工受命于周列爵惟五分土惟三建官惟賢位事惟能重民五教惟食喪祭惇信明義崇德報功垂拱而天下治

歸有光曰予所考定如此只移厥四月哉生明至受命于周一段文勢既順亦無闕文矣汪玉卿嘗疑甲

子失序。蓋先儒以漢志推此年置閏在三月。故四月有丁未庚戌。本無可疑也。

尚書埤傳卷之九　終

《蘇州全書》編纂出版委員會 編

·尚書埤傳

蘇州全書

甲編

蘇州大學出版社
古吳軒出版社

尚書埤傳卷之十

吴江　朱鶴齡長孺　輯
吴縣　王復陽禹慶
休寧　汪　森晉賢　訂

洪範

按左傳引洪範無偏無黨王道蕩蕩及沈潛剛克高明柔克皆作商書葢以箕子不忘殷也箕子之衍疇與文王之彖易皆在殷之末造葢皆得于憂患之餘使不遇武王則禹疇遂爲絶學矣故曰箕子傳道可也仕則不可也

箕子

箕國名其地未詳按左傳晉人敗狄于箕注太原陽邑縣有箕城或是箕子所封

惟天陰隲下民

陳第曰孔傳天不言而默定下民助合其居使有常生之道蔡傳因之如此則專言天而若無與于君豈武王發問之意乎惟王肅以陰隲下民爲天事相協厥居爲君事得經之旨

天乃錫禹洪範九疇

孔傳天與禹洛書神龜負文而出列于背有數至九禹

因而第之。疏云：漢五行志劉歆以爲伏羲繫天而王，河出圖，則爲畫之，八卦是也；禹治洪水，錫洛書，法而陳之，洪範是也。河圖洛書相爲經緯，八卦九章九者各有一章，故漢志謂九章。相爲表裏。龜負洛書，經無其事，出中候及諸緯。歸有光曰：以初一至六極六十五字爲洛書者，二劉之說；以戴九履一爲洛書者，關朗之說。緯候之書，不知誰作，通人討覈，謂僞起哀平，然以前學者必相傳此說，故傳云然。吳澄曰：洛書不出于鯀治水之時，而出于禹治水之時，是天不畀鯀而以錫禹也。然洛之出書，不過龜背有一二三四五六七八九而已。五行至六極，則皆禹所分配。今曰天錫者，九疇雖禹所自爲，實因龜文發之若天啓其衷也【熊朋來曰】易大傳天一地二天三地四天五地六天七地八天九地十言河圖數也三五以變言洛書數也河出圖洛出書聖人則之易蓋兼取于圖書也後世直以易爲河圖範爲洛書遂以圖書分體用二致至謂伏羲得其圖禹得其書惑矣如大傳所謂參伍以變錯綜其數乃夫子發明洛書之理參者三而數之伍者五而數之錯者交而互之綜者總而挈之卽洛書之數而易用之以變易所以成天地之文定天下之象者也【王禕曰】洛書非洪範也昔箕子之告武王初不言洪範爲洛書也孔子之繫易亦未始以洛書爲

洪範也。蓋分圖書爲易範。而以洪範九疇合洛書。則自孔安國劉向歆諸儒始。其說以爲伏羲王天下。龍馬出河。負圖其背。其數十。遂則其文以畫八卦。禹治水時。神龜出洛。負文其背。其數九。禹因而第之以定九疇。後世儒者。以爲九疇帝王之大法。而洛書聖言也。遂皆信之而莫辨其非。然孰知河圖洛書者皆伏羲所以作易。而洪範九疇者。則禹之所自叙。而非洛書也。自今觀之。以洛書爲洪範。其不可信者六。夫其以河圖爲十者。即天一至地十也。洛書爲九者。即初一至次九也。河圖之十。不徒曰自一至十而已。天一生水。地六成之。水位在北故一與六皆居北爲地二生火天七成之火位在南故二與七皆居南焉東西中之爲木金土無不皆然至論其數則一三五七九凡二十五天數也皆白文而爲陽爲奇二四六八十凡三十地數也皆黑文而爲陰爲偶此其陰陽之理奇偶之數生成之位推而驗之于易無不合者其謂之易宜也若洛書之爲洪範則于義何居不過以其數之九而已然一以白文在下者指爲五行則五行豈有陽與奇之義乎二以黑文在左肩者指爲五事則五事豈有陰與偶之義乎八政皇極稽疑福極烏在其爲陽與奇五紀三德庶徵烏在其爲陰與偶乎

又其爲陽與奇之數二十有五，爲陰與偶之數二十，適爲四十有五，則于九疇何取焉，是故陰陽奇偶之數，洪範無是也，而徒指其名數之九以爲九疇，則洛書之爲洛書，直而列之曰，一二三四五六七八九足矣，奚必黑白而縱横之，積爲四十五，而效河圖之爲乎，此其不可信者一也，河圖洛書所列者數也，洪範所陳者理也，自五行至福極，皆三才之至理，聖人所爲治天下之大法，其意豈在數乎，豈如易之所謂天一地十者，中含義數，必有圖而後明，可以索之無窮，推之不竭乎，漢儒徒見易繫以河圖洛書並言，而洛書之數九，遂以爲九疇耳，審如是則河圖之數十也伏羲畫卦何爲止于八乎此其不可信者二也先儒有言河圖之自一至十即洪範之五行而河圖五十有五之數乃九疇之子目夫河圖固五行之數而五行特九疇之一耳信如斯則是復有八河圖而後九疇乃備也若九疇之子目雖合河圖五十有五之數而洛書之數乃止于四十有五使以洛書爲九疇則其子目已缺其十矣本圖之數不能足而待他圖以足之則造化之示人者不亦疎且遠乎而況九疇言理不言數故皇極之一不爲少庶徵之十不爲多三德之三不爲細福極之十一不爲鉅今乃類而數之

而幸其偶合五十有五之數使皇極儕于庶徵之恒陽恒雨六極之憂貧惡弱而亦備一數之列何其不倫之甚乎且其數雖五十有五而于陰陽奇偶之方位將安取義乎此其不可信者三也班固五行志舉劉歆之說以初一曰五行至威用六極六十五字爲洛書之本文夫既有是六十五字則九疇之理與其次序亦已燦然明白矣豈復有白文二十五黑文二十而爲戴履左右肩足之形乎使既有六十五字而又有是四十五數並列于龜背贅疣不已甚乎此其不可信者四也箕子陳九疇必以鯀陻洪水發之者誠以九疇首五行而五行

首水。水未平。則三才皆不得其寧。此彝倫之所爲斁也。水既治。則天地由之而立。生民由之而安。政教由之而成。而後九疇可得而施。此彝倫之所爲叙也。先言帝不畀鯀。後言天錫禹。所云畀所云錫者。卽九疇所陳三才之至理。治天下之大法。初非有物之可驗。有跡之可求也。豈曰平水之後天果錫禹神龜負疇而出者乎。仲虺曰。天乃錫王勇智。魯頌曰。天錫公純嘏。豈必眞有物焉而後可謂之錫乎。使天果因禹功成錫之神龜以爲瑞。如簫韶奏而鳳儀。春秋作而麟至。則箕子所叙。直美禹功可矣。奚必以鯀功不成先之乎。此其不可信者五也。

夫禹叙九疇，猶羲之畫卦也。而其自箕子陳之，猶孔子作彖象之辭以明易也。武王訪之，猶訪太公而受丹書也。天以是理錫之禹，禹明其理而著之疇，豈有詭異神奇之事乎。鄭康成據春秋緯文，河以通乾出天苞，洛以流坤吐地符，又云河龍圖發，洛龜書感，又云河圖有九篇，洛書有七篇。夫聖人但言圖書出于河洛而已，未嘗言龜龍之事。又烏有所謂九篇六篇者乎。人神接對，手筆燦然者，寇謙之王欽若之天書也。豈所以言聖經乎。此其不可信者六也。然則洛書果何爲者也。曰河圖洛書，皆天地自然之數，而聖人取之以作易者也。于洪範何與焉羣言淆亂折諸聖而止河出圖洛出書聖人則之者非聖人之言歟吾以聖人之言而斷聖人之經其有弗信者歟劉牧嘗言河圖洛書同出于伏羲之世而河南程氏亦謂聖人見河圖洛書而畫八卦吾是以知孔安國劉向父子班固鄭玄之徒以爲河圖授羲洛書授禹者皆非也或曰河圖之數卽天一至十者固也洛書之數其果何所徵乎曰洛書之數其亦不出于是矣朱子于易學啓蒙蓋詳言之其言曰河圖以五生數合五成數而同處其方蓋揭其全以示人而道其常數之體也洛書以五奇數統四偶數而各居其所蓋主于陽

以統陰而肇其變數之用也中爲主而外爲客故河圖以生居中而成居外正爲君而側爲臣故洛書以奇居正而偶居側此朱子之說也而吾以爲洛書之奇偶相對卽河圖之數散而未合者也河圖之生成相配卽洛書之數合而有屬者也二者名異而實則同也謂之實同者蓋皆本于天一至地十之數謂之名異者河圖之十洛書之九其指各有在也故自一至五者五行也自六至九者四象也而四象卽水火金木也土爲分旺故不言老少而五之外無十此洛書之所以止于九也論其方位則一爲太陽之位九爲太陽之數故一與九對

也二爲少陰之位八爲少陰之數故二與八對也三爲少陽之位七爲少陽之數故三與七對也四爲太陰之位六爲太陰之數故四與六對也是則以洛書之數而論易其陰陽之理奇偶之數方位之所若合符節雖繫辭未嘗明言然卽是推之燦如矣朱子亦嘗言洛書者聖人所以作八卦而復云九疇並出焉則猶不能不惑于漢儒經緯表裏之說也嗚呼事有出于聖經明白可信而後世弗之信顧信漢儒傳會之說其甚者莫如以洛書爲洪範矣吾故曰洛書非洪範也河圖洛書皆天地自然之數乃聖人取之以作易者也[愚按]禹疇所

次。與洛書配合生成之法。殊不相當。誠如子充所辨。子充之說。本于林少穎。少穎云。洪範一書。大抵發明彝倫之叙。本非出數而起。洛出書之說。不可深信。但謂洪範全不則書。何以數止用九。何以次五居中。且所謂自一至九者。禹何所憑而次之耶。大抵洛書精蘊。已盡于易。禹復取九宮環極之數。以配治道。曰洪範。朱子所云。洛書聖人則之以作八卦。九疇並出焉者。此不易之說也。箕子之意。亦止于論治。不在行書。漢儒專執五行論災異。則鑿矣。

初一曰五行至六極

孔疏 發首言初一。末不言終九者。數必以一為始。其九非數之終。故從上言次。不言終也。朱子曰自一至九。洛書之本數。初次者。禹次第之文。五行以下。則禹法則之事。初一下當讀下八句倣此。後章一五行却與此異。蓋因洛書自然之數。而垂訓于天下後世也。洛書一位在子。其數則水之生數。氣之始也。故爲五行。五行則陽變陰合。交運而化生萬物。則爲人事之始矣。二位在坤。其數則火之生數。氣之著也。故爲五事。五事則五氣運行。人之稟形賦色。妙合而凝。修身踐形之道立矣。三位在卯。其數則木之生數。氣至此而益著也。故爲八政。八政則修身不止貌言視聽之事。而立綱陳紀。創法立度。舉而措之天下矣。四位在弱其數則金之生數氣至此而著益久也故爲五紀五紀則治不止食貨政教之事而察數觀象治曆明時仰以觀于天文矣五居中央爲八數之中縱横以成十五之變益土之冲氣所以管攝四時故爲皇極焉則人君居至尊之位立至理之準使四方之面内環觀者皆于是取則所以總攝萬類也六位在乾其數則水之成數氣合而成形也故爲三德三德則不徒立至極之準而臨機應用隨事制宜且盡其變于經綸矣七位在西火之成數氣合而形已著矣故爲稽疑稽疑則不徒隨時措之宜而嫌疑猶豫且決之人謀鬼謀而盡其變于幽

明矣八位在艮木之成數氣合而形益著矣故爲庶徵庶徵則往來相盪屈伸相感而得失休咎之應定矣九位在午金之成數氣合而著益久矣故爲福極福極則休咎得失不徒見于一身而通行于天下矣故居終焉大抵九疇之序順而言之則五行爲始故五行不言用不言用者乃衆用之所自出錯而言之則皇極爲統故皇極不言數不言數者乃衆數之所由該以五行爲始則自一至九愈推愈廣大衍相乘之法也以皇極爲統生數主常成數主變太極動静之分也九疇本于洛書者如此

董琮曰董仲舒劉向洪範傳以五行五事皇

極庶徵福極五者牽合相從雖援引春秋經傳粗若可信然其所配止于五者而八政五紀三德稽疑四者則不可得而配此其為說固已拘泥不通至于庶徵分配五福而六極衍其一而無所當則于咎徵增其一曰皇之不極厥咎眊厥罰常陰厥極弱此于箕文之外別立一條以遷就其說大失箕子之意眉山蘇氏洵雖不若漢儒之鑿然相配亦止于五疇而已

一五行至五曰土　水曰潤下至稼穡　潤下作鹹至作甘

王安石曰五行也者成變化而行鬼神往來乎天地之

間而不窮者也是故謂之行自天一至于天五五行之生數也以奇生者成而偶以偶生者成而奇其成之者皆五五者天數之中也葢中者所以成物也道立于兩成于三變于五而天地之數具其爲十也偶之而已偶之中又有偶焉而萬物之變遂成于無窮其相生也所以相繼也其相克也所以相治也語器也以相治故序六府以相克語時也以相繼故序盛德所在以相生洪範語道與命故其序與語器與時者異也朱子曰左傳質具于地而氣行于天以質而語其生之序則曰水火木金土以氣而語其行之序則曰木火土金水程若庸

曰五行者八疇之體八疇者五行之用造化之初一濕一燥濕之流爲水燥之爍爲火濕之融爲木燥之凝爲金其融結爲土自輕淸而重濁先天之五行其體也四時主相生六府主相克後天之五行其用也其體對立其用循環陳大猷曰物之生其初皆爲水其終皆爲土

王安石曰潤者性也炎者氣也上下者位也曲直者形也從革者材也稼穡者人事也水言潤則火熯土溽木敷金歛可知也火言炎則水洌土蒸木溫金淸皆可知也水言下火言上則木左金右土中央皆可知也木言曲直則土圜金方火銳水平皆可知也金言從革則木

變土化水因火革皆可知也木變者灼之而爲火爛之而爲土也土化者能熯能潤能敷能歛也水因者因甘而甘因苦而苦因蒼而蒼因白而白也火革者革生以爲熟革柔以爲剛革剛以爲柔也金亦能化可以圜可以平可以銳可以曲直然陰精之純也非火革之則不能自化也故命之從革也朱子曰金一從一革互相變而體不變不是從人之革土言稼穡則水之井洫火之爨冶木金之爲器械可知也

孔疏水性本甘久浸其地變爲鹵鹵味乃鹹火焚物則焦焦是苦氣木生子實其味多酸董鼎曰雖甘者至乾壞亦酸非木擦菌酸之說金之在火別有腥氣非苦非酸其味近辛百穀味甘本生于土故甘爲土之味王安石曰北方陰極生寒寒生水水生鹹故潤下作鹹南方陽極生熱熱生火火生

苦故炎上作苦東方陽動以散而生風風生木木生酸故曲直作酸西方陰止以收而生燥燥生金金生辛故從革作辛中央陰陽交而生濕濕生土土生甘故稼穡作甘生物者氣也成之者味也寒之氣堅故其味可用以耎熱之氣耎故其味可用以堅風之氣散故其味可用以收燥之氣收故其味可用以散土者沖氣之所生也沖氣則無所不生故其味可用以緩而已氣堅則壯故苦可以養氣脉耎則和故鹹可以養脉骨收則强故酸可以養骨筋散則不攣故辛可以養筋肉緩則不壅故甘可以養肉堅之而後可以耎收之而後可以散欲

緩則用甘不欲則弗用也古之養生者必先通乎此此論五行之味本之素問

汪澄源曰水有質而無骨以土爲骨火有氣而無質以木爲質然炎上趨下莫能易也金出于土而堅于土木植于土而堅次于金然從革曲直無定形也柔者剛剛者柔乎土生金以自輝金生水以自麗母子相養之義也水生木以自枯木生火以自滅火生土以自灰父子相代之義也土得水而潤金得木而利水得火而溫木得土而榮火得金而瑩祖孫相報之義也水得土而有歸火得水而有止金得火而能化木得金而成用土得

木而著功，君師相成之義也。土剛不若金，柔不若木，然火煆之而愈堅，水漬之而益澤，金木觸之而無損，塊蓋剛柔之得中乎。其體靜，其質重，不流不燄，不割不華。而流者燄者，割者華者，于此乎稟氣，于此乎歸根，靜重爲君，動作爲臣之義也。

一曰貌至曰思　睿作聖

孔疏貌，總身也。口言之，目視之，耳聽之，心慮之，人主始于敬身，終通萬事。此五事爲天下之本也。伏生五行傳曰貌屬木，言屬金，視屬火，聽屬水，思屬土。木有華葉之榮，故貌屬木。言之決斷，若金之斬割，故言屬金。火外光，故視屬火，水內明，故聽屬水，土安靜而萬物生，心思慮而萬事成，故思屬土，又于易東方震爲足，足所以動容貌也，西方兌爲口，口出言也，南方離爲目，目視物也，北方坎爲耳，耳聽聲也，土在內猶思在心，亦是五屬之義。

蔡傳五事配五行，與疏異，理更長。黃幹曰：水貌雨，太陰，火言暘，太陽，目視燠，少陽，金聽寒，少陰，四者或偏于陽或偏于陰，惟土思風也，通乎四者而不同焉，質陰氣陽，身之全體，故貌言爲大，耳目聰明，體之虛者，故視聽次之。又曰：造化之初，天一生水而三生木，地二生火而四生金，蓋陰陽之氣，一濕一燥，而爲水火，濕極燥極而爲木與金也人物始生精與氣耳易大傳曰精氣爲物游魂爲變子産曰物生始化爲魄既生魄陽爲魂此皆微妙之語精濕而氣燥精實而氣虚精沈而氣浮故精爲貌而氣爲言精之盛者濕之極故爲木爲肝爲視氣之盛者燥之極故爲金爲肺爲聽大抵貌與視屬精故精衰而目暗言與聽屬氣故氣塞而耳聾此曉然易見者然精衰則氣衰精盛則氣盛又初無間隔程若庸曰洪範五事配五行與素問五行傳不合自漢以來説者不一至勉齋始定其言曰配與屬不同配者對峙而爲體猶易之先天卦圖也屬者流行而爲用猶易之後天

卦圖也。洪範之五事，配水火木金土，乃先天之五事，言其體也。素問屬土金水木火而相生，五行傳屬木金火水土而相克，此倒相克乃後天之五事，言其用也。配與屬不相妨，體與用不相悖。

【孔疏】睿聖俱是通名，聖大而睿小，緣其能通微事事無不通，因睿以作聖也。【楊慎曰】目擊道存之謂睿，故其字從目；聲入心通之謂聖，故其字從耳。故曰聖人時人之耳目。

【曾鞏曰】貌曰恭，恭作肅者，傳曰禮義威儀之則，所以定命。蓋威儀動作見于外者無不恭，則生于心者無不肅也。言曰從，從作乂者，易曰，出其言善，則千里之外應之，出其言不善，則千里之外違之，言必要爲可從而已也。視曰明，明作哲，聽曰聰，聰作謀者，古之人主，前旒蔽明，黈纊塞聰，非塗其耳目也，亦不用之于小且近，所以養其聰明也。養其聰明者，蓋將用之于大且遠，夫天下至廣，不可以家至戶察，而能用其聰明于大且遠者，得其要也。昔舜治天下，欲無蔽于諸侯百官，則詢四岳，欲無蔽于四岳，則闢四門，欲無蔽于四門，則明四目達四聰者，舜不任其視聽，而因人之視聽以爲聰明也。不自用其聰明，而因之于人者，此君道，固天道也。天聰明自我民聰明是也。思曰睿。睿作聖者。蓋思者。所以充人之才以至于極。聖者。人之極也。

一曰食至曰師

孔疏食貨祀賓師。指事爲之名。三卿舉官爲名者。三官所主事多。若以一事爲名。則所掌不盡。故舉官名以見義。史漸曰。舜總之九官。周分之六卿。箕子列而爲八政。名雖異。實無殊也。王柏曰。一部周禮。只是八政。一疇司空者食貨之職也。司徒兼宗伯。則祀賓屬之。司寇兼司馬。則師屬之。

一曰歲至曆數

孔疏五者皆所以經紀天時故謂之五紀五紀不言時者以歲月節氣正而四時無不正也吳澄曰紀如綱之有紀也歲自今歲冬至至來歲冬至凡三百六十五日四分日之一日行天一周以分至啓閉定歲之四時是爲一歲之紀月自今月合朔至來月合朔凡二十九日六時有奇月與日一會以晦朔弦望定月之大小是爲一月之紀日自日出至來日日出歷十二辰繞地一匝以晨昏出沒定晝夜長短是爲一日之紀星謂二十八宿衆經星辰謂天之壤因日月所會分經星之度爲十二次觀象測候以驗天之體是爲星辰之紀曆謂日月

五緯所歷之度數則其中數目七政行度各有盈縮疾遲立數推算以步天之用是爲曆數之紀袁黄曰星只指經星蔡注兼緯星誤也吳臨川之說甚明孔傳原只言二十八宿歸有光曰五紀雖五總之實曆數之一紀此亦王者之政不序于八政之中所以尊天也

皇建其有極　斂時五福

皇極注疏訓大中蔡傳至極標準朱子說也蘇傳至而無餘之謂極至極之義蓋自子瞻發之朱子曰極有輳會之義所謂三十輻共一轂陳啓源曰皇若訓大則於下文惟皇作極皇之不極難通陳北溪辨之當矣朱蔡解極仍不出中字義夫

理之至極而可爲標準者孰有過於中乎

孔疏福是善之見者故傳言福以勸民欲其慕而行善也朱子曰斂時五福聖人豈有福以錫之只取則于此各正其身順理而行則爲福也歸有光曰皇極言錫福何也富壽安逸人主所欲致之于民而不能得之于天惟人君建極以示之使民則君爲善而期于回天地之氣此斂福以錫之之道也

凡厥庶民無有淫朋人無有比德

顧炎武曰易曰渙其羣元吉周禮掌士之八成七曰爲邦朋莊子寓政于臧丈人而列士壞植散羣世之衰也

王綱弛于上私黨植于下故箕子之陳洪範必皇建其
有極而後民人無淫朋比德
凡厥庶民有猷有爲有守　不協于極至予攸好德
陳龍正曰有守是德有爲是才才之中又分猷爲二種
蓋人有思慮者未必能揮霍能揮霍者未必能精詳合
猷爲而其才始備○愚謂庶民淫朋非無才者所能也
三代以下布衣任俠之雄作氣勢結私交植黨行權以
立强于時者荀悅之所謂三游而自皇極之主視之皆
有猷有爲者也棄之于下則爲淫朋敗德之徒收之于
上則爲奉職首公之士聖王在位鼓舞之以功名程課

之以實效使猷爲者進于有守由是人無廢才國無死黨風俗正而大化成矣

歸有光曰不協不罹亦受之以安和之色而不拒從注疏王安石曰康汝顏色以誘之詩曰載色載笑匪怒伊教此之謂也、所以發其攸好德之心也攸好德者人心之良動而歸極之機也人主作成一世之人才在于發其攸好德之心而已攸好德之福錫而五福皆錫也

蘇傳不協于極而受之自言好德而信之必有欺我而敗事者矣然得者必多失者必少唐武后之無道也獨于選人無所留難非惟人得薦士亦許自舉其才其後開元賢臣皆武后所遺也德宗好察

而多忌士無賢愚皆不得進國空無人以致奉天之禍故陸贄有言武后以易得人而陛下以精失士至哉斯言也常袞為相艱于進人賢愚同滯崔祐甫代之未期年除吏八百多其親舊其言曰非親舊莫由知之若祐甫與贄真可與語皇極者也

人之有能有為使羞其行　正人

王安石曰人君孰不欲有能者羞其才有為者羞其德然未有致此者蓋鑒不明而無以別天下之才誠不至而無以通天下之志則智以難知而為愚者所詘賢以寡助而為不肖者所困欲羞其行不可得也別天下之

才在窮理，通天下之志在盡性。如是則愚者可誘而爲智也，卽未可誘而爲智，必不使之詘智者矣。不肖者可革而爲賢也，卽未可革而爲賢，必不使之困賢者矣。有能有爲，所以得羞其行，而邦賴之以昌矣。

陳師凱曰：正人有四說，此爲有位者言，蔡傳爲長。朱子欠分別民人，三德疇人頗僻，民僭忒，其證甚明。

道路　無偏無黨至正直

袁黃曰：道卽是路，特變文叶韻耳。時解謂事物當然曰道，天下共由曰路，則好惡豈二物乎。

王安石曰：無偏言乎其所居，無黨言乎其所與，以所居者無偏故能所與者無黨故曰無偏無黨以所與者無黨故能所居者無偏故曰無黨無偏偏不已乃至于側陂不已乃至于反始曰無偏無陂者以率義而治心也卒曰無反無側者以成德而應物也蕩蕩言其大平平言其治大而治終于正直而王道成矣

于帝其訓

蘇傳帝無言也帝以象數告而我敷廣其言爲彝訓與帝言無異也故曰于帝其訓

作福作威玉食

王安石曰執常以事君者臣道也執權以御臣者君道

也。三德君道也。作福柔克之事。作威剛克之事也。有其權。必有禮以章其別。故惟辟玉食也。禮所以定其位。權所以固其政。下僭禮則上失位。下侵權則上失政。失位失政。人所以亂也。司馬光曰。誅一不善。而天下不善者皆懼。故謂之威。賞一有功。而天下之有功者皆喜。故謂之福。人主必聰明剛斷。然後能收威福之柄。蘇軾曰。書曰惟辟作福。惟辟作威。此言威福不可移于臣下也。欲威福不移乎下。莫若舍己而從衆。衆之所是。我則爲之。衆之所非。我則去之。夫衆未有不公。而人君者天下公議之主也。如此則威福將安歸乎。不然。違衆而用己。已之耳目終不能徧天下要必資之于人愛憎喜怒各行其私而讒邪之說行矣然後從而賞罰之雖名爲人主之威福而其實左右之私也奸人竊其威福而鬻之于外則權與人主侔矣陳經曰三德之用莫易于正直莫難于剛柔君道主剛剛之失其過小柔之失其過大故又言威福玉食之柄在君惟恐失之柔而柄下移如漢元成也王樵曰威福玉食爲人主之三柄剛柔正直爲人主之三德三柄之所在即三德之所在也三德既亡則三柄豈能保其常有哉勢利所在人思得而竊之惟無喜怒也有喜怒則有贊其喜以市恩鼓其怒以張勢

者惟無愛憎也有愛憎則有假其愛以濟私藉其憎以復怨者此臣之所以有作福作威也本言權不可下移必并玉食言之者權必以禮章其別玉食者王禮也上下之分也下之與上異名而同愛故服布素者愛士之簪組服士之簪組者愛公卿之劍佩服公卿之劍佩者愛王者之冕旒王者居人可愛之地惟有德以下其心有禮以定其志故人相安于分義而莫敢踰越不然誰無出分之慕哉故爲人上者必端本必建極以不二之權行兼三之德則天下受其造就之福矣

雨霽蒙驛克

孔疏今之用龜其兆橫者爲土立者爲木斜向徑者爲金背徑者爲火因兆而細曲者爲水不知與此五者同異如何此五兆不言一曰二曰者灼龜所遇無先後也

袁黃曰雨只是潤霽只是明蒙只是暗驛如驛遞然中間有絫絫相接者非不屬也克者左交而至右下墨而環上也見古卜書甚明易占不用龜每言蓍龜者龜之兆一灼便成有自然之易

鄒季友曰絡繹孔傳作落驛古字通用也但今人釋絡繹爲不絕之貌而孔傳乃云不連屬義殊乖異孔疏云稀疎之意不過傳會語耳又引王肅云霍驛消滅鄭玄云色澤光明亦皆未見所據按史記驛作涕注云涕音

亦尚書作圖索隱引孔傳絡繹下連續是涕泣相連之狀蓋後人傳寫之誤以下爲不也　克孔傳云兆相交錯謂兆爲二拆其拆相交也

曰貞曰悔

蘇傳秦伯伐晉卜徒父筮之遇蠱曰蠱之貞風也其悔山也是內卦爲貞外卦爲悔也注疏止說內卦外卦蔡傳始兼遇卦之卦言之蔡元定曰六爻不動以內卦爲貞外卦爲悔左傳蠱之貞風悔山是也有動爻者以遇卦爲貞之卦爲悔國語屯貞悔豫皆八是也卦之不變者占卦而不占爻故用貞悔變者則止以所變之爻占之朱子曰一貞八悔如乾夬大有大壯小畜需大畜泰內體皆乾是一貞外體八卦是八

悔餘倣此。項安世曰竊意夏商占法止用貞悔至文王之易以變爻爲占六爻皆不變者乃占貞悔則不止用二矣。王樵曰揲蓍占法凡卦六爻皆不變者則占本卦彖辭而以內卦爲貞外卦爲悔。胡氏曰并占上下全體爲全備。○以後注皆胡氏語。一爻變則以本卦變爻占。按左傳占法又不只就一爻占合本之二卦體并互體論觀陳宣公筮公子完之生可見。二爻變則以本卦二變爻占仍以上爻爲主。三爻變則占本之卦辭及卦體以卦體平分故也仍以本卦爲貞之卦爲悔主在本卦。按啓蒙但云占本之象辭然引晉侯屯豫之占則并占卦體可見。四爻變則占之卦二不變爻仍以下爻爲主。愚謂仍先觀本卦二不變爻然後重之卦二不變爻而以下爻爲主方備。五爻變則占之卦一不變爻。愚意仍先觀本卦一不變爻，然後以之卦一不變爻爲主，尤爲全備。六爻盡變，則新陳舊毀，惟以之卦內外兩體占。乾坤占二用，餘占之卦象辭。右皆周易占法，不知箕子所謂貞悔者何如耳。袁黄曰：康節皇極數全重貞悔，一卦則內貞外悔，有時悔尊而貞卑，有時貞尊而悔卑。卦不當位則變卦，爻不當位則變爻，凡四變而止。二卦相並，固以遇卦爲貞，之卦爲悔矣，然不止是也。運卦與世卦相並，則運爲貞而世爲悔；世卦與年卦相並，則世爲貞而年爲悔。蔡注欠詳。

附考　蔡傳：屯貞悔豫皆八。程伯圭曰：晉重耳筮歸國，遇屯貞悔豫皆八，蓋初與四五，凡三爻皆變也。初與五用九變四用六變其不變者二三上在兩卦皆爲八故云皆八國語韋昭主亦內外卦之說國語注內曰貞外曰悔震下坎上屯坤下震上豫得此兩卦震在屯爲貞在豫爲悔八謂震兩陰爻在貞在悔皆不動故曰皆八謂爻無爲也與蔡傳不合顧炎武曰易有七八九六而爻但繫九六者舉隅之義也故發其例于乾坤二卦曰用九用六用其變也亦有用其不變者春秋傳穆姜遇艮之八晉語董因得泰之八是也今卽以艮言之二爻獨變則名之六餘爻皆變而二爻獨不變則名之八是知乾坤亦有用七用八時也乾爻皆變而初獨不變曰初七潛龍勿用可也坤爻皆變而初獨不變曰初八履霜堅冰至可也占

變者其常也占不變者其反也故聖人繫之九六章蒙

易曰易有七八九六者夏商占法用七八不變爻周易占法則用九六變爻大傳屢屢說變蓋爲此箕子陳洪範時未見文王周公卦爻辭其占法只觀體德象變故所用在貞悔亦只是陰陽消長五行生克之理耳

衍忒

朱子曰衍推忒變也卜筮之變無窮當推衍以極之卜之變其經兆之體百有二十其頌千有二百出周禮如體色墨拆如方功義弓之類筮之變如老陽變爲少陰老陰變爲少陽一卦變爲六十四卦六十四卦可變爲四

尚書埤傳　卷之十

千九十六卦之類[袁黃曰]蔡注人事過差謂吉凶之應與人事不相合衍忒非止推其凶亦推其吉也

三人占

[鄒季友曰]孔傳云夏殷周卜筮各異三法並卜疏引周禮太卜掌玉兆瓦兆原兆連山歸藏周易甚明而蔡傳不用其說蓋以箕子衍疇之時尚未有原兆周易也然考金縢云乃卜三龜一習吉又儀禮士喪卜葬占者三人貴賤俱用三龜則卜筮兼用三代法周制如此未可謂非

八庶徵　雨暘燠寒風

邵寶曰庶徵五氣也本諸五行而應于五事乃不以五言天道不可以泥而求也以此立訓後世尚有附五行傳而談災異者

按孔疏引五行傳雨屬木暘屬金燠屬火寒屬水風屬土說多牽合蔡傳不易凡氣非風不行猶水火木金非土不處故土氣爲風也　陳師凱曰燠熱寒凉四時之氣也雨暘風佐四時之氣以生育者也雨暘燠寒屬水火木金蔡傳引吳氏仁傑所證甚當風之屬土獨鈌莊子風出于土囊之口及大塊噫氣其名爲風以此證風爲土氣豈不豁然

曰休徵至恒風若

王樵曰肅靜屬陰故爲雨類乂播屬陽故爲暘類哲外照屬陽故爲燠類謀内明屬陰故爲寒類此等象類不過大意不可深求或問蘇子瞻夏侯勝之言何以必應曰事固有幸而中者公孫卿以漢爲土德黄龍當見黄龍則見矣而漢乃火德也可以一黄龍而必漢爲土德耶邵寶曰天道幽遠有不可以質言者故若之若之者象之也猶易焚如死如之意謂順則泥謂語詞則虚朱子曰漢儒類應必然之説固不可荆公以爲全不相關亦不可如此則後世人主有忽天之心蔡元定曰一

事違則五事皆違咎徵無不應矣鯀止陻洪水而五行爲之汨陳此可見也　陳大猷曰周末無寒歲秦亡無燠年理之常也堯有九年之水湯有七年之旱數之變也然堯湯雖不能無水旱而卒有以弭之葢或然之數終不能勝必然之理聖人所以貴于省驗也

王者惟歲至惟日

陳師凱曰周禮太宰歲終受百官之會而詔王廢置小宰月終受羣吏之要宰夫旬終正日成亦可爲此章之證然王與卿士師尹之省所包甚大豈止此哉歲統月月統日猶王統卿士卿士統師尹尊者所理大而要畢

者所理小而詳也雨暘寒燠風之休咎實行乎歲月日之中故須省之

歲月日時無易日月歲時既易

陳啓源曰言歲月日見君秉君道臣行臣事雨暘燠寒風所以得其時也言日月歲見君失其柄人臣擅命雨暘燠寒風所以不得其時也注疏解如此蔡傳專言雨暘燠寒風而不本之君臣尚欠分曉

日月之行則有冬有夏　月之從星則以風雨

王安石曰歲之所以爲歲以日月之有行而歲無爲也猶王之所以爲王以卿士師尹之有行而王無爲也春

秋者陰陽之中冬夏者陰陽之正陰陽各致其正而後歲成有冬有夏者言歲之成也【孔疏】張衡蔡邕等說周天三百六十五度四分度之一天體圓如彈丸北高南下北極出地上三十六度南極入地下三十六度正當天中央南北二極中等處謂之赤道去南北極各九十一度春分日行赤道從此漸北夏至行赤道之北二十四度去北極六十七度去南極一百十五度日行黑道從夏至以後日漸南至秋分還行赤道與春分同冬至行赤道之南二十四度去南極六十七度去北極一百十五度其日之行處謂之黃道又有月行之道與日

道相近交路而過半在日道之裏半在日道之表其當交則兩道相合交去極遠處兩道相去六度此其日月行道之大略也王肅云日月行有常度君臣政有常法以齊其民沈括曰曆法天有黄赤二道月有九道此皆强名非實有也亦猶天之有三百六十五度天何嘗有度以日行三百六十五日而一朞强謂之度以步日月五星行次而已日之所經謂之黄道南北極之中度最均處謂之赤道月行黄道之南謂之朱道行黄道之北謂之黑道行黄道之東謂之青道行黄道之西謂之白道黄道内外各四并黄道爲九日月之行有遲有速

難以一術馭也故因其離合分爲數段每段以一名名之欲以別算位而已曆家不知遂以爲九道甚可嗤也

袁黄曰蔡注引九道乃漢人所推以紀七政之出入者箕子何從知之日至牽牛爲冬至至東井爲夏至此惟宋曆爲然箕子之時冬至日在虛今時冬至日在箕皆與注不合

孔傳月經于箕則多風離于畢則多雨疏云毛詩月離于畢俾滂沱矣是離畢則多雨其文見于經經箕則多風傳記無其事鄭玄引春秋緯云月離于畢則風揚沙作緯在孔君之後以前必有此說孔依用之也經箕多

風離畢多雨此天象之自然以箕爲簸揚之器畢亦捕魚之物故耳朱子語錄畢是义網漉魚之物以畢漉魚水淋漓而下若雨然畢星名義取此今畢星上有一柄下開兩义形狀亦類畢故月宿之則雨鄭以爲箕星好風者箕東方木宿風中央土氣木克土爲妻從妻所好故好風也畢星好雨者畢西方金宿雨東方木氣金克木爲妻從妻所好故好雨也上言日月之行此惟言月者日之從星不可見故也王安石曰月之好惡不自用而從星則風雨作而歲功成猶卿士之好惡不自用而從民則治教政令行而王事立矣書曰天視自我民視天聽自我民聽夫民者天之所不能違也而况于王乎况于卿士乎

蔡氏解此意皆本荆公。朱子曰二十八宿環遶日月行道之側故月行必經歷之經于箕則多風經于畢則多雨蓋二星各有所好月經行其處順時當候則陰陽和而風雨應言無差忒也按星非有嗜好但氣類相感月亦非有順從但行度所次耳曰好曰從乃假設以喻人事民之情性莫不各有所好上之人能順其所好則和氣致祥猶如風雨之應上言職分明則至治成此言人心順則和氣應皆庶徵之事也日月之行四句正分說雨暘燠寒風之所以時不時日月經行必歷二十八宿故有似從星日月從星則日可知。蔡元定曰雨暘燠寒風既徵于貌言視聽思又以所職大小別之于歲月日又以民之安否參之于星以見皇極之君視履考祥其精詳如此陳師凱曰漢五行志元光中天星盡搖上以問候星者對曰星搖者民勞也又曰五星同色天下偃兵百姓安寧歌舞以行由是觀之則以庶民省之于星驗其安否其說信矣

林之奇曰蘇氏謂自王省惟歲至則以風雨爲五紀一疇之傳錯簡在此非也九疇雖別爲九實更相經緯故庶徵有五事而皇極有五福黃度曰五紀會歲月日星以起曆數而立天道庶徵序歲月日時以成歲功而驗休祥事辭雖相涉而其用不同余芑舒曰庶徵者合五

事五紀以參驗者也。于此不言曆數者，曆數所以推天道之常，庶徵所以參人事之感。進退飛伏，有出曆數所推之外。【歸有光曰】庶徵以天道人事相推較，故又借歲月日星爲王與卿士師尹庶民之喻，蓋旁衍及之，非本疇之正傳。

五福　六極

【朱子曰】休咎徵于天，則禍福加于人。禍福通天下臣民而言，蓋人主不以一身爲福極，而以天下爲福極。民皆仁壽，堯舜之福也；民皆鄙夭，桀紂之極也。五福以人所尤好者爲先。【林之奇曰】李泌云：惟君相不可言命，君相造命者也。使民享五福而不知六極，此治道之極功。故九疇以是終焉。程若庸曰壽富康寧考終命全五行之氣攸好德全五行之理袁黄曰五福還以重者居末與肅乂哲謀聖例同考成也民受天地之中以生是謂命必有令終之德而後所生無忝也王晦叔炎云晉人執解揚揚曰下臣獲考死又何求比干死刑仇牧死亂狼瞫死戰可謂非考終乎

蘇傳六極之極窮也苦也孟子使我至于此極也同呂祖謙曰弱何以居六極蓋弱人之大患人所以不自强于善或牽引入于惡而不能自拔皆弱故也故居六極之終王應麟曰弱與柔異柔如漢文帝弱如元帝

曾鞏曰福極之言如此，而不及貴賤，何也。曰福極者，人君所以考己之得失于民也。福言攸好德，則致民于善可知。極言惡弱，則致民于不善可知。皆所以考吾之得失也。貴賤非所以考吾之得失于民者也。王安石曰五福六極不言貴賤，何也。曰五福者自天子至庶人，皆可使慕而嚮，六極亦皆可使畏而遠，若貴賤則有定分矣。使人皆慕貴而惡賤，則凌犯篡奪，何所終窮，故于此不言。王者之世，欲賤者之安其賤如此。黄震曰五福不言貴，而言富，蓋三代之法，貴者始富，言富則知其貴，所謂祿以馭其富也。游氏禮記解云。

尚書埤傳卷之十終

尚書埤傳卷之十一

吳江　朱鶴齡長孺　輯
嘉興　朱彝尊錫鬯
休寧　汪文楨周士　訂

旅獒

鄒季友曰五峯胡氏皇王大紀以旅獒爲成王時書或云武王崩周公爲師召音邵公爲保以輔成王召公在武王時必未爲太保也當從胡氏說移篇次于金縢之後愚按篇中如德盛不狎侮及不矜細行等語的是對創業之主言之太保或是史臣追書是時武

王年已幾九十矣召公之語諄諄如教小兒古大臣愛君多如此不足疑也禹之告舜曰無若丹朱傲丹朱豈所以戒舜者耶

貢厥獒

附考 蔡傳躇階按躇丑略反何休注躇猶超遽不暇以次

惟服食器用

周禮九貢致用一曰祀貢包茅之屬二曰嬪貢絲枲之屬三曰器貢石磬丹漆之屬四曰幣貢玉馬皮帛之屬五曰材貢栝柏之屬六曰貨貢龜貝之屬七曰服貢絺紵纖纊之屬八曰斿貢羽毛之屬九曰物貢魚鹽橘柚

之屬皆服食器用爲要若大賂南金犀革象齒之類則聽之要荒之貢而無所求焉所謂惟正之供也

展親

展孔傳訓誠信朱子曰展省視也不當訓信

盡人心

陳師凱曰君子者人心所同歸狎侮之則失人心矣安能使人盡心于我此解勝蔡

玩人喪德玩物喪志

王十朋曰玩人則以驕而滅敬故喪德玩物則以慾而勝剛故喪志

不作無益至邇人安

漢景帝詔曰雕文刻鏤傷農事者也錦繡纂組害女紅者也此所謂無益害有益者也文帝詔曰鸞旗在前屬車在後吉行五十里師行三十里朕乘千里馬獨先安之此可見異物不足貴也晉惠公乘小駟鄭産也及戰陷于濘爲秦所獲是非其土性之失也周穆公伐犬戎得四白狼四白鹿以歸荒服因不至漢武帝求天馬征伐連年中國罷敝是寶遠物求遠人之失也邇人不安則雖單于稽顙于庭越裳重譯而至何益焉

程子曰人主之勢雖殊方絕俗之所有深山大澤之所生求無

不得蓋上心所好奉之以天下之力也苟能以好珍奇好寶玩之心好賢何岩穴之幽不可求何山林之深不可致

金縢

孔疏此書多用序事體若使周公不遭流言則請命之舉遂無人知史爲此篇蓋美大其事

穆卜

按穆字訓敬訓美訓厚訓清孔傳云敬卜吉凶正是本義蔡氏引李氏說釋爲和又轉爲共去之遠矣新安陳氏以爲昭穆之穆取其幽陰深遠亦牽合

三壇同墠

吳澄曰古禮凡于遠祖之無廟者及宗子去其宗廟而在他國者與支子雖在本國而于禮不得入廟者或有禱告必須墠地爲壇以棲祖考之神周公支子爲臣故不敢告于廟而爲墠以告也

元孫某　丕子之責于天

顧炎武曰周人以諱事神泰誓之言今予發武成之言周王發生則不諱也金縢之言元孫某追錄于武王既崩之後則諱之矣故禮卒哭乃諱

朱子曰晁以道說丕子之責如史傳中責其侍子之責

蓋云上帝責三王之侍子。侍子。指武王也。上帝責其來服事左右。故周公乞代其死。　死生有命。周公豈不知之。然天者制命者也。故欲因三王請代焉。此等舉動。非周公精誠格天不能爲。亦不可爲後世乃爲王莽藉口。周公豈及料哉。

三龜　啓籥見書

按三龜當以周禮大卜。三兆之法爲據。三兆者。一曰玉兆。二曰瓦兆。三曰原兆也。朱子曰或云。三王前各一龜卜之。

鄒季友曰籥與鑰通。卽今鎖也。馬氏注云籥者。藏卜兆書之管按鄭玄易緯注齊魯之間名門戶及藏物之管曰籥周禮管鍵左傳北門之管亦皆訓籥如黃鍾之龠容千二百黍卽黃鍾之律管長九寸者也鎖形如管籥空中以受鍵故或名管或名籥又籥字從竹以形如竹管也鑰字從金以金爲之也蓋鑰是鎖筒鍵是鎖須搢鎖中以搏鍵者卽今鎖匙也禮記月令注誤以籥爲搏鍵器故周禮疏及禮記疏皆承其誤今詳辨于此　占兆之書卽左傳繇音宙辭周禮所云其頌皆千有二百也并是吉言兆頌符同爲大吉也

公曰體

周禮太卜三兆之法其經兆之體皆百有二十又占人云凡卜筮君占體大夫占色史占墨卜人占坼鄭玄注體兆之象也色兆之氣也墨兆之廣也坼兆之璺音問也

金縢之匱中

鄒季友曰蔡傳以金緘之按金謂鎖也即所云籥也王鄭注云縢束也詩緄縢注緄純也縢約也又絲縢注縢緄也廣雅亦云縢緄也蓋藏書之匱金以約之縢以緘之二者兼用故謂之金縢所以致其固也金不可爲縢縢無取于金孔傳云緘之以金而蔡傳因之義殊未安也前啓籥見書乃視卜兆吉凶之書此金縢之匱乃藏

國有大事。穆卜祝冊之書。卜兆之書。占人掌之。但籥而已。卜冊之書。藏在宗廟之中。既金而又縢。啓之則必王與大夫皆弁也。

武王既喪

鄒季友曰。按經世紀年。武王己巳歲即位。至十三年辛巳克商。壬午有疾而瘳。又三年乙酉冬十一月崩。年九十三。成王方十三歲。禮記疏王肅以家語之文。武王崩成王年十三。鄭康成用衛宏之說。武王崩時。成王年十歲。與王肅異也。愚按皇甫謐云。武王定位元年。歲在乙酉。六年庚寅崩。與經世紀年不合。未詳孰的。又按禮記云。文王九十七而崩。武王九十三而崩。大戴禮又云。

文王十五歲而生武王今考武王卽位十三年而伐紂又六年崩則上去文王崩年凡十九歲不得謂十五歲而生武王也況伯邑考爲武王兄俱太姒子是必文王十四歲娶太姒生伯邑考然後次年生武王也左傳云國君十四而冠不聞十四而婚記禮者之言豈可盡信乎【何楷曰】小戴載文王九十七乃終武王九十三而終以無逸考之文王受命惟終身厥享國五十年與小戴九十七終語合惟武王之年汲冢竹書云武王嗣位十七年陟年五十四與小戴大懸絕果如竹書所云則武王嗣位年止三十七伐紂時甫及艾耳中庸何以言

未受命耶若如小戴九十三終之說則武王八十七而伐紂以八十之年娶邑姜爲元妃與之生成王又生叔虞且左傳云邘晉應韓武之穆也序應韓于晉之下年必又幼于叔虞矣何八十以前未聞舉一子八十以後乃縈縈而生若是耶考汲冢周書度殷解云王克殷告叔旦曰惟天不享于殷發之未生于今六十年史記亦采用其語據此文武王四十七嗣位六十克殷爲天子六年而崩是得年六十有六也計文王享年九十七則是五十一歲生武王武王崩時成王年十三則是五十二歲生成王也此似可信姑筆之俟學者考焉

居東二年

汪瓛曰朱子詩傳鴟鴞篇從漢孔氏說弗辟之辟音闢謂誅殺之也鄭氏謂周公以管蔡流言辟居東都則讀爲辭避之避蔡傳從鄭是也流言者危周公間王室然未明所由起何得遽興師問罪廹辟居東都二年然後罪人斯得既曰居東則非東征可知矣意者公雖退居避位必尚多侍衛護從之人及成王感風雷之變而迎之然後奉命東征率友邦御事偕往從前居東護士未嘗易也觀大誥一篇參以豳風數詩可見矣夫以周公之神聖才藝將王師討有罪必不久淹歲月東山詩所

謂三年者居東二年東征又一年也王出郊迎公公必輕身奔赴軍士居東者或未偕行雖行亦不得并留受命東征軍士隨往武庚旣誅歸勞東征之士則三年矣故曰自我不見于今三年惟公退讓而避居東都故再言公孫碩膚以贊美之假令公遭流言之變是非之實未明輒假王命以興師旅將孰知而孰信從之乎朱子晚年亦從鄭說于答仲默書可考也[按]蔡傳謂居東二年東征又三年汪說亦有理但謂周公東征止一年則不然當時商奄四國連兵以叛在今河北山東之地多士所云昔朕來自奄大降爾四國民命孟子所云周公伐奄三年討其君卽東征之事也公之東征未必皆用兵攻戰特經略東方三年而後歸耳

[蔡傳]居國之東不詳其地鄭康成以爲避

居東都愚謂此說是也周公出居非徒避謗遠嫌亦欲
身處要地爲訓兵剪除之計武王克商遷九鼎于雒邑
已有營洛之志三塗嶽鄙之間地據中原河山險固公
之出也官屬侍衛必依舊自隨移鎮其地隱然繫天下
之重使挻亂之徒相顧而不敢竊發非畏恐謝事如後
世大臣引咎角巾歸第者比也況武庚三叔連衡舉事
渡河而南卽是華洛華洛一有變則華山桃林以東反
者四起周事尚可爲哉故公居東都所以收地險靖人
心陰爲鎮撫王室之深謀也應武庚者徐奄淮夷皆在
東方而華洛以南寔然無恐實公爲之控扼所以二年

之久武庚雖聲勢甚盛未嘗發一矢西向也武庚兵出吾知公必有以待之使東都無公則勢亦岌岌矣然方是時內則少主懷疑外則四國倡亂二年之間公得以從容坐鎮者亦恃有二公爲師保同心調護于內也後世權臣安敢輕去君側出則禍不旋踵矣此又論周公者所當知也近人茅坤謂居東是返而居魯如漢時大臣罷免歸國殊不知徐奄與魯接壤公歸魯而徐奄煽亂如故恐事理所不宜有且魯去豐鎬甚遠何以繫屬天下之人心哉

鴟鴞

金履祥曰：鴟鴞之詩，其情危，其辭迫，蓋憂武庚之必叛也。武庚以周公權任間三叔，奄君又以周公見疑嗾武庚。書大傳曰：管蔡流言，奄君薄姑謂祿父曰：周公見疑矣，請舉事。則蹢躅之變，勢所必至。故周公汲汲爲王陳之。鴟鴞比武庚，我子比管蔡，我室比王室。恩勤鬻閔，傷管蔡也。二章言王業之備固，下民敢侮，儆武庚煽亂，則固未易侮也。三章言先王之勤勞。四章言王室孤危，外患必至。其詞不得不迫，旣而成王悟周公，歸管蔡，畀罪卒從武庚叛，蓋其參謀造禍，非一日矣。王樵曰：鴟鴞詩今在東山之前，是貽詩在前，東征在後，甚明。予有辨，詳毛詩通義。

王與大夫盡弁以啓金縢之書

孔傳　皮弁素服以應天　疏云　周禮視朝則皮弁服皮弁每日常服而云質者皮弁白布衣素積裳故爲質也鄭玄以爲爵弁必爵弁者承天變降服　愚按　周公既得卜而後啓籥見書以覩卜兆二公未卜乃先發金縢之書下此可疑故疏云金縢之書有先王災變故事倡王啓之求消伏之術此本鄭康成說當存之

公命

注疏公命我爲句蔡點更之甚當

大誥

史本紀管蔡叛周周公討之三年而畢定故初作大誥金履祥曰三叔武庚同畔而不同情武庚意在復商三叔意在于閒周公也至于奄之叛意不過助商而淮夷之叛其意又在于兼魯于是相挺而起以秦漢之勢言之所謂山東大抵皆反者也其他封國雖多率新造之邦不足禦之故邦君御事有艱大之說有在王宮邦君室之說意在欲閉國自守耳朱子謂大誥緩而不切殊不可曉以今觀之當時邦君舊人固皆與于弔伐之事者也非不知殷之當黜特以事勢艱大故欲違卜自守大誥一篇所以惟釋其艱大

之疑與違卜之說若夫事理則固不待言矣又曰篇中止言殷小腆殷逋播臣三監則略而不顯何也不忍言也親親也其卒誅之何也天下之大義也

弗弔

朱子語錄書中弗弔只如字讀其義如詩所云不弔昊天耳舊解訓弔爲至故音的聲非也

威用

朱子語錄人說荆公穿鑿却不盡然如天降割于我家不少延孔傳不少爲句馬融連延字讀用寧王遺我大寶龜如此點句皆非諸家所及今按洪範云威用六極威用二字仍舊

連讀爲宜

鄙我

左傳華元曰過我不假道鄙我也注云以我比其邊鄙

民獻至圖功

蘇傳周公東征邦君卿士皆疑天下騷動而此十夫者至故周公喜之表其人以令天下漢高祖討陳豨至趙得四人皆封之千戶曰吾以羽檄徵天下兵未有至者何愛四千戶不以慰趙子弟乎此亦周公之意也　鄒季友曰注疏民獻有十夫予翼爲句以于敉寧武圖功爲句按武即武王也句法與後卒寧王圖事敉寧王大

命相同蔡傳以繼訓武雖本爾雅然謂撫定商邦而繼嗣武王文義破碎或云寧武指武王猶稱寧考武王也

在王宮邦君室　考翼

王樵曰始而三叔流言武庚誘之也既而連兵以叛亦武庚脅之也三叔雖愚豈不知武庚得復鄙邑周邦不爲已利乎特一時爲所誘惑耳元吉與建成圖害世民去世民則取建成易耳此武庚之謀也當日邦君御事但知三叔流言之釁而不知武庚首禍之情故有在王宮邦君室之語　陳亮曰武王之伐紂也以至仁順天命以大義拯斯民然君父不以無道貶尊則武庚視太白之旗必有大不忍于中者然而未即死者猶有待也及武王既沒嗣子幼君臣兄弟之間疑間

方興遂挾管蔡之隙以起義成敗之不問姑明吾心奮而爲之雖隕首而不顧余以爲武庚者古之忠臣孝子也世立是非于成敗故無褒而孔氏又諱而不道然則武庚之死越二千載目未之瞑也愚謂周之頑民商之義士況武庚乎同父

此論固不可不存

陳第曰考翼父也詩曰貽厥孫謀以燕翼子是其義也此考翼邦君御事自言其父老後考翼乃作室治田者之父老孔蔡二傳彼此異解皆不可從

伐厥子　勸弗救

蔡傳子以喻百姓姚舜牧曰此即上章若考作室厥子乃弗肯堂之厥子也如此則兄弟喻武王友喻四國民養喻邦君御事尤妥鴟鴞詩既取我子毋毀我室下章

又云胥伐于厥室詩言我子我室此言厥子厥室正相符

王樵曰勸弗救是相勸以弗救如隋人作毋向遼東浪死歌以相感動

穡夫

袁黃曰穡者農之終事也蔡云若農夫去草乃稼之事非穡事矣篇意在終武功故此言紂之亡如既勤敷菑稼事已盡矣今伐武庚是終前人之功如穡人之刈穫也

率寧人有指疆土

黃度曰武王大封同姓韓齊燕魯布在侯服又嘗欲作洛遷九鼎焉是爲有指疆土觀此及武庚鄙周一語則當時邦君御事之言似有欲并棄豫洛以東者矣其時事勢搖動震驚非周公則山東誠難保

微子之命

陳師凱曰序言殺武庚始命微子爲殷後者蓋紂以嫡子立爲天子武庚實爲大宗子微子不過支子耳武庚在爲湯後奉殷祀者武庚也微子不得與也武庚死殷命黜微子始得代之爲殷後也　愚謂不曰宋公之命而曰微子之命蓋周以賓禮待之遂其罔

爲臣僕之心也。宋世家微子啓卒其弟微仲衍立微仲立其子稽始稱宋公樂記云武王下車投殷之後于宋是以成王事爲武王誤也史記云微子先封宋武庚誅復申命之亦誤詳篇中語乃新立國非舊封也○蘇軾曰當武庚叛餘以新造之周侯前代未亡之賢子微子葢處可疑之地禁戒之餘隄防之具宜悉也乃命之曰上帝時歆曰弘乃烈祖曰萬邦作式嗚呼此三代之所以不可及也後世得國必殺其所忌安知天下之禍嘗出于其所不足忌者哉顧炎武曰武王伐商殺紂立其子武庚宗廟不毀社稷不遷是時殷未嘗亡也特不朝諸侯不有天下耳。故書序言三監及淮夷叛。周王相成王。將黜殷作大誥。又言成王既黜殷命。殺武庚命微子啓代殷後。是則殷之亡其天下也在紂之自焚。而亡其國也在武庚之見殺。蓋武庚之存殷者猶幾十年。使武庚不叛。則殷其不黜矣。又曰武王克商。裂土建國不以故都封周之臣。而仍以封武庚者。武王無富天下之心。初不以叛逆之事。疑其子孫也。及武庚既叛乃命微子代殷。而必于宋焉。謂大火之祀。商人是因。弗遷其地也。故宋公朝周。則曰臣也。周人待之。則曰客也。自天下言之。則曰侯服于周也。自其國人言之則以商之臣事商之君無變于其初也蓋自武庚誅而宋復封于是商人知武王周公之心而漸釋其怨懟不平之意與後世人主一戰取人之國而毀其宗廟墟其社稷者不大有異哉

統承先王修其禮物

孔傳二王之後各修其典禮正朔服色與時王並通三統王炎曰自正朔外不遵時王制度愚按春秋不書列國之卿惟宋書司城司馬蓋得自命官也又律曆志以宋曆與顓頊諸曆並稱則正朔亦不奉周家孔說是也

恪慎克孝

微子克孝本無實事可指蔡傳引抱祭器歸周當删

上帝時歆

王氏曰杞之郊也禹也宋之郊也契也宋王者之後得郊天故曰上帝時歆

服命

孔疏服謂殷之本服命謂上公九命愚按周禮春官公之服自衮冕而下如王之服又云上公九命作伯當引之爲據

康誥

孔傳康畿內國名封叔字愚按康國未聞孔以管蔡

霍郕例之也馬融王肅同鄭玄以爲謚號林少潁云康乃叔未封時食采之地此說近之書序謂康誥酒誥梓材三篇皆成王討三監後以殷餘民封康叔而作史記孔傳同左傳祝鮀亦以命以康誥封於殷墟爲成王事今按篇中有朕其弟小子封與乃寡兄勗等語斷非成王所命仲默之辨明且當矣但其次在大誥微子之命之後又不敢遽絀書序爲非及考左傳云周克商蘇忿生以溫爲司寇又云武王母弟八人康叔爲司寇史記亦云似康叔司寇乃繼忿生爲之者而康叔篇中情詞諄複皆慎罰敕法之事其曰外

事。曰外庶子。曰外正。以衞事爲外。正對王朝而言。然
後知康誥雖作于武王。而就國則在成王時也。古者
諸侯多入仕王朝。至春秋猶然。康叔武王愛弟。親賢
之選。故以司寇官之。雖封之于衞。而不出京師。遥領
大藩。或暫遣卽封。司寇如故。觀成王末年。衞侯與太
保畢毛諸公同受顧命。此可證也。周書作雒篇云。武
王克商。建管叔于東。建蔡叔霍叔于殷。俾監殷臣。殷
卽邶鄘。東卽衞也。世紀亦云。管叔監衞。豈康叔留官
京師。故管叔權領其任耶。三監之叛。康叔不與其難。
及武庚既誅。然後以殷遺民七族。陶氏。施氏。繁氏。錡

氏、樊氏、饑氏、終葵氏、等命之就國鎮撫、加地進律、當在此時、但如漢志所云、兼畀邶鄘、則必不然、以地太廣非周制耳、後人因康叔就國在成王時、遂以康誥三篇皆爲周公作、互詳經傳、揆之事理、斯得其實矣。

○附考　蔡傳布茲、鄒季友曰史記注、茲者藉席之名、爾雅釋器云、蓐謂之茲、荀子正論篇注、龍茲、即龍鬚席也、

三月哉生魄　侯甸男邦采衛　周公咸勤

蔡傳始生魄、十六日也、陳師凱曰以召誥考之、周公三月十二日乙卯至洛、先觀召公營洛規模、十四丁巳行

郊禮十五日戊午行社禮十六巳未初基作洛。繼此五日丙號召區分。至二十一日甲子朝乃用書命庶殷諸侯丕作。召誥所謂用書命丕作。即此所謂弘大誥治也。其爲洛誥脱簡何疑。

孔傳此五服諸侯服五百里。侯服去王城千里。甸服千五百里。男服去王城二千里。采服二千五百里。衛服三千里。與禹貢異制。周九服侯甸男采衛蠻夷鎮蕃此會洛邑者。惟内五服也。五服男居其中。男下言邦則五服皆邦可知。

咸勤孔傳皆勞勉五服之人。潘衡曰勤。猶枤杜以勤歸之勤.

孟侯　小子封

孔傳五侯之長謂方伯.疏云五侯之長五等諸侯之長也方伯卽州牧也吳棫曰旄丘詩序言衞不能修方伯連率之職.康叔之爲方伯無疑.

吳棫曰先儒謂康叔受封時尚幼者.以此書稱小子之故.康叔與武王周公皆太姒之子.安得爲尚幼.今陝右之族.凡尊命卑.貴命賤.雖長且老者.亦以小子呼之.表見親愛之意.此稱小子亦然.

克明德愼罰

王樵曰蔡傳引左氏釋明德愼罰見古人說經詞約理明最不易及如虞書說舜無違教無廢事無凶人及此處務崇之務去之皆一言而盡其旨愼罰何以曰務去之觀篇內云以德行罰終云不用罰而用德可見務去之意矣

弘于天至王命

孔傳若德爲句不廢爲句疏云闡大于天之道而爲順德又加之寬容則乃身不廢常在天命蔡傳以弘于天爲句乃身爲句稍覺自然袁黃曰荀子引書云弘覆于天若德裕乃身此葢脫一覆字若德之若猶言汝也如

以注中若是二字爲訓若字則决裂甚矣。袁說本金仁山。愚按

蔡傳弘于天之說。實本易大畜意。程傳極明。

又曰

又曰二字。蔡傳以爲當在無或刑人殺人之下。朱子謂

在非汝封三字之上。或云當在首。與下條又曰要囚服

念五六日一例。

外事　時臬　殷罰

外事。衛國有司之事。呂東萊此解甚當。斷應從之。東齋

陳氏亦云以上言王朝用刑。此章專言衛國之刑。故以

外事別之。猶下章言外庶子外正也。

附考蔡傳臬準限之義。鄒季友曰按說文云臬射的也。注謂射之高下準的也。爾雅云門中橛爲臬。故兼取二義。

陳第曰當汝陳時臬司爲句。方回如此讀言陳是法于所司。使師此殷罰之有倫者用之。與下陳時臬事相對。司者用刑之人。事者有司之事。

孔疏衛居殷墟。又周承殷後。刑書相因。故兼用之。當時刑書或無正條。而殷有故事可兼用。若今律無條。求故事之比也。

要囚

鄒季友曰要囚二字。兩見此章。兩見多方篇。孔蔡于此章皆釋爲獄詞之要孔氏多方篇前釋爲要察獄情後釋爲執其朋黨蔡氏多方篇皆無釋然多方篇兩章文義皆難同此章孔蔡之釋若如孔氏之前後異義則尤不可按孔傳末章因執之説甚當蓋要字讀平聲有約勒之義謂繫束拘攣之也周禮掌囚注云囚拘也拘繫當刑殺者凡囚上罪梏拲（音拱兩手共一木曰拲）而桎中罪桎梏下罪梏以待蔽罪正此義也以此通釋前後三章無不安矣陸氏三章皆音要爲平聲當從之　唐太宗謂羣臣曰死者不可復生決囚須三覆奏頃刻之間何暇思慮自今宜五覆奏正得康誥服念要囚之義歐陽公曰

求其生而不得則我與死者皆無憾也

天顯　惟弔茲　文王作罰

孔疏孝經云則天之明左傳云爲父子兄弟姻媾以象天明是于天理當然爲天顯明之道

弔如蔡傳解音的朱子語錄云音如字言痛憫此得罪之人也

蔡元度曰先責子之不孝然後責父之不慈先責弟之不共然後責兄之不友周禮有不孝不友之刑而無不慈不友之罪即此意也　呂祖謙曰以殷罰治殷俗因人情之所安也以文王罰誅不孝不友撥殷亂之所在

也。

外庶子至諸節

黄度曰：庶子，即周禮諸子之官，諸子掌教治國子，以訓人爲職，諸侯異其名，故稱庶子。禮記疏：天子謂之諸子，諸侯謂之庶子，其所職掌同。孔疏：獨舉諸子之官者，以訓戒公卿子弟，最爲急也。正官之人，若周禮三百六十職之長，小臣有符節，若爲官行文書而有符，如今之印章，非行道之符節也。

不能厥家人

朱聚曰：不能厥家人，如左傳云，不能其大夫，至于君祖母以及國人也。

作求

蘇傳作求者，爲民所求也。王弼曰，無者求有，有者不求所與，危者求安，安者不求所保，火有其炎，寒者附之，已苟安焉，則不寧方來矣，是以謂作求。愚按作求，與詩世德作求同，此說亦有理，存之。

勿用非謀非彝

陳大猷曰爲治有不易之定論，通行之常道，明德愼罰是也，舍是則爲非謀非彝，王恐康叔惑于異説，謂民難以德化，易以刑服，如封德彝之惑太宗者，故戒以勿用。

肆汝小子封

蔡傳肆未詳董琮曰肆語辭如肆徂厥敬勞肆往姦宄皆語辭愚按爾雅肆故今也注云肆既爲故又爲今疏云肆爲故今因上起下之語

酒誥

按此書作于武王之時故篇中誥戒止及崇飲若如孔傳說以爲周公誅武庚代成王作則其時殷遺未靖又不當專以毖酒爲言矣

妹邦

孔傳妹地名紂所都朝歌以北是也愚按沬水名因以名地鄘詩沬之鄉矣可見妹土屬鄘非衞地黄度曰妹沬古字通

沬水在衞之北康叔時爲方伯故得以敎命及之

誥敎小子　惟曰我民

孫奕示兒篇文王戒飲酒于庶邦則曰誥毖于小子則曰誥敎庶邦指士大夫而言故以毖戒之毖之爲辭嚴小子指民而言故以敎戒之敎之爲辭寬嚴以責士大夫寬以責小民處之各有道也

惟曰二字蒙文王誥敎言之廸小子至心臧敎父兄之立訓聽至惟一敎子弟之承訓也蔡傳文王言我民亦嘗訓導其子孫常字恐當字之誤

羞耇合羞饋祀

鄒季友曰蔡氏于前羞耇之羞訓養後羞饋祀之羞訓進均言克羞而異訓不可也按羞亦訓膳周禮所謂庶羞也克羞耇惟君謂能以膳奉耇老供君上也惟語助辭與禹貢惟木同克羞饋祀謂能以膳羞饋食鬼神或云臣民無享君上之禮然觀豳七月之卒章則古亦有之

黃度曰本禁湎酒乃教其民以孝養之飲教其士大夫以燕饗之飲福胙之飲使民能勤于職業士大夫能進于德行而羣飲之樂不足以易之則酒禁行矣夫必甚樂乎此而後能絕意于彼也苟無以趣之而强禁之[illegible]

弗從也。

廸畏天顯小民

天顯卽禮記云天明。孔傳廸畏天爲句。顯小民爲句。文義難通。蔡傳始正之。

百僚庶尹惟亞惟服宗工越百姓里居　越尹人祇辟

陳大猷曰。庶尹。衆官之長。樂正酒正之類。亞。次大夫。服奔走服事者。下士府史之類。宗工。尊官。百姓里居。百官族姓。不仕而居閭里者。

陳啓源曰。孔傳云。於正人之道。必謹身敬法。其身正。不令而行。蓋上言事君。此言率下。以外服內服諸臣。兼有事上率下之責也蔡傳引呂氏說謂尹人爲百官諸侯之長卽上文御事而以上句爲助君成德此句爲助長敬君不知外服內服諸臣卽是御事不得更言助也王炎云經言御事皆兼小大之臣

殷獻臣獻臣百宗工　二史　三爻

殷獻臣謂賢臣常仕商而今里居者獻臣百宗工謂周賢臣之爲百宗工者

薛肇明曰二史掌邦法在王朝則貳冢宰在侯國則居賓友之位吳澄曰內史猶今之內制卽翰林之職外史猶今之外制卽舍人之職也

朱子曰矧惟若疇至定辟古注從爻字絕句荆公從違保辟絕句復出諸儒之表

厥或告曰羣飲至于其殺

袁黃曰羣飲乃紂之遺民所謂庶羣自酒腥聞于上者也商之故都多大家世族法不易行故盡執歸周若係細民康叔自治之可矣何必盡歸京師乎蔡氏又疑其謀爲大奸增本文之所無

方孝孺曰聖人之治天下立法也嚴而行法也恕嚴者所以使民知法之可畏而不犯恕者所以使民知刑罰行于不得已而不怨斯二者其爲事不同其至仁之心一也吾讀酒誥之書疑武

王欲殺羣飲爲過旣而思之武王豈好殺之主哉其爲是言也葢愛其民之深而人不知也示之以姑息陷民于死地而後刑之孰若先之以不可犯之禁使民不陷于罪之爲美乎武王以爲使殷民酗醟而至于爲亂不誅之則害法誅之則害仁不若威之以至嚴使聞吾言者疑吾過察吾意者感爲仁聖人之用心不苟以悅民而民陰受其惠此仁之至也王樵曰周禮司虣（卽暴）掌憲市之禁令禁其以屬游飲于市者若不可禁則搏而戮之丘文莊曰聖王豈以飲食之故戮人哉民不食五穀則死而酒之爲物無之不致傷生有之或以致疾而敗

性蚩蚩者嗜其味之甘忘其身之大不嚴則禁不絕也

按以屬游飲于市群飲也群飲不但周禁自漢以來有之文帝戒爲酒醪糜穀景帝以歲旱禁酤有因事而開禁者賜酺是也

有斯明享

呂祖謙曰明享彰明之使享祿位以示勸也

勿辨乃司

孔傳勿辨八字作一句呂東萊勿辨爲句蔡點最優辨者別其善惡也左傳主齊盟者誰能辨焉可證

梓材

朱子語錄吳才老說梓材是洛誥中書甚好

大家

孔傳卿大夫及都家之政疏云周禮有都家之官都謂王子弟所封及公卿所食邑家謂大夫所食采地王應麟曰周封建諸侯與大家巨室共守之以爲社稷之鎮周禮九兩所謂宗以族得民公劉之雅所謂君之宗之此封建之根本也魯之封有六族焉衞之封有七族焉唐之封有九宗五正焉皆所以繫人心維國勢然古者世臣必有家學內有師保氏之教外有庶子之訓國子之賢者命之導訓諸侯若魯孝公是也使惇惠者教之文敏者道之果敢者諗之鎮靜者修之若晉公族大

夫是也。教行然後託以安危之寄，而國有與立矣。

戕敗人

附考　蔡傳引漢律。按：疻音與咫同。薛宣傳注：以杖手毆擊人，剝其皮膚腫起青黑，而無瘡瘢者，律謂疻痏。

王啓監

陳大猷曰：周禮建牧立監以維邦國，自黃帝已立左右監，以監視萬國，乃諸侯之長也。康叔孟侯，故稱之爲監。

金履祥曰：按逸周書，武王之封諸弟，蓋以次受封也。先管叔、蔡叔使監殷，其後殷畿內諸侯有不服者，分師俘之，以衞封康叔，以霍封叔處。孟子以管叔監殷爲周公之過有康叔之賢而不使庸非過乎曰凡封于殷墟者皆監殷者也其後獨管蔡三人叛故止曰三監爾其實康叔亦監殷也史記云康叔扞祿父之亂漢儒亦云周公善康叔不從管蔡之亂

尚書埤傳卷之十一

尚書埤傳卷之十二

吳江　朱鶴齡長孺　輯
崑山　許　虬竹隱　訂
同邑　吳兆寬弘人

召誥 音邵

附考 蔡傳三塗嶽鄙。按左傳注。三塗山名。在河南陸渾縣南。嶽謂河北太行。鄙謂都鄙近嶽之地。與與越同。詹與瞻同。

惟二月既望

孔疏洛誥云周公誕保文武受命惟七年。洛誥是攝政七年事也。又洛誥周公曰：予惟乙卯朝至于洛師。此篇云乙卯周公朝至于洛，正是一事。知此二月是周公攝政七年之二月也。　二月，周正建子之二月也。漢志：周公攝政七年二月乙亥朔，庚寅望。

步自周，至于豐。

鎬京謂之宗周。林之奇曰：后稷始封于邰，在漢右扶風斄音台縣。公劉立國于豳，在栒邑豳鄉。太王遷岐山，在美陽縣岐山。文王遷豐，在鄠縣東豐水。武王遷鎬，在長安西南昆明池，所謂鎬池也。岐在邰西北無百里，豳在岐西北四百餘里，豐在岐山東南一百餘里，鎬在豐東二十五里。【朱子曰】豐鎬去洛邑八百餘里。

越若來　經營

【鄒季友曰】蔡傳越若來。古語辭。按堯典篇傳引此越若來三月爲句。而此乃異釋。何也。朱子語錄載劉諫議云。越若。發語辭。來三月。猶云明三月也。又漢律曆志引書武成篇云。越若來三月。既死霸。雖云僞書。然亦可見古人文法句讀皆如此。劉說尤爲有證。不當復釋爲迤邐而來也。　漢志。三月甲辰朔。三日丙午。

【孔疏】經營。考工記所云。匠人營國方九里。左祖右社。面朝後市是也。又周禮注云。上公城方九里。則天子城當

十二里矣孔無明說

庶殷攻位于洛汭　位成

孔傳以衆殷之民治都邑之位于洛水北今河南城也疏云漢地理志河南郡治洛陽縣河南城別爲河南縣莊二十九年傳云凡土功水昏正而栽日至而畢此以周之三月農時役衆者遷都事大不可拘以常制也○陳啓源曰蔡傳以殷民之遷在作洛以前非也周公作洛先之以卜若殷民既遷是後河朔澗瀍又安用卜爲此時四方民已大和會豈無殷民在其間舉殷民則友民可知矣

袁黄曰蔡傳左祖右社前朝後市之位不及城郭說者謂城郭非一時可成故不言若欲一槪成就卽廟社朝市豈易斷手但定基址亦何難耶

用牲于郊牛二　社于新邑牛一羊一豕一

孔傳郊以后稷配故用二牛疏云郊特牲及公羊傳皆云養牲必養二帝牛不吉以爲稷牛是帝稷各用一牛故二牛也王樵曰泰誓蔡傳云郊祭天社祭地至此又云郊祭天地故用二牛前後不合

孔傳共工氏子曰句龍能平水土祀以爲社周祖后稷能殖百穀祀以爲稷社稷共牢疏云泰誓冢土武成后

土傳皆訓社左傳稱句龍爲后土后土爲社是也經文有社無稷稷是社類知其同告之陳祥道曰社祭五土之神稷祭五穀之神凡祭社必及稷以同功均利而養人也祭必有配而社配以句龍稷配以柱商又易柱以棄以其功利足以侔社稷故也王樵曰疏云左傳以社稷惟祭句龍后稷人神而已孔傳從之孝經以社爲土神稷爲穀神稷爲五穀之長句龍后稷配食鄭玄從之今按左氏稱句龍爲后土后土爲社本與黎爲祝融等皆以五行之官死配五行之神句龍配社后稷配稷非卽祀以爲社祀以爲稷也武王告皇天后土本不當引此爲說不然是共工氏子與皇天並尊矣武成孔氏傳云后土社也以后土爲地社卽祭

地。却是。祭法曰。爲羣姓立社爲太社。王自立社爲王社。張子曰。大社。祭天下之地祇。王社。祭京師之地祇。最分明。以此知天地不合祭。亦別無北郊以祭地也。陳經曰。郊不曰新邑者。郊在國外。社在國內故也。王氏曰。于尊以簡爲誠。于畢以豐爲貴。故郊用特牲。而社稷備牛羊豕。左傳饋七牢焉。注。牛羊豕各一爲一牢。愚按。圜丘用冬至日。正月祈穀用上辛。而召誥用丁。祀大社王社皆用甲。而召誥用戊者。召誥是告祭。非常禮也。王炎云。周人之郊有二。皆無所用卜。日至而郊。報本也。啓蟄而郊。祈穀也。卜日用辛。則魯禮也。合之而紊其時日。諸儒之失也。此說存之待考。

附北郊辨

胡宏曰古者祭地于社猶祀天于郊也故泰誓曰郊社不修而周公祀新邑亦先用一牛于郊復用太牢于社也記曰天子將出征類乎上帝宜乎社又曰郊所以明天道社所以神地道周禮以禋祀祀昊天上帝以血祭祭社稷而別無地祇之祀四圭有邸舞雲門以祀天兩圭有邸舞咸池以祀地而別無祭社之說則以郊對社可知矣後世既立社又立北郊失之矣王炎曰周禮圜丘戴記謂之南郊又謂之泰壇其名有三其實一也周禮方丘古人所謂大社詩書謂之冢土戴記謂之泰折折則方矣其名有三其實亦一也以周人之行事質之

武王東伐告于皇天后土矣告于皇天則類于上帝也告于后土則宜于冢土也是天地未嘗合祭者一也周公之祭于新邑丁巳用牲于郊戊午社于新邑是天地未嘗合祭者二也至漢匡衡乃有南北郊之說則失先王尊天親地之意矣新莽始有天地合祭祖妣並配之說則失先王之意益甚矣又曰圜丘謂之南郊方丘不謂之北郊所以定天地之尊卑也記曰天子祭天地諸侯祭社稷而公羊氏亦曰天子祭天諸侯祭土諸侯既有社矣謂之祭土不謂之祭地何也吾于孔安國韓嬰之言有證矣天子封土五色以立大社其命諸侯惟以

方邑之土與之使歸而立社是諸侯有社而無五土之大社其祭社也可謂之祭土不可謂之祭地而天子祭天謂之南郊其祭地不謂之北郊皆禮經也夫子曰禮者義之實也祭天于郊南面陽也祭地于社北面陰也天尊地卑王者父天母地不敢悖尊卑之大義也方回曰月令季冬命賦犧牲以共皇天上帝后稷之饗又九州之民咸獻其力以共皇天上帝社稷寢廟山林名川之祀以社稷對皇天上帝則知社即是祭地祇也朱文公解中庸郊祭天社祭地不言后土者省文也亦主胡玉峰之說蓋郊者祭天之所社者祭地之所先王建國

左宗廟右社稷惟天子祭南郊而社則諸侯以下皆得祀之此尊天而親地之義也謂南郊祭天于地上之圜丘北郊祭地于澤中之方丘者出周禮大司樂愚嘗數之圜丘祭天日月從祀東西方丘祭地日月從祀東西是一歲之內天地之祭各一而日月乃兩得從祀可疑一也周郊祀后稷以配天而周禮圜丘祭天並不言配稷之位何也方丘祭地以夏至則夏至之地祇無所配乎可疑二也周正建子則子月南郊午月北郊于禮無礙若建夏正寅月爲歲首則是夏五月先祭地冬十一月後祭天先母後父可疑四也冬至郊天大裘而冕可

也夏至北郊溽暑而大裘可乎可疑五也舊說周制宗
廟向南社稷向北郊特牲祭社之禮君南向于北墉下
答陰之義也又祭法王之大社在庫門內之右所謂分
五色土以茅苞之封諸侯者或者祭地祇即于此社之
壇歟北郊之說惟周禮有之易詩書無一足證假使有
之後世決不可行也又曰以成周之盛而別無祭地之
樂章何也五峰謂社即是祭地載芟春籍田而祈社稷
也良耜秋報社稷也此亦人主親祭周頌別無祭地之
詩即知祈報社稷爲祭地也圜丘方丘見周禮大司樂八變章方虛谷溁闢之以
爲劉歆所擬吳草廬亦議其不經考漢志大司樂乃漢文帝時魏文侯樂工竇公所獻時年一百八十餘矣此

卓自是周之遺書不可謂劉歆僞作然虛谷所論極爲有據存而考焉可也

乃朝用書命庶殷侯甸男邦伯

孔疏 書賦功屬役之書也邦伯方伯也王制云千里之外設方伯卽州牧也周公命州牧使州牧各命其所部不徧舉五服者文略耳

庶殷丕作

林之奇曰 召公營洛自戊申至甲寅七日而成周公繼至自乙卯至甲子十日而用書庶殷丕作周召之規模其敏如此豈後世可及

出取幣　誥告庶殷越自乃御事

王氏曰庶邦冢君諸侯會于洛者因洛成而獻幣所以爲禮且致慶也幣爲庭實故用旅陳旅陳列也篇末用幣卽此出取之幣

陳啓源曰周書御事甚多召誥亦三見皆指治事之臣也蔡傳獨解此御事爲不敢斥王猶今人言執事然則前後皆直稱王又何說耶疏云我爲言誥以告庶殷諸侯及汝御事欲令君臣同聽之此時諸侯皆在故云其實戒成王也如此解儘通

民碞

蘇傳民猶水也水能載舟亦能覆舟物無險于民者矣

呂祖謙曰地之于車莫仁于羊腸而莫不仁于康衢水

之于舟莫仁于瞿唐而莫不仁于溪澗蓋戒險則全玩平則覆也

自服土中

周禮大司徒以土圭之法測土深正日景（景古影字）以求地中日南則景短多暑日北則景長多寒日東則景夕多風日西則景朝多陰日至之景尺有五寸謂之地中（日景後一寸則差千里）疏云周公置五表測日景中表在潁川陽城去中表千里外四方合置一表表皆長八尺凡正日景必以夏日至晝漏中中表之北景長一尺五寸東表在日之東晝漏中巳得夕景西表在日之西晝漏中仍得

朝時之景南表在日之南晝漏中表北景只四寸北表在日之北晝漏中表北景一尺六寸

王先服殷御事比介于我有周御事

【孔疏】周臣恃功或加凌殷士殷人失勢或疎忌周臣新舊不和政必乖戾故召公戒王當先治殷臣使比近周臣必和協政乃可一也

王敬作所不可不敬德

朱子依孔傳九字作一句讀蔡傳以所字爲句眞西山謂蔡說爲長然蔡說實自東萊解所其無逸發之【愚謂】作所與北辰居其所之所同朱子不取東萊說以其傷

乃然巧而不鑿

罔不在厥初生自貽哲命

【孔疏】智愚由學習而至是無不在其初生此初生謂年長解習學非始初生也【葉夢得曰】哲命以明哲爲天所命也王樵曰呂林二氏皆以哲命爲性命然性命之命卽壽命之命非既有昏明之命又有厚薄長短之命也人以孔顏之未得報而疑之乃程子所謂以淺狹之見求之者也

亦敢殄戮用乂民若有功

孔傳民字爲句云順行禹湯所以成功以功卽嗣若功

之功也蔡傳乂字爲句云順導其民則有功二説皆通

正義云聖王爲政當使易從而難犯故令行如流水民從如順風若使設難從之教爲易犯之令雖迫以嚴刑終不用命此民若有功之説也

讐民百君子越友民

孔傳解讐民百君子越友民作一句讀頗難通蔡傳更之以讐民爲殷頑民百君子爲殷御事庶士友民爲周民文較順矣但其意以讐訓怨讐之讐與友民相對夫二公方以大澤涣仁化殷民之梗豈顯然目之爲讐耶周尚不讐殷也乃忍讐其民耶愚考讐字義古訓爲匹

爲答。爲應。當此讐民當从匹。言與周家相儔匹之民也。此時武庚雖亡。而殷民與周民猶名相敵。地相次。即周公亦自居小國。而目之爲商王士。此可得儔匹之義矣。謹識之以質高明。

洛誥

范浚曰周有天下。視夏商最爲長久。卒所以失天下者。無令王興復周道。故凌遲而遂亡也。或者過周之東遷。謂爲失計。是知周自東遷而衰。不知東遷非所以致衰也。周居豐鎬。謂洛邑爲東都。蓋自武王之遷九鼎。已有意乎經營矣。周公相成王。成武王之志。卜洛建邑，凡郊土社壝宗廟市朝，無一不備，豈眞無意于遷乎哉。藉令當時無意乎遷，豈無意乎後世子孫計哉。使成王周公無意乎遷，又不爲後世子孫計，何利而爲此紛紛也。以書考之，周公告王使居新邑爲治，王因遂東，故曰戊辰王在新邑烝祭歲，雖不留都，亦旣有事于廟祀矣。東遷何尤，而遽以爲失計哉。謂洛邑形勢不如西周之據崤函界褒隴耶，則泝洛背河，左伊右瀍，轘險要阨，猶足守也。謂洛中土地不如西周之爲九州上腴天地奧區耶，則風雨之所會，水土之所和，交灌沃衍，猶足富也。謂東遷不足以朝萬國耶。則赤芾金舄，宣王固嘗會諸侯矣，謂東遷不足以撫四夷耶，則堅車齊馬，宣王固嘗伐玁狁矣，謂東遷致王室之凌夷耶，則日蹙國百里，周道爲已衰，謂東遷致王威之微弱耶，則下堂見諸侯，君尊爲已替，謂東遷致霸國之盛强耶，則膠舟不復，甚于問鼎輕重，謂東遷致外侮之憑陵耶，則四夷交侵，甚于戎伐凡伯，然則東遷何尤，而以爲失計乎，使西周不有宣王，吾知板蕩之後，不待東遷而無周矣，使遷洛而復有宣王，吾知黍離之初，雖移都而周必興矣，且堯平陽，舜蒲坂，禹安邑，商自契至盤庚屢遷，唐虞夏商之都罔有定止漢世祖都洛陽延祚二百魏孝文亦宅洛陽太和稱治使建國必于西周則前乎周者不都豐鎬何能國乎使東周必不可都則後乎周者或都洛邑何以興乎又況周公卜宅土中諸侯蕃屏乎四面議者謂平王東遷其後齊晉更率諸侯以尊王室故周于三代最爲久長然則周遷于東實資夾輔以永曆年謂致衰可乎○東萊大事記婁敬謂周公營洛邑有德則易以王無德則易以亡乃戰國陋儒之說袁黄曰史載武王謂周公自洛汭延于伊汭居易無固其有夏之居我南望三塗北望嶽鄙顧瞻有河

粤瞻伊洛毋遠天室將營周居于洛則是遷洛者武王之志也武王何以欲遷洛曰豐鎬非無事之地也關中自始皇斥逐匈奴開榆中地數千里形勝始甲天下成周以前帝王所不都無金城千里之固也豳岐之間犬戎居之洮湟以西赤白翟居之而朔方又玁狁窟穴也長蛇封豕偪我郊門勢不得與之錯處故武王謂洛爲有夏之居正以豐鎬鄰于戎狄去中夏遠耳若欲更徙而東則迫近淮夷徐戎又與商奄犄角爲敵仇而貳于我惟有洛介其中西不偪戎東不偪夷三塗嶽鄙大河伊闕之間有險可拒定鼎于

此藉其形勝爲子孫慮遠矣畢命曰愼固封守使洛果平易無固又何以守耶范文正謂洛陽險固表裏山河應接東京屬連關陝太平宜居汴有事必居洛陽其果居易無固者耶傳稱周公卜洛而曰使後世有德易以興無德易以亡此蓋非周公語也周公營洛邑遷殷民身自治之經畫周密無事不爲億萬年計卜年卜世果欲後人易以亡乎武周而取易亡也何不爲禪讓乎堯舜之禪讓或曰聖人愛天下而忘其家此不知堯舜者也朱均之不肖若擁大寶而肆其害必至家滅身殞堯舜惟欲安之故俾退而就臣

列受制于人，然後得享其百里之封，世世弗替，是禪讓者，堯舜之愛其子以及天下也，武周不爲禪讓而置子孫于易亡之地，然則國亡之時，士民有不塗膏釁血，而丘墟井社者乎，安在其爲愛天下也，周公宅洛，本成武志，而乃爲此言，吾不信也。

朕復子明辟

葉夢得曰：復如孟子有復于王之復，自孔氏以復子明辟謂周公攝而歸政，古今儒者從之，獨王氏以爲不然。余考周公踐天子位，以治天下，初無經見，惟明堂位云爾。明堂位非出吾夫子也，蓋武王崩，周公以冢宰攝政，此禮之常攝其政非攝其位也王應麟曰周公得卜復命成王此荆公說也二洗漢儒居攝還政之陋愚考曾子問禮本有攝主之名春秋傳魯隱公不書即位攝也又宋穆公云吾立乎此攝也魯隱宋穆并君位攝之而周公止攝其政事以此不同謂周公未嘗攝者此又非通論也特此篇不及還政觀下文云伻來以圖及獻卜則荆公之說爲不易矣

我卜河朔黎水至亦惟洛食

呂祖謙曰卜都之意主于商民先卜河朔黎水黎水即黎陽者因其所安也意在近地者商民之心意在地中者周

公之心。並列二說以聽於天。卜黎水在先者。先人後己之心也。史漸曰洛邑居天下之中。伊洛瀍澗。實周流于其間。天子南面。則澗水在洛之右。瀍水在洛之左。周公於澗瀍之中。龜兆告吉。遂爲王城。是爲郟鄏。今之河南是也。又循左越瀍水之東。龜復告吉。遂營下都。名曰成周。又曰東郊。以居殷民。今之洛陽是也。二城相距蓋十有八里。疏云洛陽卽成周。敬王自王城遷而都之。春秋昭三十二年。城成周是也。邵寶云王城下都。皆周公之所營也。一則藉平王之遷。一則藉敬王之入。蓋東而又東也。鄒季友曰召公先營王城。已于戊申得卜。乙卯周公至洛。則攻位已成。不應再卜。周公之卜。專爲定下都耳。若卜王城。則不應以河朔爲先鄭注謂黎水近紂都爲殷民懷土重遷故先卜近以悅之是也蓋周公遷殷民初欲處之河北而卜黎水不吉又欲處之澗瀍之地而卜澗瀍又不吉惟卜洛爲吉又卜瀍水東則去河朔亦不遠而瀍水東又不吉亦惟卜洛爲吉遂定下都于洛陽經文周公云我卜而孔傳云使人卜強欲牽合傳會召公之卜爲周公之卜而以澗東瀍西爲卜王城于經文殊不順蓋黎水澗瀍皆周公卜而不吉之地此其謬誤之根而錯亂經旨之尤者也按禹貢蔡傳引地志云瀍澗二水皆在王城之西東南流入洛澗水出黽池縣至新安縣入洛則全在

漢弘農郡界中瀍水出穀城縣至偃師縣入洛則在河南郡界中是王城去瀍水爲稍近去澗水爲甚遠周公卜澗東瀍西乃黽池穀城二縣之間在河南縣之西北卜瀍水東乃偃師縣之東境既非河南王城亦非洛陽下都也又按寰宇記云水經謂瀍水出穀城縣北今驗瀍水西從新安縣東入河南縣界在河南縣治西北六十里經河南縣北境東入偃師縣界而入洛澗水則又在瀍水之西其去河南縣尤遠可知矣故召誥但言攻位于洛汭不言澗瀍也召誥篇首專記召公營王城之事洛誥篇首專記周公營下都之事謂脫簡在康誥四十八字經文

本自明白，而孔氏亂之，竟未有能辨者，敢詳言之，以袪千載之惑。陳經曰：召誥言大保朝至于洛，卜宅，則卜乃召公卜；今周公曰我卜者，二公同心同謀，召公之卜即周公之卜也。愚按：召公卜于戊申，周公卜于乙卯，二人各卜，安得強合爲一。當從鄒晉昭說無疑。

王城與下都皆在河之南，洛之北，距洛近而距河遠。下都尤近洛水，故曰洛陽。西漢爲洛陽縣，河南郡治焉。東漢、魏、晉、後魏皆爲帝都，而王城累代但爲河南縣。至隋大業中，遷都城于河南，并遷洛陽縣于都城中。唐、宋因之，而洛陽舊縣遂廢。愚按：高誘國策注：西周，王城，今河南；東周，成周，今洛陽。史記索隱又云：西周，河南也；東周，鞏也。索隱非與國策注異，蓋唐之鞏縣，即漢之洛陽爾。

匹休　其貞

呂祖謙曰鞏洛實配宗周匹者對宗周之辭王十朋曰鎬京興王之地既作矣作洛以宅中圖治爲匹其休詩作豐伊匹此匹休意同此解勝蔡

按貞訓正而固也盡人事之正以固天命是之謂貞馬融云貞當也蔡傳從之未合

殷禮　咸秩無文

附考 蔡傳五年再殷祭見公羊傳注云殷盛也謂三年祫五年禘胞翟見祭統注云胞肉吏之賤者也翟樂吏之賤者也

王綱振曰觀下惇宗將禮與咸秩無文連說卻此句爲記功功載張本當時宗禮未定功載尚虛大小未授秩次故曰無文所以敎王咸秩之卽命以風厲之無文乃祀典所未載非不載者不得全謂是鬼神也若鬼神無文自屬淫祀何爲咸秩或疑咸秩句注言敘而祭之與下記功無異不知當時篤弼諸臣卿十亂輩有存有亡亡者秩而祀存者秩而記秩祀記功自不相妨此亦一說

功宗元祀

功宗非指作洛謂平時輔弼王室之功也呂祖謙曰論功莫先于宗言宗則凡功臣可得而推矣報功莫重于

配元祀則元慶賞可得而推矣

丕視功載視古與示通漢書示例作視

陳師凱曰功作元祀所以報功臣于既往丕視功載所以勸功臣于方來載之今日又當祀之後日也

孺子其朋

孔傳戒成王慎其朋黨朋黨敗俗所以禁絕疏云火燃焰焰喻朋黨之起以漸益大羣黨既成不可復禁止林之奇曰如漢之朋黨始于甘陵南北部唐之朋黨始于牛李其終縉紳受禍宗社傾危

惟不役志于享

蘇傳小人賄以悅人必簡于禮公戒王責諸侯以禮不以幣恐其役志于物而不役志乎禮則諸侯慢而王室輕矣此治亂之本故公特言之左傳趙文子爲政薄諸侯之幣而重其禮穆叔曰自今以往兵其少弭矣夫以列國之卿輕幣重禮猶足弭兵而王而賄其致寇也必矣唐之衰君相皆可以賄取方鎮爭貢羨餘行苞苴而天子始失其政以致于亾周公之戒王至矣

頒朕不暇　正父　明農

王樵曰孔傳當分取我之不暇而行之按說文頒分也周公嘗不暇于先矣王親政而繼行之是分其所不暇

也若作頌布我所不暇則非告君之體。

或曰武王撥亂反正故稱正父蔡傳引先正未的

孔傳我其退老明教農人以義疏引伏生大傳禮致仕之臣教于州里大夫爲父師士爲少師朝夕坐于門塾而教出入之子弟是教農人以義也

陳師凱曰自肇稱殷禮至此章乃周公在鎬請成王往洛舉祀禮朝諸侯撫萬民證之召誥公至洛定宅即還鎬京觀召公錫公幣由公達王此可見矣自三月至十一月王必當親往新邑舉行大祀諸禮特簡編脫漏耳況梓材庶邦享庶邦丕享等語其爲敬識百辟享之上

下文脫簡尤爲顯然此說本之葉石林吳才老

居師

朱子曰居師營洛邑定民居也愚按此語從四方民大和會來言和恆四方之民居此洛師也

即辟于周辟音壁命公後

王樵曰就君于周周鎬京也蔡氏謂周公本欲成王遷洛以宅天下之中成王則未欲舍鎬京而廢祖宗之舊今考經文初曰自服土中曰宅新邑後止曰來相宅而已是有此意但成王意不果遷必與周召議之已定然後命公留後而經不詳矣及觀漢地理志宗周與洛邑

通封畿乃知都洛者必以關中爲根本營洛之初意亦未嘗舍鎬京也是二都竝建非至後代始有

朱子曰史丞相浩說書却好如命公後衆說皆云命伯禽爲周公之後史云成王歸鎬命周公在後觀下公定予往矣一言便見愚按蔡氏據魯世家伯禽征淮徐在周公東征時以爲周公營洛伯禽就國已久然考文王世子周公踐阼抗世子法于伯禽則攝政時伯禽尚在周也又魯頌云王曰叔父建爾元子俾侯于魯可證封伯禽是成王但未審在何年孔氏以命公後爲命立公後于經文前後語意不協史氏之說已見是于朱子矣

從之何疑。

四輔

孔疏引文王世子設四輔及三公朱子曰四輔猶四鄰也愚謂四輔主洛邑言即後世畿輔之輔耳或曰主鎬京言豳岐豐皆先王之舊都與洛爲四輔。

無斁其康事

陳師凱曰此章之上必有公答王之辭蓋不許王留後之請也上言予沖子夙夜毖祀成王全倚重于公宜公未許留至此曰我無斁于安民之事是王能以安天下自任而不全倚于公宜公下章幡然許留也。

秬鬯二卣　明禋休享

鄒季友曰蔡傳一稃二米稃方無反穀皮也按爾雅秬黑黍秠亦黑黍一稃二米毛氏詩傳同錢氏詩詁云秬是黑黍之大名秠則黑黍中之一稃二米者說文及蔡傳皆言秬一稃二米未知是否按詩傳云秬黑黍也秠一稃二米也爾雅注同邢疏又以一稃二米之黑黍亦可名爲秬蓋本說文蔡傳從之蔡氏謂和氣所生若果爾則非常有之物安得以常供釀鬯鬱金按周禮鬯人掌供秬鬯注秬鬯不和鬱者又鬱人和鬱鬯以實彝注云築鬱金煑之以和鬯酒是鬱爲草名而秬鬯鬱鬯皆酒名鬯者以其條暢也此經文但言秬鬯則是未和

鬱者蔡傳失考陳啓源曰鬱金之氣芬芳條達亦名鬯草鬯之爲義原因鬱得名故文侯之命及左僖二十八年傳皆止言秬鬯而注疏皆以鬱金釋之不必過爲分別卣中尊爾雅孫炎注云尊以彝爲上罍爲下卣爲中郭璞云在罍彝之間即犧象壺著大山等六尊是也未祭則秬鬯盛于卣及祭則鬱鬯實于彝孔疏詩大雅江漢及文侯之命皆言秬鬯一卣告于文人彼一卣此二卣者此一告文王一告武王彼王賜臣使告其太祖故惟一卣耳

按明禋者明潔以禋祀與下禋于文武皆祭名蓋營洛既成成王遣使綏寧周公特以秬鬯之酒命公告于文武故卣用二焉休享謂以太平之美享祭也蔡氏謂事

公如神明又引享賓之禮以證其說恐不然

予不敢宿

鄒季友曰蔡傳宿與顧命三宿之宿同按顧命釋宿爲進爵于神前非謂自飲而進爵也從孔傳不經宿爲優

戊辰王在新邑烝祭歲　逸祝册惟告周公其後　太室祼

愚按戊辰乃十二月戊辰日自召誥惟二月既望越六日乙未至此章所以終七年一歲之事也烝祭卽于戊辰日舉之經文甚明孔傳謂王以十二月戊辰晦到洛明月夏正仲冬始于新洛烝祭孔疏又以算術推之是

年閏九月十二月己亥朔大至三十日戊辰晦周十二月夏正十月也周禮四時之祭舉于仲月烝祭應在周正月故傳以爲在明月明月己巳日即改歲矣其說雖似有據但如此則祭歲作冊又是後一年事末章不當結以惟七年矣況是年閏在九月則十二月內己是夏正仲冬節氣不必又改明月也從蔡傳爲長釋文云馬孔王在新邑絕句鄭讀王在新邑烝是蔡說本之鄭也

鄒季友曰蔡傳逸史佚也汲冢周書克殷篇云王即位尹逸策曰殷之末孫受德云云又云乃命南宮伯達史佚遷九鼎三巫按此則尹逸史佚是兩人此或是尹逸

也讀冊告神謂之祝祭統祭之日一獻君降立阼階之南南向所命者北面史由君右執冊命之葢卽此禮也

按孔傳以此爲成王封伯禽于魯疏又引左定四年命以伯禽謂卽史逸所告之冊恐屬傳會此其後卽上文命公後之後也自應從蔡解但蔡以留守其後爲言則不類留守留後起于唐之中葉安可以之例成周盛時耶

方回曰天地大神不灌者不用降神也祭社稷山川灌用秬鬯不用鬱鬯惟宗廟用鬱鬯以祼詩曰瑟彼玉瓚黃流在中是也鄒季友曰孔疏以圭瓚酌鬱鬯之酒以

獻尸，尸受祭而灌之于地，因奠不飲，謂之祼。按秬米爲酒名秬鬯，祭則煑鬱和之，名鬱鬯。祼必用鬱鬯，取其芳香旁達以降神。郊特牲「鬱合鬯，臭陰達于淵泉」是也。蔡傳言秬鬯灌地，非是。

作冊逸誥

孔疏　祭于神謂之祝，于人謂之誥。袁黄曰　此作冊與上不同，上告神，此告周公也。上記日，此記月，互見也。

惟七年

按　七年，乃成王即位之七年，非謂周公治洛有七年也。蔡傳留後七年而薨，此不知何本。明堂位云周公七年，致政于成王孔疏引王肅注云成王七年營洛邑作召誥洛誥致政成王當據之朱子傳清廟詩曰書稱王在新邑烝祭歲文王騂牛一武王騂牛一實攝政之七年亦用古說姚舜牧曰命公留洛本成王七年十二月戊辰事乃戊辰記于烝祭之始十有二月記于逸誥之時惟七年記于誕保受命之後是古文錯綜之法

多士

呂祖謙曰遷洛之事召誥經營之洛誥考成之多士則慰安之也王氏曰篇名多士書序以爲頑民何也士者在官之總號此書稱士皆其在官者也非民也

且周公于洛誥多士多方等篇未始以殷民爲頑成王命君陳始有無忿疾于頑之語夫殷民不附周謂之頑可也不忘殷謂之頑可乎　此篇稱多士曰商王士曰殷多士曰大邑周曰我小國所以待之者甚重且厚矣非此何以服其心而馴其氣乎

周告商王士

謝枋得曰武王太公既殺紂心焦然不寧君臣合謀惟有興滅繼絕以謝天下以服人心故立武庚于殷盡有畿內之地姑命三叔以監之其王者位號尚與周並立至三監挾淮夷叛始殺武庚始降王爲公黜殷命而封

微子于宋故孔子序微子之命曰成王既黜殷命殺武庚命微子啓代殷又證之周公之誥殷民曰用告商王士可見前此殷命未絶殷王如故此說先儒未道王魯齋解天惟五年須暇之子孫與此合

弗弔

呂祖謙曰述殷喪亡亦曰弗弔此聖人公天下之心

降格

呂祖謙曰天人之際惟極乃通治極則通格于皇天是也亂極亦通惟帝降格是也董子曰天心仁愛人君必出災異以警戒之降格之謂也自絶于天天亦絶之耳

四國　宗多遜

孔疏四國管蔡商奄（與詩傳合）陳大猷曰周公東征一舉而誅四國獨言來自奄者伐奄在後誅奄即歸也

按比事臣我宗多遜言親比我事我臣我以宗法我周臣多遜之美（本陳氏說）即召誥比介于我有周御事意也蔡傳訓宗爲宗周雖本古注文義不合

宅爾邑

周禮大司徒九丘爲井四井爲邑注四井方二里也

尚書埤傳卷之十二

尚書埤傳卷之十三

吳江　朱鶴齡長孺　輯
江都　宗元鼎定九
海寧　陳　熹允文　訂

無逸

呂祖謙曰逸者禍亂之原三年東征治外也無逸陳戒治源也此蓋作于作洛之後成王即政之初

先知稼穡之艱難

先儒有言民生成周之前其命制乎君民生成周之後其命制乎天命制乎君凡所以爲生者皆道命制乎天

凡所以爲生者皆數也。三代之時，豈無水旱蝗螟，民生常如有年者，惟有道以濟數之窮也。人主深居九重，輕民事而一委民命于適然之數，豈天所以立君之意哉。周公七月之詩，陳王業艱難，皆述農桑之候，與無逸此章正相表裏。

殷王中宗

王應麟曰：史本紀，太戊爲太甲之孫。三代表云，太戊，小甲弟。則亦是沃丁弟，太甲子。書正義謂本紀、世表必有一誤。孔傳同本紀，蔡用之。　呂祖謙曰：中宗惟敬，故壽。主靜則淵凝悠裕，自强則堅實清明。操存則血氣循軌而不亂，收

斂則精神內固而不浮自此至文王其壽莫非此理後世人主乃有慕神仙之術以求長生者豈非大愚

爰曁小人

孔疏使與小民同勞其時盖未爲太子也殷道雖質不可旣爲太子更與小人雜居也王樵曰爰曁小人如漢宣帝舊爲小人如漢光武

祖甲

按殷世以甲名者六王史本紀于沃甲陽甲皆云國亂諸侯莫朝又云帝甲淫亂殷道復衰國語亦云帝甲亂之七世而殞自祖甲數至紂恰是七代盖誤以沃甲陽

甲事爲祖甲也嘗據書以正本紀國語之失蔡傳辨之極明

楊慎曰孟子賢聖之君六七作趙岐注謂太甲太戊盤庚等按無逸稱殷之賢君以祖甲與中宗高宗並言而不及太甲則祖甲賢於太甲明矣趙岐不及祖甲何哉余考馬遷作史記未見古文尚書乃取國語帝甲亂之一語而衍之曰祖甲淫亂孔安國又誤以祖甲爲太甲趙岐蓋信史記之過也

惟耽樂之從

蘇傳人莫不好逸欲而其所甚好者壽也以其所甚好禁其所好庶幾必信此無逸之所爲作也然猶不信者以逸欲未必害生也漢武帝唐明皇豈無欲者哉而壽如此矣夫多欲而不享國者皆是也漢武唐明十一而已豈可望哉飲酖食野葛必死而曹操獨不死亦可效

乎。

惠鮮鰥寡

王樵曰惠鮮字難曉蔡傳比舊說有理。（蔡傳本呂東萊）但欠證據史記陸賈云數見不鮮後漢馬宮傳君見不鮮不鮮是漢人語也可證惠鮮之義。黃震曰蔡傳引鮮活之鮮微傷巧按詩云鮮我方將鮮讀平聲訓善作此解惠鮮二字仍相連文義自協。

以庶邦惟正之供　受命

蘇軾曰天下未嘗乏財也昔文王之興國不過百里取民不過十一。當其受命四方之君長交至于其廷軍旅四出以征伐不義之諸侯而未嘗患無財及其衰也內食千里之租外收千八百國之貢而不足于用由此觀之夫財豈有多少哉人君之于天下俯己以就人則易爲功仰人以授己則難爲力是故廣取以給用不若節用以廉取後世不知罪其用之不節而以爲求之未至也是以富而愈貪求愈多而愈不足以供此其爲惑吾未知其所終也

附考　蔡傳送使按唐食貨志分天下之賦爲三一曰上供二曰送使三曰留州使謂諸道節度使也

受命疏云受先君之命鄒季友曰按史文王即位之元

年帝乙之二十九年也帝乙時商道未衰文王受命猶
帝乙命之嗣位十有八年帝乙乃崩紂立文王事紂又
三十有二年

觀逸游田

隱公觀魚莊公觀社觀也唐敬宗日昃不朝逸也周穆
王車轍馬跡游也夏太康畋于洛表田也

胥訓告保惠教誨

程子有言傳德義者在於防聞見之非節嗜好之過保
身體者在於適起居之宜存畏慎之心又如居寢有暬
御之箴臨事有瞽史之導燕居有工師之誦皆謂訓告

保惠而教誨之也。

厥口詛祝

孔疏以言告神謂之祝請神加殃謂之詛詩曰侯詛侯祝。

人乃或譸張爲幻

范祖禹曰明王惟聽正直故讒慝之言不入于耳。暗君好聽邪佞故欺誑之言日至于前林之奇曰以譸張之言妄殺如幽厲之監謗始皇立誹謗法之類。

君奭

書序召公爲保周公爲師相成王爲左右召公不說

周公作君奭程子曰師保之任古人難之召公不說者不敢安于保也愚按此語可證史記召公疑周公之謬　此篇亦作於留洛之後陳大猷曰或謂周公居洛召公獨執政柄所以欲去今考無逸君奭諸篇周公未嘗不在朝以輔王業意其往來鎬洛之間也方是時洛邑雖成而殷民尚未孚四方雖安而天命人心尚未固宜周公之諄諄於留召公歟

弗永遠至尤違

朱子曰諸誥多有長句如君奭弗永遠念天威越我民罔尤違只是一句讀

伊尹伊陟臣扈巫咸巫賢

郝敬曰伊尹相成湯，湯即天子位十三祀崩，又相太甲，至沃丁八祀始薨，見世紀是伊尹殆百歲人也。書序湯勝夏時已有臣扈，至太戊中宗凡百三十年而尚在，是扈乃百餘歲人也。蔡傳謂二人同名伊尹仕湯，至太戊百五十年，而其子伊陟尚在，巫咸事太戊，至祖乙百四十年，而其子巫賢尚在，是皆多歷年所者也。商先功臣不止六人，此舉壽考在位者言之耳。鄒季友曰蔡傳不及傅說，按商之六賢皆以舊臣相嗣君，故周公引之爲比，以留召公，若傅說則高宗所自舉，故不及之，稱五王而不及

其餘賢君亦以此也

陟配天

蘇傳五王配祀于天而其臣亦配祀于廟此殷禮也至周惟郊祀后稷以配天宗祀文王于明堂以配上帝餘不聞配天也黄震曰古說升配天蔡傳以陟爲升遐恐未安升遐主人而言升配主禮而言

上帝割申勸寧王

禮記緇衣引此云在昔上帝周田觀文王之德蓋字之譌也愚按多士云有命曰割殷則割爲割殷何疑大誥云寧王遺我大寶龜則寧王爲武王何疑眞西山謂美

里之囚爲天降割乃所以申勸文王之德特爲緇衣注疏所惑耳又陳新安云若作武王則下接文王脩和有夏必有闕文此亦不然公意益主于武王也此由武王而遡文王後又由文王而及武王正古文錯綜處

虢叔　閎夭泰顛　散上聲宜生　南宮括

孔疏左傳云虢仲虢叔王季之穆也是虢叔爲文王之弟國語文王敬友二虢按虢仲封東虢括地志洛州汜水縣古東虢國是也虢叔封西虢左傳注下陽虢邑在河東太陽縣是也東虢滅于鄭西虢滅于晉

墨子文王舉閎夭泰顛于罝網之中授之政而西土服

周本紀武王及商紂宮散宜生泰顛閎夭皆執劒以衞

又云命閎夭封比干之墓

趙岐孟子注呂望有勇謀而爲將散宜生有文德而爲相王應麟曰孔傳云散氏宜生名按漢書古今人表女皇堯妃散宜氏女當以散宜爲氏愚按史載文王羑里之囚散宜生閎夭求有莘氏美女及文馬奇怪之物因紂嬖臣費仲獻紂紂大說釋之夫湯囚夏臺文王囚羑里而皆不死天之所與桀紂不能違也文王演易羑里惟明天人之道以順受之耳豈有意於必釋乎迨七年之久（羑里之囚七年見左傳）克盡臣節而紂亦悔悟釋之且賜之弓矢得專征伐所以致此者實文王聖德之所感也奚

待于美女之獻乎。況紂之惡，莫甚于冒亂女色。今顧中其所欲以促其亾，亦大非文王服事之心矣。雖脫主于難，不得謂之忠。孟子稱散宜生爲文王見知，葢聖人之徒也，而豈出此哉。爲此說者，必戰國策士之言。太史公好奇而信之，不可不辨。陳啓源曰：此辨偉矣，猶未及文王得釋之故。左傳北宮文子曰：紂囚文王七年，諸侯皆從之囚，紂于是乎懼而歸之。春秋去周初未遠，當得其實，史記所說定誣。

國語：文王咨于二虢，度于閎夭，而謀于南宮。周本紀：命南宮括散鹿臺之財，命南宮括、史佚展九鼎寶玉。

武王惟茲四人

太公與周，不與五人之列。林少穎謂周公所舉皆世臣舊德。故武丁不及傅説，武王不及太公。然太公嘗事文王，不同傅説。東萊謂一時隨舉而言，非評人物者，得之。

誕無我責收罔勗不及

蔡傳：上句疑闕文，下句未詳。陳師凱曰：誕無我責，言大無專責于一人也。收罔勗不及，言召公收斂退避，不勗勉王所不及也。此等句實聱牙難通。

罔不率俾

陳大猷曰：成王伐淮夷踐奄，在此書後，可見當時尚未能罔不率俾。

予不惠

程伯圭曰不惠猶後人自稱不敏不佞也

蔡仲之命

金履祥曰讀蔡仲之命與棠棣之詩未嘗不悲周公之意也嗟乎周公亦幸有蔡仲耳今觀其詞曰攺行曰蓋愆又曰無若爾考之違王命惟幸之深故憂之切憂之切故言之詳周公閔管蔡之失道固不容更有懿親之變也如棠棣之詩自死喪急難以至閱牆之事詞愈詳事愈下感歎愈深蓋處兄弟之變者宜如此也

惟周公位冢宰正百工　管叔蔡叔霍叔　郭隣　卿士

鄒季友曰位冢宰正百工吳氏謂攝政非攝位是也吳才老辨攝政之說見蔡傳實本歐陽公蔡傳于洛誥首章及此篇既言周公無攝政之事亦無七年還政之事而康誥傳云周公攝政七年之三月名誥傳云洛邑既成成王始政則自相牴牾矣蓋成王免喪之後祭祀朝覲雖已親之國之大政則自以幼冲不敢專制而委之周公觀閔予小子諸詩其畏慎可見故周公雖不踐阼而實政自己出至營洛之年成王年二十方始即政則謂之七年還政亦其實也

史世家武王克商封叔鮮于管封叔度于蔡左傳疏僖二十四年

傳富辰言文王之昭十六國蔡在魯上明以長幼爲次賈逵等皆以蔡叔周公兄故杜注從之管蔡世家以蔡叔爲周公弟非也。封叔處于霍。按杜預云管國在滎陽京縣東北蔡叔封汝南上蔡至春秋時平侯徙新蔡昭侯徙九江下蔡孔傳謂叔封圻內之蔡仲封淮汝之間非也。霍國今平陽霍邑春秋閔元年晉侯滅霍既子孫爲國君爲晉所滅知三年之後卽復故封也世家不著霍封爵孔傳云霍侯一孔疏周公惟討管蔡不言討霍叔蓋霍叔聞管蔡流言謂其實然不與朝廷同心罪輕故退之。

郭隣無考蘇傳云郭虢也周禮六遂五家爲隣今按韻

書郭。一音古伯切。古虢郭同音。蓋通用。郭隣豈即三虢之地耶。孔傳以爲在中國之外。則非矣。經言囚。不言流放。

黄度曰。郭隣。逸書作虢。古字通。左傳。制。巖邑也。虢叔死焉。古東虢國。有虎牢城。即漢成皐。其地至今爲險塞。按管叔國在管城。蔡叔國在下蔡。虢近管遠蔡。管叔居商。挾主兵也。蔡叔居虢。以兵塞險。拒周也。蔡叔獲乎此。遂囚乎此。以示天下險不足恃也。以車七乘囚叛人于此。兵衞當嚴也。七乘。五百二十五人之賦。車徒具焉。或曰。使食七乘之稅。所未詳也。黄說與余合。故錄之。

孔疏。周禮。冢宰乃施則于都鄙。而建其長。立其兩。馬鄭云都鄙以封王之子弟在畿內者立其兩立卿兩人是畿內諸侯立二卿定四年左傳說此事云周公舉之以爲己卿士是爲周公畿內之卿士也世家云周公舉胡以爲魯卿士周公不之魯安得使胡爲魯卿士馬遷之謬爾

蘇傳蔡叔未卒仲無君國之理蒯聵在而輒立衛所以亂周公封仲所以必在叔卒之後也

蓋前人之愆

陳傳良曰舜命禹未嘗戒以鯀周公命微子未嘗及武庚今命仲而尤其父者于越人疏之于其兄戚之也父

子兄弟之間猶有諱而不敢盡者是愈疏也成王于仲親親之道也有禹故鯀得以郊有安世延年故張湯杜周得不列于酷吏

無作聰明

陳經曰周公慮仲懲創乃父之愆用意過當反以生事爲功故有此戒王樵曰勿爲貴所動不驕勿爲慧所使不妄制貴易制慧難作聰明者爲慧所使者也

多方

周洪謨曰武王之伐商也書曰前徒倒戈攻于後以北又曰篚厥玄黄紹我周王見休夫何武王甫崩四

國殷民扇亂未已雖化訓三紀之久而閑之尤艱蘇氏謂方紂之虐人在膏火中歸周如流不暇念先人之德及天下稍定人自膏火中出卽念殷先七王如父母雖武王周公之聖相繼撫之而不能禁也是不然向之倒戈而不敵執篚而來迎者非商之臣也乃紂所虐害之烝民也所播棄之黎老也其後不服周而念商者非商之民也乃紂所比暱之罪人也所崇信之姦回也何以明之書曰乃惟四方之多罪逋逃是從是長是信是使又曰爲天下逋逃主萃淵藪則商臣之黨紂虐民者皆天下姦回罪人不可謂不衆

也故孟子謂驅飛廉于海隅而戮之滅國者五十是皆黨紂虐民者也然滅之云者豈噍類無遺哉不過殲其渠魁而餘孽之猶存者不知幾千萬人誅之不可勝誅也既不之誅而子弟念其父兄之死臣僕念其國統之絕者憤怨不已故乘三監之隙而脅其民以叛也多士曰予大降爾四國民命多方曰我惟大降爾四國民命皆謂商民爲所脅者也故寬宥之而不之加誅也雖以四國民命爲言而曰商王士曰爾殷多士曰殷侯尹民曰胥伯小大多正則實告殷臣而非告殷民也畢命曰毖殷頑民亦指殷之餘孽故

下文云世祿之家鮮克由禮茲殷庶士席寵惟舊則極數殷士之惡而無一語以及殷民也讀者不得其意乃謂殷民既怨殷而歸周又叛周而思殷且或謂周之頑民乃殷之忠臣夫殷之臣孰有忠于微子箕子而叛周者非微子箕子乃紂子武庚及其餘黨耳使誠以爲叛周者非紂餘黨乃前日塗炭之民則聖人伐暴救民之意終無以暴白于天下後世而亂臣賊子得以藉口矣故爲詳辨之

王來自奄

孔傳周公歸政之明年淮夷奄又叛魯征淮夷作費誓

王親征奄滅其國五月還鎬京袁黄曰注謂成王即政之明年滅奄非也武王時周公誅紂伐奄三年討其君成王立奄又助武庚叛周公東征誅之厥後成王來伐淮夷遂踐奄踐者至其地也書序謂遷其君于蒲姑蓋此時事未嘗滅之也蔡傳奄不知所在按左傳注奄嬴姓國鄭玄云奄國在淮夷之北說文云在魯括地志云今曲阜縣之奄至鄉是也

內亂

內亂東萊謂妹喜之嬖是也鄭玄云習爲鳥獸之行于內爲淫亂此無稽王應麟曰呂氏春秋伊尹奔夏三

年反報于亳曰桀逃戚于妹喜好彼琬琰按竹書紀年云桀伐岷山得二女曰琬曰琰斵其名于苕華之玉苕是琬華是琰

亦克用勸

呂祖謙曰運言用勸者天下非可驅以智力束以法制惟鼓舞勸導其民使常有欣欣不自已之意乃維持長久之道也黄度曰誅賞利器人主所操以運動天下者也刑之釋之而不能使人勸則其道窮矣故明德之爲尚

天惟五年

孔傳服喪三年。還師二年。是爲五年。愚按還師。謂觀兵也。漢儒以武王十三年。連文王受命九年數之。故有是解。歐陽公已正其非。蔡云。必有指實而言。今亦不敢妄爲之說。

克堪用德

呂祖謙曰夏之亾也。以不克靈承于旅。周之興也。以靈承于旅。文武于德。能勝而用之。其力過賁育遠矣。漢唐賢主。豈無欲布德于天下者。惟力薄而奪于多欲。故駁而不純。是知德非眞力。莫能勝。莫能用也。

又我周王

袁黃曰乂我周王如乂用厥辟之乂謂治其君之事也蔡傳未及

迪屢不靖　圖忱于正

鄒季友曰迪屢二字蔡傳與康誥迪屢未同異釋蓋從孔傳而失之應同前說

陳大猷曰自作不典乃欲人信以爲正蓋四國從殷以求與復自以爲正義也

戰要囚之至于再至于三

姚舜牧曰帝王于不庭之國必先之以文告而後之以征討戰而要囚分明是征討所俘但要束囚繫之不通

加殺耳【孔傳】再謂三監淮夷叛時三謂成王卽政又

叛言迪屢不靖之事

臣我監

監牧伯也如康叔是周禮建其牧立其監

克臬

【鄒季友曰】蔡傳解康誥云臬法也此解作事亦異釋何

耶孔傳云汝無不能用法當從之

和哉

【郝敬曰】當時商舊臣與周臣雜處有附有不附故不和

自作不和者不順于監也爾室不睦者同類相疑也

穆穆在乃位

穆穆和敬服凶人之道也荀子云遇小人而不敬則是狎虎也與此意同

畯爾田　迪簡至大僚

爾田謂胥伯小大多正之祿田也

呂祖謙曰多士序殷民之怨周曰夏迪簡在王庭有服在百僚予一人惟聽用德則以大義裁之此乃以迪簡在王庭有服在大僚爲勸何也爵位上之所命非下之可干自其怨望而許之姑息之政也示以好惡而勸之磨厲之具也此周公御商士之開闔大用也

敬于和

此正戒殷士蔡傳爾民字誤和卽上爾惟和哉之和

王柏曰蘇氏謂康誥大誥多士多方八篇大畧皆爲殷人不服周而作又怪取殷之易安殷之難愚觀此八篇者各有所主非盡爲殷民作也其化殷民之書不過多士多方兩篇而已熟讀之知其有錯簡焉竊謂多方當在前多士當在後多方曰告爾四國多方惟爾殷侯殷民我惟爾大降爾命爾罔不知又曰我惟大降爾四國民命多士曰昔朕來自奄予大降爾四國民命此可以知其先後也多方自首至乃惟爾自速辜中間皆稱多

方知此是多方結語自王曰嗚呼猷告爾有方多士以下皆稱多士則知此乃多士後錯簡也多士曰今爾又曰夏迪簡在王庭有服在百僚多士後段曰爾乃自時洛邑尚永力畋爾田天惟畀矜爾我有周惟其大介賚爾迪簡在王庭尚爾事有服在大僚此又知其一篇前後相應也多士曰爾克敬天惟畀矜爾爾不克敬爾不啻不有爾土予亦致天之罰于爾躬多方後段曰自作不和爾惟和哉爾室不睦爾惟和哉其末云不克敬于和則無我怨又知兩段相連總結于此也多士結王曰之下有闕文當聯多方嗚呼猷一段後又曰時予乃或

言爾攸居當聯多方後又曰下結語如此庶條理貫通
文勢明白今考定二篇于左

多方

惟五月丁亥王來自奄至于宗周周公曰王若曰猷告爾四國多方惟爾殷侯尹民我惟大降爾命爾罔不知洪惟圖天之命弗永寅念于祀○惟帝降格于夏有夏誕厥逸不肯慼言于民乃大淫昏不克終日勸于帝之迪乃爾攸聞厥圖帝之命不克開于民之麗乃大降罰崇亂有夏因甲于內亂不克靈承于旅罔丕惟進之恭洪舒于民亦惟有夏之民叨懫日欽

劓割夏邑。天惟時求民主，乃大降顯休命于成湯，刑殄有夏。○惟天不畀純，乃惟以爾多方之義民，不克永于多享。亦惟夏之恭多士，大不克明保享于民，乃胥惟虐于民，至于百爲，大不克開，乃惟成湯克以爾多方簡代夏作民主。慎厥麗，乃勸；厥民刑，用勸。以至于帝乙，罔不明德慎罰，亦克用勸；要囚殄戮多罪，亦克用勸；開釋無辜，亦克用勸。今至于爾辟，弗克以爾多方享天之命。○嗚呼！王若曰：誥告爾多方，非天庸釋有夏，非天庸釋有殷，乃惟有夏圖厥政，不集于享，天降時喪，有邦間之。乃惟爾商後王逸厥逸，圖厥政，不蠲烝天惟降時喪天惟求爾多方大動以威開厥顧天惟爾多方罔克顧之惟我周王靈承于旅克堪用德惟典神天天惟式教我用休簡畀殷命尹爾多方○惟聖罔念作狂惟狂克念作聖天惟五年須暇之子孫誕作民主罔可念聽乃惟爾辟以爾多方大淫圖天之命屑有辭此段原雜前節先儒疑有闕文不知乃是錯簡言武王雖已受命商之子孫苟能克念有得天之道天亦畀之誕作民主待爾五年矣爾又無可念可聽之德蓋武王在位五年故也今爾辟指武庚言大淫圖天之命應首章○今我曷敢多誥我惟大降爾四國民命爾曷不忱裕之于爾多方爾曷不夾介乂我周王享天之命今爾尚宅爾宅畋爾田爾

曷不惠王熙天之命。爾乃迪屢不靖。爾心未愛。爾乃不大宅天命。爾乃屑播天命。爾乃自作不典。圖忱于正。○我惟時其敎告之。我惟時其戰要囚之。至于再。至于三。乃有不用我降爾命。我乃其大罰殛之。非我有周秉德不康寧。乃惟爾自速辜。

多士

惟三月。周公初于新邑洛。用誥商王士。王若曰。爾殷遺多士。弗弔。旻天大降喪于爾殷。我有周佑命。將天明威。致王罰。敕殷命終于帝。肆爾多士。非我小國敢弋殷命。惟天不畀。允罔固亂。弼我。我其敢求位。惟天

不畀惟我下民秉爲惟天明畏○我聞曰上帝引逸
有夏不適逸則惟帝降格嚮于時夏弗克庸帝大淫
泆有辭惟時天罔念聞厥惟廢元命降致罰乃命爾
先祖成湯革夏俊民甸四方自成湯至于帝乙罔不
明德恤祀亦惟天丕建保乂有殷殷王亦罔敢失命
罔不配天其澤在今後嗣王誕罔顯于天矧曰其有
聽念于先王勤家誕淫厥泆罔顧于天顯民祗惟時
上帝不保降若玆大喪惟天不畀不明厥德凡四方
小大邦喪罔非有辭于罰○王若曰爾殷多士今惟
我周王丕靈承帝事有命曰割殷告敕于帝惟我事

不貳適惟爾王家我適予其曰惟爾洪無度我不爾動自乃邑予亦念天卽于殷大戾肆不正〇王若曰猷告爾多士予惟時其遷居西爾非我一人奉德不康寧時惟天命無違朕不敢有後無我怨〇惟爾知惟殷先人有冊有典殷革夏命今爾又曰夏迪簡在王庭有服在百僚予一人惟聽用德肆予敢求爾于天邑商予惟率肆矜爾非予罪時惟天命〇王曰多士昔朕來自奄予大降爾四國民命我乃明致天罰移爾遐逖比事臣我宗多遜〇王曰告爾殷多士今予惟不爾殺予惟時命有申今朕作大邑于茲洛予

惟四方罔攸賓亦惟爾多士攸服奔走臣我多遜爾乃尚有爾土爾乃尚寧幹止爾克敬天惟畀矜爾爾不克敬爾不啻不有爾土予亦致天之罰于爾躬今爾惟時宅爾邑繼爾居爾厥有幹有年于茲洛爾小子乃興從爾遷〇王曰嗚呼猷告爾有方多士暨殷多士今爾奔走臣我監五祀越惟有胥伯小大多正爾罔不克臬自作不和爾惟和哉爾室不睦爾惟和哉爾邑克明爾惟克勤乃事爾尚不忌于凶德亦則以穆穆在乃位克閱于乃邑謀介爾乃自時洛邑尚永力畋爾田天惟畀矜爾我有周惟其大介賚爾迪

簡在王庭尚爾事有服在大僚○王曰嗚呼多士爾不克勸忱我命爾亦則惟不克享凡民惟曰不享爾乃惟逸惟頗大遠王命則惟爾多方蔡云當作士探天之威我亦致天之罰離逖爾土○王曰我不惟多誥我惟祗告爾命又曰時予乃或言爾攸居時惟爾初不克敬于和則無我怨王肯堂曰告多士亦後于多方特因上記周公畱洛遂幷記之多士多方雖皆公語實則二時今每混而爲一

立政

呂祖謙曰無逸立政二篇相爲經緯以無逸之心明立政之體君道始備

常伯常任至虎賁

呂祖謙曰常伯等即三宅三代之書他無所見意者公卿輔相之别名與官有别名如相曰阿衡保衡三卿曰圻父農父宏父此亦三代輔政别名綴衣虎賁特于侍御僕從中錯舉二者以見其餘耳職重者有安危之寄職親者有習染之移其繫天下之本則一陳師凱曰常任即宅事所職必廣凡任事之大臣也常伯即宅牧主牧養之大臣也準人即宅準主平法之大臣也吳澄曰伯長民者也文武時召公爲伯宣化于外蓋其職也任任事者也文武時周公爲宰兼政于中蓋其職也準人

掌法之官刑法當如準之平故曰準人康叔封衞入爲王朝司寇蓋其職也綴衣幄帳也如幕人掌次之類虎賁衞王者如虎賁氏旅賁氏之類　周公綴衣虎賁與三宅大臣列序而于周禮太宰之職則舉而屬焉武侯所云宫府一體也漢初猶存此意自武帝時内外始隔絶大臣不復與内政而小人專寵用事于中遂致于漸不可制

籲俊尊上帝至九德之行　宅乃事宅乃牧宅乃準

陳師凱曰詩云無競維人人中之俊乃天生之以遺國家者也九德之行即皋陶告禹九德之見于躬行者也

俊非徒才俊必有德如所謂以克俊有德皋陶亦曰九德咸事俊乂在官未嘗岐才與德而二之林之奇曰惟禹以籲俊爲心故其臣亦以薦賢爲務

陳雅言曰宅者居而安之或才德不稱或委任不專皆非宅也東萊謂周公之戒成王綴衣虎賁之外其禮其詞與夏畧同然則圖任三宅爲人君之職者三代告君之常法也表親近之職使人君不敢輕者周公養源之精意也

曰三有俊

呂祖謙曰夏止三宅而已湯三宅外又儲三俊爲天下

長慮也。漢高儲參陵平勃于身後，定再世之亂。孔明儲琬偉允等于身後，亦維持數十年。

庶習逸德　奄甸萬姓。

王樵曰：庶習逸德，如漢成帝與張放等，宴飲禁中，皆飲滿舉白，談笑大噱是也。

奄甸，卽俊民甸四方之甸。鄒李爻曰：周禮小司徒，井牧其田野。注云：井牧者，春秋傳所謂井衍沃，牧隰皋是也。田制一夫百畝，故百畝爲夫，九夫爲井。隰皋之地，九夫爲牧，二牧而當一井。以田有不易、一易、再易，通率二而當一也。什伍，周禮士師，掌其民人之什伍。又族師，五家爲比十家爲聯五人爲伍十人爲聯以受邦職以役國事。

立民長伯

王制屬有長州有伯蓋王官出爲諸侯也

作三事

三宅爲三事卽詩之擇三有事三事就緒也三事就緒依毛傳說

虎賁綴衣趣馬　左右攜僕　庶府

按周禮大司馬虎賁氏掌先後王而趨以卒伍旅賁氏掌執戈盾夾王車而趨太宰幕人掌帷幕幄帟綬之事注云四物皆以綬連繫焉有連綴之義豈綴衣卽幕人

之官乎王臨朝則設之如後世儀鑾司也又大司馬校人掌王馬之政趣馬其屬也詩蹶惟趣馬

王樵曰孔傳左右攜持器物之僕如漢孔光爲侍中執唾壺是也蔡云攜持僕御之人則以爲二事

周禮太府王府內府外府皆屬天官葉夢得曰周外府若漢之大司農以入軍國大用周王府內府若漢之少府以充天子私藏周有太府以兼總之歲終會其入出漢無其官故財賦無考王樵曰太府之屬官非冗賤以財用所關易導人主侈心故特見之

太都小伯　太史　尹伯　庶常吉士

董琮曰周禮注大都公之采地小都卿之采地古人立言之法有互見者如詩鉦人伐鼓之類是也

王制太史典禮執簡記奉諱惡注云諱先王名惡忌日若子卯

孔疏尹伯長官大夫周禮每官各有長如大司樂爲樂官之長大卜爲卜官之長是也王樵曰庖人尹庖內外饔尹饔此呂氏原文也蔡傳漏尹庖尹饔四字

庶常吉士二言而上下蒙之古史之體也文武得人之盛由于任用三宅下文復以三宅參錯言之○陳氏曰文武以一人之聰明豈能周知內外遠近小大之臣哉

三宅大臣人主所親擇其下小大之臣又委之三宅高宗曰惟暨乃僚穆王亦曰愼簡乃僚皆然也[陸贄曰]委任長官簡選僚屬所簡既少所求益精得賢有鑒識之名失賢當闇謬之責[又曰]尊者領其要卑者任其詳是以人主擇輔臣輔臣擇庶長庶長擇佐僚所任愈崇故所擇愈少所試漸下故所舉漸輕

夷微盧烝三亳阪尹

[孔疏]三亳鄭玄云東成皐南轘轅西降谷也一亳而分爲三如云三秦三楚三晉之類[愚按]蔡傳解三亳用皇甫謐之說蒙北亳左傳注梁國蒙縣西北有亳城城中

有湯冢是也穀熟南亳輿地廣記隋唐宋州有穀熟縣

卽商之南亳湯所都也偃師西亳漢地理志河南郡有

偃師縣在西卽湯所居亳也西亳乃帝嚳故都而湯居

之故小序云從先王居後盤庚遷殷卽此地也湯都在

偃師應從鄭氏說詳湯誥

阪險置尹如漢爲西域置都護之比也險阨之地不必

邊裔如陝之崤函趙之井陘鄭之虎牢皆參錯于五服

之閒者

陳傅良曰古之天下無冗官亦無滯人無倖法亦無憾

吏用者必公則未獲者不敢議也顯者必賢則繼者不

敢倖也。內之者非所昵，則外者必不敢競也。遠之者非所怨，則所邇者不敢偷也。是舉天下之官皆可以用人，抱關擊柝府史胥徒士不恥爲也。嘗觀立政之書，論文武得人之盛，而至于夷微盧之衆、三亳阪之尹，皆有常之士，而其選無異于三宅。彼皆遠方也，皆卑職也。遠方非要地，卑職非膴仕，以天下之美才居之，安亦有所不安焉，而莫之問者何也？有君如文武，非棄臣之主；有臣如周公，非蔽賢之相，則遠之非疏之，卑之非薄之也。今之用人，難于久任，非誠難于久任也；難于外任，非誠難于外任也。以古之官視今之官，則今冗也；以古之法視

今之法則今倖也甚冗猶苦其不足甚倖猶恐其不平
無他用者未必公人固不甘于退也顯者未必賢人固
不屑于小也內之者或所昵人斯競于求也遠之者或
所怨人斯難于去也所以官日繁而法日弊也

文王惟克厥宅心

黃度曰人主用人已之心術形焉范正獻謂唐德宗性
與小人合此爲知本之論明王立政必先能自治其心
然後能盡人之心

文王罔敢知于茲

王應麟曰溫公云人君急于知人緩于知事罔攸兼急

于知人也罔敢知綏于知事也漢宣帝綜核名實非不明矣而不能知弘石之奸唐宣宗抉摘細數非不察矣而不能知令狐綯之佞明于小而暗于大也

繼自今我其立政立事準人牧夫　灼知厥若

張氏曰王繼文武以立政可謂難矣難之中自有簡易之道亦曰立事準人牧夫我其克灼知厥若而已知三宅之心即所以立政陳氏曰孔傳謂立政大臣立事小臣以事字爲句非張氏辨句讀甚合經旨立事即所謂宅乃事也下文我周文王立政立事牧夫準人立政下列三宅與此竝有立事字國則罔有立政用憸人繼自

今立政其勿以憸人立政下不列三宅則並無立事字

尤爲顯證

呂祖謙曰物莫不有所順水順而下火順而上蓋有湮之而不下鬱之而不上者矣終非其所順也人豈無矯飾而爲善者苟灼知其所順則心之所安不得遁矣

王樵曰此處備舉三宅官相受民牧之責也和庶獄準之責也和庶慎事之責也此篇三宅有全言之者有舉其一二以包其餘者有變文者變文如任人即常任而又曰常事又曰立事前章常事司牧人即常任常伯是舉其二以包準人也有司之牧夫是舉一以包常任準人也既是舉一以包

二則不必以庶言等三事爲三宅通有也此爲定説

自一話一言

蘇傳道隱于小成言隱于榮華二句出莊子輕任人言不勝其弊以其不勝弊而舉棄之所喪必多矣惟成德之彥不可以小道小言敗也故一話一言終必付之而後可此亦一説

王樵曰一話一事之始終一言一句而已此非言時之至淺正謂小人得行讒間言語爲之階一出話一矢言思慮專主君子斯小人無間而入

克由繹之

呂祖謙曰由繹者由其外而繹其中也由言繹其心由

才繹其德由發舒于一時繹其持久于歲晏陳啓源曰
孔傳能用陳之蓋訓由爲用也蔡氏讀作抽謂抽繹用
之而盡其才雖本漢書燕見紬繹注紬讀抽之語然紬
可通于抽由不可通于紬抽也考字書由茲無音抽者
蔡氏改經不可從

其勿以憸人其惟吉士

呂祖謙曰君惟以別白君子小人爲職文武有庶常吉
士公復以惟吉士望王召公之歌詩王多吉士亦至于
再穆王命伯冏亦云其惟吉士周家父祖所傳師保所
訓子孫所守惟在是焉一代之治體可識矣憸人者便

給佞人正吉士之反周之家法所嚴惡斥絕者也

詰戎兵至不服

呂祖謙曰公非敎王用兵恐其晏安而使之自強如易謙卦言利用侵伐亦是于謙抑之中有自強之意也古人治兵乃所以弭兵後世銷兵乃所以召兵郝敬曰陟猶虞舜陟方之陟方行者方岳巡行也天下乂安王者巡狩六師從行如詩云君子至止韎韐有奭以作六師朝會則必講武所謂詰戎兵也

以列用中罰

蘇傳列猶例也袁黃曰按列與例不同條例之說後世

始有之、刑者、輕有輕刑、重有重刑也、周禮大司寇、刑新國用輕典、刑平國用中典、刑亂國用重典、中罰卽中典也、

尚書埤傳卷之十三終

尚書埤傳　卷十三　三十

尚書埤傳卷之十四

吳江　朱鶴齡長孺　輯
休寧　汪文柏季青
同邑　董　誾方南　訂

周官

朱子曰漢自古文尚書出方有周官伏生所口授無此篇故漢只置太尉司徒司空爲三公而無周三公三少蓋未見古文尚書故也古者諸侯之國只置司徒司馬司空三卿惟天子得置三公三少六卿三公三少本以師道輔佐天子只是加官周公以太師兼

冢宰是以加官而兼宰相之職也後世官職益紊遂以諸子或武臣爲之旣是天子之子與武臣豈可任師保之責耶　邵寶曰立政三宅在周官前周官六卿在立政後立政圖任人而未定其制周禮擬分職而未見于行周官者周禮之綱而立政之成也

巡侯甸　四征弗庭　六服羣辟

孔疏六服而惟舉侯甸者二服去王圻近畧言之爾

左傳注下之事上皆成禮于庭中弗庭言不趨走于王庭也

孔疏周禮九服此惟言六者夷鎮蕃三服在九州之外

夷狄之地，王者羈縻之而已，不可同于諸夏也。程伯圭曰：按周禮行人職云，侯服歲一見，以次五服亦歲一見，是六服者，侯甸男采衛要也。畿內不在其數，然周有九服，而王之巡狩止于侯甸，羣辟承德止于六服，視唐虞之世有間矣。陳啓源曰：蔡傳解六服，數王畿而不及要。夫王畿之內，何待四征之後始承德耶。黃度曰：必六服承德而後董正治官，制度須行，不容或有阻隔也。

侯伯　夏商官倍

左傳注：侯伯，州長也。列職於王，即曰牧，於諸侯則謂之侯伯。王樵曰：侯伯，即益稷之州十有二師也。孔傳以爲

五國之長蓋本五國以爲屬屬有長之說未知唐虞之制然否疏引咸建五長此五長在五服之外豈侯伯也

禮記明堂位有虞氏之官五十夏后氏官百殷官二百周官三百蘇傳堯舜官天下無或失之憂任人而不任法人得自盡也故法簡官少而事省夏商家天下惟恐失之不敢以付人人與法相持而行故法繁官多而事冗後世德日衰故日卑人愈不信而一付之法吏不敢任事相持以苟免故法愈亂官愈多而事不舉人主知此則幾矣

論道經邦燮理陰陽

呂祖謙曰明則邦國幽則陰陽幽明之所以然所謂道也道何待于論論道者擬議以成變化講明而啓沃之也陰陽屬氣天地屬形變理運之者也寅亮承之者也公孤之分于此著矣然弼予一人乃格君心之任獨于孤言之而公反不與焉何也論道經邦變理陰陽未有不自君心者特成王尊三公之至若不敢以身煩之蓋曰斯人也乃造化之友非予一人之弼也邵寶曰道貫天人律天以立人于是乎有論論者謀謨于是乎有經經者政事變理陰陽以是而已考祥焉更化焉以人事而贊天功其道固在我也若曰坐而無爲如陳平丙吉

之云豈知相體者哉。

葉夢得曰：成王以周召爲師保，而太傅無聞。周公沒，召公卽爲保，而不聞設師傅，蓋難之也。陳啓源曰：按賈誼疏云，成王幼在襁褓之中，召公爲太保，周公爲太傅，太公爲太師，則未嘗無太傅也。顧命召太保畢公毛公，三公皆備。又畢公代周公爲太師，不得云周公沒後不設師傅也。石林語尚未核。陳傅良曰：周召以師保爲冢宰，是卿兼三公也。顧命召太保奭以下皆卿也，其人足以兼三公，則加其公之職位，無其人則止爲卿而已。三公三孤皆無其人，則闕焉，而六卿自若也。成周以三公三孤待非常之德，故曰官不必備，惟其人。程伯圭曰：周禮多言三公三孤，但不言其職，蓋三公位尊，出諸

侯之上論道燮理若無所職且官不必備或無其職非如諸卿之分職聯事各相統屬也故不必列之于五官篇也

擾兆民

王安石曰善教者浹于民心而耳目無聞焉以道擾民者也不善教者施于民之耳目而求浹于心以道強民者也擾之爲言猶山藪之擾毛羽川澤之擾鱗介也豈有制哉自然焉爾強之爲言其猶囿毛羽沼鱗介乎一失其制脫然逝矣

司空掌邦土

孔傳司空主國空土。袁黃曰當時行井田之法。民間所授之田。民自治之。惟未授者則空之。而掌于公家。故官曰司空。孔傳空土二字。疏無明訓。據了凡解當讀去聲。然陸氏釋文。未見轉音。當闕所疑。黃度曰周禮司空事官。而此曰掌邦土。蓋凡居于王土者。必有職。有職則各以時制其利。故農之地征。均此利也。工之飭材。成此利也。賈之阜貨。享此利也。皆土物也。則皆邦事也。蓋無有不作而食者。邵寶曰古爲井地。故司空專一卿焉。井田廢則司空職亡。補以考工。而司空職營繕矣。吳澄曰有虞之時。首命作司空。其後又命垂作共工。則知共工與司空乃二職。非一官也。鄭氏以考工補司空。何疎戾耶。王樵曰周禮司空之文。多錯于他官。而遂官尤多。此吳草廬說 漢儒不知本經以考正，而妄謂其闕，因以考工記補之。夫考工記記工事耳，非設官也。故無員缺。且其所謂國有六職者，自明言于下。百工特居六職之一。何可以之當冬官也。

林駉曰：嘗觀周之建官也，百官聽命于六卿，而六卿聽命于冢宰。故出納之要職，宿衛之親人，供奉之近習，布滿王朝者，若不可得而一。不知以冢宰統之，則其權未始不一也。司徒以旗致萬民，宗伯以軍禮同邦國，司馬大合兵以從司寇。凡兵民之權，若不出于一。不知以三公兼之，則其權未始不一也。此上下相維之制然也。又

觀周之建官也或以公兼宗伯司寇或以公兼司馬司
空是公得兼卿職也或以公兼卿大夫或以卿兼軍將
是卿得兼有司也此職任無曠之實然也漢之九卿東漢
百官志九卿者奉常一光祿二衞尉三太僕四鴻臚五少府司農宗正廷尉合爲九即周之六官
唐有六尚書又有九卿寺因乎漢也然周制上下相維
而漢有事權偏重之失周官職任無曠而唐有員數過
繁之弊師成周之意而損益焉不失于偏重不失于過
冗斯得之矣

六年五服一朝　時巡

孔疏計六年大集應六服俱來而此惟云五服孔傳以

五服爲侯甸男采衞葢以要服路遠夘逼四夷不必常能及期故不數也。程伯圭曰周禮云侯服歲一見甸服二歲一見男服三歲一見采服四歲一見衞服五歲一見要服六歲一見此言五服葢指甸男采衞要而侯服之歲見者不在其數也。王廉曰大行人六服朝見以數見者爲親蕃服世一見謂父死子繼及嗣王即位乃一來以其戎狄疏之也周時以洛爲邦畿邦畿方千里其外各以五百里分九服一方五百里者九四千五百里也以二方對計之并邦畿千里通爲萬里今姑以二方計之周公封于魯魯去王畿千有餘里在甸服二歲一見召公封于燕燕去王畿二千餘里在采服甸服之間或三歲四歲一見以周召元臣乃在外服似若疏之者何耶若以禹服計之魯當在綏服燕遠在荒服矣此所未喻。愚按蔡解五服從注疏程說與周官不合大全王氏又謂每一歲二服入見。五服有一年休息。此未知據何書。

黄度曰大行人六服。差遠近爲節次。朝京師。六歲一周。此時見曰會也。十有二歲王巡狩殷國。此殷見曰同也。皆準舜故事。惟五載與十二歲不同耳。自武王時邇後。見于經者。成有岐陽之蒐。康有酆宫之朝。穆有塗山之會。宣有圃田之狩。皆非時巡也。大行人六服。此五服者。又六年時巡。要服見于方岳。不至京師也。

議事以制。

按先儒有云。五帝無傳政。夏商無傳人。又云。繼治世者其道同。繼亂世者其道異。學古之所以必待于裁度也。

公羊九世復讐之說，漢武帝誤信之，以窮兵四夷。周禮國服爲息之言，王荆公誤信之，以貽殃宋室。知好古而不知用古，其弊必至于此。

令出惟行，弗惟反。

按：君者，主令者也；臣者，行君之令而致之民者也。蓋天子之號令，譬之若風霆，如風不能動，而霆不擊物，則造化之機滯，而乾坤之用息矣。易渙汗其大號，汗出而不反者也，與此同義。

惟克果斷。

林之奇曰：猛虎之猶豫，不如蜂蠆之致螫；賁育之狐疑，

不如童子之必至所以貴于果斷也曰克果斷必無非
所斷而斷斷之失

作僞心勞日拙

黄度曰若有所爲而爲卽僞也載僞而行前闕未蓋後
失復彰所以心勞日拙也作僞如公孫弘作德如司馬
君實

三事暨大夫

陳啓源曰詩三事大夫注三事指三公引書此語爲證
黄氏書說亦訓三公蔡傳則云立政三事此以經解經
法也但謂不及公孤公孤無待戒勅則不然上文凡我

有官君子。公孤在其中。已戒勑之矣。此何獨不之及耶。
况六卿上兼師保。立政三事中。豈必無公孤耶。

君陳

鄒季友曰。鄭玄注禮記中庸云。君陳周公之子。汲冢紀年亦以爲周公子。今觀篇中爾尚式時周公之猷訓。與畢命令予祗命公以周公之事。語意畧同。未見君陳之必爲周公子也。使果是其子。不當與畢命同稱周公。　王柏曰。畢公四朝元老。君陳其後進也。周公旣沒。何不卽以畢公代之。葢周公治洛。制度法令已備。恐畢公未必悉遵其舊。君陳則親炙周公。諳練

本末故責之以周公之事焉及商民既安之後始以旌別淑慝屬之畢公此用人之道也

尹茲東郊

鄒季友曰東郊乃下都經文止言東郊者治洛以化殷民爲重也說者謂周公存則王城下都皆自監之周公沒則分東郊使君陳監之王城之事君陳不與今考畢命曰祇命公以周公之事畢公之任即代君陳者也何以見君陳不與王城之事哉此蓋因書序分正東郊一語而誤耳洛與鎬對立故曰分正正長也長治之鄭曉曰東郊是下都亦曰洛邑毖殷頑民遷于洛邑是也

周公師保萬民

黄度曰東郊鄉遂之地也周禮鄉教孝友睦婣任恤鄉有老二鄉公一人無他職事獨與鄉大夫興賢能獻其書于王而已周公以天子三公爲鄉老教其民是之謂師保教其君教其民無異道也

凡人未見聖 至 惟草

蘇傳微獨聖也凡有求而未得也無所答其愛既得則愛衰此人之情也爲人上者不能顯諸仁藏諸用凡所以治民之具畢用而常陳則民狎而玩之矣故教之曰爾惟風下民惟草德復有妙于風者乎

順之于外

王問曰蔡傳引葛氏興仁之說以成王爲失言夫所謂順之于外者只是承君之德意而致之于民亦人臣奉君之常體觀周公誥多士多方一則曰王若曰再則曰王若曰可見以此爲坊後世猶有厚施于民以收君權如齊之田氏者鄧元錫曰此非成王失言蓋有爲言之也殷頑比婦人臣而有施德于民以沒王惠康誥所以深疾夫造譽鰥君者也章美歸君含美從王此正格頑之道大臣之職

吕祖謙曰周公之訓大矣猶欲弘之者繼前人之政苟止以持循因襲爲心其所成必降前人數等惟奮然開拓期以光大前業然後僅能不替葢造始之與繼成其力量不同也

寬而有制從容以和

按蔡傳解從容爲不一于和非是從容與寬和爲類不可與有制爲類也東萊云和中之時大體固貴寬苟無制則流蕩縱肆安能從容以和乎馴擾于品節之中游息于範圍之内斯其所以和也此解得之

簡厥修至或不艮

黄度曰鄉法自閭胥至州長歲時讀法書其德行道藝戒令糾禁備焉修不修皆于此簡别之州長三年大比大考鄉里贊鄉大夫廢興故有進良退不肖之法

膺受多福

鄭伯熊曰人君不言福風俗淳厚偕之大道此人君之福也成王云膺受多福康王云永膺多福皆以商民式化言之天保報上受福之詩也歸之羣黎百姓徧爲爾德詩之意卽成康之意也

顧命

吕祖謙曰天子天下之共主也成王力疾臨廟朝而

命之畢召受遺率諸侯而輔之所以公天位嚴大寶世稱漢武帝拔霍光于宿衛托以幼孤爲知人不知所謂大臣非可寄安危屬存亡者不在此選如周召內爲師保外統諸侯君存則輔政君没則托孤所謂受遺葢其一職也武帝垂没始拔一人付之平時大臣果安用乎無具甚矣林之奇曰後世人主將托後嗣獨引親信入受遺詔謂之顧命之臣漢唐末雖有嫡嗣不能屬于大臣多立自戚宦之手倉卒之際廢立紛然顧命一書誠萬世之法

誓言嗣

鄒季友曰嗣謂嗣君也周禮典命云諸侯之適子誓于天子攝其君注云誓猶命也明樹子不易也告命之詞致其戒勉故曰誓蔡傳不得誓言以嗣續我志從孔傳也未明當

降疾殆

鄒季友曰殆字句當從孔傳云疾苦危殆蔡傳上章兩言疾危殆此却云殆將何也

太保奭至毛公 師氏

朱子語錄召公冢宰畢公司馬毛公司空是三公芮伯司徒彤伯宗伯衞侯司寇是三孤孔氏以高官兼攝下司漢世以來謂

之領故召畢毛皆稱公傳皆稱領而芮彤衛則但稱本爵也彤姒姓之國（黄度云彤國在青州北海縣）餘五國皆姬姓（毛公是文王之子伯爵見左傳）鄭曉曰舊說成周時六卿遷轉三公不然初太公爲太師卒周公代之周公卒畢公代爲太師召公仍爲太保周公爲冢宰卒召公以司空代之代冢宰而不代太師也召公歷三朝皆太保畢公代太公爲司馬而不代太師毛公代召公爲司空而不代太保蓋毛公代榮公爲太傅康叔代太史蘇公爲司寇而不代其太史代太史者逸也（以立政太史司寇蘇公爲一人此注疏之說）

孔疏周禮師氏下大夫掌以媺詔王居虎門之左重其

所掌故序于虎賁之上〔周禮注〕虎門路寢門也門畫虎以明勇猛

兹既受命還出綴衣于庭　王崩

〔鄒季友曰〕兹既受命句還字句還音旋孔傳羣臣已受命各還本位也（〔周禮〕射人掌國之三公孤卿大夫之位三公北面孤東面卿大夫西面）屬下句讀非

附考〔蔡傳〕幄帳〔按〕疏云四合象宮室曰幄王所居之帳也上有承塵皆以繒爲之張于黼扆之上撤縣縣與懸通謂撤去鐘磬也庭路寢之庭

〔鄒季友曰〕成王崩年經典不載漢律歷志云成王即位三十年四月庚戌朔十五日（孔作十六日）甲子即引顧命之

文以爲三十年崩此劉歆說皇極經世書云成王在位三十七年起丙戌盡壬戌

俾爰齊侯呂伋至南門之外

孔傳呂伋太公子爲天子虎賁氏疏云其屬有虎士八百人愚按周禮虎賁氏本下大夫齊侯領之蓋以宿衛王宮爲重也後世功臣子弟爲列侯入宿衛亦其意史記稱太公五世反葬于周是時伋必入爲王官故虎賁百人屬其統領 孔傳將正太子之尊故出于路寢門外使更逆之周禮注路寢門一名畢門 范祖禹曰成王崩時太子必在側特出而迎之所以顯之于衆也

葉時曰虎賁之士。非太宰之屬。而太保得發之。則太宰兼總兵衛亦明矣。然呂伋雖掌兵。非有宰臣之命。則不得以擅發。召公雖制命。非有二卿將命。亦不得以專行。兵權散主。不在一人。可見周人制兵之深意。

設黼扆綴衣

爾雅戶牖之間謂之扆。孔傳屏風畫爲黼黼斧通文。置戶牖間。疏云考工記畫繢之事。白與黑[illegible]　斧。是刀白黑畫屏風。置于扆地。言此于四座之上。蓋黼扆綴衣。四座皆設之。附考蔡傳設帳。按周禮掌次掌凡邦之張事。凡喪王則張席三重。

牖間南嚮　篾席

呂祖謙曰牖序夾房階塾前皆指路寢言之牖間南嚮
就路寢窓牖間南向設此座也間者窓東戶西戶牖之
間也即當宁之所
周禮司几筵云王位設黼扆扆前南向設莞筵紛純加
繅席畫純加次席黼純孔疏篾席即周禮次席鄭玄注
彼云次席桃枝席有次列成文與孔傳合坐席皆敷三
重舉其上而言重知其下更有席也方回曰古天子受
朝皆立燕則坐坐必有席席有重數之不同附考蔡傳
變几仍几按周禮注吉事謂王祭宗廟祼饋繹每事易

几神事文示新之也凶事則不知神之所之仍在位皆設爾

西序　底席

孔疏西序東序路寢之東西廂孫炎云堂東西牆所以別序內外也

孔傳底席蒻苹禮記注謂蒲席爲蒻苹王肅云底席青蒲席也愚按漢書史丹伏青蒲卽此

東序　豐席

孔疏燕禮云君席阼階之上西向知養國老饗羣燕禮同

孔傳豐席莞爾雅莞苻蘺注今西方人呼蒲爲莞蒲又云藺鼠莞注纖細似龍須今蜀中所出莞席也袁黄曰按莞草似藺可以爲席詩上莞下簟是也蔡傳以爲筍席誤

西夾　筍席　玄紛純

孔疏天子之室有左右房房即室也以其夾中央之大室故名夾室此坐在西廂夾室之前金履祥曰天子之屋四霤爲四阿四个而有東西夾大夫士止有東夾然亦不敢爲阿个也今此不言東夾惟言西夾而又南向與當扆同蓋東夾者即初喪宅宗之翼室而西夾者則

新陟王西階之殯宮也卿大夫無西夾則殯于西階之上士殯于客位惟天子有西夾其殯畢塗屋故于西夾爲之

孔傳筍蒻竹玄紛黑綬疏云釋草筍竹萌蓋竹初萌生者是筍爲蒻竹取其皮以爲席也紛者組之小別鄭玄周禮注云紛如綬有文而狹于此注云以玄組爲之緣是也

天子朝覲聽治養老私燕各有定處平居四席各因事而設今則並設于殯前也

越玉五重陳寶　赤刀　琬琰　夷玉　天球　大貝

西房　東房

鄒季友曰越玉五重古今異釋皆未妥恐仍以孔傳爲正越卽前篇亦越之越承上爲義玉五重者弘璧也琬琰也大玉也夷玉也天球也重者一雙也古者雙玉爲瑴陳寶卽赤刀大訓河圖也取玉五重者間于三寶之中所以重寶也此六字總目下乃分別言之大全陳大猷說與此同

孔疏鄭注云赤刀者武王誅紂時刀赤爲飾周正色鄒季友曰蔡傳赤刀赤削也削音笑刀室也今亦作鞘朱其刀室因曰赤刀也禮記少儀云刀授穎削授拊削音

笑正與此同又周禮築氏爲削讀如字却非此也書疏謂削爲刀之別名禮記疏謂削爲曲刀皆因周禮而誤釋耳

孔疏周禮典瑞云琬圭以治德琰圭以易行則琬琰別玉而共爲一重者其形質同也考工記云琬圭琰圭皆九寸古器考圓玉曰璧鋭上曰圭琬有鋒芒琰無鋒芒

袁黃曰爾雅東方之美者有醫無閭之珣玗琪焉許慎馬融鄭玄皆以爲卽此夷玉謂東夷之美玉也蔡傳從孔訓常常則何寶之有

按天球玉之可爲磬者孔疏云雍州所貢璆玉未見球

治故不以禮器名之蔡傳訓鳴球則是樂器不當列之于玉矣

鄒季友曰貝水中介蟲尢眞交趾所產大者至一二尺蒐其甲以備器用或白質黃文或黃質白文或白質如玉紫點爲文皆行列相當書大傳云文王囚于羑里散宜生得大貝如車渠以獻紂鄭玄注云車渠車輞也車輪外圍曰輞大貝如車之渠沈存中云車渠蛤屬生南海中大者如箕皆有渠壟如蚶殼攻以爲器如白玉鄭說非也

鄒季友曰孔傳以東西序爲東西序坐北西房爲西夾室東房爲東廂夾室皆未知何據詳東西序皆有室兩

坐及諸器物皆陳列于室內赤刀以下諸物貴重必陳之于前故言東西序舞衣以下諸物必陳之于後故言東西房或言序或言房變文耳東西兩序之室外卽兩階之前兩塾之內乃五輅所陳之處也

大輅至之前

孔傳大輅玉綴輅金面前皆南向其轅向南先輅象次輅木皆在路寢門內左右塾前北向其轅向北疏云四輅兩兩相配先與大上下相對次與綴上下相對不及革輅者以革路是兵戎之用周禮革輅建太白以卽戎是戎輅卽革輅也于此不必陳之蔡傳以先輅爲木輅次輅兼象輅革輅與孔不同程伯圭曰周禮巾車

五輅惟玉輅金輅無副車象輅革輅木輅皆有副車王乘玉路餘四路皆從是金綴于玉也乘金輅餘三輅皆從是象綴于金也若乘象路革路木路則各自有副車他路不復連綴矣是象輅當附綴路之列不當附次路也路與輅通陳啓源曰周禮巾車玉路爲貴金路次之象與革又次之木路最賤蔡氏知引爲證矣然謂賤者行宜遠而在先故謂之先路象革次之爲次路此以意卜度之耳按禮器云禮有以少爲貴者大路繁纓一就次路繁纓七就郊特牲云大路繁纓一就先路繁纓三就次路繁纓五就注疏謂五就爲是蓋節級相降每加

以兩則三就之下不應七就也要皆以少爲貴則先路貴于次路可知矣又左傳襄十六年鄭伯賜子展先路三命之服先八邑賜子產次路再命之服先六邑時子展位上卿子產位在四則先路貴于次路又可知矣蔡氏既知象貴于木而反以爲次貴于先何其謬耶　孔疏成王殯在路寢下云二人執惠立于畢門之內畢門是路寢之門知陳車輅在路寢門內也左塾者門內之西右塾者門內之東從北面言之爲左右也　程伯圭曰蔡傳殯在西序按成王之殯當在堂上西楹之西序者堂下之室也非殯所在當云殯在西階之上　按檀弓周人殯于西

階之上則猶賓之也此的證

雀弁執惠　階戺　東垂西垂　側階

孔疏 士入廟助祭乃服雀弁于此服之者士衛王殯與在廟同垂旒爲冕無旒爲弁雀弁色赤而微黑如雀頭也惠以下七兵經傳多言戈餘皆無文鄭玄云惠蓋斜刃宜芟刈戈今之句子戟劉今之鑱斧鉞大斧戣瞿蓋今三鋒矛銳矛屬蔡傳引說文云銳當作鈗

孔疏 戺堂廉廉者棱也所立在堂下近于堂棱

按 東垂西垂在堂東西盡簷下疏謂東西堂之階上似太遠

鄒季友曰：蔡傳側階北陛之階，誤。按鄭玄、王肅以側階爲東下階是也。雜記稱夫人升自側階，注亦云旁階也。嗣王自翼室適殯所往還必由之地，故特備儀衛焉。

孔疏：立畢門及夾兩階服弁者，皆士也，以去殯遠，故使士爲之；立堂上堂外服冕者，皆大夫也，以去殯近，故使大夫爲之。先門次階次堂，從外向内而序之也。次東西垂次側階，又從近向遠而序之也。前陳坐位器物，皆以西爲上，由王殯在西序故也。此執兵宿衛之人，則先東而後西者，以新王在東故也。在東翼室。

自狄設黼扆至此，幄座靚深，寶玉煒燁，車輅列峙，兵衞森嚴肅然起嗣王委重投艱懼不克承之意亦顯然示天下以尊無二上正統相傳陰絕覬覦不臣之萌也豈徒壯國華彰備物已哉　蔡傳引東萊論極精陛楯周廬見秦紀執戟見漢紀

麻冕黼裳　賓階　蟻裳

夏撰曰麻冕用極細布即衮冕胡氏曰麻績麻爲布冕冠上板也謂之緇布冠者染布爲赤黑色也凡布八十縷爲一升麻冕以三十升麻爲之是二千四百縷矣蘇傳麻冕之裳四章此獨用黼以釋喪服吉示變也下用蟻裳彤裳而不用纁亦變也禮祭服纁裳朱子曰麻冕

乃是祭服顧命用之者以其立後繼統事于宗廟故也在廟則凶服不可入

孔疏禮君升阼階此由西階升者未受顧命猶以子道自居不敢當主也愚按成王殯在西階之上故升自西階以就殯也

蘇傳禮記子張之喪公明儀爲之志焉褚幕丹質蟻結于四隅殷士也鄭玄云畫褚之四角其文如蟻行往來相交錯殷之蟻結如今蛇文畫豈蟻裳亦爲此文歟

太史・上宗奉同瑁

孔疏太史乃太宗之屬而先于太宗者太史之職掌冊

書此禮圭爲冊命事重故先言之

上宗卽太宗也變文言上者鄭玄云宗伯大小三人此其上二人也一人奉同一人奉瑁愚按同瑁恐無一人并執之體此說當存陳啓源曰按孔傳瑁所以冒諸侯圭以齊瑞信疏云此瑁惟冒圭不冒璧璧亦稱瑞不以齊信未得而聞之也蔡幷言冒圭璧不知何據

三宿三祭三咤

孔疏爾雅云肅進也宿卽肅也三宿謂三進爵者從立處而三進至神所也三祭酒者三酹酒于神坐也每一酹酒則一奠爵于地鄒季友曰禮吉祭尸受酒灌于地

此非吉祭不迎尸故王代神祭酒也

秉璋

附考　蔡傳圭瓚璋瓚按圭瓚者酌鬱鬯之杓杓下有槃瓚卽槃之名也圭爲杓之柄故謂之圭瓚半圭曰璋

拜王答拜二章同

鄒季友曰前太保拜白成王以事畢也王答拜敬所白也後太保拜飲福酒而拜神賜也王答拜代神拜也此非正祭不立尸蔡傳以爲代尸拜非也陳師凱曰此王答召公拜也君在廟門外則全于君在廟門內則全于子冢宰元老大臣先之拜告傳顧命繼之拜爲禮成康

王主喪立柩前其答拜禮亦宜之冢宰傳顧命以相授見大臣如見先王也王答召公拜敬大臣即以敬先王也

廟門

鄒季友曰爾雅室有東西廂曰廟疏云凡太室有東西廂夾室及前堂有序牆者曰廟不專以神居爲廟也上文東序西序即東西廂也東西廂惟路門內有之故獨稱路門爲廟門禮記聘儀云三讓而後傳命三讓而後入廟門三揖而後至階三讓而後升則所謂廟門但指路寢之門而言初非言神居亦非因有殯也周禮司儀載諸侯相見交幣之禮亦

有及廟之交今人尚有廟堂廟廊之語孔氏謂殯之所處故曰廟而蔡氏因之甚泥于神居爲廟也

康王之誥

伏生以此篇合于顧命共爲一篇

王出在應門之內　布乘黄朱　壤奠

孔疏 天子五門皋雉庫應路也顧命畢門卽路寢之門此云王出在應門之內蓋出路門始至應門之內也 鄒季友曰 按應字平聲爲正音去聲爲借音故陸氏于此無音禮記疏云應當也謂南向當朝正門也周禮注天子外朝一內朝二外朝在庫門之外聽獄蔽訟之朝也

治朝在路門之外。王日視治之朝也。燕朝在路門之內。會宗人圖嘉事之朝也。此應門在庫門內。路門外。蓋治朝之所也。　程伯圭曰左右二字當自爲句。言趨而左。趨而右也。

孔傳諸侯陳四黃馬朱鬣以爲庭實。疏云朱非馬色定十年左傳。宋公子地有白馬四。公嬖向魋。魋欲之。公取而朱其尾鬣以與之。是古人貴朱鬣。知朱者朱其尾鬣也。按周禮小行人合六幣。圭以馬。璋以皮。璧以帛。琮以錦。琥以繡。黃以黼。六物以和諸侯之好。下云奉圭兼幣。幣卽此馬是也。王綱振曰黃朱是幣。當依蔡傳後注古人以一爲奇，二爲偶，三爲參，四爲乘，此云布乘黄朱者，言所布黄朱之幣各四也。故下言奉圭兼幣，圭是王朝所須，執以代瑁，此信瑞也。幣是諸侯所獻，執以爲贄，此壤奠也。武成言篚厥玄黄，豳風言我朱孔陽，此黄朱之證也。五色黄中朱正，以象君德，并陳四黄馬而朱其鬣也。按乘不止言馬，左傳以乘韋先可證，此說亦通。壤奠，土壤所出之物，以爲贄而奠于地，如奠雁之奠。諸侯享天子，其物不一，舉圭馬以例其餘。依注疏。鄭玄云：禮，春受贄于朝，受享于廟，此朝兼享禮，與常禮不同。

咸進相揖　誕受羑若

古今考古之揖天子以待臣下以手著胸曰揖蓋雙拱手向胸也下手曰拜。呂祖謙曰二伯率諸侯列門左右朝會分班儀也太保芮伯咸進相揖朝會合班儀也始而分班則諸侯兩列西伯與東伯之位相對今而合班則六卿前列冢宰與司徒之位相次。

袁黄曰說文羑進善也若順也言文武能進善順道故大受天命蔡傳引蘇氏說文王出羑里之四天命始順牽强難通且言文王猶可言武王則益謬矣。周洪謨曰按韻書羑善也若順也誕受羑若者蒙上言皇天改大邦殷之命矣惟周文武大受而善順之大受見極負荷之重善順見有靈承之實也。

丕平富不務咎

［蘇傳］詩歌文王之德曰陳錫哉周言其布大利以賜天下則天下相率而載周依古注及其亡也以榮夷公專利今康王所云丕平富者豈非陳錫布利也歟所謂不務咎者豈非不專利以銷咎怨也哉即位而首言此其與成王皆致州措宜也[redacted]曰易剝象取厚下以安宅益民厚而君可托也乃裒多益寡稱物平施于謙象發之山高則損地卑則益以財分人則貧富均矣平乃厚民第一義也

釋冕

釋冕反喪服東坡嘗非之潘元善以問朱子朱子曰天子諸侯之禮與士庶人不同如伊訓元祀十有二月朔亦是新喪伊尹已奉嗣王祗見厥祖固不可用凶服矣漢唐新主皆行冊禮君臣亦皆吉服追述先帝之命以告嗣君韓文外集順宗實錄中可考蓋易世傳授國之大事當嚴其禮而諸侯以國爲家雖先君之喪猶以爲私服也五代以來此禮不講始終之際殊草草矣葉夢得曰康王此舉必有大不得已而然者蓋成王初卽位猶有三監殷民之變微周公天下未可知況不及成王周公者乎故召公權一時之宜而遽正君臣之分若曰

三年之喪天下之通喪也亦天下之大義也通喪天下之所同大義天子諸侯之所獨故不以通喪廢大義而吉凶又不可相亂則以冕服朝諸侯以爲常禮則不可以爲非禮亦不可傳及後世卒不能奪康王之所爲然後知此書之錄于經非孔子不能權之于道以盡萬世之變也呂祖謙曰顧命成王所以正其終康王之誥康王所以正其始也舜除堯之喪格廟而咨四岳成王除武之喪朝廟而訪羣臣皆百王之正禮然成湯方沒伊尹遽偕羣后侯甸陳訓太甲焉禮固有時而變矣說者不疑太甲受伊尹之訓于居憂之時乃疑康王受畢召

之戒于宅恤之日甚者以晉辭諸侯爲證然則隆周之元老反不若衰晉之陪臣耶　按以上諸說當與蘇說並存胡康侯傳春秋乃云是時成王方崩就殯猶未成服故用麻冕黼裳乃受顧命誥諸侯然後成服宅憂愚謂經文明言王反喪服則先時已成服矣禮天子七日而殯自乙丑至癸酉凡九日無不殯者殯後無不成服之理章俊卿又言古天子諸侯既殯即嗣位改元康王所行正人君即位之常禮春秋時之踰年即位及嗣君稱子乃夫子書之以著其變周制而啓亂源此說吾尤不敢信

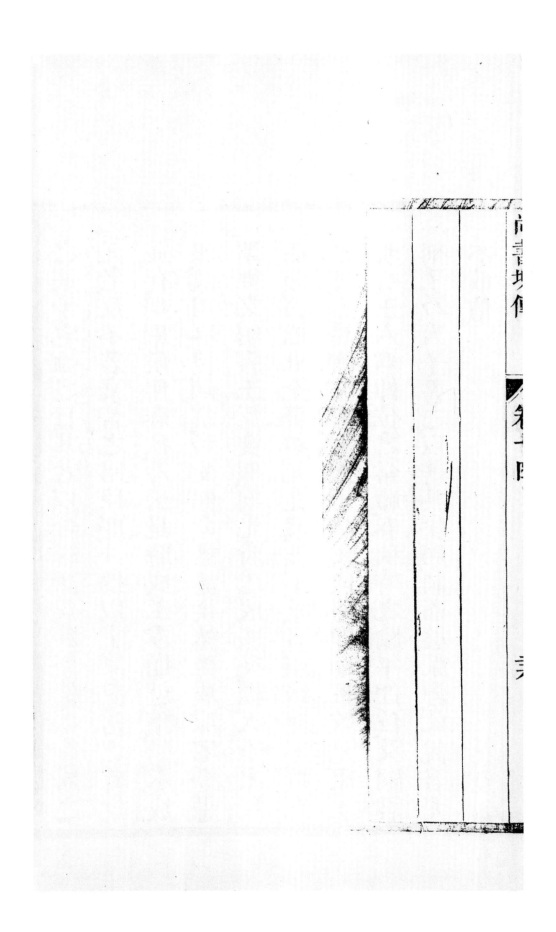

尚書埤傳卷之十五

吴江　朱鶴齡長孺　輯
同邑　包　咸自根　訂
甥　王化浩翊蓍

畢命

金履祥曰分正之命。惓惓于生厚之遷。保釐之册。汲汲于餘風之殄。跡商民之所爲。自秦漢言之。坑戮誅夷而已。而乃待之如此。此所以爲周家之忠厚也。前儒謂東遷之後。衛之俗淫。鄭之俗靡。魏之俗嗇。齊之俗詐。獨東周忠厚之風。數百年不澈。盟向之民。不肯歸鄭陽樊之民。不肯歸晉。及其末也。九鼎寶器。皆入于秦。而周民卒東亡。豈非王化之入人湥乎。

弼亮四世　正色

孔疏　晉語說文王之事云。詢于八虞。訪于辛尹。重之以周召畢榮。則畢公于文王之世。已爲大臣也。

附考　蔡傳　表儀朝著。與宁同　按　左傳叔向曰。朝有著定。杜預注。朝內列位常處。謂之表著。

殊厥井疆　郊圻封守

表厥宅里。殊厥井疆。以商人化商人。此旌別之妙用也。

呂祖謙曰　周公始遷商民。戒長治者不忌凶德。包以大度善惡竝育以安反側也至君陳則商民寖服周化故簡修進良猶未大區別也至康王則世變風移矣苟猶兼蓄竝容則餘孽不除終爲良民之害故命畢公分別里居惡將無以自容勢不得不入于善此周治之成也蓋惟式化之時乃舉此政在易五陽一陰然後可以夬決揚庭不知時義而錯施之爲惡者衆或以召亂

王樵曰畢公分正東郊耳以郊圻封守屬之何也蓋當時洛邑與宗周通封畿宗周方八百里洛邑方六百里東西長而南北短短長相覆爲千里然則洛之封畿卽鎬京之封畿鎬爲洛之根本洛爲鎬之陪輔形勢合而

不可以分周公營洛取四方朝享道里均而已初未嘗欲舍鎬京而廢祖宗之舊也知此乃知康王命畢公申畫慎固之深意

不剛不柔

呂祖謙曰始皇以安危係于匈奴而急之以剛德宗以安危係于藩鎮而緩之以柔皆以致亂

君牙音雅

陳師凱曰君牙稱君必有國武王時芮伯爲司徒伯爵諸侯也君牙或是其後顧炎武曰古有人臣而隆其稱曰君者周公若曰君奭是也成王之書王若曰

君陳，穆王之書，王若曰嗚呼君牙，亦此例也。漢世人主，猶稱丞相爲君侯。

先正舊典

下既言祖考，則上言先正字，自當指爲先賢，不應四句之中，乃爾重複。

冏命

王樵曰金氏以此篇與呂刑，爲穆王末年悔過之書，詳篇首嗣先人宅丕后語，恐非末年所作。

出入起居至不臧

鄒季友曰出入起居，發號施令，正言太僕職掌，蓋太僕掌正王之服位。出入王之大命。掌諸侯之復逆。天子起居號令。皆與有職焉。

繩愆糾謬

黃度曰　繩愆糾謬。諫諍之事也。古者諫無常職。百官官箴王闕。然近而易入。莫如僕御之臣。故穆王專責伯冏以諫諍之事。漢諫大夫議郎博士。與郎官常從。得三代餘意。唐諫官屬兩省。謂之供奉官。隨仗入閤。而勢疏遠矣。

正于羣僕侍御之臣

周禮　夏官。祭僕掌眡祭祀。隸僕掌五寢掃除。戎僕掌馭戎車。齊僕掌馭金路。道僕掌馭象路。田僕掌馭田路。愚按太馭中大夫。太僕下大夫。並見夏官。此乃太僕正也。孔傳以爲太馭非。孔穎達疑下大夫不得爲正。夫太僕之職。王出入則自左馭居左自馭不驂乘避王也而前驅。最爲親近。故以君德責之。豈論官之高下耶。張栻曰公卿進見有時。僕御褻近無間。有時者見其尊嚴。無間者知其情性。是故救過于無事之時易爲力。救過于已發之後難爲功。

愼簡乃僚　便辟側媚

孔疏府史以下。官長所自辟除。命士以上。皆應人主自

選黃度曰如唐時節度使得自選僚佐請命天子而用之非徑自辟除也孔疏便辟者前卻俯仰以足爲恭媚愛也側媚爲側行以求愛

惟貨其吉

呂祖謙曰後世近習更相表裏鮮不以利合舍人才而論貨賄近習之通弊也自盤庚戒總貨寶至此復見之成康文武之隆未數數以貨防其臣也豈非商周之衰乎

呂刑

孔傳呂侯爲天子司寇疏云篇名呂刑經皆言王曰知呂侯以穆王命作書也書傳引此篇之言多稱甫刑大雅崧高云生甫及申王風揚之水云不與我戍甫必子孫改封爲甫也水經注宛西呂城四岳所受封括地志故呂城在鄧州南陽縣西四十里董鼎曰穆王之意重在贖刑故取金作贖刑以爲據孔子未定書以前舜典猶作夏書序者謂訓夏贖刑蓋本諸此鄒季友曰古者刑清律簡至周而律令益繁穆王哀民之易罹于法也故五刑之疑各以贖論觀其訖貨惟富之戒必非爲歛民財而作也刑之可疑者則赦其罪而罰其金乃哀矜敬愼之至

非謂罪皆可贖。而使富者得生。貧者獨死也。一篇之中。察獄情之隱痛。鑒天道之難欺。咨嗟懇惻。諄複詳練。罰贖特篇中之一事耳。小序專言訓夏贖刑。遂使解者肆爲譏詆。惜哉。陳啓源曰呂刑一篇。皆哀矜惻怛之意。其言贖者。不過墨辟疑赦以下數語爾。仲默以爲專訓贖刑。蓋誤解書序也。書序訓夏贖刑。贖謂罰贖刑謂五刑。疏云。罪實則刑之。罪疑則贖之。故竝言贖刑。非是惟訓贖罰也。其語甚明。仲默不察。乃誤合贖刑爲一。又加以專字。而呂刑遂爲黷貨鬻獄之書矣。郯氏善知經意。而歸罪書序。其亦未審正義之言乎。

百年耄（耄字句）荒度作刑以詰四方

【周本紀】穆王卽位。春秋已五十矣。立五十五年崩。【孔傳】穆王卽位過四十矣。【疏云】孔不知出何書。史遷若在孔後。當各有所據。此云百年。乃從生年而數。【蘇傳】荒大也。度量也。（鄭樵說同）【呂祖謙曰】世衰則情僞繁。人老則經歷熟。穆王之時。姦宄日勝。作書于耄年。閱世故。察物情者審矣。故于古今犴獄。言之畧盡。【袁黃曰】穆王命呂侯訓刑。有悔其巡遊之意。故夫子錄之。若是昏亂荒忽。將何以訓耶。【王樵曰】呂侯爲王更定贖刑新制。具載刑書。因諸侯來朝。王使呂侯以書之意告命之。蓋周制五刑。凡二十五百。未有五刑之贖。而此增至三千。又爲五罰。皆呂侯所叅定也。〔周禮〕太宰之職。五曰刑典。以詰邦國。

蚩尤　鴟義　矯虔

〔孔疏〕傳云。九黎之君。號曰蚩尤。按五帝本紀。神農氏世衰。諸侯相侵伐。蚩尤最爲暴虐。黄帝乃徵師諸侯。與蚩尤戰于涿鹿之野。遂擒殺蚩尤。又楚語。少昊氏之衰。九黎亂德。人神雜揉。家爲巫史。禍災薦臻。顓頊受之。乃命南正重司天。火（韋昭引唐尚書云。火當爲北。）正黎司地。是蚩尤在炎帝之末。九黎在少昊之末。二者不得同也。韋昭云。九黎氏九人。蚩尤之徒也。鄭玄云。九黎學蚩尤爲亂者。在蚩尤之後。

袁黃曰　鄭玄云。盜賊狀如鴟梟。按鴟梟陰類。晝伏。伺物而動。得時而張。以比盜賊。最善名狀。

釋詁　虔。固也。韋昭曰　强取爲虔。方言　秦晉之北鄙。燕之北郊。謂賊爲虔。

苗民　惟作五虐之刑　至　劓刵椓黥

孔傳　三苗之君。頑凶若民。疏云　鄭玄以爲顓頊誅九黎。至其子孫爲三國。高辛之衰。又復九黎之惡。堯興誅之。

按　周語云。王無亦監于黎苗之王。楚語云。三苗復九黎之德。韋昭注。少皞氏衰。九黎亂德。顓頊滅之。高辛氏衰。

三苗又亂堯誅之三苗九黎之後也與康成說同堯末其黨在朝舜臣堯又竄之後禹攝政又在洞庭逆命禹又徂征之此族三生凶德故著其惡而謂之民吳澄曰苗民三苗之君也蠻獠之鄉擅自雄長雖君其國非受天子之命也其實一民而已愚按左傳縉雲氏有不才子天下之人以比三凶謂之饕餮下云舜臣堯誅四凶族則饕餮卽三苗也三苗特別于三族以非帝子孫

陳師凱曰呂氏謂古未有五刑制自苗民聖人不得已而用之非也舜典稱象以典刑流宥五刑下文方及誅四凶三苗居一焉蓋五刑其來久矣豈有苗民始作五

刑。舜乃效尤用之之理。鄭殺鄧析而用其竹刑。傳猶譏之。孰謂舜誅三苗。而乃效尤其法乎。經文五刑曰虐。劓刵椓黥曰淫。可見非卽古之五刑。必更于無辜之人暴虐淫縱用之。如紂之炮烙剖心。孫皓之鑿人目。剝人面之類耳。天討有罪。五刑五用。帝王相承。莫之能改。而謂始于苗民乎。椓是椓竅。非止宮刑。黥是黥面。非止墨刑。

遏絕苗民

【孔傳】皇帝。帝堯也。【疏云】此言遏苗民。下卽言命重黎。命重黎是帝堯之事。知此滅苗民亦帝堯也。滅苗民在堯之初興。堯末年又有三苗者。禮。天子不滅國。擇其次立之。此五虐之君。已殄厥世。其改立者。復在朝稱凶族。故竄之。舜典疏云三凶皆王臣。三苗應亦諸侯之國。入仕王朝者。愚按蔡傳以下章命重黎即義和。其爲堯事明矣。而此章皇帝乃釋爲舜。何也。應取注疏正之。

乃命重黎　絕地天通罔有降格　棐常

孔傳重即義。黎即和。堯命義和。世掌天地四時之官。楚語重黎氏世序天地。而別其分主。使人神不擾。各得其序。天神無有降地。地祇不至格天。疏云堯典乃命義和。欽若昊天。即國語所謂三苗復九黎之德。堯復育重黎之後。不忘舊者。使復典之也。愚按據楚語則堯命義和。乃是修復顓頊之政揚雄云羲近重和近黎楊龜山謂羲和非卽重黎也近之而已重黎司天地羲和掌日月春夏陽也故羲近重秋冬陰也故和近黎（左傳稱重爲句芒黎爲祝融釋文重少昊之後黎高陽之後困學紀聞黎實祝融重爲南正而楚世家同以重黎爲祝融謬矣）

王樵曰不曰絕天地通而曰絕地天通者地民也天神也神本無通乎民興之常自于下故曰絕地天通降格卽地天通蘇傳苗民瀆于詛盟神人相亂如左傳虢之亡有神降于莘此類是也

按歐陽永叔本論謂佛老之害在修其本以勝之本于孟子反經反經之說則本于此章彝常也人之元氣實

則邪氣不得干。世之常道明。則誕說無由入。

皇帝清問下民

按皇訓大皇帝猶言大帝也。上章皇帝謂舜。此章謂堯。陳師凱曰表記引德威惟畏。德明惟明。繼之曰非虞舜其孰能如是乎。則皇帝爲舜明矣上言遏絕苗民。此云有辭于苗。明是二時二事。孔傳此章亦以爲堯者。舜之竄苗。在受終居攝以前。其時舜未稱帝也。

伯夷降典折民惟刑　農殖嘉穀

孔疏三后之次。禹功當在先。經首及伯夷者。典禮是民心之所急。將言制刑。先言用禮。刑禮相須重禮。故先言之也。呂祖謙曰當時承蚩尤之後。人心蠱惑已久。未易逮勝伯夷乃降天地人之祀典使知天地之性鬼神之德森然各有明法向之蠱惑者始消蕩無餘所謂折民惟刑也吳澄曰折斷斯民入刑之路後賢亦謂先正神祠然後民知爲善王應麟曰人心不正雖有土不得而居有穀不得而食呂刑所以先伯夷而後禹稷也小雅盡廢其禍烈于洚水四維不張其害憯于阻饑

孔傳農畝生嘉穀農謂三農也前此民猶雜食草木實自稷教稼穡民始殖嘉穀矣蔡傳農訓厚恐不如古注

率乂于民棐彝

蘇傳荀悅有言君子以情用小人以形後漢書荀悅傳作刑用榮

辱者賞罰之精華。故禮教榮辱以加君子。化其情也。桎梏鞭笞以加小人。化其形也。君子不犯辱。况于刑乎。小人不忌刑。况于辱乎。教化之廢。推中人而墮于小人之域。教化之行。引小人而納于君子之塗。此率乂于民之謂也。

訖威訖富　自作元命

王綱振曰訖字當依商書訖我殷命解。謂威福二者盡斷絶也。訖。絶也。言當絶威虐之事與貨賂之門。

按元命注疏皆以壽命言。蔡傳無明解。惟金吉甫云。獄者民之司命。天之所托。生殺予奪。上與天對。此説最佳。

所謂代天討也。

[王樵曰]典獄非訖于威一章。當移置四方司政典獄章下。舊接棐彝句後。語意不倫。威富奪法。乃末世事。虞廷蓋未有此。而訖于威訖于富。亦未足以言皐陶也。穆穆在上章。結上文之意已盡。此下更端。欲令之典獄者。以伯夷爲法。以苗民爲戒。法伯夷。敬忌其要也。戒苗民威富其首也。舊本錯簡無疑。

格命

格[孔疏云]至也。謂至善之命。[或曰]言感格爾心之誥命。

何度非及

蘇傳罪非已造。爲人所累曰及。秦漢間謂之逮。獄吏以不遺支黨爲忠。以多逮廣繫爲利。故大獄有逮萬人者。國之安危。位祚長短。咸係于此。

正于五罰正于五過

王樵曰正于五罰。卽流宥五刑。正于五過。卽眚災肆赦。但穆王新定贖法。罰以贖言。非復古者降等之用矣。

按呂刑所謂正。漢人謂之當。言情法相當也。東萊曰。古者因情而求法。故有不可入之刑。後世移情而合法。故無不可加之罪。

五過之疵

此病在惟出入罪。孔蔡二傳以爲出入人罪。蓋有罪而妄出。則必無罪而妄入也。

五刑之疑有赦五罰之疑有赦　惟貌有稽

黃度曰赦者直免之。刑罰之疑皆直免之。故別出。孔傳刑疑赦從罰。罰疑赦從免。非也。上文不簡不服。皆謂有不盡之情。非疑也。疑則直免耳。

周禮以五辭聽獄訟。辭聽色聽氣聽耳聽目聽也。鄭注辭聽觀其出言。不直則煩。色聽觀其顏色。不直則赧然氣聽觀其氣息。不直則喘。耳聽觀其聽聆。不直則惑。目聽觀其眸子視。不直則眊。王樵曰經文貌字。該氣色耳目。蓋以詢鞫覈其言。因察之于視聽氣息之間也。心在辭。則情在貌。不暇相顧。

罰鍰　閱實其罪　宮辟　五刑之屬三千　上下比罪

至不行　惟察惟法

爾雅鍰六兩。所罰皆銅。大辟千鍰爲銅三百七十五斤。

馬端臨曰閱實其罪。蓋言罪之無疑則刑。可疑則贖。皆當閱其實也。所謂疑者何也。唐虞之時。刑淸法簡。是以贖金之法。止及鞭朴。至周而文繁俗僞。五刑之屬至于三千。若一按之法而刑之。則舉足入穽矣。是以穆王哀之。而五刑之疑。各以贖論。即以大辟言之。其屬二百。豈無疑赦而在可議之列者。如漢世出師失期之類。于法當死。而贖爲庶人。亦其遺意也。或曰。罪疑則降等施刑可矣。何必贖也。曰。古之議疑罪者。降等一法也。罰贖亦一法也。虞書罪疑惟輕。此書上刑適輕下服。降等法也。虞書金作贖刑。此書五刑有贖。罰贖法也。固竝行而不悖也。

【孔疏】宮刑本制爲淫者。後人蒙此罪。未必皆爲淫。如小雅巷伯以被讒。太史公以救李陵。非坐淫也。【王應麟曰】崔浩漢律序。文帝除肉刑。而宮刑不易。書正義。隋開皇之初。始除宮刑。按通鑑。西魏大統十三年三月除宮刑。

非隋也。按疏云。近代反逆緣坐。男子十五以下。不應死者皆宮之。隋開皇初。始除男子宮刑。婦人猶幽閉于宮。孔仲達唐初人。其言必核。

三禮考注書大傳。決關梁。踰城郭而畧盜者。其刑臏。即刖刑。周禮作刖。男女不以義交者。其刑宮。觸易君命。革輿服制度。姦宄盜攘傷人者。其刑劓。非其事而事之。出入不以道義。而誦不祥之辭者。其刑墨。降叛盜賊劫畧攘奪撟虔者。其刑死。呂祖謙曰。周禮五刑之屬二千五百。穆王雖多五百。章而輕刑增。重刑減。墨劓所增皆輕刑。宮所損二百。大辟所損三百。皆重刑。剕無增減。居輕重之間也。

陳師凱曰天下之情無窮刑書所載有限不可以有限之法而盡無窮之情又在用法者斟酌而損益之葢古者任人不任法法所載者任法法不載者參以人上下比罪是也陳大猷曰當上下比罪之時吏多因緣爲奸故戒以無差亂其辭而妄比附用今所不行之法而强比附不行謂昔嘗有此例今不可行如漢長安賈人與渾邪王市者罪當死汲黯曰愚民安所知市買長安中而文吏以爲闌出財物於邊關乎此類乃以不可行者比附也

蘇傳察我心也法國法也內合我心外合國法乃爲得

尚書埤傳　卷之十五

之。

非佞折獄　有并兩刑

王樵曰口給者。屈人以言。不能求情。其獘將有如路溫舒所云。因不勝痛。則飾辭以視之。吏利其然。則指道以明之。上奏畏卻。則鍛鍊而周納之。此酷吏之獘也。然以佞折獄。其流必至于是。

陳師凱曰兩刑。謂一人有兩罪。一罪有二法。并具上之以聽命于上。不敢專也。蔡傳欠詳。

私家

呂祖謙曰以私意而家于獄。謂出沒變化于獄詞之中。

以爲囊橐窟穴也。陳師凱曰私家。如禮記君子不家于喪之家。

五極

不曰五刑曰五極者刑乃毒民之具即洪範六極之極

文侯之命

夏撰曰此書作于平王遷洛初年。錫命文侯。猶有天子之權。苟能自是振刷。周道亦未至盡墜。奈何至曾隱初在位且五十年。竟以不振。故孔子託始隱公而春秋作焉。書終文侯之命。孔子猶有望于平王。春秋始于隱公。孔子蓋絕望于平王也。金履祥曰東遷君臣皆非有中興之才與志平王頽墮前儒固論之矣當是時定難立君惟秦晉鄭衛四國耳秦襄與戎世仇勢亦不兩立其與戎力戰固亦自爲不獨爲王室也平王以岐豐之地與之使之自取時犬戎蟠據平王不得不以許秦秦亦不得不取父子力戰二十一年而始得之固已不暇東略矣傳云周之東遷晉鄭焉依晉居河北表裏山河足爲屏輔然文侯前有殤叔之難後有曲沃之封晉之替實自此始平王命以歸視爾師則固不以興復期之而興復亦豈文侯所能哉平王申出也鄭武公娶于申當桓公敗亡之餘

其衆又散爲南鄭武公以婚姻之故迎王于申立之東取虢鄶以爲巳邑志願足矣遑問王室獨衛武公之賢足以有爲然觀平王戊申之舉則可得其依鄭之心想其柄任衛武未必若鄭武之專且久四國之外又未聞有將兵匡衛者東遷之初事勢如此所以不復能中興也豈獨平王之罪哉○愚按周本紀平王東遷不載歲月以年表推之幽王驪山之禍在庚午平王東遷洛邑在辛未世家郤盡連書于一年愚嘗攷之西周亡後不卽東遷本紀云犬戎殺幽王于驪山下虜褒姒盡取周賂而去諸侯乃卽申侯共立

故太子宜臼，是爲平王。據此則平王先逃在申，諸侯求而立之，立後乃遷洛也。又左傳云：幽王用愆厥位，攜王奸命，諸侯替之，而建王嗣，用遷郟鄏。攜王不言何人，曰奸命，則必不當立而立者。杜預以爲幽王少子伯服，非也。幽王在位十一年，三年嬖褒姒，伯服之生，不過數齡。且幽王以褒姒亡國，褒姒既爲犬戎虜去，必無復立其子之理。考竹書紀年，幽王見弒，申侯、魯侯、許男、鄭子立太子宜臼于申，虢公翰立王子余臣于攜，（攜地未詳所在。）是謂攜王。竹書之言雖未可深信，而攜王則不妄。當是幽王既隕，攜王僭位，諸侯乃共舉兵黜之。而迎立故太子宜臼。其遷洛未定何時。大抵自犬戎發難。至平王東遷。必非止一二年間事。正月詩云。赫赫宗周。褒姒滅之。又云。哀我人斯。于何從祿。瞻烏爰止。于誰之屋。正西周亡後王位未定時作也。竹書又云。攜王爲晉文侯所殺。以此書用會紹乃辟。及多修扞于艱等語驗之。正合。其時衛武公鄭武公秦襄公同獎王室。而平王于文侯獨加殊禮。有秬鬯圭瓚之賜。殆以殺攜王之故歟。太史公紀幽平間事甚略。故爲詳考之如此。

先正之臣

尚書埤傳　卷之十五

鄒季友曰詳先正。蓋指亂臣十人之徒。如言先正保衡。非謂文侯祖父也。唐叔受封時尚幼。未嘗逮事文武。

殄資澤于下民

呂祖謙曰資澤下殄。如詩所謂喪亂蔑資曾莫惠我師。蓋推原禍亂所由本實先撥也。百圍之木。膏液內涸。然後大風得而拔之。未有斯民資澤未殄而戎狄能乘之者也。

會紹乃辟

袁黄曰平王失愛于父。依託母家。此離也。戎殺其父。國統已亡。此絕也。文侯起定其難。正是合其離繼其絕也。

秬鬯一卣

黃度曰周禮九命作伯錫秬鬯。蓋謂以三公爲二伯者。周公宅洛。成王賜秬鬯。其時周公以三公分陝也。召穆公平江漢。宣王賜秬鬯。穆公亦必爲三公。晉文侯不爲三公。而用此禮。考其命辭亦非伯。蓋非周之舊典矣。其後文公不爲三公。而襄王賜之秬鬯弓矢。乃以文侯爲故事。故曰鄭伯傳王用平禮也。

費誓

按費本魯附庸國。併于魯。後爲季氏邑。今沂州費縣西有古費城。去曲阜故城三百里。費非魯近郊。蓋當時治兵于費。○呂祖謙曰徐戎淮夷世爲周患考之大誥及大雅江漢常武二詩自成王至宣王每有叛亂朝廷爲之動搖非小寇也禹之家學見于甘誓周公之家學見于費誓啓之嗣位騾當有扈之變伯禽就封騾當徐夷之擾觀其誓辭曲折纖悉若老于行陣者是以知古聖人之家學葢本末具舉而無所遺也○王應麟曰子夏問金華之事無辟孔子曰吾聞諸老聃曰昔者魯公伯禽有爲爲之也鄭注云有徐戎作難喪卒哭而征之急王事也征之作柴誓後世起復者皆以伯禽藉口考多方篇王來自奄孔注云周公歸周之明年。淮夷奄又叛。魯征淮夷。作費誓。魯世家。伯禽卽位之後。有管蔡等反。淮夷徐戎竝興。于是伯禽率師伐之于肹。費史記作肹作肹誓。二說雖不同。然可證伯禽征淮徐。在周公未沒之時。非居喪卽戎也。左傳殽之役。晉始墨。若伯禽行之。則晉不言始矣。記禮之言。恐非謂費誓也。

徂茲淮夷徐戎竝興

孔傳伯禽爲方伯。監七百里之諸侯。帥之以往征此淮浦之夷。徐州之戎。竝起爲寇。此戎夷帝王所羈縻統叙。故錯之九州之內。秦始皇逐出之。蔡傳徂茲猶云往者本蘇說疏云始皇逐戎夷。經傳不載。始皇距孔君初僅可三四十年。古老猶在。及見其事。故孔知之也。愚按西周之末。戎偪諸夏。自隴山以東。往往有戎。渭北有翟獂邽冀之戎。涇北有義渠之戎。洛川有大荔之戎。渭南有驪戎。伊洛有陸渾之戎。始皇所驅斥者。當是此種。故漢初不聞爲患。若徐戎淮夷。則被服中華已久。當始皇時。固不得以戎夷名之矣。○何楷曰徂茲淮夷徐戎並興。言往已中淮夷之難矣。今徐戎又蠢動也。費誓之作。惟征徐戎。如此讀便瞭然。

敽乃干　備乃弓矢

歛，猶繫也。【孔疏】楯紛如綬而小，繫于楯以爲飾。
【孔疏】備訓足。每弓百矢，弓十矢千，使其數備足。詩傳束
矢，五十矢也。或臨戰用五十矢爲束。
牿牛馬　杜乃擭
牿，即易童牛之牿，施横木于牛角也。馬當是施之于脚。
此鄭玄說。
【孔傳】擭，捕獸機檻。【疏】云：擭，柞鄂也，捕獸之器。檻，欄也，圈
也。設機于上曰機檻。
馬牛其風　臣妾逋逃
【孔疏】牝牡相誘謂之風，因牝牡相誘而至放逸去也。

袁黃曰古時丘甸法行牛馬皆養于民間此馬牛臣妾斷是居民之物不然軍中安得有臣妾乎疏云古人或以婦女從軍故云臣妾逋逃此豈可訓杜甫不云乎婦人在兵中兵氣恐不揚

征徐戎　三郊三遂　甲戌我惟築

黃度曰徐戎興師歷魯境本牽制魯使不得會王師伐淮夷魯征徐所以散淮夷之黨袁黃曰參觀孔氏多方傳時成王已伐淮夷故魯惟征徐戎若曰量敵之堅瑕緩急必臨陣而後可見也

禮記疏古者兵賦之法王畿之內六鄉家出一人萬二

千五百家爲鄉。則萬二千五百人爲軍。是一鄉出一軍也。凡出軍之法。鄉爲正。遂爲副。則遂之出軍與鄉同。其王畿之外。大國三軍。次國二軍。小國一軍。皆出鄉遂。故費誓云。魯人三郊三遂。是知諸侯有鄉有遂。蓋鄉在郊內。遂在郊外也。魯頌公車千乘。謂大總計地出軍。公徒三萬。謂鄉遂兵數也。林之奇曰三遂意是指魯之三軍。故說者多以爲魯有三軍之証。然苟以魯之軍制言。何不言三鄉三遂。乃謂之三郊。蓋國必有四郊。郊外爲遂。鄉近于郊。故以郊言之。鄉遂之民。分在國之四面。當有四郊四遂。其曰三郊三遂者。因東郊受敵。故使之專意拒守。而調發儲峙。則以責此外郊遂之民。取給于不受敵之地也。

【蘇傳】徐戎淮夷。近在魯東郊。不伐之于郊。而載糗糧遠征其國。既以甲戌築。又以甲戌行。何也。伯禽初至魯。魯人未盡附。若伐之于東郊。魯人自戰其地。易以敗散。築城而守之。徐夷必爭。使土功不得成。故以是日築。卽以是日行。徐夷方空國寇魯。魯侯乃以大兵往攻其巢穴。興師之日。東郊之圍自解。所謂攻其必救。築者亦得成功也。費誓言征言築。而終不言戰。蓋善于用兵者也。【陳啟源曰】蘇子之說。固是兵機。但築者。注疏言至日卽築。是築攻敵之壘。距堙之屬。兵法攻城。築土爲山。以闚望城内謂之距堙。非謂築城東郊以自守也。東郊近國門。已有城可守矣。又何待築乎。

吳澄曰峙糗糧不言魯人。蓋伯禽爲侯伯。監七百里之諸侯。率以同征。糧食當自齎持。蓋統告諸侯在會之人也。楨幹芻茭非遠國所能齎。故責之魯人也。

秦誓

秦本紀穆公三十三年敗于崤。三十六年。自茅津渡河。封崤中尸。爲發喪。哭之三日。乃誓于軍中。思不用蹇叔百里奚之謀。令後世以記予之過。與書序敗崤歸作誓不合。金履祥曰左氏記秦晉之故甚詳。而不及作誓之事。史遷繫作誓于取王官封崤尸之役。蓋

穆公自是不復用兵矣若如書序以爲敗崤還歸之作則其後復有彭衙濟河之師安在其爲悔過哉

民訖自若是多盤

蔡傳凡人盡自若是多安于徇已此注不明孔疏云訖盡也自用若順盤樂也人之行已盡用順道則身多樂稱古人言者悔前不順忠臣之謀也此解當參之黃文叔用此說

番番　旅力　諞言

葉夢得曰番番猶世稱皤皤然王十朋曰番番與詩申伯番番同

旅力。孔傳訓衆力。詩傳旅力方剛亦訓衆。夏氏曰衆力如目力耳力手足力是也。朱子詩傳云旅與膂同。按說文膂本作呂。脊骨也。韻會云膂通作旅。人之一身以脊骨爲主。故曰膂力。朱傳得之。

黃震曰蔡傳論言謂杞子。蓋殽之役實杞子啟之。然始禍雖在杞子。成之者實在孟明。孟明違父誤君。再敗秦師。焚舟之役。終無寸功。自此秦晉連兵數十年不解。豈可以杞子始禍。薄孟明之罪哉。

杌隉

杌如木之動搖。隉如阜之圮壞。

林之奇曰書于呂刑下。有文侯之命費誓秦誓三篇。竊意周太史所藏典謨訓誥誓命之文。至呂刑而止。自時厥後。歷幽厲之亂。簡編不接。其間如宣王中興。會諸侯復境土。任賢使能。南征北伐。錫命韓侯申伯用張仲仲山甫。其時大誥命多矣。乃無一篇見于書。意宣王之書必亡失于驪山之亂。孔子既取周太史所藏斷自堯典訖于呂刑。于列國復得命誓三篇。遂取而附益于其後。

愚按書錄文侯之命者何。存晉也。王迹熄而霸圖興。晉于同姓最強。主夏盟又最久。微晉周其喪鼎矣。故以此存之也。錄費誓者何。望魯也。魯周公之胤。文武不作矣東周猶可爲乎元公之初國勢甚張故以此望之也錄秦誓者何警周也秦穆據有岐豐之地天下大勢駸駸而趨于秦文武成康之澤其熠乎故以此警之也删詩之先唐風于秦風而躋魯風于頌猶此志也

尚書埤傳卷之十五終

尚書埤傳補

埤傳鐫成行世已久。嗣有弋獲，竊筆記之。又廣求宋元諸儒舊善本。四方同志復有以所著見貽者。共得二百餘條。遂合綴爲二卷。他日若更有見聞。當續付剞氏。但恐未能假我數年耳。辛酉十月朔朱鶴齡書

尚書埤傳補卷之上

吳江　朱鶴齡長孺　輯
同邑　沈應瑞聖符
　　　潘　耒次耕　訂

虞書

克明俊德　以親九族　平章百姓百姓昭明

陳大猷曰上文欽明光被已載堯之明德不應于此又言伊川東萊舉中庸九經之序尊賢在親親之先可謂有據兼經言俊乂俊明俊有德並是賢俊之德俊之爲義非所以明聖人之德也或曰然則大學何以引之曰

經傳所引經文姑借以發明己意不盡與本旨相合如
於緝熙敬止止只是助語而大學乃以爲知止之止禮
記中此類甚多固難相律

汪琬曰按周禮小宗伯儀禮士昏禮禮記仲尼燕居皆
言三族三族者父子孫是也書及詩頍弁角弓小序皆
言九族九族則孔鄭義爲是陳氏曰三族舉其本九族
極其末言三族則九族見矣史記又有七族張晏謂曾
祖至曾孫顧炎武曰陳氏禮書云己之所親以一爲三
祖孫所親以五爲七記不言者以父子一體而高玄與
曾同服故不辨異之也左傳孔氏正義謂高祖玄孫無

相及之理。不知高祖之兄弟。與玄孫之兄弟。固可以相
及。如後魏李惔之所謂壽有短長。世有延促。不可得而
齊同。何必帝堯之世。高祖玄孫之族。無一二人同在者
乎。疑其不相及。而以外親當之。其亦昧矣。

陳大猷曰孔氏訓百姓爲百官者。非特下言黎民不可
重複。經言俊民用章。五服以章有德。與明明在下。庶明
勵翼等語。皆是指臣庶而言。若以平章昭明。爲庶民之
事。則非辭矣。或曰。上既以明俊德爲用賢。而復及百官。
獨非重複乎。曰。克明俊德。是舉未用之賢。兼在下者言
之也。平章百姓。是正已用之百官。即在朝者言之也。正

如中庸言尊賢親親而繼以敬大臣體羣臣也。以上諸解與余見悉合錄之以正俗說○愚按百姓昭明謂百官皆明揚在朝盡其職業也。此二語已括盡舜典咨四岳以下半篇矣。九官十二牧皆堯時舊人而堯典不言羲和仲叔之職舜齊七政必用之而舜典不及乃古文彼此互見之法。

曆象

王應麟曰以象紀之于曆謂之曆象。蔡傳象為觀天之器此依注疏說以數紀之于曆謂之曆數作曆之法必先審定中氣中氣定然後閏餘可得而推○黃帝迎日推策帝嚳曆日月星辰而迎送之曆法之來久矣自虞夏迄周為曆不同而其法不傳。漢造曆始以八十一分爲統母。數起于黃鐘之龠。其法一本于律。至唐一行始專用大衍之策。其法又本于易。漢曆五變。而太初最密。唐曆八改。而大衍最密。

羲和四宅

李舜臣曰 作曆之法。必先準定四面方隅。以爲表識。然後地中可求。即地中。然後可以候日月之出沒。星辰之轉運。堯使四子各宅一方者。非謂居是地也。特使定其方隅耳。周以土圭測日之南北東西。知其景之長短。朝夕。亦堯遺法。

四仲中星

孔疏　七宿皆西首而東尾。天道左旋，日體右行，故星見之方，與四時相逆。春則南方見，夏則東方見，秋則北方見，冬則西方見。陳師凱曰　書之所言，皆昏星也。書于仲夏舉房心，火房心也而月令舉亢，書于仲秋舉虛，而月令舉牛。書于仲冬舉昴，而月令舉壁，則書之中星常在後，月令之中星常在前，蓋月令舉月本，書舉月中也。

敬致

通典　土圭致晷，須用勾股之法，以求天之里數，大約南北極相去纔八萬餘里。

三百有六旬有六日　以閏月定四時成歲

陳祥道曰天繞地而轉一晝一夜適周一匝又超一度天左旋日月違天而右轉日一日行天一度月一日行天十三度强天之旋如磨之左轉日月如蟻行磨上而右轉磨轉速而蟻行遲故日月爲地所牽轉至于日没日出非日之行乃天運于地外而日隨之出没也書傳會選用此說○陸世儀曰天文家有星曆有占驗即古所謂馮相保章二氏也左旋之說于曆學無礙但于筭稍繁耳若占驗家則殊不然占驗家談五星以東行爲進爲順西行爲退爲逆吉凶皆有明驗若主左旋則凡五星東行反謂之退與逆西行反謂之進與順與古今占驗俱大相反故愚以爲天文家言天左旋日月五星右旋此說較長

王應麟曰一年餘十有一日四分日之一。二年餘二十有二日四分日之二。三年餘三十有三日四分日之三。四年餘四十有五日。五年餘五十有六日。四分日之一。天地之數。惟奇則無窮。置閏所以補奇數也。○周禮注中數曰歲。朔數曰年。中朔大小不齊。正之以閏。月令疏十二月中氣一周。總三百六十五日四分日之一。謂之一歲。十二月之朔一周。總三百五十四日。謂之爲年。歲年相對。故有朔數中數之別。若散而言之。歲亦年也。○

附考蔡傳解曆法。學者多不曉。馬鍾陽曰天度不可得而見。以其行過一度。至三百六十五日四分日之一。三百六十五日全日外又零有一日中四分之一分猶今一百刻中之二十五刻與日會于初起之度而知其有三百六十五度零四分度之一也四分度之一者就一度而四分之得一分也度無定法惟隨在以便推算如十九分度之七則又一度分作十九分而得其七四分日之一生于四分度之一日法定作九百四十分四分之而得一即九百四十分中而有二百三十五分也曆家以九百四十分爲日法則一度爲九百四十分以九百四十分而得四分之一則爲二百三十五分此所謂四分日之一也大約是三箇時辰○陸世儀曰歲差者歲歲有杪忽之差也堯時冬至日在虛六度今在箕四度上距堯時約差五十度矣今大統約六十六年八箇月而

差一度。其法較古曆爲密。宋中興天文志言。自宋距堯差四十餘度。循是以往。萬五千後。所差將半周天。得毋寒暑易位。此言大非。寒暑乃因日之遠近。故南至則必寒。北至則必暑。不因所躔之宿而生寒暑也。若如志所言。則自堯至宋。節氣當大異矣。何卒無異也。又曰程子言。今人論歲差。只是隨時測驗。惟堯夫有一定法。又言堯夫歲差法。只于日月薄蝕處求之。余向不得其說。由今思之。堯夫亦只是隨時測驗。葢曆家算日。只用三百六十五日四分日之一常理推算。不便測驗。所以然者。日光照耀。所行處列宿皆隱。不能知日之所行。每日在每度上也其測日之法只于月之晦朔弦望上求之然晦朔弦望亦未能分毫皆準薄蝕之時日月合幷或對望同道同度毫忽不差于此時求之則知日在某度上歲差之法于此可求是亦隨時測驗法非一定法也

蒸蒸乂不格姦

袁仁曰 謂以誠意薰蒸之使之自治而不格正其姦惡此王伯安之說當從之

重華

林之奇曰 堯言勲舜言華者堯在帝位成功爲大故先言放勲舜方登庸未有功可言故不言勲而先言華也

在璿璣玉衡

隋天文志書在璿璣玉衡考靈曜所謂觀玉儀之遊昏明主時乃命中星者也璿璣中而星未中爲急急則日過其度月不及其宿璿璣未中而星中爲舒舒則日不及其度月過其宿璿璣中而星中爲調調則風雨時庶草蕃廡五穀登而萬事康也馬季長謂璿璣爲渾儀鄭康成云其運轉者爲璣其持正者爲衡蔡傳解玉衡作橫簫用馬季長說皆以玉爲之吳王蕃云渾天儀者羲和之舊器謂之璿璣其爲用也以法三光以分宿度又有渾天象者以著天體以布星辰沈括曰自舜以璿衡齊七政漢洛下

閎始製圓儀。賈逵又加黄道。其詳皆不存于書。其後張衡爲銅儀于密室以水轉之。葢所謂渾象非古之璣衡也。王蕃嘗爲儀及象。其說謂舊以二分爲一度。而患星辰稠概。衡改用四分。而患椎重難運。故以三分爲度。周丈有九寸五分寸之三。而具黄赤道焉。唐李淳風別爲圓儀三重。其外曰六合。次曰三辰。又次曰四遊。鄭注云四遊之極。原出周髀文。陸世儀曰地有升降。星辰有四遊。此說出考靈曜。最謬。不知地之上下。星辰之東西有南北極可考。而謬妄若此。載之史策。足徵知天者之鮮。一行以爲難用。梁令瓚更以木爲遊儀因淳風法。而附以新意。詔與一行推挍得失。改鑄銅儀。古今稱之。書疏引渾天儀說最詳今載集傳○王應麟曰。治曆

不難于寘中朔而難于定歲差制儀不難于覘赤道而難于步黃道○陸世儀曰葢天不如渾天人知之矣然渾天舊圖亦漸與天不相合惟西圖爲精密

類于上帝

三禮義宗鄭玄謂天有六名歲有九祭王肅著論駁之云天惟有一歲祇二祭謂冬至之郊祈穀之郊張融以肅說爲長

律度量衡　三帛二生一死　修五禮

歐陽修曰分寸龠合銖兩皆起于黃鍾得律者可以制度量權衡因度量權衡亦可以制律章如愚曰太史公以六律爲萬事根本其作律書以太初曆起于律故也

後之言曆者皆基焉。惟一行倚大衍之數立推步法。與遷固以律起曆之說不同。故新史志曆而不志律。○陸世儀曰古今言曆者數十家。其善者漢司馬遷太初曆。唐一行大衍曆。元郭守敬授時曆。然三家之中。授時曆最善。葢三家定曆之數。太初以鐘律。大衍以蓍策。授時則以晷景。以理揆之。雖云六律爲萬事根本。又云易能彌綸天地之道。然據其成數。以爲曆筭。終屬湊合。不若晷景之法。以天測天。尤爲精切。所以迄今三百餘年。交食猶未甚爽。

孔疏經言三帛。必有三色。傳所云纁玄黃。必有所據。未知出何書也。王肅同傳說。周禮孤與世子皆執皮帛。鄭玄云。束帛而表之以皮。爲之飾。皮虎豹皮也。○章如愚曰孔傳卿執羔。大夫執雁。士執雉。出周禮大宗伯。古者諸侯見天子。必以土地所生之物爲贄。康王之誥曰。一二臣衞敢執壤奠。二生一死之物。卽所謂壤奠也。未知孔何據。而卽以羔雁雉當之。愚謂此諸侯覲天子也。傳乃引羔雁雉之贄。蓋卿大夫士。亦從諸侯而入見天子。陳啓源曰以周事言之。如臣工篇本諸侯助祭于廟。而勅戒其卿大夫。則諸侯之臣得見天子可知矣。

附考蔡傳吉凶軍賓嘉。按吉禮。如周禮實柴槱燎血祭貍沈疈辜祼獻祠禴嘗烝也。凶禮。如喪荒弔禬恤也。軍禮。

如大師大均大田大役大封之類。賓禮。如朝宗覲遇會同問視之類。嘉禮。如飲食婚冠賓射饗燕脤膰賀慶之類。

肇十有二州

袁仁曰。蔡氏云。始分冀東恒山之地爲并州。按職方氏正北曰并州。山鎭曰恒山。朱子語類云。分冀州西爲并州。考禹跡圖及地理指掌圖。并州皆在冀州西。通典云。并州左有恒山之險。右有大河之固。則在冀西明矣。今曰冀東誤也。愚按并州固在冀西。今蔡云冀東者。主帝都所在言之。堯舜之時。都河東蒲坂。則恒山在冀之東矣。不可謂誤。蔡氏又曰。分東北醫無閭之地爲幽州。又分東北遼東等處爲營州按醫無閭在遼東既云分醫無閭之地爲幽州卽遼東之地矣又云分遼東等處爲營州不可解爾雅商曰營州指掌圖云舜以冀州南北濶大分衛水以西爲幷州衛水在今眞定府分燕以北爲幽州今密雲等處鄒衍吹律處及共工城皆在密雲當依指掌圖爲正

象以典刑

鄭景望曰古有肉刑非聖人忍于殺戮也民習乎重不可以遽輕者勢也時雍之世刑措不用舜始制爲輕典以養其自愛重犯法之心爲五流以宥其大者爲鞭爲

朴以待其小者猶以爲末也又爲贖爲赦以恕其法之可疑情之可矜者肉刑蓋將無用矣而不敢廢也垂象以示民使之知所避耳所謂畫象而民不犯者歟

舜曰咨四岳　伯禹作司空

顧炎武曰古時堯典舜典本合爲一篇故月正元日格于文祖之後而四岳之咨必稱舜曰者以別于上文之帝也至其命禹始稱帝問答之辭已明則無嫌也

顧炎武曰司空周官孔注謂主國空土以居民未必然顏師古曰空穴也古人穴居主穿土爲穴以居人也見漢書百官公卿表易傳上古穴居而野處綿詩古公亶父陶復陶

穴未有家室今河東之人尚多有穴居者今人謂之窯即古陶字莊子言虛空虛空即今人所謂冷窯也洪水之後莫急于奠民居故伯禹作司空爲九官之首愚按此解司空亦一説然唐虞以前猶可通言乎三代之時則不侔矣仍以周官注爲正

教冑子　律和聲

王制虞庠在國之西郊明堂位米廩有虞氏之庠也三禮義宗制似有虞氏之學仲舒云五帝曰成均虞庠近是也

陸世儀曰十二律彷人聲而作非人聲似十二律律音有定人聲無定故律管既成之後即以之節人聲欲使

之得其中也。今伶人唱曲，多吹簫管和之，其音有入簫管者，有不入簫管者，此卽中律不中律之謂。又曰：人之生，有聲中黃鐘之宮者，有聲中某律者。古者太子生，太史必吹律以聽其聲，是也。人身中可悟樂律，心，律本也，喉，樂管也，其聲閎者宮也，高亮而噍殺者商也，確以止者角也，標揚者徵也，沈細者羽也，然一人之喉又各具宮商角徵羽，所謂十二律旋相爲宮也。中央之音宮，西方之音商，東方之音角，南方之音徵，北方之音羽，律管應五方之氣也。

出納朕命

附考 蔡傳敷奏復逆儀禮注復之言報也反也反報于王謂于朝廷奏事自下而上曰逆逆謂上書

惠迪吉從逆凶

顧炎武曰善與不善一氣相感如水之流溼火之就燥不期然而然無不感也無不應也此孟子所謂志壹則動氣詩云天之牖民如壎如篪如璋如圭如取如攜者也其有不齊則如夏之寒冬之燠得于一日之偶逢而非四時之正氣也若曰有鬼神司之屑屑焉如人間官長之爲則報應之至近者反推而之遠矣

水火金木土穀惟修 戒之用休

王炎曰溝澮有導潴有蓄井有汲水之修也鑽燧有變焚萊有禁火之修也産于地取之有時鎔範而成之金之修也植于山林斬之有時掄材而取之木之修也辨肥瘠相高下以植百物土之修也播種有宜耨穫有節穀之修也水以制火火以鍊金金以治木木以墾土土以生穀此六府之序也

袁仁曰勤者或未必有終故戒之用美道使民慕美道行善此注疏義也不然何勤而反戒乎

龜筮協從

程迥曰王弼謂伏羲重易伊川先生云舜典有龜筮協

從語則重易之來尚矣司馬遷楊雄謂文王重易者非

愚按筮必用蓍蓍草生必五十莖以象大衍之數筮未有不用蓍者若伏羲止畫八卦唐虞之時何以並稱龜筮耶伊川云蓍之德圓而神猶日月五緯也卦之德方以知猶二十八舍也

三旬苗民逆命　班師振旅　舞干羽于兩階

按圖經三苗之國右洞庭左彭蠡在今岳州長沙之界彭蠡在豫章三苗之境實不至此杜佑曰今長沙衡陽間是　詩所謂奮伐荊楚罙入其阻者也自河東蒲阪至其地幾二千里而遥苗民弗率亦恃其險遠故爾唐虞之時州十有二牧州牧統領

諸侯方伯連率之任屬焉。禹承徂征之命，必元戎十乘，偕伯益輩馳至荆州牧境上，會師江漢，聲罪致討。所以知會師在荆牧境上，不在帝都者，古時畿兵不出，以重内也。有征討則徵調諸侯，各從其方之便。于大雅江漢詩可考。追歷三旬之久，則師行九百里。古者師行日三十里。必已壓苗民之境矣。然而猶逆命者，其意以爲重湖巨浸、深林客箐之間，王師必不能久駐，可以負險如故也。是時禹方膺居攝之任，一旦總統六師，深入蠻徼，已爲唐虞以來所未見。況兵臨湖漢，必將舍車徒，御舟楫，與之角勝于波濤島嶼之危，即縛苗民而坐之中軍之鼓下，不過與岳飛之平楊么等耳，奚足稱神武哉。萬一主客勢懸，固守不出又必當傳其國都爲後世十圍五攻乘城距堙之計久而師老財匱又必將棄之而歸如唐太宗之征高麗彼雖困敝乞降而國威已大頓此無一而可者也故知班師亦勢使然實出禹之本意益特贊決之耳夫惟帝德誕敷兩階來格遂爲三代以下所絕無之盛事不然後人帝王升降之感不將自征苗一役始耶

王炎曰班分也如班瑞班宗彝之班禹前會諸侯之師今分而散之陳氏曰振整也分散其師整衆以歸也

陳暘曰考大司樂羽舞之類文舞也干舞之類武舞也武舞所以示威文舞所以示懷然舞必于賓主兩階者

以班師振旅。則無事于征誅。有事于揖遜。揖遜兩階者禮。舞干羽者樂也。聖人端拱而天下治。禮樂之謂與。

禹曰吁咸若時惟帝其難之

袁仁曰注謂吁者歎而未深然之辭。非也。禹深然皐陶之言。而中有所感。故吁以發之。蓋四凶誅竄。惟鯀之殛。于禹有深痛焉。上則責難于帝。下則思厄于親。所以深歎而長吁也。

彰厥有常吉哉

范祖禹曰人君用九德。必彰顯其有常者而用之則吉。即五服五章之章也。此解勝蔡

撫于五辰

黄度曰五辰緯星也凡星皆出辰没戌故五星爲五辰十二舍經星亦爲十二辰歲星司肅典致時雨熒惑司晳典致時燠太白司乂典致時暘辰星司謀典致時寒塡星司聖典致時風經星有常不變緯星有伏有息有進有退與日相終始變則不可準難齊惟聖人能安之而以日星爲紀日成月要歲會由是而出故庶績凝焉

王應麟曰聖人正五事修五行調五氣則五緯自然順軌故曰撫于五辰愚謂孔傳作順五行之時蔡傳從之呂氏月令所紀是也文叔解于辰字較切亦與孔相發明

一日二日萬幾

孔傳戒懼萬事之微楊簡曰幾者意念之微動也若訓作事唐虞之世刑清政簡豈有一日萬事耶愚謂幾在未事時言如待事至而後持之必有不及持者況幾者制事之本也謹之于幾而事在其中矣萬幾猶云萬邦萬國極言其多耳泥之則失

贊贊襄哉

按懷山襄陵孔傳云襄上也此贊贊襄哉傳云贊奏上古行事黄氏書說亦訓上又言登進而上之也今蔡傳云襄成也葢本左傳定十五年雨不克襄注訓爲成然

孔傳更古。且蔡氏解襄陵云。駕出其上。于此不必異釋。

絺繡　六律五聲八音

孔傳葛之精者曰絺。疏云。後代無用絺者。蓋于時尚質。夏月染絺爲纁而繡之。以爲祭服。愚按鄘詩蒙彼縐絺。縐絺周禮謂之素紗。內司服掌王后之六服。末曰素紗。郝仲輿云。素紗。白紗也。凡繒之細薄者皆名絺。不獨葛。然則書之絺繡。猶周禮之素紗。古人以爲上服。何必夏月始用哉。蔡傳絺作黹。從鄭氏說。爾若作絺。義既可通。復無嫌于改經也。葉石林從注疏

周禮太師掌六律六同。即六呂以合陰陽之聲。陽聲。黃鍾

十一月太蔟正月姑洗三月蕤賓五月夷則七月無射九月陰聲大呂十二月應鍾十月南呂八月函鍾六月即林鍾小呂四月即仲呂夾鍾二月皆文之以五聲播之以八音。注云聲之陰陽皆有合其相生則以陰陽六體爲之同位者象夫妻異位者象子母所謂律娶妻而呂生子也黃鍾長九寸其實一籥下生者三分去一上生者三分益一如黃鍾長九寸下生林鍾長六寸上生大蔟長八寸其生皆隔八位五下六上乃一終矣六律左旋六同右轉陰陽相合。疏云五聲爲文即八十一絲爲宮七十二絲爲商之等。史記索隱宮絃最大用八十一絲象君商絃用七十二絲象臣角絃用六十四絲居宮羽之中象民徵配事絃用五十四絲羽最清配物絃用四十八絲○王朴曰樂生于人心而聲成于物物聲既成復能感人之心昔黄帝吹九寸之管得黄鍾之聲爲樂之端半之爲清聲倍之爲緩聲三分損益之以生十二律十二律旋相爲宫以生七調爲一均凡十二均八十四調而樂備旋相爲宫之説禮記注疏最明

庶頑讒説若不在時

孫覺曰聖人不以無違自處而以有違求弼其有不然者則庶頑讒説之人豈足以語臣鄰哉不在時不在是臣鄰之列也按此解得之不必如蔡傳增出不忠不直

無若丹朱傲

按此章與上文非一時之言蓋别爲戒敕也時解必欲

連上文言之故多牽合之說

戛擊鳴球　鼗鼓　簫韶九成

黄度曰球玉磬鳴有聲中樂即所謂天球也此謂登歌周禮有頌磬歌頌則擊之琴瑟笙竽之類高下難齊故皆協之以磬登歌琴瑟以磬協之戛擊鳴球是也間歌笙以磬協之笙磬同音是也

按商頌猗與那與置我鞉鼓鞉即鼗鼗也鼓也是二樂器周禮大司樂祀天神用靁鼓靁鼗祭地祇用靈鼓靈鼗享人鬼用路鼓路鼗蔡傳似止說得鼗耳

孔疏經言九成傳言九奏周禮言九變其實一也簫是

樂器之小者言簫見樂作之時大小皆備黃度曰簫韶者吹簫而舞猶周人吹籥而舞與

予擊石拊石

黃度曰石音屬角角聲不高不下太高則近徵太下則近商居清濁之中故難和編鐘編磬必用十六枚者十二律當十二枚又有四清聲作四枚歌磬即鳴球是也

陳大猷曰東坡蘇氏云樂之不能致氣召物如古者以不得中聲故耳樂不得中聲者器不當律也器不當律則與擿埴鼓盆何異使器能當律則致氣召物雖常人能之葢見于古今之傳記多矣而況于夔乎夫能當一

律則衆律皆得衆律皆得則樂之變動猶鬼神也是以格天神格人鬼來鳥獸皆無足疑者東坡此論固未足盡韶樂之全然古之善樂者多以一器而致物故伯牙鼓琴六馬仰秣瓠巴鼓瑟游魚出聽史記載師曠鼓琴一鼓再鼓而致風雨之應皆不待他器之齊奏也夔之以一石音而感人物理固有之石聲難諧蔡傳之解精矣此說亦不可廢

元首叢脞哉

王應麟曰烹魚煩則碎治民煩則亂故以叢脞爲戒器久不用則蠹政不常修則壞故以屢省爲戒多事非也不事事亦非也

夏書

治梁及岐

顧炎武曰呂梁山在今永寧州東北一百里古之石州自此而南爲壺口屬今之吉州又南爲龍門爲今之河津韓城兩縣界總一山也禹鑿而通之自呂不韋司馬子長之說皆如此左傳杜預注獨以梁山在馮翊夏陽縣北者蓋晉景公時石州之山尚屬戎而非晉境然非有二山也埤傳考尚未詳○呂祖謙曰孟子謂禹行所無事如鑿龍門析底柱闢伊闕豈無事哉鑿所當鑿不憚難而止乃是行所無事也若避難趨易而謂行所無

事可乎。

嶧陽孤桐

孔疏　地理志，東海下邳縣西有葛嶧山，卽此山。蔡傳因之。愚按　此乃鄒嶧山，卽魯頌保有梟繹之繹山，非葛嶧也。郭璞云，此山純石結構，連屬如繹絲然，禹貢作嶧，奠其名也。魯頌作繹，取其義也。一統志，鄒嶧山在兗州府鄒縣東南五里。葛嶧山自在邳州城西北。鄒山記云，鄒山古之嶧山，魯穆公改爲鄒山，今其地猶多桐樹。

島夷卉服

黃度曰　禹貢冀北界，標碣石而著島夷，則地窮沙漠，凡

今雲朔燕薊諸夷居于山者皆是也揚南界表海而著
島夷則地竆漲海凡甌閩交廣諸夷居于山者皆是也
杜佑分嶺南爲古南越以爲非禹貢九州之域何所據
依哉

熊羆狐狸織皮西傾因桓是來

黃度曰禹貢織皮兩見梁熊羆狐狸織皮西傾因桓是
來雍織皮崑崙析支渠搜皆夷貢也鄭康成諸儒說西
傾因桓皆牽合酈道元說行西傾浮潛漢以達沔更支
離難據直以經文求之必當有水自西傾可以達蜀者
考山海經沙州記白水整江皆自臨洮西傾山東南流

入蜀，世代遷易，名號變殊，不可得而知也。

導山

金履祥曰：治水之規畫，即山以知水，因山以表地。三條之說出于王肅，以岍岐至碣石爲北條，西傾至陪尾爲中條，嶓冢至敷淺原爲南條。然內方大別在荊山，岷山在梁州，相去數千里，豈可合爲一條。四列之說出于鄭玄，謂岍岐爲正陰列，西傾爲次陰列，嶓冢爲次陽列，岷山爲正陽列。四列雖是，而陰陽名位未當，宜蔡氏以爲不足信也。

岷山之陽至于衡山

陳師凱曰自岷山至敷淺原論其山脊綿亘道里甚遠今蔡傳直曰其北一支爲衡山亦未盡蓋岷山之南爲沬若水所限東北又限于涪墊大江諸水其岡脊支脉乃迤而西自西而南至雲南之境又東趨夜郎已四千餘里乃越五溪之尾至湖南爲衡山則又二千五百餘里矣其南一支自桂嶺至零陵爲九疑山下郴州迤東北而行經袁筠之間又下爲幕草白藤高艮諸山乃至南康江州之境大爲廬山小爲博陽抵江而止

至于大陸

史河渠書禹以河高水湍悍難行平地乃厮二渠二渠鄭漁

仲有辨

引而北載之高地過洚水至大陸陳子龍曰載河高地使沿太行之麓以北此測量水平之法引之高而不失就下之性也愚按爾雅高平曰陸知大陸乃地之高者非廣阿澤也

又東爲滄浪之水

史記正義庾雍之漢水記云武當縣西四十里漢水有洲名滄浪洲葉夢得曰滄浪地名非水色也禹貢水之正名而不可單舉者則以水足之黑水弱水灃水之類是也非水之正名而因地爲名則以水別之滄浪之水是也

錫土姓

孔穎達曰姓者生也以之爲祖令之相生雖百世不改族者屬也與其子孫共相連屬其支庶則各自立氏陸淳曰氏如近代之論房禮記繫之以姓而弗別百世而昏姻不通是言子孫當共姓也其上文庶姓別于上而戚單于下是言子孫當別氏也氏族一也別而稱之謂之氏合而言之謂之族記云庶姓者以始祖爲正姓高祖爲庶姓亦氏之別名也正姓爲姓庶姓爲氏姓則受之于天子族則稟之于時君左傳注天子賜姓命氏諸侯賜族鄭樵曰三代之前姓氏分而爲二貴者有氏賤者有名無氏左傳諸侯詛辭曰墜命亾

氏。蹈其國家。明無氏與奪爵失國同。故姓可呼爲氏。氏不可呼爲姓也。姓氏皆所以別昏姻。而以地望明貴賤。古男子稱氏婦人稱姓伯姬季姬孟姜叔姜之類是也後世以氏爲姓。故婦人一例稱氏。【王鏊曰】姓氏不分久矣。姓以繫百世之正統。氏以別子孫之旁出。如四岳舉伯夷典禮伯夷四岳皆姜姓伯夷爲呂氏四岳爲許氏族則氏之所聚也。左傳以字爲謚因以爲族【朱子】曰謚當作氏蓋別姓則爲氏。別氏則爲族。族無不同之氏。氏有不同之族。故八元八凱。生于高陽氏高辛氏。而謂之十六族。是氏有不同之族也。宋戴氏謂之戴族。向氏謂之桓族。是族無不同之氏也。太史公曰。自黃帝至舜禹。皆同姓而異其國號。又曰。秦之先爲嬴姓。

其後分封以國爲姓有十四氏又如周本姬姓也其後子孫如魯衛毛聃等各以國爲氏而皆姬姓

五百里甸服

按王畿制服名甸其必非以軍國之儲仰給外藩明矣今東南水利人爭議之而北方京都輔郡獨不及元人虞集及先朝徐貞明區畫甚悉誠用其說豈至以西北之人全待食于東南哉或謂北方諸水泉皆引爲運河之利故民間不得引塘濼爲田然遠于運河之處曠土尚多豈可棄之無用乎

底慎財賦

陸世儀曰田畝之賦重則人爭隱漏以逃賦欲增田畝者莫如薄賦故李翱曰人知重賦之可以得財而不知輕斂之得財倍多也丁口之徭重則人爭隱漏以避役欲增戸口者莫如輕徭故馬端臨曰庸調之征愈增則戸口之數愈減也二公之言可謂知本矣

大戰于甘

按禹言啓呱呱而泣予弗子惟荒度土功則是禹方治水巳生啓而益與禹共奏鮮食禹治水在舜攝位之初舜攝三十年即位五十載而後禹嗣位禹薦益于天七年而後啓嗣之戰甘之時益必不在啓年葢八十餘矣

以八十餘歲之天子而親歷戎行有扈氏國在郊圻肆然敢與天子接戰此帝王升降一大局也使非禹明德在人太康失國豈復能祀夏配天乎

因民弗忍距于河

呂祖謙曰姦雄何代無之我之勢固彼無因而入苟有其隙彼必投之羿之變所以因民弗忍也因者明禍亂在此不在彼秦不築長城起阿房勝廣何所因隋不伐遼東遊江都李密王世充何所因○羿在河北距太康于河南按一統志太康城在河南府城東南一十里夏太康所築蓋遊畋之地也爲羿所逐因築城居焉梁宋

間孟諸之野，蓬池之澤，其即太康遊畋所至歟。○或問太康之盤遊，何以遂至失國，曰，堯舜禹之爲君也，罔游罔淫，無日不憂勤在上，民之習而安者，幾二百年矣。一旦見太康盤遊無度，必大駭異之，而疑天位之不當傳子。其時后羿，蓋後世莽操温裕之徒也，亦必以與子不如與賢之說，煽惑搖動其間，擱然踞有河北，居代興之勢，所以民咸貳心，國統遂至于中分也。迨羿浞繼篡，咸事逸遊，民之不堪命，更倍太康時，乃翕然歸命夏鼎，而少康因用之以中興焉。嗚呼，民心之易失而難收也，蓋如此夫。

厥弟五人御其母以從徯于洛之汭

林氏少穎謂太康五弟其二即仲康以五子之賢使一人守國不出羿雖欲爲變而不可乃空國而至洛汭何也愚謂太康空國遠遊五子必諫之而不聽又太康不任之以國寄五子亦無如之何故不得已御母以從徯于洛汭望其速反從是從母孔氏以爲從畋者非也既從畋矣何又作歌以述怨乎○又按太康盤遊失國五弟能述祖訓其賢不肖較然矣以啓之賢又耄年嗣位豈不能鑒别者而立太康何也蓋拘于嫡長之說耳夫嫡長而賢立之可也不賢則當于諸弟中擇一人焉立

之此非徒以安天下也。亦所以安子之不賢者也。漢光武不立東海王彊。唐睿宗不立宋王成器。是千古絕識。高祖若知此義。豈至有寢門喋血之禍。○又按唐虞時。已行封建。錫土立國。固禹家法也。五子之賢。啓不分之茅土。使爲屏翰。而乃散處之于京師。尤不可曉。當時使五子在外。夾輔王室。羿何至簒夏哉。

辰弗集于房

林之奇曰。近代善曆者。推仲康[redacted]年九月合朔。已過房心北矣。按左氏傳云。宋。大辰之虛。陳。太皞之虛。鄭。祝融之虛。皆火房。其曰房者。火次之舍也。

商書

初征自葛

按湯之征葛。與伐夏不同時。漢孔氏曰。湯爲方伯。得征諸侯。此言最是。葛伯不道而征之。正舉行方伯連率之職。故起事而桀不之忌。不然。湯方釋夏臺之囚。遽專征伐。桀必亦出兵相向。何待升陑之後。始戰鳴條耶。

王懋昭大德建中于民　以義制事以禮制心

陳大猷曰。德不大。則桎于偏。如夷清惠和。各有偏之弊。何以建中。湯德本大。又欲其懋昭之。日新不已。然後能建中以範斯民。所謂皇建其有極也。

朱子曰事在外義由內制心在內禮由外作是內外交相養之法愚謂以義制事即易之義以方外也以禮制心即易之敬以直內也禮只是敬此千古聖學淵源

愼厥終惟其始

陳大猷曰此欲其謹終如始耳非方戒其謹始也孔氏引靡不有初鮮不有終柯山夏氏云湯之始興德業非不盛所當謹者惟在于終而已此說是也蔡傳謹其終之道惟于其始圖之非此處語脉

乃亦有終

夏僎曰乃亦有終非特王國社稷可保其有終爾諸侯

亦可終亨安寧之福。如此說乃字方分明。

造攻自鳴條朕載自亳

陳大猷曰造爲攻伐之功。雖自鳴條一役而我之積德基命。始于亳都者固有素矣。此解勝蔡

惟元祀十有二月乙丑

顧炎武曰元祀者太甲之元年。十有二月者建子之月。蓋湯之崩必以前年之十二月也。檀弓云殷練而祔。伊尹祠于先王奉嗣王祗見厥祖。祔湯于廟也。非朔者祔廟無定日先君祔廟。而後嗣子即位。故成之爲王。而伊尹乃明言烈祖之成德以訓乎王也。若自桐歸亳。以三祀之十二

月朔則適當其時。而非有取乎爾。○即位者。即先君之位也。未祔則事死如生。位猶先君之位也。故祔廟而後嗣子即位。殷練而祔。即位必在期年之後。周卒哭而祔。故踰年斯即位也。如魯成公以八月薨。十二月葬。襄公以明年正月即位。有不待葬而即位者。如魯之文公成公。斯其禮之末失乎。○三年喪畢。而後踐天子之位。舜也禹也。練而祔。祔而即位殷也。踰年正月即位。周也。世變愈下。而柩前即位遂爲後代之通禮矣。愚按如亭林解。則歸亳之時。終喪已久矣。注疏惟泥三祀爲終三年之喪。故有踰月即位。奠殯而告之說。余向疑其未允。而無以易之。今即以殷禮爲據。疑義豁然。

其刑墨

眞德秀曰皐陶之刑貪以敗官曰墨不廉者以墨刑加之使人知貪官之罪與貪賄同也

惟三祀十有二月朔

萬斯大曰三祀之奉王歸亳宜在正月朔建丑月而亦在十二月何也曰時太甲喪畢已能處仁遷義克終允德伊尹何忍令之久居于桐況明年四祀之正月朔新君有朝正與覲諸侯見羣臣諸大禮桐宮在亳都之外使必正朔之日始迎則是日有不能及故先于歲終月朔奉之以歸理勢宜爾復何疑哉克宗說惟元祀十有二月與余意悉合此論尤先儒未發故錄之

君罔以辨言亂舊政

按蔡傳以辨言屬太甲。或疑太甲欲縱則有之。辨言何必致戒。林少穎曰。自古受託孤之寄者。于進退之際甚難。幼主血氣未定。趨舍未堅。苟吾退而小人乘閒以進。必將辨言蠭起。紛更舊章。貽國家無窮之禍。所以伊尹明告之以堅其心。而遂示以引身求退之義焉。此說有理。

協于克一

陳東齋謂有專一之一。終始惟一是也。有統一之一。協于克一是也。然專一之一。與統一之一。豈有二乎。專一

而非攝之統一則理必漏于紛歧統一而非要之專一則功必疎于間斷

七世之廟

按禮器家語荀卿子穀梁傳諸書皆言天子七廟則七廟乃天子常禮商人七世之次不可得而知鄭玄王制注云殷人六廟契及湯與二昭二穆夏五廟無太祖禹與二昭二穆而已由未見尚書古文故以臆言之孔疏引王制云天子七廟三昭三穆與太祖之廟而七此周制也韋玄成議以后稷始封文武受命三廟不毀與親廟四而七其云文武則爲祖宗不在昭穆之數此劉歆

之說後儒多從之

以常舊服正法度

陳大猷曰法度如朝市室廬之營建道路頓宿之部分去舊卽新之區畫之類遵故事則人情不駭違箴言則衆志不壅此遷都之大綱也

乃奉其恫

陳大猷曰恫痛不急去之乃奉而養之猶安其危利其菑也

乃正厥位

按孔氏訓位爲郊廟朝社之位夫亳乃湯舊都也郊廟

朝社。必仍湯之舊。且古人營國。必先定郊廟朝社之位然後遷而居之。不應既遷而後定位也。觀召公營洛得卜則經營。至于位成。周公乃達觀于新邑營。此可見矣。蔡云。君臣上下之位最是。實用林氏少穎之說。

鞠人謀人之保居

王氏曰導其耕桑。薄其稅斂。使老幼不失其養。鞠人之事也。聯其比閭。合其族黨。相友相助。謀人保居之事也。既養之。又安之。則斯民之生生得矣。

惟天聰明惟聖時憲

王炎曰憲天聰明。則聞見不在耳目而在一心。此心洞然與天爲一。毫無私僞蔽于其閒，必察乎衆人之所不及見，通乎衆人之不及聞，心之所存，無非天理，故其聰明無異天之聰明也。

干戈省厥躬

金履祥曰：甲胄，阻兵自衛也；干戈，以兵伐人也。重言之者，高宗天資英毅，傅說蓋慮其輕于用武也。

惟其賢惟其能

周禮：鄉大夫三年則大比，考其德行道藝，而興賢者能者。鄭云：賢，有德行；能，有道藝。

典祀無豐于昵

金履祥曰孔傳昵訓近馬融以爲禰廟蔡傳從之此亦無據豐于昵謂獨豐厚于所私昵者其意在徼福爾安見必爲禰廟耶書序高宗祀成湯有飛雉升鼎耳而雊當從其說蓋徼福于始祖之廟事理固有之

我舊云刻子

按孔傳刻病也箕子言我久知子賢言于帝乙欲立子帝乙不肯病子不得立此說未見正史據呂氏春秋云帝乙欲立微子啓太史爭之不得立孔說與不符蔡傳稍變之云我嘗勸帝乙立子帝乙不從而立紂紂必忌之是我前日所言適以害子此則于理有礙矣微子

之出以存宗祀耳。若恐爲紂所害。則意在全身。有媿比干多矣。黄氏書說又云。刻薄也。微子以母賤不得立。是商之薄也。去語意益遠。王充論衡作我舊云孩子。謂識紂惡于孩子之時。尤爲鄙俗。當闕所疑。

我不顧行遯

金履祥曰王子可去。蓋不可使紂有殺兄之名。箕子不顧行遯。是亦將以死救也。愚謂箕子既無可去之義。然寧囚奴而不死者何也。柳子厚云。當周師未至。殷祀未殄。比干已死。微子已去。向使紂惡未稔而自斃。武庚念亂以圖存。國無其人。誰與共理。是固人事之或然者。箕予之隱忍不死，其志在斯乎。

尚書埤傳補卷之下

吳江　朱鶴齡長孺　輯
同邑　徐　釚電發
　　　張尚瑗弘蘧　訂

周書

惟十有三年春

按帝王世紀以武王定位元年歲在乙酉經世紀年則以武王十三年辛巳克商通鑑外紀又以武王克商之年爲己卯唐曆志亦云歲在己卯星在鶉火武王克商之年鄭漁仲奥論王伯厚玉海並從外紀蓋緣古史簡

略止紀年月而不及干支故後儒無一成之說

同力度德

按德猶地醜德齊之德蔡傳以行道有得于身釋之豈此處語耶

犂老

黄度曰正義引孫炎云老人面如凍棃色則犂當作棃

愚按韻會云棃亦作犂蓋古字通

百姓有過在予一人

陳師凱曰古注之解與湯誥萬方有罪罪在朕躬同意

蔡云過者責也百姓責我不正商罪似于在字無歸著

王乃大巡六師

黃震曰蔡傳時武王未備六軍于牧誓敘三卿可見此史臣之辭也按牧誓所敘三卿乃指友邦冢君者安得以爲證若武王止三軍史臣安得增飾爲六師竊意歷數有歸天人胥應武王既可伐紂何獨不可六師耶○黃度曰諸侯之師濟河猶各爲營壁今始分隸六師王乃徧巡行陳而誓之

旁死魄哉生明

孔疏律歷志云死魄朔也生魄望也顧命惟四月哉生魄傳曰始生魄月十六日也月十六日爲始生魄是一

日爲始死魄，二日爲近死魄也。薛季宣曰：每月之終謂之晦，以其魄全晦故也；每月之始謂之朔，以其明復蘇故也。王應麟曰：晦則日月相會于東方，望則日月相望。葢月本無光，借日以爲光，合璧則暗，相遠而日燭不及則亦暗。愚按：借日爲光，本沈括之說，朱子取之。吾友陸道威又云：月乃精氣所爲，本自有光。今水晶琉璃一麗太陽，便表裏洞徹，豈月反不如耶？其盈其虧，皆月自爲之，葢應日之光，而非借以爲光也。尚書生明死魄亦一證。今存其說待考。呂祖謙曰：堯史以星正時，周史以月正日。恐曆久必差，而星月則明著易見也。○邵子曰：日行陽度則盈，行陰度則縮，賓主之道也。月遠日則明生而遲，近日則魄生而疾，君臣之義也。陽消則陰生，故日下而

月西出也陰盛敵陽故日望而月東出也天爲父日爲子故天左旋日右行日爲夫月爲婦故日東出月西行也

王朝步自周

孔傳步行也或曰步卽步輦也詩疏輦車人挽以行荀子天子召諸侯諸侯輦輿就馬注輦謂人輓車○顧炎武曰不敢乘車而步出國門敬之至也鄭氏以爲出廟入廟皆步行今按經言步自周則不但于廟也薙錄以爲步行二十五里則又太遠後之人君驕恣惰佚于是有輦而行國中坐而見羣臣非先王之制矣皇帝輦出房見叔孫

通傳。乃秦儀也。○呂氏春秋。出則以輿。入則以輦。務以自佚。命曰招蹷之機。

太王王季文王

顧炎武曰。中庸言。武王末受命。周公成文武之德。追王太王王季。大傳言。武王于牧之野。既事而退。遂率天下諸侯。執豆籩。逡奔走。追王太王亶父。王季歷。文王昌。二說不同。今按武成言。丁未祀于周廟。而其告庶邦冢君曰。太王王季。金縢之祝冊曰。若爾三王。是武王之時。已追王太王王季。而中庸之言。未爲得也。緜詩上稱古公亶父。下稱文王。是古公未上尊號之先。文已稱王。而大傳之言。未爲得也。文王之王。與太王王季。自不同時。而

追王太王王季必不在周公踐阼之後○武王未克商先已追尊文王史伯夷傳西伯卒武王載木主號爲文王東伐紂

洪範九疇

歐陽修曰箕子陳洪範條其事爲九類別其說爲九章考其說不相附屬劉向爲五行傳乃取五事皇極庶徵皆附于五行至于八政五紀三德稽疑福極之類又不能附俾洪範之書失其倫理所謂旁行曲取而遷就其說也然自漢以來未有非之者又祥眚禍痾之說自是數術之學孔子于春秋記災異而不著事應葢諱之也

尚書埤傳補　卷之下

一五行　土爰稼穡

馬廷鸞曰水火木金土天地生五行之序也木火土金水五行相生之序也水火金木土五行相克之序也大地之生五行也以數其相生也以氣其相克也以形葉夢得曰天之五行爲氣雨暘燠寒風是也地之五行爲形金木水火土是也吳泳曰土爰稼穡穀在其中自其治之有司則謂之府以其通天下用之則謂之行

黃度曰曰者盡辭也土無不生稼穡不可以盡土之性故不以盡辭爲爰於也於是而施稼穡之功也

司空司徒司冦

黃度曰食貨祀賓師稱其事適乎下也司空司徒司寇稱其宮制乎上也定民居敷教制刑必自其上出

四五紀

方回曰日者循星以進退者也月者應日以死生者也星者日所舍（此指經星）辰者星所次以其得陽之精故謂之星（王應麟曰星亦受日之光凡天地之光皆日也）以其所次有時故謂之辰其盈縮進退遲速長短之不齊皆不離乎數故以曆紀之因以推考其行度驗其當否焉

五皇極　皇建其有極　錫汝保極

黃度曰皇以君稱極以理稱一九二八三七四六皆自

爲對。而五無對。無對故體大。一九二八三七四六。分據八方。而五居中。居中故理合。

陳師凱曰有極與無極對觀。無極不可名象。及其有則天地萬物之理。無不彰焉。王者不能自有其極。何以能建極。

黃度曰保之言守也。民莫不汝極矣。而不能守之。則至于失墜。必又以汝之保極者錫之。然後民日遷善遠罪而不自知也。愚謂諸錫字一例。皆言自上與之。錫保者。考禮正刑一德範圍之而不過也。蔡氏之解。本其父西山。似于錫字少力。

謀及卜筮　龜從筮逆

董鼎曰天下之事有我所欲爲而人不悅有人所欲爲而已不從亦有已與人皆疑其不可而天地鬼神自以爲可者是皆當于卜筮決之蓋人則有欲而卜筮無私筮猶出乎人龜純乎天矣此稽疑一疇尤以龜爲重

顧炎武曰周禮簭人古筮字言凡國之大事先簭而後卜注云當用卜者先簭之卽事有漸也于簭之凶則止不卜然洪範有龜從筮逆者知古人求神之道固不拘乎此也太卜掌三兆之法其經兆之體皆百有二十其頌皆千有二百自漢以下文帝代來猶有大横之兆而後

則無聞唐之李華遂有廢龜之論矣見舊唐書

八庶徵

陳師凱曰燠熱涼寒四時之氣洪範止言燠寒蓋燠者熱之始寒者涼之極也

曰休徵至時風若

劉彝曰一德正于中則五事治于外一氣正于中則五氣順于時以形而言則各宜類舉聖人觀之所以驗已政之得失也以德而言則不可形拘聖人行之所以應天道之淵默也漢儒于雨不時若則棄德而修貌暘不時若則舍心而求言其失不已遠乎其惑不已甚乎聖

人所以正皇極于五事之先調元氣于日時之始者爲得其本也驗其政教之得失不可以求于形矣求其應之本原不可以失乎德矣

遂通道于九夷八蠻

黃度曰爾雅九夷八蠻五戎六狄克商通道不畢戎狄者自唐虞都冀王畿千里之外常山以北皆爲狄土惟夷蠻爲遠周都關中較唐虞益遠此畢遠者見致之爲難也

惟爾元孫某

陳大猷曰孫氏謂爾汝之稱在常人爲不敬而周公稱

之見父子之間用情也按經傳告神之辭多爾汝之武
成告天地山川曰惟爾有神尚克相予詩祈穀上帝曰
旣昭格爾禮記筮辭曰格爾泰筮有常離騷九章祀神
多言余今世祝文亦多言爾神或者與神相親之意耶
若曰父子用情子之事父曷嘗稱爾汝乎

王與大夫盡弁

君臣皆弁見武王之喪已除儀禮注云皮弁亦用之朝
服用十五升布

肆朕誕以爾東征

陳大猷曰或問三監之叛其執辭以攻周公也人攻已

而親率師征之，何以釋人之疑。且周公何不以東征委太公，而已居朝廷爲內鎮耶。曰，周公誠貫天地，固無顧乎小嫌，而二公在朝，已足爲已助，故親往伐而不敢以艱難遺他人。况自陜以東，周公主之，則征東諸侯，固周公之職分也。

敷求殷先哲王，別求聞由古先哲王

按，荀卿子曰，爲政法後王。殷先哲王，後王也。殷先哲王，所謂後王也。王通俗爲治，其民習安已久，故欲敷而求之。古先哲王政雖善，未必盡宜于今，故欲別而求之。別應讀必列切，分也，辨也。曰別求聞由，則有不必由者矣。觀下文屢言殷彝殷罰，而不復及古先王，意可見。

慼不在大，亦不在小，惠不惠，懋不懋。

孔疏 慼無大小，皆能爲患，弭慼之道，當惠所不惠，如鰥寡孤獨，人所易忽，汝當拊摩，是惠所不惠也。纖微小事，人多怠棄，汝必勉行，是懋所不懋也。金履祥曰：慼豈在明，不見是圖，慼不在大也。與其寡慼，孰若無慼，慼不在小也。在于惠人所不惠，勉人所不勉，則小大之慼俱無矣。此解勝蔡

應保殷民

林之奇曰：應保者，因人情而安之，謂應其所欲也。愚按

蔡傳應訓和能應民之求則和矣林解較自然

剕刵

黄度曰剕截鼻刵截耳周官五刑無刵呂刑曰剕刵椓黥剕刵相屬豈二罪同科而有輕重歟鄭康成謂臣從君坐之刑未見所據

外事　服念五六日至于旬時

黄度曰外事非其國事諸侯之以獄請者今謂之讞周禮詰禁爲大司馬之職系于建牧立監之下今以康誥參考之則邦國之獄請于牧監牧監裁決之爲足證也

愚按衛世家頃公以上七世皆名伯蓋康叔本侯伯也

故康誥稱孟侯文叔此解極有據

按周禮鄉士辨國中獄訟異其死刑之罪而要（音殹）之旬而職聽于朝遂士辨四郊獄訟異其死刑之罪而要之二旬而職聽于朝朝士凡士之治有期日國中一旬郊二旬野三旬都三月邦國期期之治聽期外不聽此皆大司寇文康叔時爲大司寇故以此告之

乃由裕民　敬忌

陳師凱曰前言速由文王作罰速由茲義率殺何其急也此言乃由裕民乃裕民又何其緩也始欲以刑齊民懲創人之惡習終欲以身率人長養人之善心二者並

行不悖

孔疏文王所敬忌、即敬德忌刑。朱子亦云、忌惡也。

顧乃德

楊簡曰、顧者省觀也。德未至于大成、舊習或間之、恐或蔽而不覺、故使之顧省。

明乃服命高乃聽

孔傳當明故所服行之命、聽先王道德之言。黃度曰、康叔侯伯七命、其服自驚冕而下。爲牧則加一命、玄衮及黼、皆有典章、明顯明之也。

耉耇惟君

金履祥曰惟當訓與書中歷舉之辭皆曰惟羞耇惟君謂薦羞于耇老與君所按儀禮君燕其臣凡羞于君者皆士也

太史內史

熊禾曰玉藻動則左史書之言則右史書之按周禮有五史無左右史之名春官云太史抱天時與太師同車是太史記動卽左史又云內史掌策命諸侯及孤卿大夫是內史卽右史鄭注酒誥云太史內史掌記言記行蓋內史記言太史記行也藝文志云右史記事左史記言與此不合

塗丹雘

尚書大傳丹丘出丹臒青丘出青臒吴任臣曰臒音丹也蓋赤石脂之類

懷爲夾

釋文夾音協近也黄度曰當作挾古字省或脱謂挾而有之也詩使不挾四方

越三日戊申太保朝至于洛

顧炎武曰古者吉行日五十里故召公營洛乙未自周戊申朝至洛凡十有四日師行日三十里故武王伐紂癸巳自周戊午師渡孟津凡二十有五日漢書以爲三十一日誤

　二

乃社于新邑

陸世儀曰社即祭地。古無南北郊之禮。諸儒已辨之矣。愚更有一證。魯僭天子郊禘。春秋頻書其失。使當時祭地之禮。與郊並重。則魯必僭之。夫子亦必書之矣。何春秋絕不之見。止曰不郊猶三望乎。

攻位于洛汭

吳澄曰召公攻位。但用殷民。不用洛民。何也。洛邑畿內之民。不征其力。諸侯四方之民又未至洛。惟殷民遷洛者可役。而攻位之力。亦省而易成也。

誥告庶殷越自乃御事

袁仁曰蔡以御事爲指成王非也御事者庶殷之御事也觀下文云王先服殷御事其意可見葢誠民必先服殷士故誥告庶殷亦自其御事也

面稽天若

應氏曰天命雖邈無形聲而能面而嚮之稽其至順之理終日與之對越周旋所謂顧諟天之明命也

土中

司馬光曰地中者非地體之中乃其地得寒暑風雨之中鄭康成以爲日景于地千里而差一寸故王畿千里取其景同唐開元中太史測景五百二十六里二百七

十步而差一寸五釐。然則康成之言，未可據也。冬至漢丈三尺，唐丈二尺七寸一分；夏至漢尺五寸，唐尺四寸七分。夫日行有遠近，土深有南北，氣應有早晏，故其景不能不小有出入也。日行黄道，每歲有差，地中亦當隨而轉移。故周在洛邑，漢在潁川陽城，唐在汴州浚儀，而唐志猶取陽城日晷以爲法，與漢志不同。

在周工往新邑

金履祥曰：觀于齊百工，伻從王于周，及惟以在周工往新邑語，當是周公率百官迎王于周以往洛也。蔡云勿參以私人往新邑，此經意所無。

命公後

林之奇曰諸家以命公後爲封伯禽考伯禽與太公望相先後報政史記言之甚詳則伯禽封魯固已久矣傳言周公不之魯正以伯禽就封故公獨留相成王耳

監我士師工

按士師工蔡傳未分明朱子曰周公在後監戒百官士也師也工也黄氏曰監董我多士之爲師爲工者

予旦以多子

卿大夫而謂之子者親之也春秋時列國之君稱其卿大夫曰子大夫又曰二三子見左傳實昉于此

太室祼

孔疏清廟有五室中央曰太室。太室室之大者。周人尚臭祭禮以祼爲重。故言王祼。

上帝引逸

注疏謂上天欲民長逸樂。桀政暴虐民不得安逸。故天下至戒以譴告之。蔡氏解爲作德心逸日休之逸。亦可從。

肆不正

董琮曰肆當作肆赦之肆。下文有率肆矜爾。則此當言赦其罪。而不正治其餘黨也。此解亦勝蔡

下惟時其遷居西爾

陳大猷曰吳才老言成周未作已遷殷民于洛蔡傳引其說而謂周公黜殷之後以殷民反覆難制即遷之于洛至是建成周乃告命與之更始召誥攻位之庶殷其即遷洛之民歟書序以爲成周既成遷殷頑民者謬矣

按召誥洛誥皆作于七年三月召誥言太保乃以庶殷攻位于洛汭周公命殷庶庶殷丕作洛誥言周公初基東國洛四方民大和會百工播民和見士于周竊意殷民之當遷者其丁壯即于此時與四方之民同趨事赴工而畱居于洛其老弱室家則俟營洛既成室廬已備

而後盡遷居之。愚按多士篇末有爾小子乃興從爾遷語，知此說爲是。故洛誥有伻來毖殷，召誥有敢以讐民保受王威德等語，而並無遷民之說。多士序所謂成周既成遷殷頑民者，要其終盡遷之時而言耳。若以爲黜殷之後即遷之于洛，非惟無據，而黜殷在二年之後，作洛在七年之間，亦非事勢之宜也。蔡氏專攻書序爲謬，故其說若此。【袁氏默曰】召誥所謂庶殷，蓋經始洛邑之時，調發從役者耳。其實遷民在洛邑既成之後。所以營洛必調商民者，正欲其親見區處經畫與凡事之利便，則其心服而從之也輕。不然，以久安之民而一旦遷徙，豈不若盤庚之民怨咨君上哉。

移爾遐逖

【孔傳】今移徙汝于洛邑，使汝遠于惡俗。【愚按】孔說是也。

東萊謂明致其罰當移徙爾于遐逖之地今遷于洛乃使爾比我事我臣我也亦通蔡氏以爲遠徙于洛夫荒陬僻壤可言遐逖洛去衛非遠况爲土中爲帝居烏可以遐逖言乎觀多方云我則致天之罰離逖爾土則洛邑不可云遐逖明矣

訓告保惠教誨　譸張爲幻

呂祖謙曰訓告教誨皆見于言語保惠則調護于起居功用相表裏

顧炎武曰舜命龍曰朕堲讒說殄行震驚朕師周禮大司徒以八刑糾萬民造言之刑次于不孝不弟而禁暴

氏掌誅庶民之作言語而不信者。周公亦以譸張爲幻。致戒成王。迨其後訛言莫懲。而宗周滅矣。

則皇自敬德

按爾雅釋詁。皇大也。故孔傳云。大自敬德。此與無皇曰耽樂之皇。必不可同訓。鄭玄解爲寬暇自敬。則難通矣。

若天棐忱

按蔡傳如天果輔我之誠耶。此用陳氏語也。東齋陳氏謂上天輔忱。乃必然之理。不嘗言不敢知。東萊云。惟順天庶乎輔我之忱。此解得之。

偶王在亶乘茲大命

敷菑力田。必合偶而治之。茀厥豐草。種之黃茂。豈一手足之力。能堪其任耶。前人基宇。須承載而有之。輻以固轂。輔以益輻。非屢顧爾僕。能不輸所載耶。蔡傳引蘇解于挽罟。召公意最切。

天惟五年須暇之子孫

袁仁曰　蔡以五年爲待紂并也。五年就武庚言。故曰須暇之子孫。按武王十三年克殷。克殷二年王有疾。逸周書曰。武王克殷。乃立王子祿父。俾守商祀。設三監監之。是殷祀猶未絕也。武王崩。三監挾殷以叛。成王元年六月。葬武王于畢。二年作師東征。降辟三叔。王子祿父北

奔殷祀始絕自克商至此凡五年蓋當時猶未改殷號至封微子始改稱宋云〔愚按〕此說據書序與謝疊山王魯齋合當從之

爾曷不忱裕之于爾多方

〔陳大猷曰〕忱信則順理而裕險詐則拂理而廹葉氏云四國叛則多方爲之驛騷四國定則多方因之休息多方之裕在四國也此說善

奔走臣我監五祀

〔按〕五祀乃通東征以後數之多士云昔朕來自奄大降爾四國民命蓋商奄既定即奔走臣我監蔡氏以此

爲遷殷在作洛前之證。恐不然。曰奔走臣服。未見其必爲遷徙。況上文合有方多士言之。固不止殷民也。

爾罔不克臬

金履祥曰臬。射的也。殷士臣服我監。于今五年。至此則當以王官爲準的也。此解亦勝蔡

虎賁

袁仁曰蔡云執射御者曰虎賁。按夏官虎賁氏。掌先後王而趨。舍則守王閑。在國則守王宮。有大故則守王門。並無執射御之文。

茲乃三宅無義民

呂祖謙曰自皐陶以九德告禹有夏世守爲知人之法及其衰而無義民言所任無君子也茲乃云者三宅之位非他位也猶無義民則他可知矣

用丕式見德

陳師凱曰嚴惟丕式君大法乎賢也丕式見德下之人因之而大法乎君也舉用當則人心皆服

夷微盧烝

微盧見牧誓烝孔傳訓衆愚按漢志長沙國有承陽縣後漢志作烝以蒸水名今衡州府衡陽縣也三代時爲南夷與微盧一類疑此即立政之烝注家都未及

惟有司之牧夫

按常伯卽宅乃牧之牧以伯爲牧民之長也三宅職掌雖殊而意則主于牧民故此于庶言庶獄庶慎下于勿誤庶獄皆以牧夫言之其實常任準人包舉在內○此時周官尚未作考之周禮敷奏復逆禁戒儲備掌之冢宰居多獄訟則屬司寇

克詰爾戎兵

金履祥曰古人詰戎兵蓋有國之常政軍伍藏于井甸陳法講于蒐狩射御習于鄉學班師振旅寓于巡狩會同但恐守文之主或有廢弛爾况其時淮奄未靖乎

太史司寇蘇公

孔傳以司寇蘇公兼官太史。太史掌六典。有廢置官人之制。副貳太宰故告之。愚按蘇忿生爲司寇。左傳謂在武王初。公蓋使當時太史。追書其事。爲後世司獄之式。以太史主藏書辨法也。蔡說較孔爲長。○袁仁曰蔡謂蘇國名。左傳蘇忿生以溫爲司寇。按地志云。溫卽孟州溫縣。蘇忿生所封。是溫爲國名。蘇乃姓也。愚按左氏莊十九年傳云。周蔿國等作亂。因蘇氏。僖十年經云。狄滅溫。溫子奔衛。傳云。蘇子無信也。注。蘇子。司寇忿生之後。國于溫。故曰溫子。蓋蘇其氏而溫則國名也。

唐虞稽古建官惟百　官不必備惟其人

顧炎武曰成王謂唐虞建官惟百而夏商官倍時代未遠何若此懸殊且天下事繁一職之微亦不可闕百官安能兼內外之務傳注亦第以爲因時制宜而莫詳其實吾以爲唐虞之官不止于百其咨而命之者二十有二人其餘九官之佐殳斨伯與朱虎熊羆之倫暨侍御僕從以至州十有二師外薄四海咸建五長以名達于天子者不過百人而已此外則穆王之命所謂慎簡乃僚而天子不親其黜陟者也故曰堯舜之知而不徧物急先務也堯舜之仁不偏愛人急親賢也夏商之世法

曰詳。而人主之職。曰侵乎下。其命于天子者多。故倍也。觀立政之書。內至于亞旅。外至于表臣百司。而夷微盧烝三亳阪尹。其官又虞夏之所未有。此可知矣。杜氏通典言。漢初王侯國百官。皆如漢朝。惟丞相命于天子。其御史大夫以下皆自置。景帝懲吳楚之亂。殺其制度罷御史大夫以下官。武帝又詔凡王侯吏職秩二千石者。不得擅補。其州郡佐吏自別駕長史以下。皆刺史太守自補。歷代因而不革。至北齊武平中。後主失政多有佞幸。賜其賣官。分占州郡。下及鄉官多降中旨。故有敕用郡功曹州主簿者。自是州郡辟士之權。浸移于朝廷。外吏不得精覈由此起也故劉炫對牛弘以爲大小之官悉由吏部此政之所以日繁而沈旣濟之議欲令六品以下及僚佐之屬許州府辟用後人見周禮設官之多職事之密以爲周之所以致治者如此而不知宅乃事宅乃牧宅乃準之外文王罔敢知也然則周之制雖詳而意猶不異于唐虞也求治之君其可以天子而與銓曹之事哉

章如愚曰古者命官之制有其人則備無其人則兼嘗以周禮考之二鄉則公一人是三公兼鄉老也一鄉則卿一人是六卿兼鄉大夫也軍將有命卿是六卿兼六

軍也又若太公以太師而兼司盟之職載在盟府太師職之是也（見左傳）蘇公以秋官而兼太史之職太史司寇蘇公是也（從孔傳）

冢宰掌邦治

章如愚曰以六典言之太宰所掌特治典與五官各司其一及其佐王論道則五官之曰教曰禮曰政曰刑曰事者悉統于太宰而謂之治故曰佐王治邦國周官亦曰冢宰掌邦治見當時治本之出于一如此

司徒掌邦教

邵寶曰司徒地官卿地道甚大後儒以土地視之故注

周禮者雜附以司空之事

宗伯掌邦禮

金履祥曰宗伯不言司葢所掌者禮禮莫重于祭祭莫切于宗廟不敢言司尊宗廟且崇禮也

司空掌邦土

金履祥曰司空掌空土之官也分畫空土以待臣之受封士之受祿農之受田工之受肆賈之受廛也凡土之未授者司空王之既授則屬之司徒司馬○陳大猷曰爲治莫先于教化故冢宰之後司徒次之教民莫先于禮樂故宗伯次之教之有不率則大者加兵小者加刑

不得已也，故司馬、司寇次之。暴亂去而後民得安居，故司空終焉。

凡我有官君子，欽乃攸司

按有官君子，孔傳指大夫以上，蔡云合尊卑大小而同訓之，黃文叔謂此訓庶官大夫以下者，故下戒爾卿士別出，此說有理。欽乃攸司者，庶官各司其局，侵官爲冒，離屬爲姦，皆不敬。

學古入官，議事以制

黃度曰：三代官皆以學選，鄉里書其孝弟睦婣有學者，成均使之修德學道是也。事之本末源流，必學然後知。

知其本末源流乃能議而制之不然何所裁度哉○按叔向譏子産先王議事以制不爲刑辟蘇文忠所謂先王人法並任吏得臨事而議以制其出入者也然末世民愈詭吏愈貪冒不任法以齊之弊將安底所以子産鑄刑書不因叔向之言而止誠以古今異宜也

尹茲東郊

黄度曰周人二都通王畿故成周爲東郊此不主東郊下都之說近郊五十里遠郊百里是爲六鄉六卿分治六鄉鄉教以孝弟睦婣任卹鄉刑以不孝不弟不睦不婣不任不卹造言亂民成王重君陳孝恭之德命尹東郊其必以

孝友選鄉法行之。爲可知矣。

必有忍其乃有濟有容德乃大

愚謂 忍容二者。實聖賢持身應物之要。非徒化頑民也。不觀夫畜悍馬者乎。達其喜怒。謹其銜勒。時其莖秣。遇有踶弛。不敢遽加以捎撾者。順其情也。否則必有奔蹄齧決。毁首碎胸之患。荀子曰。待小人而不敬。則是狎虎也。古之君子。不驟發而輕嘗。不犯難而府怨。忍之謂也。又嘗觀夫山勢峻削者。其生物必寡。岡巒起伏逶迤。元氣停畜。然後榛楛殖焉。惟水亦然。灘石峭。則魚龍不留。淵潭深。斯物類族處。老子曰。江海爲百谷王。以其善下也。古之君子，不封已而遺人，不黨同而伐異，容之謂也。忍必沈幾觀變，遠畧待時。若宋高宗之屈膝完顏，是忍其所不當忍，非忍也。容必能吐之而後能茹之，能操之而後能舍之。若漢章帝之姑息竇憲，是容其所不當容，非容也。

逆子釗于南門之外

章如愚曰：鄭康成謂天子有皐、庫、雉、應、路五門，諸侯有庫、雉、路三門。皐者，遠也，門最在外。庫門，有藏于此也。雉門，取其文明也。應門，居此以應治也。路門，取其大也。然書又有畢門，言門至此而畢，則路門之別名也。周禮有中門。言居四門之中。則雉之別名也。爾雅又有正門。以其正朝所向。則應門之別名也。不出五門之數。書顧命又有南門。說者以南門卽應門。謂王者于應門向明而治也。據康王之誥。王出在應門之內。太保畢公率諸侯。入應門左右。則是王者見諸侯于應門。而南門乃康王爲世子。始逆之于此。不得以南門爲應門可知。由此見天子五門之外。又有南門也。或以南門非正門之數。不足爲重。故略之。又不然。書逆王世子。必于南門。春秋譏魯作南門。則其制非侯國可僭。安得以爲非正門之數乎。愚按山堂之辨博矣。然南門當以孔氏路寢門爲正。

葢應門在路門之外。康王之誥云。王出在應門之內。出路寢門。即應門也。

執惠執戈等

[王應麟曰]古時宿衛王宮。考之周禮。非宮正之羣吏。則宮伯之士庶子。所謂執戈矛。立階戺。皆冕衣裳者。葢皆以士大夫職之。非若後世之但以兵衞也。無事則奉燕私。有事則司禦侮。其入公卿得自簡除而考課之。是故分隸于列卿。而冢宰之治特詳。

皆布乘黃朱

[按]儀禮侯氏覲王。奉束帛。匹馬卓上。九馬隨之。注云。馬

必十四。用成數也。今以乘馬爲贄。豈以非常朝。故其禮不備乎。

王釋冕反喪服

黃度曰古者天子諸侯踰年卽位。卽位必朝廟。卽位朝廟。皆當用吉服。康王此舉。蓋因古禮而變通之耳。或曰。先王之命。不可不傳。當以喪服受之。諸侯喪服入哭殯宮。見王于次。王喪服受教諫何如。曰。冊命固可以喪服受。而不可以喪服傳。不可以喪服傳。則君服臣不服。豈可哉。諸侯喪服見王。弔也。弔不以哭踊而進諫。又可哉。

曾子問君薨而世子生。三日名之。太宰太宗太祝皆裨冕。則傳顧命可知已。叔向辭諸侯何如。曰。不同諸侯之殯。非弔何見。故叔向曰。是重受弔。其言是。此辨蘇子瞻之說○亭林顧氏以爲顧命有脫簡。狄設黼扆以下。卽當屬之康王之誥。自此以上。記成王顧命登遐之事。以下記康王卽位朝諸侯之事也。愚按顧命之禮。成王以前未有。且天子傳位。事尤重。故史臣特錄爲篇。命作冊度書顧命于冊也。太史秉書。御王冊命。卽顧命之冊書。下所云道揚末命。命汝嗣訓者也。顧命不可不卽傳。傳顧命不可以凶服。而君臣異服。又于禮不稱。故不得不暫弭哀痛。以定大寶之傳。入卽位。君臣各就喪次也。諸侯出廟門侯。是侯冢宰命令。非侯王後命。孔傳說與侯見新君蔡傳說也。此諸侯。卽上卿士邦君。乃畿內諸侯爾。顧命旣傳。則天子必釋冕服。衰麻哭踊于次。何事復出見諸侯哉。若康王之誥云云。則不能無疑者。二伯所領四方諸侯。必非旬日內所能畢至。且玄黃璧馬。胡爲稠疊于憂王之庭。亭林以爲明年正月。康王卽位朝諸侯之事。此說是也。蓋周人卒哭而祔。踰年而卽位。卽位之日。諸侯布幣朝見新君。故稱諸侯曰賓。見已踐阼也。自稱曰予一人。見已正位號也。釋冕反喪服。終三年倚廬之制也。此與顧命篇斷非同時事。

以成周之衆命畢公保釐東郊

呂祖謙曰杜預孔潁達皆以下都爲成周其說不然成周乃東都總名河南成周之王城也洛陽成周之下都也左傳敬王請城成周之辭亦謂成王合諸侯于成周以爲東都則成周爲洛都總名明矣王城非天子時會諸侯則虛之下都則保釐大臣所居治事之地周人朝夕受事習見既久遂獨指以爲成周耳

毖殷頑民遷于洛邑

顧炎武曰古帝王之用兵也不殺而其待人也仁東征之役其誅者事主一人武庚而已謀主一人管叔而已

下此而囚下此而降下此而遷而所謂頑民者皆畔黨也無連坐弁誅之法又不可以復置之殷都是不得不遷而又原其心不忍棄之四裔故于洛邑又不忍斥言其畔止曰頑民其與乎畔而遷者大抵皆商之世臣大族而其不與乎畔而留于殷者如祝鮀所謂分康叔以殷民七族陶氏施氏繁氏錡氏樊氏饑氏終葵氏是也非盡一國而遷之也曰何以知其畔黨也曰以召公之言讎民知之不畔何以言讎非敵百姓也古聖王無與一國爲讎者也讎民從時解

紀于大常

孫覺曰紀其功于大常之旂所以彰顯之又王常所瞻視示不忘也

僕臣諛厥后自聖

呂祖謙曰自古小人之敗君德爲昏爲虐爲侈爲縱曷其有極至于自聖若淺之爲害穆王獨以是儆之者葢小人之蠱其君必使之虛美薰心傲然自聖則謂人莫已若欲予言莫之違然後法家弼士日遠而快意肆情之事亦莫敢齟齬其間自聖之證旣見而百疾從之昏虐侈縱皆其枝葉而不足論也

王名山川

夏僎曰九州名有名山大川爲之主名如揚州山曰會稽川曰三江之類

五刑之疑有赦五罰之疑有赦

蘇洵曰大罪固多可疑今有人或誣以殺人之罪而不能自明者治之失其實則無辜者多怨僥倖者易免今欲使不失實則莫若重贖彼罪疑者雖或非辜亦不至殘其支體若其有罪則雖不受刑固已困于贖金矣○陳大猷曰諸儒多言五刑之疑有赦卽所謂正于五罰五罰之疑有赦卽所謂正于五過經文不應重複若是蓋五刑五罰五過皆所以治之故皆以正言是明知其

罪之所止者也。至于五刑之疑，五罰之疑，則是不知其爲有罪者也。若爲盜而無贓証，殺人而無明驗，是爲疑獄。不知爲有罪則赦，赦則直釋之而已，若更有罰，何足以爲赦乎。此說本之黃文叔，有理可從。

官伯族姓朕言多懼

按孔傳：官伯訓諸侯，不類。蔡分典獄之官與諸侯，是也。首戒典獄，次戒近屬，伯父以下至童孫。次戒諸侯，有邦有土。此又合而戒之，猶周官先戒庶官，次戒卿士，終又合而戒之，文體當然。懼深于敬德，則奉行天討，不德則無世在下，敢不懼乎。

父義和

孔疏曲禮天子稱同姓曰伯父異姓曰伯舅文侯以同姓爲侯伯當呼伯父此直稱父者尤親之也左氏桓二年傳文侯名仇今曰義和知是字○蔡傳不稱名尊之愚按天子命諸侯稱爵稱名左傳可考其以字稱者未見疑義和亦是名古人二名者多有之如伊尹一名摯呂望一名尚春秋趙鞅一名志父

侵戎我國家純

顧炎武曰幽平之世戎禍甚烈吾考竹書紀年而知戎禍非始自幽王也葢始于穆王黷武西征犬戎于是遷

戎于太原。十七年懿孝之時。六師屢征。至夷王七年。虢公帥師伐太原之戎。至于俞泉。獲馬千匹。則是昔所內徙者。今爲寇而征之也。宣王雖號中興。三十三年。王師伐太原之戎不克。三十八年。伐條戎奔戎。王師敗逋。三十九年。伐姜戎。戰于千畝。王師敗逋。四十年。料民于太原。其與後漢西羌之叛。大畧相似。幽王六年。命伯士帥師伐六濟之戎。王師敗逋。後漢書西羌傳並用此于是關中之地。戎得以整居其間。而陝東之申侯至與之結盟而入寇。周語所謂申繒西戎方强。王室方騷者也。自遷戎至此一百七十六年蓋宣王之世。其患如漢之安帝。幽王之世。其患如晉之懷帝矣戎所由來非一日之故而三川之震檿弧之謠皆適會其時者也嚴尤以爲周得中策殆不盡然乎竹書紀年自共和以後多可信葢必有所傳其前則好事者爲之耳

其歸視爾師寧爾邦

黃度曰傳云周之東遷晉鄭焉依鄭武公遂爲周司徒晉文侯則歸其國觀平王命辭曰視爾師寧爾邦葢其國不靖不得留而歸也愚按左傳魯惠公二十四年晉始亂故封成師于曲沃晉世家云穆侯卒弟殤叔自立太子仇出奔幽王元年仇攻殺殤叔而自立是爲文侯平王元年乃文侯十一年也是時去封成師尚遠所云

寧爾邦豈殄叔之黨尚有未靖者與

徂茲淮夷徐戎並興

林之奇曰戎夷錯居魯之境內淮夷徐奄與武庚之亂驕悍未服周封建諸侯以周公居魯太公居齊此二人親賢之最而分地乃介于戎夷之間去周甚遠則以控扼東夷故也周公留輔周室使其子伯禽受封于魯東夷之心必不利于魯之建國故伯禽始居曲阜而戎夷並興者蓋與之爭魯也按史記太公封于營丘夜衣而行黎明至國萊人來伐與之爭營丘周家初定未能安集遠方是以與太公爭國淮夷徐戎之于曲阜亦猶萊

夷之于營丘也徐戎淮夷壤地相望有唇齒犄角之勢服則俱服叛則俱叛考常武閟宮之詩可見

魯人三郊三遂

陳大猷曰三郊三遂漢孔氏及林氏呂氏諸家皆以爲東郊受敵故上言三面然東郊不開自指夷戎並興東邊故東郊警備其門不敢開非謂其已至東郊也郊在十里之外若至東郊則已造城下况費在東海郡非東郊地也東郊不開猶漢烽火達于甘泉棘門霸上皆屯兵以待之非謂匈奴已至此吳楚七國反閉函谷關非謂其兵已至關下也

民訖自若是多盤

金履祥曰盤如盤樂怠傲之盤人惟多盤所以樂放憚檢喜邪忌正不能受責也下文我心之憂日月逾邁若弗云來正接多盤之戒

尚書埤傳補卷之下　終

尚書考異補

堯典　有能俾乂乂說文作嬖　舜典　竄三苗于三危顧炎武曰竄說文作𢾊莊子作投按尚書自當作𢾊𢾊古文也後人以今文改之孟子引此當作投詩投畀有昊是也作殺者字形相近而誤注云殺殺其君也虞夏之書曷嘗有是事哉　大禹謨　徂于田釋文云田本或作畋　皋陶謨　俊乂在官乂漢書谷永引作艾　百僚師師釋文云僚本又作寮　贊贊襄哉釋文云襄爾雅作䙩　益稷　藻火釋文云藻本又作薻　無若丹朱傲釋文云傲本又作奡　禹貢　篠簜既敷釋文云簜或作篡　和夷底績釋文云和字又作龢鄭云和讀曰洹　胤征　工執藝事藝說文作埶釋文云本又作埶　俶擾天紀釋文云俶本又作併亦作叔　仲虺之誥　后來其蘇釋文云蘇字亦作穌　取亂侮亡推亡固存邦乃其昌左傳引作亡者侮之亂者取之推亡固存國之道也　太甲　茲乃不義釋文云義本或作誼　天作孽猶

可違自作孽不可逭禮記作天作孽可違也自作孽不可以逭咸有一德惟尹
躬暨湯咸有一德禮記引暨作及一作壹盤庚汝無侮老成人玉海云蔡
邕石經作女母翁侮成人誕告周亶釋文云亶一作單誠也崇降弗祥玉海云石經作典降
不永汝分猷念玉海云石經作女比猷念懋建大命玉海云懋建石經作勖建說命惟
甲冑起戎戎禮記作兵若作鹽梅釋文云梅字亦作楳旁招俊乂釋文云俊本又
作畯微子我用沈酗于酒釋文云酗說文作酌自靖釋文云靖馬本作清謂潔也牧
誓乃惟四方之多罪逋逃是崇是長漢書谷永引作四方之逋逃多罪是宗是
長武成執豆籩釋文云豆本又作梪洪範嚮用五福威用六極漢書谷永
引作饗用五福畏用六極師古曰饗當也言所行當乎人心無虐煢獨釋文云無虐馬本作母侮金
縢惟朕小子其新逆釋文云新逆馬本作親迎康誥周公咸勤乃洪大

誥治釋文云一本作周公乃洪大誥治惠不惠懋不懋懋左傳引作茂注茂勉也維命不于常文中子中說引作天命不于常惟歸乃有德

梓材釋文云本亦作杍馬云古作梓字治木器曰梓

多士

敢弋殷命疏云弋射也射而取之鄭玄王肅本作翼王云翼取也鄭云翼猶驅也按詩傳虞人翼五豝以待公之發疏云合圍曰翼鄭訓翼爲驅義本此有幹有年于茲洛玉海云洛石經作維

無逸

乃逸乃諺既誕玉海云石經作乃劮乃憲既延治民祗懼玉海云石經作自皃以民惠鮮鰥寡漢書引作惠于鰥寡玉海云石經作惠于矜寡愚按鰥矜二字古通惠鮮作惠于較今本明白繼自今嗣王則其無淫于觀于逸于遊于田以萬民惟正之供漢書谷永引作嗣王其毋淫于酒毋逸于游田惟正之共玉海云石經作毋劮于遊田人乃訓之乃變亂先王之正刑玉海云石經作人乃訓變正刑則皇自敬德玉海云皇石經作况王肅本因之云滋益用敬德也愚按皇之與况文義相遠作况直音相近而譌豈非伏生

之授晁錯耄而失其傳歟觀此知熹平年間古文之學尚未顯于世顧亭林云東漢古文尚書自有兩派一孔僖爲安國世傳一杜林漆書古文得之河西傳至馬鄭又按儒林傳歷言古文尚書左氏毛詩而云王莽時諸學皆立傳末又言平帝時立古文尚書則是此學立于孝平而廢于赤眉之亂故東漢諸儒皆不見古文也

【立政】以覲文王之耿光玉海云耿石經作鮮

【君陳】凡人未見聖若不克見禮記作未見聖若巳弗克見少凡人二字庶言同則繹禮記闕則繹二字

【顧命】王崩釋文云馬本作成王崩注安民立政曰成黼扆綴衣玉海云扆石經作衣先路綴路綴周禮記疏作贅

【畢命】彰善癉惡韻會引書作𤺺惡云癉𤺺二字古通

【君牙】釋文云牙或作雅亦惟先正之臣克左右亂四方漢書谷永引作亦惟先正克左右

【呂刑】苗民弗用靈禮記作匪用命羣后之逮在下玉海云逮墨子作肆維殷于民玉海云殷墨子作假王曰吁來釋文云吁馬本作于于於也

書經考異 經文主監版注疏

堯典 曰若稽古 毛晃增韻曰與粵同古文尚書作粵又通作越召誥越若來是也 欽明文思安安 王應麟曰尚書考靈曜作晏晏鄭氏注寬容覆謂之晏第五倫疏體晏晏之安馮衍顯志賦思唐虞之晏晏 格于上下 格說文引書作假按假有格音古領切 克明俊德 俊大學作峻按韻會俊祖峻切峻須閏切音近義不同辨詳埤傳 平章百姓 平史記作便後漢書班固引作辨注引鄭玄云別也 協和萬邦 史記協作合邦作國按史記漢書引書邦皆作國避諱 黎民於變時雍 變漢書作蕃 欽若昊天曆象日月星辰 史記欽若作敬順曆象作數法 宅嵎夷 宅蔡邕石經作度史記作居下同朱子曰古字宅度通用愚按說文宅託居也從宀乇聲故古有鐸音毛詩其究安宅此維與宅皆音鐸是也又釋名宅擇也擇吉處而營之此有相度之義故古宅與度通嵎夷史記作郁夷說文作嵎峓釋文云考靈曜作禺銕六經正誤云銕古鐵字蓋峓誤而爲銕也 寅賓出日平秩東作

史記作敬道日出便程東作 以殷仲春 仲史記作中音仲下同 鳥獸孳尾 史記作字微
平秩南訛 史記作便程南譌 宅西曰昧谷 王應麟曰鄭玄注周禮引書作度西曰柳谷虞
翻謂當爲柳谷古柳卯同字而誤以爲昧裴松之謂翻言爲然魏文帝時張掖柳谷口水溢涌寶石負圖即其地也
愚按集韻昧古作眤與古文丣字形相近故漢人有柳谷之說不足信 寅餞納日平秩西成
史記作敬道日入便程西成 厥民夷 史記作其民易 厥民隩 史記作其民燠 鳥獸毨毛
說文作毴髦毴而尹切又人勇切毛盛也 朞三百有六旬 朞說文作稘有古與又通 以閏月
定四時成歲 定史記作正邵景迂云古文作正開元誤作定 允釐百工庶績咸熙
史記作信飭百官衆功皆興漢書作皆美 胤子朱啓明 史記作繼子丹朱開明開避諱 驩兠曰
兠說文作兜韓愈詩開弓射鵰吺注云驩兜尚書古文作鵰吺 共工方鳩僝功 史記作旁聚衆功說
文作旁述僝功 咨四岳湯湯洪水方割 史記咨作嗟岳作嶽下同洪作鴻益稷同 方命

圯族史記作負命毀族不德忝帝位史記不作鄙正義云鄙俚無德克諧以孝烝烝乂不格姦史記克諧作能和乂作治格作至

[舜典]

舜讓于德弗嗣史本紀作不懌自序云唐堯遜位虞舜不台索隱曰古文作弗嗣今文作不怡怡即懌也台古通作怡班固典引亦作不怡愚按從不怡無理太史公蓋未見古文也在璿璣玉衡璿後漢書作璇類于上帝類說文作禷徧于羣神徧史記作辨輯五瑞輯史記漢書作揖韻會輯通作揖周南螽斯羽揖揖兮是也東巡守釋文云本亦作狩後漢書張純引亦作狩至于岱宗柴說文作祡下從示唐張參五經文字云柴本作祡經典取燔柴之義多從木馬氏云積柴加牲其上以焚之格于藝祖史記作至于禰祖廟釋文云藝馬融王肅云禰也惟刑之恤哉恤史記作靜徐廣曰今文作謐謐靜也流共工于幽洲洲孟子作州史記作陵竄三苗于三危竄孟子作殺讓于稷契暨皋陶說文作偰皋咎繇皋暨古今字史記作與黎民阻飢阻史記漢書作祖徐廣曰今文

作䄙祖始也索隱曰古文作阻飢孔氏云阻難也阻祖聲相近未知誰得五品不遜遜史記作馴後漢書作訓寇賊姦宄宄史記作軌五流有宅宅史記作度下同惟明克允允史記作能信疇若予工若史記作馴下同教胄子胄史記作穉八音克諧諧說文作龤朕堲讒說殄行震驚朕師史記作畏忌讒說殄僞振驚朕衆黜陟幽明黜史記作絀

大禹謨

帝德廣運呂氏春秋引夏書曰天子之德廣運乃神高誘注此逸書也惟影響鄒季友曰影古文作景葛洪始加彡此天寶三載衞包改古文從今文時所易也他字有與古文異者多此類儆戒無虞朱子語錄云儆古文作敬唐改今文俾勿壞左傳作勿使壞降水儆予降孟子作洚愚按注疏皆作降孔傳云水性流下故曰降水今集傳作洚蓋因孟子易之義實從洚爲長予懋乃德懋說文作楙蔡氏曰懋楙古今字

皋陶謨

惇敘九族史記作敦序庶明勵翼邇可遠在茲史記作衆明高翼近可遠在已禹拜昌言昌史記作美巧言令

邑孔壬史記作善色佞人載采采史記作始事事亂而敬亂史記作治剛而塞塞說文作寒史記作實彰厥有常彰後漢書作章夙夜浚明有家史記作蚤夜翊明日嚴祇敬六德祇史記作振翕受敷施敷史記作普撫于五辰撫說文作攺云古尚書撫字無教逸欲有邦漢書王嘉封事作毋敖佚欲有國天工人其代之工漢書作功自我五禮有庸哉釋文云有庸馬本作五庸按後漢書梁統傳亦作五庸懋哉懋哉懋爾雅注作茂云茂懋古今字自我民明威釋文云威馬本作畏威畏古字通王應麟曰古文本作畏今作威衛包所改思曰贊贊襄哉史記作思贊道哉○顧炎武曰書皐陶謨思曰贊贊襄哉呂刑今爾罔不由慰日勤易大畜九三日閑輿衛皆當作日古人日曰二字同一書法惟曰若之曰上畫不滿與日字異耳

〔益稷〕播奏庶艱食鮮食釋文云艱馬本作根謂根生之食釋名艱根也藻火粉米黼黻絺繡王應麟曰古文尚書及說文作璪火黺𪓐黼黻林艾軒云黺𪓐黼黻

書經考異　三

當各爲一物璪如玉璪之璪爲璪之狀而以火旁飾之火因物而後見耳希冕謂粉粖黼黻皆從黹同謂之希冕陸德明云希與黹同葢有由來也**作會**釋文云馬鄭本作繪會繪古字通**在治忽**史記作來始滑索隱曰古文尚書作在治忽今文作采政忽漢書作七始詠注云七始者天地四時人之始也忽又或作曶黃滑曰采與在滑與忽音相近來與采始與治七與在詠與忽文相近政與治義相近諸儒皆隨字解之**欽四鄰**史記作敬四輔臣駰引尚書大傳曰古者天子必有四輔前曰疑後曰丞左曰輔右曰弼**撻以記之**撻說文作遽**敷納以言明庶以功**左傳引夏書賦納以言明試以功**敷同日奏罔功**史記作布同善惡則無功**娶于塗山**說文作孑娶嵞山**弼成五服**弼說文作弻毗必切輔信也**鳥獸蹌蹌**說文作牄牄云鳥獸來食聲說苑作鶬鶬**簫韶九成**古文尚書作箾磬說文舜樂曰箾韶箾以竿擊人也所角切又音簫孔安國訓爲簫簫管之簫辨詳埤傳**勑天之命**勑史記作陟**元首叢脞哉**脞說文作睉昨禾切日小也徐曰今從月非

禹貢

隨山刊木刊史記漢

書作釆下同　至于岳陽岳史記漢書作嶽下同　覃懷底績底績史記作致功下同　恒衞既從大陸既作恒史記漢書作常避諱下同作史記作爲　島夷皮服島史記漢書作鳥鄭云鳥夷搏食鳥獸者　濟河惟兗州濟漢書作泲下同韻會云詩出宿于泲注沇水東流書作濟與泲同說文作泲泲徐曰今多作濟故與常山濟水相亂惟史記作維下同兗史記作沇　灉沮會同灉史記漢書作雍　厥草惟繇草漢書作屮繇說文作蘨　作十有三載乃同載史記漢書作年乃漢書作迺　厥篚織文厥史記作其下同篚漢書作棐下同　達于河達史記漢書作通下同　濰淄其道釋文云濰本或作惟又作維漢書作惟菑其史記作既　海濱廣斥濱漢書作瀕下同斥史記漢書作瀉史多厥田斥鹵一句　厥篚檿絲檿史記漢書作酓　淮沂其乂乂史記作治　蒙羽其藝藝史記漢書作埶下同　大野既豬大野漢書作泰壄豬史記漢書作都下同　厥土赤埴墳草木漸包釋文云埴鄭作戠徐鄭王皆讀如熾韋昭音試漸本又作蔪包或作苞

羽畎夏翟翟漢書作狄蠙珠暨魚釋文云蠙本又作玭音同暨史記漢書作臮下同達于河釋文云河如字說文作菏卽菏澤金仁山以爲古文尚書作菏韻會引新安王氏說以爲應從菏非也辨詳埤傳陽鳥攸居攸史記作所漢書作逌下皆同篠簜旣敷史記篠簜作竹箭下同敷作布

瑤琨篠簜釋文云琨馬本作瓔漢書同簜周禮注作簜云盛筋器也沿于江海釋文云沿馬本作均云均平鄭云均讀曰沿史記漢書皆作均江海九江孔殷史記作甚中沱潛旣道潛史記作涔漢書作灊下皆同郭璞云涔潛古今字旣史作已雲土夢作乂史記作雲土夢爲治索隱曰夢一作瞢鄒誕生又作蒙漢書雲夢二字連沈括曰石經倒土夢字唐太宗時得古本始改正杶榦栝柏釋文云杶本又作櫄榦本又作幹礪砥砮丹礪漢書作厲九江納錫大龜納錫史記作入賜逾于洛逾漢書作踰洛史記漢書皆作雒下同滎波旣豬史記作滎播旣都索隱曰古文尚書作滎波今文作滎播播是水播溢之義書疏云馬鄭王本皆作滎播導菏澤被孟豬導史

記作道下同菏史記漢書皆作荷下同孟豬周禮作望諸左傳爾雅作孟諸史記作明都漢書作盟豬 厥貢
漆枲絺紵 枲史記作絲 厥篚纖纊 纊史記作絮 岷嶓既藝 岷史記作汶漢書作
崏後皆同說文又作谿 厥土青黎 史記作共土青驪 西傾因桓是來 漢書傾作頃來
作徠 逾于沔 逾史記作踰下同 灃水攸同 灃漢書作酆下同 終南惇物 惇史記作
敦 至于豬野 豬史記作都野漢書作壄 三危既宅三苗丕敘 宅史記作度丕敘作
大序 崑崙析支渠搜 崑崙史記作昆侖漢書作昆崙析支後漢書作賜支搜漢書作叟 導岍
及岐 岍史記漢書作汧 厎柱析城 厎史記作砥下同 至于陪尾 陪史記作負漢書作
倍師古曰讀曰陪又作橫 至于孟津 孟史記漢書作盟 至于大伾 伾釋文云本或作坯或作岯
史記作邳 嶓冢導漾 漾史記漢書作瀁 爲滄浪之水 滄史記作蒼 至于澧 澧史
記漢書作醴 東迆北會于滙 石經及監本注疏皆作于滙今本多作爲滙金仁山云若至彭蠡則

江漢合流久矣當作北會于漢葢江勢迆北處正受漢口
此說有理但經文不可輕改鄒季友書傳定作爲辨詳埤
傳　溢爲滎溢史記作泆漢書作軼　四隩既宅隩說文作墺史記漢書作奧宅史記作居　九
川滌源源史記漢書作原　六府孔修孔史記作甚　納緫納銍納秸釋文云秸
本或作稭馬云去其穎前漢書作內緫內銍內戛　二百里男邦史記作任國王應麟曰書傳男任也
任王者事王莽封王氏女皆爲任葢男任古通用　甘誓　天用勦絕其命鄒季友曰說文剿絕
也古文尚書作剿今文作剿其作勦者自訓勞也于此義不通葢篆文刀力相似而傳寫之訛耳六經正誤云勦絕
之勦從巢從刀子小切非從力也從力者楚交切禮記毋勦說是也愚按今監版注疏勦從刀葢因前辨而改之坊
本集傳仍誤從力　五子之歌　民可近不可下國語引云民可近也而不可下也　惟
彼陶唐有此冀方今失厥道亂其紀綱乃厎滅亡左傳引云惟彼
陶唐帥彼天常有此冀方今失其行亂其紀綱乃滅而亡　關石和鈞和國語作龢　胤征　聖有

謨訓左傳祁奚引作謩勳不及時者殺無赦及荀子作逮

仲虺之誥仲虺史記作中䨻音壘說文同荀子作蘬或作𧑅初征自葛東征西夷怨南征北狄怨孟子湯一征自葛始天下信之東面而征西夷怨南面而征北狄怨又云湯始征自葛載以下同徯予后予孟子作我能自得師者王謂人莫巳若者亡荀子引仲虺曰諸侯能自得師者王得友者霸得疑者存自爲謀而莫巳若者亾覆昏暴釋文云暴本或作虣

湯誥敢昭告于上天神后請罪有夏論語敢昭告于皇皇后帝有罪不敢赦與之戮力說文作勠戮勠古字通爾有善朕弗敢蔽罪當朕躬弗敢自赦惟簡在上帝之心論語帝臣不蔽簡在帝心其爾萬方有罪在予一人予一人有罪無以爾萬方論語朕躬有罪無以萬方萬方有罪罪在朕躬國語余一人有辠無以萬夫萬夫有辠在余一人

伊訓惟元祀十有二月乙丑漢書惟太甲元年十有二月乙丑朔

說者謂朔旦冬至之歲　伊尹祠于先王漢書伊尹祀于先王誕資有牧方明說者謂冬至越茀祀先王于方明方回曰方明木爲之繪以六色飾以六玉如神之有主儀禮有之他經未見

造攻自鳴條朕哉自亳孟子天誅造攻自牧宮朕載自亳哉載古字通

從諫弗咈先民時若居上克明爲下克忠荀子引書云從諫而不拂微諫而不倦爲上則明爲下則遜

太甲

辟不辟禮記作厥辟不辟　旁求俊彥釋文云俊本或作畯　無越厥命釋文云越本又作粵

茲乃不義釋文云義本又作誼　自作孽不可逭逭孟子作活　后來無罰孟子作后來其無罰　視乃厥祖集傳本作烈祖

咸有一德

厥德匪常顧炎武曰石經及國子監注疏本皆作匪常唐柳澤上書引此亦作匪常今集傳作靡常非是　愼官惟賢材集傳作才按才材並見說文有別　七世之廟可以觀德萬夫之長可以觀政呂氏春秋作七世之廟可以觀怪萬夫之長可以生謀

盤庚

釋文云盤本又作般左傳作盤庚之誥　若顛木

之有由蘖說文引書作甹枿由古文作甹徐鍇曰說文無由字本作甹以周切木生條也今尚書去巳作由蓋古文省也而後人爲因自之通稱巳讀若含徐鉉曰孔安國注尚書以由爲用用枿詁不通枿又作櫱五葛切不昏作勞釋文云昏本或作暋音敏鄒季友曰爾雅昬暋皆訓彊故兩存越其罔有黍稷釋文云越本又作粵相時憸民憸說文作思息廉切利口也邦之臧惟汝衆邦之不臧惟予一人有佚罰國語引般庚國之臧則維汝衆國之不臧則維予一人是有逸罰乃有不吉不迪顛越不恭暫遇姦宄我乃劓殄滅之無遺育左傳作其有顛越不共則劓殄無遺育

說命釋文云本又作兌禮記作兌命亮陰三祀禮記作諒闇注讀爲梁鶬論語作諒陰大傳作梁闇漢志作涼陰鄒季友曰亮音與梁同陰音與庵同按庵字與鶬同音後漢書方有之故鄭氏以鶬爲音今當易之以便流俗旁求于天下說文引商書使百工夐求于野夐營求也說築傅巖之野巖史記作險若濟巨川用汝作舟楫若歲

大旱用汝作霖雨國語若津水用女作舟若天旱用女作霖雨若藥不瞑眩瞑說文作眄莫甸切爵罔及惡德惟其賢禮記引兌命爵無及惡德民立而正事黷于祭祀時謂弗欽禮煩則亂事神則難禮記純而祭祀是謂不敬事煩則亂事神則難惟學遜志務時敏遜志禮記作敬孫

高宗肜曰

惟先格王格史記漢書作假後同惟天監下民史記作惟天監下天既孚命正厥德孚史記作附漢書作付王司敬民罔非天胤典祀無豐于昵史記王嗣敬民罔非天繼常祀無禮于弃道

西伯戡黎

戡說文作𢦟爾雅注作堪黎說文作𨞛大傳作耆史記作阢阢音其不有康食不虞天性史記康作安不虞下多知字大命不摯摯說文作𡠗脂利切至也

微子

今殷其淪喪若涉大水其無津涯史記今殷其典喪若涉水無津涯我其發出狂狂史記作往注引鄭玄云我其起作出往也我家耄遜于荒史記作我家保于喪

天毒降災荒殷邦（史記作天篤下菑亡殷國）今殷民乃攘竊神祇之犧牷牲用（史記作今殷民乃陋淫神祇之祀）用乂讎斂（釋文云讎馬本作稠數也斂賦斂也）我舊云刻子（刻論衡作孩）

泰誓

（泰孟子國語作太孔傳云大會以誓眾解作大晁氏曰古文作大誓與大誥同開元間衛包定今文始作泰）

天佑下民作之君作之師惟其克相上帝寵綏四方有罪無罪予曷敢有越厥志（孟子天降下民作之君作之師惟曰其助上帝寵之四方有罪無罪惟我在天下曷敢有越厥志）

離心離德（左傳作亦有離心離德）

取彼凶殘我伐用張（孟子則取于殘殺伐用張）罔或無畏寧執非敵百姓懍懍若崩厥角（孟子無畏寧爾也非敵百姓也若崩厥角稽首）

牧誓

（牧說文作坶字林音某地名）

左杖黃鉞右秉白旄（說文鉞作戉旄作髦）逖矣西土之人（逖爾雅注作逷）稱爾戈（稱爾雅注作偁）惟恭行天之罰（恭後漢書班固引作龔）尚桓桓

說文作狟狟胡官切犬行也　如虎如貔如熊如羆于商邦弗迓克奔史記如虎如羆如豺如螭不禦克奔釋文云迓馬本作禦

【武成】

旁死魄說文作霸云月始生霸然貌　肆予東征綏厥士女惟其士女篚厥玄黃昭我周王天休震動用附我大邑周孟子東征綏厥士女匪厥玄黃紹我周王見休惟臣附于大邑周○篚本作匪說文引逸周書實玄黃于匪今文尚書作篚昭爾雅注云逸書作釗釗見也　師逾孟津逾石經監本同釋文云本亦作踰集傳本作渡非也　血流漂杵杵說文作櫓云大盾也徐曰古文尚書血流漂櫓通作鹵　一戎衣天下大定中庸一戎衣而有天下　大賚于四海論語周有大賚善人是富　重民五教惟食喪祭論語所重民食喪祭

【洪範】

洪史記呂氏春秋皆作鴻　王乃言曰嗚呼漢書乃作廼下同嗚呼史記作於乎漢書作烏嘑　惟天陰騭下民相協厥居史記作維天陰定下民相和兵居以下惟字皆作維　我不知其彝倫攸敘彝史記作常攸

史記作所漢書作迺下皆同不畀洪範九疇史記作不從鴻範九等不漢書作弗敬用五事敬漢書作羞注云羞進也協用五紀協漢書作叶師古曰讀曰叶和也乂用三德乂漢書作艾下同師古曰讀曰乂治也威用六極威史記漢書作畏馬融曰天所以畏懼人用六極從作乂乂史記作治下同思曰睿史記作眘漢書作容應劭曰通也古文作睿明作哲史記作智漢書作悊下皆同孔疏王肅云哲智也定本作哲則讀爲哲鄒季友曰哲之列反字與哳同下當從日從卩非後同○陳啓源曰哲哲悊三字古通然考說文哲訓明哲訓知而悊訓敬則悊字之義稍殊用敷錫厥庶民史記敷作傅厥作其下皆同不協于極不罹于咎不協不罹大傳作不叶不離無虐煢獨大傳作毋侮矜寡史記作毋侮鰥寡以下無字皆作毋按矜鰥二字古通于其無好德史記作于其毋好無偏無陂史記作毋偏毋頗鄒季友曰陂古文作頗唐玄宗以此句韻讀不協因周易泰卦无平不陂釋文陂作頗音遂改無頗爲無陂今按頗陂二字皆從皮古字多通用但須改音不必改字

也顧炎武曰宋宣和六年詔洪範陂復爲頗監本未嘗復舊然呂氏春秋引此正作頗而下文有人用側頗僻之語况以古音求之作頗爲協○吳棫曰古義字皆音俄周官注亦音俄故古文尚書本作無偏無頗遵王之義以叶俄音唐明皇以義字今音爲乂遂改頗爲陂以從今音而古音遂湮滅矣

無有作好遵王之道

無有作惡遵王之路 呂氏春秋有作或王應麟曰韓非子先王之法曰無或作利從王之指無或作惡從王之路蓋述洪範而失之

無偏無黨 說苑作不偏不黨

是彝是訓 彝史記作夷

于帝其訓 訓史記作順下是訓同

彊弗友剛克 弗史記作不

燮友柔克 燮史記作內索隱曰內當爲燮

沈潛剛克 左傳引商書曰沈漸剛克史記亦作沈漸索隱依馬融解作潛

曰雨曰霽曰蒙曰驛曰克 史記作曰雨曰濟曰涕曰霧曰克索隱曰涕音亦尚書作驛霧音蒙王應麟曰周禮太卜注引洪範曰雨曰濟曰圛曰雺曰克詩正義洪範卜兆有五曰圛注云圛者色澤光明古文作涕今文作圛說文引書圛即此楊愼曰古文尚書雨濟雺一作圛注雺天氣下地氣不上也圛升雲半有半無也雺一作

霚又作蒙今文雺作蒙圛作驛 曰貞曰悔 說文作𠧪荒內切 衍忒 史記作貸 五者來備 王應麟曰史記作五事來備後漢書荀爽謂之五韙李雲謂之五氏傳習之訛也 庶草蕃廡 說文作緐 無後漢書班固引作蕃蕪鄒季友曰古文蕃廡之廡但作無音武而有無之無但作无與亡後人既以無爲有無之無故尚書今文加广以別之廡乃堂下同室之名音同而義則非矣說文作𣞤注引書作蕃無無卽𣞤字後人省兩木爲四點也當從說文爲正 時暘若 漢書暘作陽下同 時燠若 史記漢書燠作奧下皆同 恒雨若 史記恒作常下同 曰豫 史記漢書論衡皆作舒 曰蒙 史記漢書作霿 王省惟歲 省史記作告 俊民用章 俊史記作畯下同

旅獒

釋文云馬鄭作豪酋豪也疏云由不見古文妄爲此說 惟德其物 其左傳作繄

金縢

王有疾不豫 豫說文作悆羊茹切喜也 植璧秉珪 孔疏鄭玄云植古置字謂置璧三王之坐也愚按商頌置我鞉鼓鄭讀作植蓋二字古通用 是有丕子之責于天 史記丕作負索隱引鄭玄曰丕讀負隗囂移檄云庶無負子之責本此 乃

一

𢌳是吉𢌳論衡引作逢又解云卜曰逢筮曰遇我之弗辟釋文云馬鄭本讀作避謂避居東都盡弁以啓金滕之書史記作朝服以開金滕書

大誥

天降割于我家釋文云割馬本作害民獻有十夫民獻大傳作民儀王莽作大誥云民儀有十夫本此天棐忱辭棐朱子云合作匪忱漢書作諶○陳啓源曰匚音方受物之器象形也匪字從此而以非諧聲亦訓器後借爲非義用而訓器之匪復加竹爲篚棐從木輔也輔卽弓檠故從木遂通用爲輔佐之義匪又作棐漢志賦入貢棐師古曰棐與匪同蓋棐匪皆器可通用也至于棐之爲輔匪之爲非則不可通用也朱子因師古注謂棐忱之棐亦合作匪如云天不可信此于字義失考故蔡氏仍從輔字解之

康誥

克明德愼罰大學作克明德大傳引康誥作克明俊德弘于天荀子引書作弘覆于天天畏棐忱畏爾雅注作威義刑義殺勿庸以次汝封乃汝盡遜曰時敘惟曰未有遜事荀子作義刑義殺勿庸以卽予惟曰未有順事殺越人于貨暋不畏死罔弗憝孟子暋作閔罔

弗憝作凡民罔弗譈惟文王之敬忌乃裕民曰我惟有及則予一人以懌荀子作惟文王敬忌一人以懌

【酒誥】淫泆于非彝釋文云泆本或作逸又作佚盡執拘以歸于周拘說文作抲虎何切撝也

【梓材】至于屬婦屬說文作㛯惟其塗丹雘塗說文作斁

皇天既付中國民釋文云付馬本作附

【召誥】則無遺壽耉漢書作無遺耉老王乃初服嗚呼若生子論衡作今王初服厥命於戲若生子

【洛誥】越三日丁巳越說文作粵頒朕不暇頒說文作攽布還切分也公無困哉哉漢書作我

【多士】敢弋殷命釋文云弋馬本作翼弋翼義同大淫泆有辭釋文云泆馬本作屑云過也予惟率肆矜爾率肆論衡作夷憐爾不啻不有爾土釋文云啻徐本作翅

【無逸】嚴恭寅畏釋文云嚴馬本作儼寅史記作敬治民祗懼祗史記作振舊勞于外爰暨小人史記作久勞于外為與小人乃或亮陰三年

不言其惟不言言乃雍史記作乃有亮闇三年不言言乃讙禮記亦作讙嘉靖殷
邦至于小大無時或怨史記作密靜殷國至于小大無怨肆高宗之享國
五十有九年王應麟曰石經作肆高宗之享國百年漢杜欽亦曰高宗享百年之壽愚按高宗卽位之
年殷本紀無考魯世家引無逸云五十五年此曰百年者恐是幷生年數之猶呂刑云穆王享國百年耳能保
惠于庶民史記作保施小民文王不敢盤于遊田盤後漢書郅惲引作槃無
或胥譸張爲幻譸爾雅作侜韻會云譸古通作侜陳風誰侜予美程子曰侜謂譸張迂回

君奭

在我後嗣子孫大弗克恭上下遏佚前人光漢書作嗣事子孫大不克
共上下遏失前人光天難諶乃其墜命漢書作天應棐諶乃亡隊命在昔上帝割
申勸寧王之德禮記作在昔上帝周田觀文王之德訛四字廸見冒釋文云冒馬本作勖
云勉也

蔡仲之命

因蔡叔于郭鄰黃度曰郭鄰逸書作虢郎古東虢國也古郭虢二字

同音葢通用愚按公羊傳虞號作虞郭左傳注號亦作郭又按今本逸周書郭鄰作郭淩黃氏云逸書作號豈傳本有異同耶**愼厥初惟厥終終以不困**左傳作愼始而敬終終以不困

[多方]**勸于帝之廸**釋文云廸馬本作攸云所也**因甲于內亂**甲孔傳作夾疏云古人甲與夾通用鄭玄王肅皆解作狎愚按衞風能不我甲韓詩作狎毛傳亦解作狎此甲字當與彼同**洪舒于民**舒古文作荼薛肇明曰大爲民荼毒也愚按舒史記通作荼建元侯表荆荼是懲荼音舒禮玉藻天子搢珽諸侯荼考工記工人斲目必荼荼皆音舒謂舒徐也古二字通用**叨懫日欽**懫說文作疐讀若摯忿戾也**爾罔不克臬**釋文云臬馬本作剌**爾尚不忌于凶德**說文尚作上忌作惎渠記切忌也

[立政]**其在受德暋**暋說文作忞讀若旻强也**灼見三有俊心**灼說文作焯之若切明也**克由繹之**蔡傳解作紬繹本漢書谷永傳讀爲抽呂東萊仍如字解辨詳坤傳**其勿以憸人**釋文云憸本又作思利卩也說文作譣

[周官]**不和政厖**陳啓源曰流俗本皆作龎按尨莫江切犬之多

毛昝一曰雜也通作厖麗薄江切高屋也二字音訓各別監本注疏作厖當以爲正

君陳 庶言同則

繹荀子作庶言同 必有忍其乃有濟國語作必有忍也若能有濟也

顧命 在後之

侗釋文云侗馬本作詷說文亦作詷 敷重蔑席說文敷作布蔑作莫讀若蔑織蒻席也 陳寶

寶說文作宗 四人綦弁釋文云綦馬鄭本作騏云青黑色愚按馬青黑色者曰騏曹風其弁伊騏集傳引顧命四人騏弁今作綦朱子意蓋同馬鄭孔傳作文鹿子皮蔡氏從之鹿皮訓其質青黑訓其色也 冕執

瞿瞿說文作鑺戟屬集韻作戵 冕執銳說文引書作鈗廣韻鈗徒外切經典稽疑云銳是鋭利非兵器也當從說文音兌 三宿三祭三咤釋文云咤說文作託丁故反馬本同鄒季友曰宿字本作肅古通用爾雅肅進也謂進爵也咤說文引書作託注云奠爵也咤與吒同曲禮不咤食怒也經文本作託傳寫誤耳蘇氏以爲至齒不飲與嚌同義非也

君牙 亦惟先正之臣按監版注疏作先正與說命篇同解流俗本多作先王從大全也 夏暑雨小民惟曰怨咨禮記作夏日暑雨咨作資下同 啓

佑我後人咸以正罔鈌孟子啓佑作佑啓罔作無

囧命釋文云囧亦作臩史記作界韻會云下畫長滿從口非

呂刑禮記史記俱作甫刑

荒度作刑周禮注作度作詳刑

寇攘矯虔寇說文作敓敓與奪同

劓刵椓黥說文作刖劓斀黥斀竹角切

庶戮方告無辜于上論衡作庶僇旁告無辜于天帝

皇帝清問下民釋文云馬本作清訊

折民惟刑釋文云折馬鄭王本皆作悊馬云智也漢志同

士制百姓于刑之中後漢書梁統引書士作爰中作衷按衷與中古通用

罔有擇言在身禮記作而罔有擇言在躬

天齊于民俾我一日釋文云俾馬本作矜矜哀也王應麟曰後漢書楊賜封事作天齊乎人假我一日賜通桓君章句即歐陽尚書

雖休勿休惟敬五刑漢書作雖休勿休祇事不怠

告爾祥刑後漢書劉愷引作詳刑注引鄭玄云詳審察之也

何擇非人何敬非刑何度非及史記何擇非其人何敬非其刑何居非其宜與

惟來釋文云來馬本作求云有求請受賕也

其罪惟鈞史記作惟

鈞其過　簡孚有衆無簡不聽具嚴天威史記簡信有衆惟訊有稽無簡不疑共嚴天威　墨辟疑赦其罰百鍰史記墨作黥鍰作率下皆同徐廣曰率卽鍰也音刷說文云鍰六鋝也周禮謂鍰爲鋝　其罰惟倍史記作倍灑徐廣曰當作蓰五倍曰蓰　剕辟疑赦剕周禮作刖史記作臏漢書作髕師古曰髕去膝骨頭　上刑適輕下服下刑適重上服後漢書劉愷引作上刑挾輕下刑挾重　刑罰世輕世重後漢書應劭引作時輕時重　哀矜折獄大傳作哀矜悊獄漢書作哀鰥折獄　報以庶尤尤說文作訧

文侯之命

昭升于上升史記作登　敷聞在下敷後漢書作傅　罔或耆壽俊在厥服予則罔克漢書作罔克者壽咎在朕躬　修捍我于艱捍史記作戰

費誓史記作肹索隱曰古文尚書作柴大傳作鮮鮮獮也于肹地誓衆因行獮田之禮也柴地名卽魯費邑

善敹乃甲冑史記作陳乃甲冑　杜乃擭釋文云杜本又作敷　峙乃糗糧糗史記作糗說文作餱　魯人三郊

三遂遂史記作隧秦誓若弗云來周必大曰文苑英華賦多用負來讀秦誓本義始知今云字乃負之省文愚按漢韋賢傳引書雖則負然是古文云皆作負也仡仡勇夫仡說文作仡截截善諞言截說文作㦰釋文云諞馬本作偏若有一介臣介大學作个斷斷猗說文作䣢䣢猗云古文斷作䣢猗大學作兮是能容之是大學作寔亦職有利哉亦職大學作尚亦冒疾以惡之冒大學作媢違之俾不達達大學作通

吳才老王伯厚皆有考異今因其本而廣之所引皆兩漢以前之書史記多刪改經文間有謬誤故不全錄

尚書埤傳附錄

古文尚書逸篇［隋志］梁五經博士劉叔嗣注尚書逸篇二卷［唐志］徐邈注尚書逸篇三卷

［序］帝釐下土句方設居方別生分類、汨作九共九篇槀飫次舜典後

［孔傳］言舜理天下諸侯四方各設其官居其方生姓也別其姓族分其類使相從汨治作興也言治民之功興槀勞飫賜也凡十一篇皆亡［朱子］曰劉侍讀以共爲丘言九丘也劉原父云古文丘共相近誤爲共槀音義與犒同周禮有槀人注云讀如犒師之犒［孔疏］汨作等十一篇同此序其文皆亡而序與百篇之序同編故

存。

序自契至于成湯八遷。湯始居亳，從先王居。作帝告、釐沃。次胤征後

孔傳十四世凡八徙國都。契父帝嚳都亳今偃師師，湯自商丘遷焉，故曰從先王居。疏云：商頌「帝立子生商」，是契居商今商州也。世本云「昭明居砥石」，左傳稱「相土居商丘」，及今湯居亳，事見經傳者有此四遷，餘四遷未詳聞也。砥石，先儒無言，不知所在。陳師凱曰：帝告疑卽帝嚳。釐，理；治沃，沃饒之土。釋文此二亡篇，舊解是夏書，馬、鄭之徒以爲商書，兩說並通。

序湯征諸侯葛伯不祀湯始征之作湯征次帝告二篇後

孔傳爲夏方伯得專征伐金履祥曰史記載湯征之辭絕不類孟子引亳衆往耕之事必出此書而五就湯桀之事意者于汝鳩汝方之書得之今不可得而詳矣

序伊尹去亳適夏既醜有夏復歸于亳入自北門乃遇汝鳩汝方作汝鳩汝方次湯征後

孔傳言所以醜夏而還之意二篇皆亡

序湯既勝夏欲遷其社不可作夏社疑至臣扈次湯誓後

孔傳湯革命創制改正易服變置社稷而後世無及句龍者故不可而止言夏社不可遷之義三篇皆亡疏云疑至臣扈當是二臣名蓋亦言社不可遷之意蘇傳左

傳曰共工氏有子曰勾龍爲后土后土爲社烈山氏之子曰柱爲稷自夏以上祀之周棄亦爲稷自商以來祀之是湯以棄易稷而無以易勾龍者故曰欲遷其社不可。陳師凱曰此易社神非遷社也書亡本無所考據以序意詳之初欲遷夏社作夏社篇繼以二臣之議而止故又作疑至臣扈篇自商初不遷夏社垂爲後法周遂亦不遷殷社所以亳社春秋猶存焉忠厚之仁監戒之義葢兩得之

序夏師敗績湯遂從之遂伐三朡俘厥寶玉誼伯仲伯作典寶次夏社二篇後

孔傳三朡國名桀走保之今定陶也桀自安邑東入山出太行東南涉河湯緩追之不迫遂奔南巢俘取也玉以禮神使無水旱之災出楚語故取而寶之二臣作典寶一篇言國之常寶也　朡韻書作艐篆文月字與舟字相似故亂也史記作㚇或又作鬷釋文云誼本或作義

陳傳良曰寶玉如夏后氏之璜非貪其寶也國之庸器也張氏曰二臣之書意以傷桀而戒湯

序咎單作明居　次湯誥後

孔傳咎單臣名主土地之官作明居民法一篇疏云馬融云咎單爲司空咎巨九反單上演反

序成湯既沒太甲元年伊尹作伊訓肆命徂后。伊訓見古文

孔傳肆命陳天命以戒太甲徂后言往古明君以戒二篇亡。

序沃丁既葬伊尹于亳咎單遂訓伊尹事作沃丁。次咸有一德後

孔傳沃丁太甲子伊尹既致仕老終以三公禮葬。疏云皇甫謐云沃丁八年伊尹卒年百有餘歲大霧三日沃丁葬之以天子禮祀以太牢蘇傳咎單訓伊尹事猶曹參隨蕭何規也。皇覽云伊尹冢在濟陰郡巳氏縣平利鄉李舜臣曰自稷契以下盡臣道者不乏人而伊尹周公之葬獨紀于書。

序伊陟相太戊，亳有祥，桑穀共生于朝，伊陟贊于巫咸，作咸乂四篇。沃丁後，太戊

孔傳伊陟，伊尹子。太戊，沃丁弟之子。祥，妖怪。二木合生，七日大拱，不恭之罰。贊，告也。巫咸，臣名。疏云：祥者，惡事先見之徵。穀，楮木。七日大拱，伏生書傳有其文。殷本紀云：一暮大拱。五行傳：貌之不恭，是謂不肅，時則有青眚青祥。故曰青眚。皇甫謐云：太戊問于伊陟，伊陟曰：臣聞妖不勝德，王之政事有闕，王其修德。太戊退而占之曰：桑穀野木而合生于朝，意者朝亡乎？太戊懼，修先王之政，明養老之禮，三日而祥桑枯死。三年，遠方重

譯而至者。三十六國。

序太戊贊于伊陟。作伊陟原命。次咸乂後

孔傳告以改過自新。原臣名。疏云俱以桑穀事告。

序仲丁遷于囂音敖作仲丁。次伊陟二篇後

孔傳仲丁。太戊子。去亳。囂地名。陳遷都之義。疏云皇甫謐云。仲丁自亳徙囂。在河北也。或曰。今河南敖倉。囂史記作隞。

序河亶甲居相。作亶甲。次仲丁後

孔傳亶甲。仲丁弟。相地名。在河北。釋文今河北魏郡有相縣。史記正義括地志云。故殷城在相州內黃縣東南

十三里郇河亶甲所築

序祖乙圮于耿作祖乙次河亶甲後

孔傳祖乙亶甲子圮于相遷于耿河水所毀曰圮疏云旣毀于耿必遷一處盤庚自彼處而遷于殷也殷本紀云祖乙遷于邢皇甫謐以耿在河東皮氏縣耿鄉王應麟曰皇極經世祖乙圮于耿徙居邢蓋從史記以經世紀年考之祖乙以乙未嗣位後有祖辛沃甲祖丁南庚陽甲而後盤庚立自祖乙至盤庚約一百二十餘年若謂民蕩析離居因耿之圮不應如是之久當闕所疑愚按書傳與序不合恐序有訛脫當以傳爲允傳言祖乙

遷耿本紀又言遷邢祖乙在位十九祀不應有兩遷史記索隱云邢音耿蓋邢乃耿之訛辨詳盤庚篇

序高宗祭成湯有飛雉升鼎耳而雊祖巳訓諸王作高宗肜日高宗之訓（高宗肜日見今文古文）

序武王既勝殷邦諸侯班宗彝作分器（次洪範後）

孔傳賦宗廟彝器酒罇賜諸侯言諸侯尊卑各有分胡氏曰如分魯以夏后氏之璜分陳以肅慎氏之矢之類序專言宗彝器以祭器為重也

序巢伯來朝芮伯作旅巢命（次旅獒後）

孔傳巢殷諸侯伯爵也南方遠國武王克商慕義來朝

芮伯周同姓畿內之國爲卿大夫陳威德以命巢疏云世本云芮伯姬姓杜預云芮今馮翊臨晉縣芮鄉是也

李杞曰巢今無爲軍巢縣曰來朝書始來朝也湯放桀南巢巢人納之商封爲伯亦足見巢之忠矣商亡而周興于是始來朝夫子錄其書葢有所感也夫王應麟曰此說美矣未知何據

序唐叔得禾異畝同穎獻諸天子王命唐叔歸周公于東作歸禾次微子之命後

孔傳唐叔成王母弟食邑內得異禾也畝壟穎穗也禾各生一壟而合爲一穗天下和同之象周公之德所致

周公東征未還故命唐叔以禾歸周公唐叔後封晉疏云書大傳成王之時有三苗貫桑葉而生同爲一穗其大盈車長幾充箱民得而獻諸成王孔不用此說葛典仁曰唐叔雖幼因禾必有獻替之言成王既悟風雷之變因命唐叔以禾歸周公于東歸史記引此序作餽

序周公既得命禾旅天子之命作嘉禾次歸禾後

孔傳已得唐叔之禾遂陳成王歸禾之命而推美成王善則稱君天下和同政之善者故周公作書以善禾名篇告天下疏云二篇東征未還時事微子受命應在此篇後　陳經曰當王之疑也禾爲之偃金縢之啓也禾

爲之起及君臣之和同也禾又爲之異畝同穎周公之忠誠格天如此。朱子語錄曰唐叔得禾傳記所載若成王先封唐叔後封康叔是以姪先叔決無此理。

序成王東伐淮夷遂踐奄作成王政。次蔡仲之命後

孔傳成王卽政淮夷奄國又叛王親征之遂滅奄而徙之以其數反覆爲平淮夷徙奄之政令。疏云費誓稱淮夷徐戎並興王伐淮夷魯伐徐戎是同時事。釋文踐藉也政馬本作正。

序成王既踐奄將遷其君于蒲姑周公告召公作將蒲姑次成王政後

孔傳蒲姑齊地將徙奄新立之君于蒲姑告召公使作冊書告令之疏云杜預左傳注樂安博昌縣北有蒲姑城禮天子不滅國諸侯有罪則殺其君而立其次賢者故知所徙者奄新立之君也釋文蒲馬本作薄漢志作薄姑　李杞曰遷奄君于薄姑遷奄民于魯視鮀所謂因商奄之民而命伯禽也

序成王既伐東夷肅慎來賀王俾榮伯作賄肅慎之命次周官後

孔傳海東諸夷駒麗扶餘馯貊之屬武王克商皆通道焉成王即政而叛王伐而服之故肅慎氏來賀榮同姓

諸侯爲卿大夫王使之爲命書以幣賄賜肅慎之來賀

疏云漢書有高駒驪扶餘韓無此馯馯卽彼韓也

蘇傳東夷卽淮夷也在周爲東

愚謂子瞻說是也漢孔氏以東夷爲海東諸夷大非三代之時豈有勞師越海遠征外夷者哉漢武帝之伐閩越隋煬帝唐太宗之親征高麗未必不自斯言啓之也東夷叛于成王時史傳無明文可考東夷服而肅慎來尤屬難信左傳肅慎燕亳吾北土也杜預注肅慎北夷在玄菟北三千餘里成王伐淮夷歸京師時適肅慎來賀本非相因序特牽連言之耳賀者賀中國治安詩云四方來賀豈必因服夷始至

尚書埤傳　末卷　八

哉肅愼來賀如入貢楛矢石砮是也

序周公在豐將没欲葬成周公薨成王葬于畢告周公作亳姑（次肅愼之命後）

孔傳不敢臣周公故使近文武之墓告周公柩斥及奄君已定亳姑言所遷之功成

吳氏曰周公没時適在豐注疏謂致政歸老于豐非也晉地道記畢在長安西北

蘇傳畢有文武墓亳姑蒲姑也周公告召公作將蒲姑至此并告以所遷也

呂祖謙曰公欲葬成周蓋宗臣垂死憂國以邦之安危惟茲殷士致不忘之意焉意不在葬也成王知其意故不從其葬使祔于文武而已

黄

度曰伊尹周公皆宗臣。故伊尹從湯葬。周公從文武葬。皆國禮猶後世陪葬山陵也。

尚書逸語（見汲冢周書者不錄）

孟子不及貢以政接于有庳。趙岐曰。尚書逸篇之辭。

左傳晉狼瞫引周志曰。勇則害上。不登于明堂。注。周書也。叔向引書曰。聖作則。注。逸書。叔向又引夏書曰。昏墨賊殺注。逸書。

尚書大傳引盤庚曰。若德明哉。又引酒誥。王曰封。惟曰若圭璧。皆今經所無。

周禮疏引周書。周公曰。都懋哉。予聞古先哲王之格言。

詩疏引周書曰維文王在程作程寤程典皇甫謐云文王徙宅于程

大戴記保傅篇注引周書曰習之爲常

呂氏春秋引商書曰刑三百罪莫重于不孝注商湯所制法又引周書曰若臨深淵若履薄冰注蓋逸書又引周書曰民善之則畜也不善則讐也

孔叢子引書曰維高宗報上甲微蓋逸書也魯語展禽曰上甲微能帥契者也商人報焉

墨子引周書曰國無三年之食非其國

淮南子引周書曰掩雉不得更順其風上言者常下言者

權。

史記楚世家引周書曰欲起無先蘇秦傳引周書曰緜緜不絕蔓蔓奈何毫釐不伐將用斧柯蒙恬傳引周書曰必參而伍之貨殖傳引周書曰農不出則乏食工不出則乏事商不出則三寶絕。

漢書律歷志引書曰先其祘（古算字）命師古曰逸書也言王者統業先其筭數以命百事又王莽傳引周書曰安危在出令存亡在所用又王商引周書曰以左道事君者誅師古曰逸書也又谷永引周書曰記人之功忘人之過宜爲君者也師古曰逸書。

後漢書楊賜傳引周書曰天子見怪則修德諸侯見怪則修政卿大夫見怪則修職士庶人見怪則修身

說文引商書曰以相陵懱（莫結切輕易也）又引逸周書曰實不明以侊（侊完也胡困切　玉海引說文作朕實不明以侊伯父）又引逸周書曰不卵不蹼以成鳥獸（蹼者羂獸足也故或從足）又引逸周書曰士分民之祘（均分以祘之也從二示讀若筭）又引逸周書曰疑沮事又引周書曰宮中之冗食又引周書曰師乃搯（搯土刀切拔兵刃以習擊刺）又引周書曰戔戔巧言

說苑引周書曰前車覆後車戒又引周書曰附下而罔上者死附上而罔下者刑與聞國政而無益于民者退在上

位而不能進賢者逐。

論衡引梓材曰。彊人有土開賢。厥率化民。

白虎通引尚書逸篇曰。厥兆天子爵。又曰。太社惟松。東社惟栢。南社惟梓。西社惟栗。北社惟槐。

文選注引周書曰。乃辨九服之國。又曰。湯歸於亳。三千諸侯大會。

僞書

史記引湯誥曰。惟三月。王自至於東郊。告諸侯群后。無不有功於民。力勤乃事。予乃大罰殛汝。毋予怨。曰。古禹皐陶久勞於外。其有功於民。民乃有安。東爲江。北爲濟。西爲河南爲淮四瀆已修萬民乃有居后稷降播農殖百穀三公咸有功於民故后有立昔蚩尤與其大夫作亂百姓帝乃弗予有狀先王言不可不勉曰不道毋之在國汝毋我怨郝敬曰按伏生書無此篇司馬遷何從得此其辭散漫無味而孔書湯誥又與此殊可知當時僞書甚多不獨張霸武成而已又周本紀曰武王渡河中流白魚躍入王舟中武王俯取以祭既渡有火自上復於下至於王屋流爲烏索隱曰此見周書及今文泰誓

漢書郊祀志引太誓曰正稽古立功立事可以永年丕天之大律顔師古曰此今文太誓又律歷志引武成曰粵若來三月既死霸粵五日甲子咸劉商王受惟四月既旁生

覇粤六日庚戌武王燎於周廟翌日辛亥祀於天位粤五日乙卯乃以庶國祀馘於周廟【今按】此僞武成文也張霸所作鄭康成云建武之際亡一篇謂僞武成也文王莽傳書逸嘉禾篇曰周公奉鬯立於阼階延登贊曰假王涖政勤和天下【今按】周公時安得有假王語必莽僞作

【鄭氏詩箋】引泰誓曰天將有立父母使民有政有居蓋僞泰誓文也

【孔氏詩疏】引泰誓曰師乃鼓譟前歌後舞格於上天下地咸曰孜孜無怠又引泰誓曰司馬在前王肅云司馬太公也

【孔氏書疏】漢律歷志引康王畢命豐刑曰惟十有二年六

月庚午朏王命作冊豐刑此僞作者傳聞舊語得其年月而不得以下之辭妄言作豐刑耳亦不知豐刑之言何所道也鄭玄云今其逸篇有冊命霍侯之事不同與此不應非也鄭玄所見又似異於豐刑皆妄作也

書說餘

唐孔氏曰古文經雖早出晚始得行其辭富而備其義弘而雅江左學者咸悉祖焉近至隋初始流河朔其爲正義者蔡大寶巢猗費甝顧彪劉焯劉炫等諸公義皆淺略惟焯炫爲詳然焯乃織綜經文穿鑿孔穴詭其新見異彼前儒炫嫌焯之煩雜就而刪焉雖復微稍省要又好改張前

義。義更太略。辭又過華。欲以領袖後生。未爲得也。

葉夢得曰：自漢迄西晉。言書惟祖歐陽氏。郊祀志引歐陽大小夏侯三家說六宗。皆曰上不及天。下不及墜。旁不及四方。在六者之間。助陰陽變化。實一而名六。後漢輿服志。永平二年。乘輿服從歐陽說。公卿以下從大小夏侯說。三家至西晉並亡。其說間見於義疏。　桓榮習歐陽尚書。受朱普學章句四十萬言。浮辭過實。及榮入授顯宗。減爲二十三萬言。子郁復刪省定成十二萬言。榮世相傳授。代作帝師。信說經之家。無取於繁長也。

鄭樵曰：歷代輿圖所及。先儒之論。多不足據。所可據者禹貢耳孟子曰決汝漢排淮泗而注之江是江有通淮之道矣考之禹貢則曰沿於江海達於淮泗是江未嘗通淮蓋吳夫差掘溝以通晉而江淮始通孟子蓋誤指夫差所掘之溝以爲禹跡也史遷河渠書厮爲二渠復禹舊跡是以二渠出於禹及考之禹貢河自龍門至於大陸皆爲一流至秦決魏郡始有二流子長蓋誤指秦時所決之渠以爲禹跡也楊雄作蜀記上記蠶叢魚鳧以爲秦以前未通中國故李白詩蠶叢及魚鳧開國何茫然邇來四萬八千歲不與秦塞通人烟而不知禹貢梁州之域皆蜀地之山川則雄言前此未通中國非也班固述河源之經流遠[illegible]慈

嶺蒲類海以爲潛行地中出爲中國河而不知禹貢止曰導河積石唐人劉元鼎使吐蕃乃得其源在國中深境而固之言亦非也吁禹貢不過數千言耳古今言地理之牴牾莫不於此取質焉蓋禹貢乃古聖之書其言出於道非後世地理家比也故州不係於方域而係之山川至後世則有四至八列之說矣山川小者係於州大者條而出之至後世則一山而跨數州一水而見數郡矣冀州不言所距至後世則京兆扶風與郡縣同體矣禹跡所及東至萊牧西至和夷以至皮卉之服無不爲之經敘至後世則羈縻州郡皆入中國圖籍矣終篇復不過百言遂能盡九州

之田賦土地之所宜道路山川之遠近非深於道者能之乎

蔡元定曰體天地之撰者易之象紀天地之撰者範之數數始於一奇象成於二偶奇者數之所以立偶者數之所以行故二四而八八卦之象也三三而九九疇之數也由是八八而又八之爲四千九十六而象備矣九九而又九之爲六千五百六十一而數周矣易更四聖而象已著範錫神禹而數不傳後之作者昧象數之源窒變通之妙或卽象而爲數或反數而擬象洞極有書潛虛有圖非無作也牽合傅會自然之數益晦焉嗟夫天地之所以肇人物

之所以生萬物之所以失得莫非數也數之體著於形數之用妙於理非窮神知化者曷足語此河圖洛書之說莫詳於朱子見易學啓蒙

王應麟曰呂氏春秋序意云嘗學得黃帝之所以誨顓頊矣爰有大圓在上大矩在下汝能法之爲民父母不韋十二紀成於秦八年歲在涒灘其時上古之書蓋猶有存者

書大傳虞傳有九共篇引書曰予辨下土使民平平使民無傲殷傳有帝告篇引書曰施張乃服明上下豈伏生及見古文逸篇耶大傳之序有嘉禾揜誥今本闕焉隋志有逸篇二卷出齊梁之間似孔壁中殘缺者唐有三卷徐

邈注鄭漁仲謂書逸篇仲尼之時已無矣恐未然　三墳書無傳宓犧氏惟易存而商南所云周天律度周髀管子所云造六峜以迎陰陽者不復見管子輕重戊曰宓犧作造六峜以迎陰陽作九九之數以合天道而天下化之周人之王循六峜行陰陽峜字未詳許行爲神農之言晁錯述神農之教列子稱黃帝之書即老子谷神不死章陰陽五行兵法醫方皆託之農黃而大道隱矣　賈誼新書君道篇引書曰大道亶亶其去身不遠人皆有之舜獨以之此逸書也修政篇引黃帝曰道若川谷之水其出無已其行無止顓頊曰至道不可過也至易不可易也吾非善善而已也善緣善也非惡惡而已也惡緣惡也吾日愼一日帝嚳曰德莫

高於博愛人政莫高於博利人帝堯曰吾存心於先古加志於窮民一民饑我饑之也一民寒我寒之也一民有罪我陷之也帝舜曰吾盡吾敬以事吾上故見謂忠焉吾盡吾敬以接吾敵故見謂信焉吾盡吾敬以使吾下故見謂仁焉大禹諸侯會則問於諸侯曰諸侯以寡人為驕乎朔日朝則問於士曰諸大夫以寡人為汰乎又曰民無食也則吾弗能使也功成而不利於民吾弗能勸也湯曰學聖王之道者譬其如日靜思而獨居譬其如火舍學聖之道而靜居獨思譬其若去日之明於庭而就火之光於室也可以小見而不可以大知得賢而舉之得賢而與之譬其

若登山乎。得不肖而舉之。得不肖而與之。譬其若下淵乎。是以明君慎其舉。而君子慎與。又曰。藥食嘗於卑。然後至於貴。藥言獻於貴。然後聞於卑。求道者以心。致道者以信。樹道者以人。又引周文王武王成王問鬻子。武王問王子旦師尚父。淮南人間訓引堯戒曰。戰戰慄慄。日慎一日。人莫蹪於山而蹪於垤。叶　此帝王之大訓。存於初漢者。若高帝能除挾書之律。蕭何能收秦博士之書。則倚相所讀者。豈盡至失墜耶　文心雕龍。夏商二箴。餘句頗存。夏箴見周書文傳篇。商箴見呂氏春秋名類篇。夏訓虞人之箴見左傳。　漢藝文志。周書七十一篇。劉向云周時誥誓號令。蓋孔子所論百篇之餘隋唐志繫之汲冢考汲冢得竹簡書在晉咸寧五年而兩漢已有周書矣太史公引克殷度邑鄭康成注周禮云周書王會備焉注儀禮云周書北堂以閭許慎說文引逸周書大翰若翬雉又引貘有爪而不敢以撅馬融注論語引周書月令皆在漢世杜元凱解左傳時汲冢書未出也千里百縣哀二年傳注引周書轡之柔矣襄二十六年傳注引周書皆以周書爲據則此書非出於汲冢甚明　文選任昉文不改參辰而九星仰止注引周書王曰余不知九星之光周公曰星辰日月四時歲是謂九星按周書小武開篇周公曰在我文考順道九紀一辰以紀日二宿以紀月三日以

紀德四月以紀刑五春以紀生六夏以紀長七秋以紀殺
八冬以紀藏九歲以紀終九星即九紀也　法言謂酒誥
之文俄空焉愚按酒誥古今文皆有之豈揚子未之見歟
藝文志云劉向以中古文校歐陽大小夏侯三家經文酒
誥脫簡一而大傳引酒誥曰王曰封惟曰若圭璧今本無
此句豈即脫簡耶　國策任章引周書曰將欲敗之必姑
輔之將欲取之必姑與之漢蕭何引周書曰天與弗取反
受其咎此純乎陰符矣今周書多雜入子語謂是孔刪之
餘吾不敢信　宋景文謂文章根本在六經張安國欲記
古器圖曰宜用顧命遊廬山序所歷曰當用禹貢　周官

外史掌三皇五帝之書。春秋傳所謂三墳五典是也。前賢云皐夔稷契有何書可讀。實未然。黄帝顓頊之道在丹書。武王所端冕東面而受於師尚父也。少皥氏之紀官。夫子所見郯子而學焉者也。孰謂無書可讀哉。　墨子南使衛。載書甚多。強唐子見而怪之。墨子曰。昔周公旦朝讀書百篇。夕見七十二士。相天子猶如此。吾安敢廢此也。（今本缺。墨子七十一篇。今止十三篇。）外史掌三皇五帝之書。大訓在東序。讀書百篇。謂此類也。　淮南子。皐陶瘖而為大理。此猶夔一足之説也。皐陶陳謨賡歌。謂之瘖可乎。司馬公詩云。法官由來少和泰。皐陶之面如削瓜。荀子非相之言。亦未必然。　馮衍賦云皋陶釣於雷澤兮賴虞舜而後親未詳所出水經注引墨子曰舜漁濩澤今墨子尚賢篇云舜漁雷澤堯得之服澤之陽服字疑卽濩字　皋陶曰殺之三堯曰宥之三子瞻雖以意言之考之書明於五刑以弼五教皋陶所執之法也與其殺不辜寧失不經舜所操之權也皋陶執法於下而舜以其權濟其上劉頌所謂君臣各有所司王制曰王三又然後制刑又與宥同則蘇氏之言亦有所本　史記秦本紀大費佐舜調馴鳥獸是爲栢翳索隱云尚書謂之伯益水經注偃師九山有百蟲將軍顯靈碑曰濟軍姓伊氏諱益字隤敳帝高陽之第二子伯益者也黃度文叔書

說益字隤敳本於此。呂氏春秋云舜欲以樂傳教於天下，乃令重黎舉夔於草莽之中而進之，舜以爲樂正。重黎即羲和也。楚語堯育重黎之後，重黎舉夔見於此。山海經夏后開即啓得九辨九歌以下，始歌九招於大穆之野。帝王世紀啓升后十年舞九韶。竹書曰夏后開舞九招。史記禹乃興九招之樂。索隱曰即舜樂簫韶九成，艾軒謂勸之以九歌，即九招之樂。呂氏春秋帝嚳命咸黑作爲舞聲歌九招，六列六英。帝舜令質修九招六列六英以明帝德，然則九招作於帝嚳之時，舜修而用之。周禮有九磬之舞即此漢董賢冊文用允執其中，蕭咸謂此堯禪舜之文，非三公故事，班固筆之於史矣，而固紀竇憲之功曰納於大麓惟清緝熙其諛又甚於董賢之冊矣倪正父駁昆命元龜之制有以也夫　堯典曆象授時之事也周官之馮相掌之舜典璣衡察變之事也周官之保章掌之洪範庶證分職之事也周官之司會掌之　日月星辰一也孔注於堯典謂星四方中星辰日月所會於益稷謂日月星爲三辰五禮一也孔注於舜典以爲吉凶軍賓嘉於皋陶謨則曰公侯伯子男五等之禮　五行大禹謨以相克爲次洪範以生數爲次五德鄒衍以相勝爲義劉向以相生爲義　禹貢釋文周公職錄云黃帝受命風后受圖割地布九州隋唐志無此書太平御覽引太乙式占周公

城名錄有此三句夾漈通志藝文略周公城名錄一卷城職字相似恐傳寫之誤也世說注云推周公城錄冶城疑是金陵木里抱朴子內篇登涉引周公城名錄　東坡書傳云吳王夫差闕溝通水而江始有入淮之道禹時則無之林少頴書說云禹時江淮未通至吳王夫差會晉黃池始掘溝通水愚按吳之通水有二焉左傳哀九年吳城邗溝通江淮注云今廣陵韓江　此自江入淮之道也吳語夫差起師北征闕爲深溝於商即宋魯之間北屬之沂西屬之濟以會晉公午於黃池左傳哀十三年會黃池注云陳留封丘縣南有黃亭近濟水

過九江至於東陵曾旼字彥和謂東陵今之巴陵余按

史記正義岳州有巴陵葢是東陵曾說本此彥和爲書解朱文公呂成公皆取之館閣書目書講義博士曾肢等解葢誤以旼爲肢　說苑子貢曰禹與有扈氏戰三陳而不服禹於是修教一年有扈氏請服莊子謂禹攻有扈國爲虛厲皆與書異楚辭天問云該秉季德厥父是臧胡終斃於有扈牧夫牛羊又云有扈牧豎云何而逢擊牀先出其命何從古事茫昧不可考矣呂氏春秋以夏后相與有扈戰甘澤而不勝修德期年乃服之則益舛　夏再世即中衰少康布德兆謀四十年而祀夏配天不失舊物功[illegible]於周宣惜史逸其書其事僅見於左傳魏絳伍員所稱述

絳謂后杼滅豷於戈，魯語云，杼能率禹者也，杼少康之子，葢亦賢君。　君子之去留，國之存亡繫焉，故夏書終於汝鳩汝方，商書終於微子。　春秋傳云，仲虺居薛，爲湯左相，是伊尹爲右相，唐宰相世系表，仲虺爲湯左相，臣扈祖己，皆其冑裔也，未詳所據。　表記殷人先罰而後賞，漢武帝謂殷人執五刑以督姦，皆言殷政之嚴也，書曰代虐以寬，詩曰敷政優優，豈尚嚴哉，至周之寬仁，而周禮條狼氏有誓御曰車轘，此春秋時嘗有之，至秦始用之，必非成周之法。　桑穀之祥，太戊問伊陟，韓詩外傳以爲穀生湯之廷，三日而大拱，湯問伊尹，誤也，漢五行志劉向以爲殷道旣衰高宗乘敝而起怠於政事故桑穀之異見又誤也書大傳謂武丁之時先王道虧刑罰犯桑穀俱生於朝武丁問諸祖已劉向蓋襲大傳之誤　仲虺之誥言仁之始也湯誥言性之始也太甲言誠之始也說命言學之始也皆見於商書自古在昔先民有作溫恭朝夕執事有恪先之傳恭也亦見於商頌孔子之傳有自來矣　韓詩外傳商容嘗執羽籥馮於馬徒欲以伐紂而不能遂去伏於太行及武王克殷欲用爲三公容曰吾嘗馮於馬徒欲伐紂而不能愚也不爭而隱無勇也愚而無勇不足以備乎三公固辭不受命燕王謝樂閒書紂之時商容不達身祗辱

焉以冀其變書正義謂商容紂所貶退是也樂記釋箕子之囚使之行商容而復其位鄭注乃謂使箕子視商臣知禮容者皆令復位由康成不見古文武成故其誤如此

詩或聖或否或哲或謀或肅或艾莊子天有六極五常帝王順之則治逆之則凶九洛之事治成德備皆爲洪範之學

金縢之書異說有二焉魯世家云周公卒後秋未穫暴風雷雨禾盡偃大木盡拔周國大恐成王與大夫朝服以開金縢書梅福傳云昔成王以諸侯禮葬周公而皇天動威雷風著災此皆書大傳之說蓋伏生不見古文故也蒙恬傳云成王有病甚殆公旦自揃爪沉於河乃書而藏

之記府及王能治國有賊臣言周公欲爲亂公奔於楚成王視記府得周公沉書乃流涕曰孰謂周公旦欲爲亂乎此又以武王有疾爲成王。此說亦見魯世家　索隱曰不知出何書譙周謂秦既燔書時人欲言金縢之事失其本末故云然金縢本伏生今文所有而大傳有此誤何歟至史記成於馬遷一人之手而二說竝載其疎甚矣　三監孔氏謂管蔡商漢地理志謂邶鄘衞三國邶封武庚鄘管叔尹之衞蔡叔尹之以監殷民惟鄭康成以三監爲管蔡霍鄭氏詩譜以三叔爲三監孫毓云三監當有霍叔鄭義爲長　蘇氏從孔說林氏蔡氏從鄭說三亳孔氏謂亳人之歸文王者三所爲之立監康成云湯舊都之民服文王者分爲三邑其長居險故曰阪尹東成皐西轘轅南降谷也皇甫謐以蒙爲北亳穀熟爲南亳偃師爲西亳林氏從鄭說呂氏蔡氏從皇甫說　史記婁敬曰成王卽位周公營成周以爲天下中有德則易以王無德則易以亡呂氏春秋南宮适曰成王定成周其詞曰惟余一人營居成周有善易得而見也有不善易得而誅也說苑南宮邊子曰昔成王卜居成周其命龜曰予一人兼有天下辟就百姓敢無中土乎使予有罪則四方伐之無難得也三書大意略同　祖甲孔安國王肅曰湯孫太甲也馬融鄭玄曰武丁子帝甲也書正義以鄭爲妄蔡氏書傳

從鄭說。辨非太甲。按邵子經世書。高宗五十九年。祖庚七年。祖甲三十三年。世次歷年。皆與書合。亦不以太甲爲祖甲。　周書謚法云。維周公旦太師望相嗣王發。旣賦憲受臚於牧之野。將葬乃制謚。今本周書與此小異文心雕龍賦憲之謚出於此也十亂惟周公名公之謚見於書呂成公策問曰以文名。奭以康稱。閎夭以尊顯。閎夭謚當考。　書大傳太子年十八曰孟侯。於四方諸侯來朝。迎於郊。問其所不知。唐冊太子文云。盡謙恭於齒胄。審方俗於迎郊。愚謂孟侯見康誥。謂諸侯之長。蓋方伯也。大傳說非　五峰胡氏云。周官司徒掌邦敎。敷五典。司空掌邦土。居四民。世傳周禮

闕冬官未嘗闕也乃冬官事屬之地官程泰之云五官各
有羨數天官六十三地官七十八春官七十夏官六十九
秋官六十六盖斷簡失次取羨數凡百工之事歸之冬官
其數乃周俞廷椿爲復古編亦云司空之篇雜出於五官
之屬九峰蔡氏則云周公方條治事之官而未及師保冬
官亦闕周公未成之書也　春秋時郤缺之言九功九歌
穆姜之言元亨利貞子服惠伯之言黃裳元吉叔向之言
昊天有成命單康公之言旱鹿叔孫穆子之言鹿鳴之三
成鱄之言皇矣之雅閔馬父之言商頌之那左史倚相之
言懿戒觀射父之言重黎白公子張之言說命其有功於

經學在漢儒訓詁之先蓋自遷任史佚以來統緒相承未
嘗絕也　李仁甫宰相年表曰孔子序三代之書其稱相
者獨伊尹伊陟傅說周公召公畢公六人耳伊尹之始終
備於書序陸機豪士賦伊生抱明允以嬰戮蓋惑於汲冢
紀年之妄說也皇甫謐云伊尹百有餘歲應劭云周公年
九十九王充論衡云召公年百八十故趙岐注孟子云壽
若召公　曾南豐序南齊書曰唐虞爲二典者所記豈獨
其跡耶并與其深微之意而傳之又曰方是時豈特任政
者皆天下士哉蓋執簡操筆而侍者亦皆聖人之徒也　陳
後山黃樓銘序云昔之詩人歌其政事則并其道德而傳

之朱文公詩破斧傳云當是之時雖披堅執銳者亦皆能以周公之心爲心而不自爲一身一家之計蓋亦莫非聖人之徒也皆用曾南豐文法

伊尹以辨言亂政戒其君盤庚以度乃口告其臣商俗利口其敝久矣邵子曰天下將治則人必尚行天下將亂則人必尚言周公訓成王勿以憸人所以反商之敝也張釋之諫文帝超遷嗇夫所以監秦之失也周官曰無以利口冏命曰無以巧言此周之家法將相功臣少文多質安靜之吏悃愊無華此漢之家法

禹以典則貽子孫而有盤游無度者湯以禮義裕後昆而有顛覆典刑者是以知嗣德之難也宋武帝留葛燈

籠麻繩拂於陰室唐太宗留柞木梳黑角篦於寢宮作法於儉其敝猶侈況以侈示後乎　因岱宗而封禪因時巡而逸游因洛書而崇飾符瑞因建極而雜糅邪正因亭多儀而立亭上之說塞忠諫謂之浮言錮君子謂之朋比慘皦少恩曰威克厥愛違衆妄動曰惟克果斷其甚者丕之奪漢託之舜禹衍之篡齊託之湯武郤陵海西之廢託之伊尹新都之攝臨湖之變託之周公侮聖言以文姦慝豈經之過哉　書大傳載四海河江五湖鉅野鉅定濟中孟諸隆谷大都之貢物此禹時也周書載伊尹爲四方獻令此湯時也王會載四方會同各以其職來獻自稷慎而下

其贄物二十一，自義渠以下，其贄物二十，自高夷以下，其贄物十四，自權扶以下，其贄物九，此成王禮也。愚謂旅獒之訓曰：畢獻方物，惟服食器用，珍異之貢，恐非三代之制。

周書大聚篇：若冬日之陽，夏日之陰，不名而民自來。語亦見文子。張文潛祭司馬公文：冬暘夏冰，趍者爭先。用此意。

學古入官，然後能議事以制。子產所謂學而後入政，未聞以政學者也。荀卿始爲法後王之說，李斯師之，謂諸生不師今而師古。太史公亦惑於其見，六國表云：傳曰法後王，何也？以其近已而俗變相類，議卑而易行也。文帝謂卑之無甚高論，宣帝謂俗儒好是古非今，秦既亡而李斯之言猶行也，豈特使然

乎。文侯之命。其歸視爾師。寧爾邦。覲禮所謂伯父無事
歸寧乃邦。古者待諸侯之禮如此。平王能存西周禮文之
舊。而不能雪君父之仇恥。豈知禮之本乎。程子書說謂
共兜之徒。舜以側陋顧居其上。此凶亂之人所不能堪。故
其惡顯而舜誅之。韓非曰。堯欲傳天下於舜。鯀諫。共工又
諫曰。孰以天下而傳之匹夫乎。堯不聽。此可以證程子之
說。韓非謂堯誅共鯀。張子韶書說。於君牙冏命。子韶謂穆王諱父昭王南征不
復之辱。故君牙二篇其辭迂緩。文侯之命。其言峻厲激發。讀之使人憤慨。
其有感於靖康之變乎。胡文定春秋傳。於夫椒之事三致
意焉。朱子詩傳。說王風揚之水亦然。林少穎書說至洛誥而終。呂成公書說自

洛誥而始朱文公謂諸說蘇氏傷於簡林氏傷於繁王氏傷於鑿呂氏傷於巧然其[illegible]儘有好處如制度之屬止以疏文爲本

章如愚曰東漢之劉陶明尚書爲之訓詁惟大小夏侯歐陽三家及古文是正七百餘字名曰中文尚書中郎中秘之中館閣書目伏生爲秦博士至孝文時且百歲歐陽生張生從其學伏生死後數生各論所聞以己意彌縫其間別作章句名曰大傳至鄭康成始銓次爲八十三篇　書學不明其馬遷之罪與馬遷未嘗釋書而吾獨咎之非咎其不能釋經也咎其史記之作考之不精使書因是不明也蓋夫子以前載籍無經史之殊夫子既刪定之然後經爲經史

爲史經以明道史以紀事經略而史詳則世之談經者嘗引史爲據遷當焚書之後經之闕佚多矣幸而孔壁書出石室之遺猶可得而考然不能以翼經爲心其撰史記也好奇尚博雖或甚害於理者有不忍棄焉葢自以爲史家之學與經體異而不知說書者皆引遷爲證則遷雖無意於惑經而經之惑實由遷致也書之序虞舜也直曰側微而亡未嘗明言其族也遷獨系之以爲黃帝孫至堯而四世至舜而八世世數多少既已可疑而左氏曰自幕至於瞽瞍無違命則虞氏之先又有所謂幕者矣非止八世也堯舜世次疑似難明遷遽數之後世遂以舜爲上娶祖姑

則由遷之誤致之也[illegible]四凶也多以事體相類未嘗一朝俱刑之[illegible]遷述本紀以爲舜巡狩歸言於帝流共工以變北狄放[illegible]兜以變南蠻遷三苗以變西戎殛鯀以變東夷所謂變夷狄者既未必然而左氏曰鯀殛而禹興韓子曰堯授天下於舜共工不義舜舉兵伐之則共工之流在舜攝位之後伯鯀之殛在禹未舉之前其時相去蓋遠而遷并爲一時使後世謂禹專其功舜不能貸其父亦由遷誤致之也書之言朕虞也伯益而已伯益之外未嘗有人也遷既載伯益於舜紀又載伯翳於秦紀而不知二人之本一使後世謂伯翳爲女華之子伯益爲皋陶之子則

又惑於遷之說也。書之載禪位也，曰受命於神宗，率百官若帝之初，是舜不復事矣。遷復書蒼梧南巡之事，使後世謂舜耄期之後，猶違禮而遠征，則又惑於遷之說也。上古帝王之事，賴書而傳，書學不明，尚賴史家證之，而馬遷於古疏略若此。此吾所以正其端歟。非特此也，太甲桐宮居廬之制也，而謂伊尹放君，則是高歡之事也。周公踐祚冢宰之職也，而謂負扆居攝，則是王莽之事也。文王稱王後世追稱之耳，□謂在虞芮質成之後，則是梁未亡而江陵稱帝也。召公說懼主、□國疑耳，而謂忌周公爲師，則是李林甫之忌□□九齡□□□序爲作於小辛之世，以彤日

為作於祖庚之世以今[illegible]作於周公之世以文侯之命為作於襄王之世謬誤如此此吾所以不得不正其辭歟

□□曰朱子於春秋不敢著一字於書只解典謨三篇後又有金縢名誥洛誥說及若定武成四篇予嘗見其典謨手筆寄行細字東塗西補蓋非一日所更定其教門人則俾之先讀易曉者而姑後其缺訛甚矣書之難讀也

孟子所引放勲曰勞之來之匡之直之輔之翼之使自得之又從而振德之此命契之辭也當是堯典闕文象以典刑至惟刑之恤哉乃堯命皋陶之辭路史云欽哉二句非史所記乃戒皋陶語史文有闕與此同

王省惟歲以下至月之從星則以風雨自蘇氏

葉氏張氏皆謂當在五紀之下。其說若可通。今觀易不易、成不成等語，實庶徵也。上以作於人而應於天者言之，下以運於天而驗於天者言之。以此歲月日合雨暘燠寒風爲八，中以一時字貫其義甚明。　夫子删詩定書，實相表裏。文王之風化不見於書而見於二南，周公制作之具不見於書而見於雅頌。七月之詩補無逸也，東山諸詩補金縢也。宣王中興之詩粲然後盛，而書中無一字也。東遷之後[illegible]國風次[illegible]而起，雅頌亦至是而亡。故文侯之命書之終，春秋之始[illegible]。詩書春秋[illegible]通謂之三史，其亦有見於[illegible]夫。

馬端臨曰歐陽公日本刀歌云傳聞其國居大海土壤沃饒風俗好前朝貢獻屢往來士人往往工詞藻徐福行時書未焚逸書百篇今尚存令嚴不許傳中國舉世無人識古文先王大典藏夷貊蒼波浩蕩無通津令人感激坐流涕鏽澀寶刀何足云詳此詩似謂徐福以諸生帶經典入海外其書尚流傳於彼可歎亦可疑然而今進經書者往有外國本云此說葉少蘊疑之謂詩人寄興之詞豈真有其事哉

尚書埤傳卷之末